JORDAN

DER NATURWISSENSCHAFTLER VOR DER RELIGIÖSEN FRAGE

Pascual Jordan

Der Naturwissenschaftler vor der religiösen Frage

Abbruch einer Mauer

Quell Verlag Stuttgart

Unveränderter fotomechanischer Nachdruck der unter gleichem Titel 1972 im Gerhard Stalling Verlag, Oldenburg und Hamburg, erschienenen 6. Auflage (1. Auflage 1963).

ISBN 3-7918-1600-4

1. Auflage dieser Ausgabe 1987
Einbandgestaltung: Klaus Dempel, Stuttgart
Gesamtherstellung: Quell Verlag Stuttgart

Dem langjährigen Freunde

WOLFGANG ESSEN

dankbar zugeeignet

INHALT

VORWORT

Das Thema des vorliegenden Buches hat mich seit langer Zeit beschäftigt; in Aufsätzen, Vorlesungen und Vorträgen sind Ausschnitte dieses Themas behandelt worden. Bei nunmehriger Ausarbeitung des Buches waren die Eindrücke und Erfahrungen einer langjährigen Vortragstätigkeit sowohl Antriebskraft als auch Richtschnur.

Antriebskraft deshalb, weil mir die lebendige Berührung mit so vielen freundlichen Zuhörern, die ich gehabt habe, eine ermutigende Bestätigung dafür war, daß das im folgenden zu Sagende wirklich das innere, ernste Bedürfnis suchender Menschen heutiger Zeit zu treffen und zu berühren vermag – unabhängig von den Veränderungen äußerer Lebensgestaltung in der Zeitspanne von den restlichen Hungerjahren vor der Währungsreform bis zum Höhepunkt des Wirtschaftswunders. Meine Vortragsarbeit hat 1945 begonnen – ich erinnere mich noch einer langen nächtlichen Heimfahrt im überfüllten Abteil eines klapprigen Zuges, wo ich nur für einen meiner Füße freien Platz auf dem Boden finden konnte, in schräger Haltung, weil auch zum Geradestehen kein Raum vorhanden war, und mit den Armen gorillaartig im Gezweig der Koffernetze aufgehängt. Auch das hernach gekommene Zeitalter der F-Züge und Flugzeuge hat in der inneren Beteiligung der Zuhörer – an Themen, die zum Gesamtthema dieses Buches gehören – keine Änderung gebracht.

Richtschnur aber sind mir diese Erfahrungen und Erlebnisse deshalb geworden, weil sie vielseitige Gelegenheiten des Lernens im Vortrag selber und in anschließenden Gesprächen geboten haben – Lernen in bezug auf die Möglichkeiten und Erfordernisse einer Bemühung, welche die geistige Problematik der Naturforschung bereitwilligen Zuhörern nahebringen möchte, ohne fachspezialistische Voraussetzungen zu machen. Die Überzeugung, daß es gelingen müsse, dasjenige daran, was allgemein-menschliche Bedeutung hat, auch ohne mitgeschleppten Ballast von Fachsimpelei dem aufnahmewilligen Nichtspezialisten zu verdeutlichen, hat mir die ungefähre Wegrichtung angezeigt; aber jede neue Erfahrung war neue Gelegenheit zu lernen.

Thema des Buches ist die Klärung der logisch-sachlichen Beziehungen zwischen naturwissenschaftlicher Erkenntnis und religiöser Gedankenwelt – dieses Thema suche ich zu verfolgen durch die verschiedenen Teilgebiete der Naturwissenschaft, welche dazu Beziehung haben. Es ist mir dabei bewußt geworden, wie stark meine eigene wissenschaftliche Arbeit sich stets auf solche Fragen gerichtet hat, die an grundsätzliche Probleme der Naturwissenschaft rühren – und damit auch an das Thema des Buches. Nur daraufhin konnte ich es wagen, die Abfassung dieses Buches zu versuchen, für dessen stoffliche Vorbereitung ich (in einer drangvollen und gefahrenreichen Zeit) nicht etwa jetzt noch neue Studien unternehmen, sondern nur zusammenfassen konnte, was ich im Laufe meiner wissenschaftlichen Lebensarbeit gesammelt habe.

Es wäre manche wertvolle Ergänzung zu den nachfolgenden Ausführungen zu geben, wenn ich auch auf andere Gebiete wie Tierpsychologie, Gehirnpsychologie, Vorgeschichte, Völkerkunde mit hätte eingehen können, die ich nicht in eigener Betätigung kennenzulernen Gelegenheit hatte. Dennoch scheint es mir, daß die somit durch persönliche Umstände beeinflußte Auswahl und Abgrenzung des behandelten Stoffes nicht nachteilig geraten ist, weil für meine eigene Arbeit diejenigen Gebiete anlockend gewesen sind, die hauptsächlich betrachtet werden müssen, wenn wir dem Thema des Buches auf den Grund gehen wollen.

Zur notwendigen Eingrenzung des Inhalts gehörte auch der Verzicht auf eine Stellungnahme zu Büchern anderer Verfasser, deren Inhalt sich (mehr oder weniger) mit dem des vorliegenden berührt; also beispielsweise Schriften von Lecomte du Noüy, W. Heitler, v. Weizsäcker, F. Dessauer, Eddington, Duhem, Bavink, Theilhard de Chardin, A. Huxley, K. Heim, F. Gogarten, P. Schütz, W. Pons usw. Sie sind im folgenden teils nur gestreift, teils (notgedrungen) sogar unerwähnt geblieben.

Daß ich mich bemüht habe, mein Buch ohne Mißhandlung der deutschen Sprache abzufassen, mag manchen Zeitgenossen geradezu als entschuldigungsbedürftig erscheinen. Ich bin aber schon in meiner Jugend durch Eduard Engels «Deutsche Stilkunst» davon überzeugt worden, daß der überschwengliche Gebrauch nutzloser Fremdwörter und die sich darin aussprechende unzureichende Beherrschung der deutschen Sprache ein sicheres Zeichen der Halbbildung ist.

Es gehört zu den schönsten Seiten des akademischen Lehrberufs, daß er in ständige Berührung mit jungen Menschen bringt; und ich habe es stets als eine der schönsten Seiten meiner Vortragsarbeit empfunden, daß in den öffentlichen Vorträgen immer ein großer Teil der Zuhörer aus Jugend bestand. Ich habe durch den Ernst ihrer Bemühung, mit der Entwicklung wesentlicher geistiger Fragen unserer Gegenwart Fühlung zu gewinnen, ergänzend zu meinen Nachkriegserfahrungen an der Universität einen bestimmten, sich immer wieder befestigenden Eindruck von unserer heutigen Jugend erhalten: Dieser Eindruck ist durchaus anders, als das, was so viele wehleidig Klagende über diese Jugend zu sagen haben, ihre Urteilsbildung vorwiegend auf Zeitungsberichte über entgleisende Ausnahmefälle stützend – wie sie sich in sehr verständlicher Weise aus Modetorheiten sowohl der Erziehung als auch der Strafrechtspflege ergeben. Das mir selber entstandene, sehr abweichende Bild unserer Jugend in ihrem Kernbestand hat mich überzeugt sein lassen, daß es lohnend sei, dies Buch zu schreiben.

Die Kennzeichnung der geistesgeschichtlichen Lage, mit der sich das Buch beschäftigt, unter dem Bilde einer *Mauer* ist vom Verfasser seit eineinhalb Jahrzehnten oft in Vorträgen erläutert worden. Diese Mauer, aufgerichtet durch die materialistische Philosophie mit Hilfe der älteren Naturwissenschaft, schloß den naturwissenschaftlich Denkenden vom geistigen Bereich religiösen Glaubens ab. Die moderne Naturwissenschaft jedoch hat durch Entkräftung der naturwissenschaftlichen Voraussetzungen materialistischer Philosophie diese Mauer beseitigt.

Inzwischen ist der Begriff der Mauer aus weltpolitischen Geschehnissen heraus dem öffentlichen Denken geläufig geworden. Es handelt sich dabei zwar um eine andere Mauer als die in unserer Untersuchung hier gemeinte, aber diese andere Mauer – Erzeugnis der als politisches Machtsystem konstituierten materialistischen Philosophie – konnte nur deshalb errichtet werden, weil vorher in Jahrhunderten die uns hier beschäftigende Mauer aufgebaut war, die heute anfängt, der Vergangenheit anzugehören.

Hamburg 1963 *P. Jordan*

VORWORT ZUR NEUAUFLAGE 1968

In den fünf Jahren, die seit der ersten Auflage dieses Buches vergangen sind, hat die Naturforschung in allen ihren Teilgebieten bedeutende Erfolge erzielt. Zum großen Teil handelt es sich naturgemäß um solche Fortschritte, welche in Einzelheiten unsere Erkenntnisse bereichert und verfeinert haben – durch Ergebnisse, deren Wert und Bedeutung vor allem dem Fachmann sichtbar sind, ohne grundsätzliche Veränderungen zu ergeben hinsichtlich des Gesamtbildes der Naturgesetze, welches in unserem Jahrhundert eine so durchgreifende Verwandlung erfahren hat.

Aber in der Erforschung des Weltalls sind in diesen wenigen Jahren so erstaunliche neue Entdeckungen gelungen, daß das wissenschaftliche Bild des Kosmos heute viel deutlicher und in entscheidenden Fragen sicherer vor uns liegt, als fünf Jahre zuvor. In der diesmaligen Neuauflage des Buches durften diese bedeutungsvollen Fortschritte nicht unberücksichtigt bleiben; das der Erforschung des Weltalls gewidmete Kapitel ist deshalb neu bearbeitet worden.

Die wunderbare Entdeckung der «Quasars», die sich durch ihre ungeheure Ausstrahlung noch aus Entfernungen von zehn Milliarden Lichtjahren erkennbar machen, hat nicht nur dem physikalischen Verständnis des kosmischen Geschehens neuartige Rätsel aufgegeben, sondern auch das unserer Forschung faßbare Raumgebiet ungeheuer erweitert. Das einigermaßen wahrscheinlich gewordene Vorhandensein antipodischer Paare dieser geheimnisvollen Gebilde gibt vielleicht der kühnen Hoffnung eine Berechtigung, die Krümmung und Endlichkeit des Weltraumes in unerwartet handgreiflicher Weise erkennen zu können. Die Entdeckung der Pulsare, die so verbreitetes Aufsehen unter Wissenschaftlern und unter Freunden der Naturforschung erregt haben, scheint jedenfalls die reale Existenz von Neutronen-Sternen zu beweisen. Ambarzumians kühne Thesen über die Rolle gewaltiger Explosionen im kosmischen Geschehen haben erste Beispiele beweiskräftiger Bestätigung gefunden. Die Entdeckung der Urknallstrahlung hat einschneidend die Möglichkeit kosmologischer Theorienbildung verengert und uns die Gewißheit gegeben, daß der Kosmos in zeitlicher Entwicklung begriffen und aus einer in erkennbarer Vergangenheit liegenden Urexplosion hervorgegangen ist. Schon in der ursprünglichen Fassung des Buches ist berichtet worden, daß das Vorhandensein einer «Hintergrund-Strahlung» des Weltalls vermutet und eine Nachprüfung vorbereitet sei – man dachte freilich damals an eine Strahlung, die «warm» genug sein sollte (etwa 50° absolut), um im fernen Ultrarot zu liegen. Zur Ausführung der geplanten Experimente (mit Satelliten) ist es nicht mehr gekommen; sondern eine Zufallsentdeckung hat statt dessen eine noch «kühlere» Strahlung im Bereich der Zentimeterwellen finden lassen.

Die hierdurch gegebene Ausschaltung der Theorie des «stationären» Kosmos ist in bestem Einklang mit den kosmologischen Vorstellungen, die ich seit langer Zeit bevorzugt und auch in der ursprünglichen Fassung dieses Buches angedeutet hatte – wobei ich mich damals freilich vorsichtiger ausdrücken mußte als jetzt. Die damals noch überwiegend vertretene «steady state theory» war zweifellos ein bewunderungswürdig geistreiches Gedankenbild; aber die ihr anhaftenden unverkennbaren Schwächen hatten es mir unmöglich gemacht, mich den zahlreichen astronomischen Anhängern dieser Theorie anzuschließen. Heute sind die geschichtliche Entwicklung des Weltalls und die Endlichkeit der Vergangenheit nicht mehr Hypothesen, sondern gesicherter Wissensbesitz.

Hamburg 1968 *P. Jordan*

EINLEITUNG

Revisionsbedürftiger Prozess

Mit unwiderstehlicher Kraft ist die Naturforschung zu einer beherrschenden Macht unseres Jahrhunderts erwachsen. Mit ihren Folgeergebnissen in Technik und Medizin formt sie weitgehend die Lebensverhältnisse der Menschheit; mit der Erschließung der Atomkraft und mit der beginnenden Ermöglichung von Reisen, welche die Erde hinter sich lassen, bewegt sie unsere Gedanken – die Menschheit sowohl mit Hoffnungen als auch mit Ängsten, die Jüngeren mit Begeisterung erfüllend, in Vorausahnung der abenteuerlichen Ereignisse, welche die nächsten Jahrzehnte bringen werden. Dem Nachdenklichen enthüllt sie in reicher Fülle und in bezwingender Tiefe der Einsicht Naturgeheimnisse, von denen das vorige Jahrhundert nichts geahnt hat.

Die Physik hat im modernen Entwicklungsabschnitt ihre Rolle als Mitte der Naturwissenschaften immer eindrucksvoller zu erkennen gegeben. Die eindringliche Erforschung der Materie mit ihren Atomen, Elektronen, Lichtquanten und sonstigen Elementarteilchen hat nicht nur Physik und Chemie zu einer großen Einheitswissenschaft von der Materie zusammengeschmolzen. Sie hat auch der Astronomie die unentbehrlichen Unterlagen ihrer modernen Forschungen gegeben, durch die uns die riesigen Gebilde des Kosmos in den physikalischen Bedingungen ihrer Existenz und ihrer Entwicklungsvorgänge verständlich zu werden beginnnen. Sie gab der Geologie die Möglichkeit, in den ungeheuren Räumen erdgeschichtlicher Vergangenheit klare Zeitmaße zu bestimmen. Sie ermöglichte der modernen Biologie ihr wunderbares Vordringen bis zu den molekularen Feinheiten des Aufbaus organischer Gebilde.

Alle diese Entwicklungen gehören unserem eigenen Jahrhundert an – da die Physik selber erst in diesem Jahrhundert jene tiefen neuen Erkenntnisse erringen konnte, die zu so reicher Befruchtung auch der anderen Naturwissenschaften geführt haben. Einstein ist 1905 mit seiner bahnbrechenden Abhandlung zur Relativitätstheorie hervorgetreten, durch welche Stil und Inhalt der heutigen Physik weitgehend geprägt worden sind. Erst etwa zwanzig Jahre danach gelang es, abschließend den tiefen Sinn jener Entdeckung auszuschöpfen, welche PLANCK 1900 gemacht hatte, als er erstmalig auf das «Wirkungsquantum» stieß, die Quantentheorie begründend.

Um 1900 aber konnte noch von bedeutenden Forschern bezweifelt werden, daß es wirklich Atome gebe — die endgültigen Beweise dafür sind erst später geliefert worden. Um 1900 mußten die schon früher von MENDEL erkannten Grundgesetze der Vererbung neu entdeckt werden, um den Anstoß geben zu können für eine der reichsten Entfaltungen naturwissenschaftlicher Forschung — in ihrer Großartigkeit vergleichbar mit dem, was die Erforschung der Atome und Elektronen, unter der Hilfe von Relativitäts- und Quantentheorie, zutage gefördert hat: Die aus den Mendelschen Gesetzen erwachsene Genetik hat inzwischen in eindringlicher Erforschung biologischer Feinbauverhältnisse den Anschluß an die Molekül- und Atomphysik erreicht.

Die aus der Enge älterer Vorstellungen hinausführenden Erkenntnisleistungen der Physik des 20. Jahrhunderts waren vorbereitet und begleitet von eindringlicher erkenntnistheoretischer Besinnung. Da die Bewältigung der Aufgaben nur unter Loslösung von Ansichten gelingen konnte, die bis dahin als unverrückbar feststehend erachtet wurden, mußte sorgsam erwogen werden, was wirklich unabänderlich zum Wesen wissenschaftlicher Erkenntnis gehört und was demgegenüber wandelbar und entwicklungsfähig — je nach dem Fortgang unserer Forschung — ist. Die mit den Problemen von Relativitätstheorie und Quantentheorie befaßten Forscher mußten also Fragen durchdenken, die man gewöhnlich als philosophische Fragen bezeichnet und von denen man vielfach die Meinung hegt, daß sie im Sinne spezialistischer Arbeitsteilung von Philosophen durchdacht und daß die Lösungen in fertiger Form den Vertretern der Einzelwissenschaften übergeben und von diesen respektiert werden müßten.

Aber das hat sich im Entwicklungsgang der modernen Physik als unmöglich erwiesen. Die erkenntnistheoretische Besinnung, welche für den mit grundsätzlichen Fragen beschäftigten Naturforscher nötig ist, kann nur von ihm selber vollzogen werden. Es wird zwar heute noch gelegentlich mit Leidenschaft die Meinung verfochten, durch die Philosophie KANTS sei die Methodenlehre der naturwissenschaftlichen Forschung in endgültiger, unabänderlicher Form vorgeschrieben. Aber die Auffassungen, welche sich Kant von der Naturforschung gebildet hatte, waren abstrahiert aus dem großen Beispiel der Newtonschen Mechanik: Indem die Physiker unseres Jahrhunderts über NEWTON hinausgingen (sein Werk weiterführend), verließen sie auch den Rahmen philosophisch sanktionierter Erkenntnistheorie; ebenso wie Newton seinerzeit mußten sie selber ergründen, wie man Wissenschaft zu treiben hat, wenn man in den dargebotenen Problemen weiterkommen will.

So steht in dieser zweiten Jahrhunderthälfte die Naturwissenschaft nicht nur mit einem fast überwältigenden Reichtum neuer Ergebnisse vor uns, sondern auch mit grundsätzlichen Denkweisen und Auffassungen, die weit hinausgewachsen sind über jene des Jahrhundertbeginns. Als einen Gruß an das beginnende 20. Jahrhundert hatte seinerzeit Ernst HAECKEL seine «Welträtsel» geschrieben – mit der Versicherung, nun seien alle großen Fragen menschlicher Naturerkenntnis im wesentlichen gelöst – nun könne auf der damit gegebenen sicheren Grundlage materialistischer Weltanschauung die Menschheit sich der praktischen Aufgabe besserer, vernunftgemäßer Einrichtung ihrer Daseinsverhältnisse widmen. Wenn auch eine sorgfältige Kritik jenen «Welträtseln» mancherlei Plumpheit und Oberflächlichkeit nachweisen kann, so haben sie doch in großen Zügen das Bild des damals erreichten Naturverstehens richtig geschildert; und daß sie mächtige Wirkungen auf die Zeitgenossen hatten, ist bekannt. *Wie aber stehen wir heute dazu?*

Auch das Durchdenken der weltanschaulichen Bedeutung seiner Erkenntnisse ist eine Aufgabe, die der Naturwissenschaftler selber angreifen muß. Auf diesen Bereich von Fragen einzugehen, ist heute nicht nur aus dem äußerlichen Grunde dringlich, daß wir dem letzten Viertel jenes Jahrhunderts entgegengehen, als dessen Aufgabe Haeckel und seine Anhängerschaft die endgültige Befreiung der Menschheit vom religiösen Aberglauben betrachteten; sondern die eigentliche Dringlichkeit, dem *Verhältnis von Naturwissenschaft und Weltanschauung* erneut auf den Grund zu gehen, liegt darin, daß das Gesicht der Naturwissenschaft heute so wesentlich verändert ist im Vergleich zum Jahrhundertbeginn. Kaum ein einziger Satz, der vor sechzig bis siebzig Jahren über dies Verhältnis gesagt oder geschrieben werden konnte, ist heute noch vertretbar. Alle hierher gehörenden Fragen müssen neu geprüft und neu durchdacht werden. Der Prozeß, den die Naturwissenschaften der Religion gemacht haben, ist revisionsbedürftig geworden.

Wir wollen der somit gestellten Aufgabe ihre deutlichste Form geben, indem wir von der *religiösen Frage* sprechen: Damit zielen wir freilich auf Bereiche hin, die außerhalb naturwissenschaftlicher Arbeit liegen; aber wir behandeln Fragen, zu denen ein denkender Mensch Stellung nehmen muß, denen er nicht ausweichen kann, wenn er richtunggebende Entscheidungen nicht durch Nachplappern verbreiteter Vorurteile, sondern durch ernste und gründliche Durchdenkung vollziehen will. In dem Bemühen, diesem Durchdenken eine dem wissenschaftlichen Stil entsprechende Form zu geben, will ich vorweg sagen, was man *nicht* von diesem Buch erwarten möge, da ich erstreben werde, es zu vermeiden: Propaganda, Bewertung, Bekenntnis, System.

Propaganda. Es soll und darf sich hier nicht handeln um Befürwortung oder Vertretung einer bestimmten weltanschaulichen Einstellung – eines bestimmten Glaubens etwa, oder einer bestimmten Form des Unglaubens. So soll auch der Tonfall dessen, was zu sagen ist, nichts von Aufforderung, Ermahnung oder Erbauung enthalten. Ich will nicht rühren und nicht begeistern, sondern Stoff und Anregung zu nüchternem, rationalem Nachdenken geben. Ausdrücklich ist also alles das auszuschließen, was an anderen Orten seine Berechtigung hat – in einer Kirche etwa, einem Prediger-Seminar, oder andererseits in einer Freidenker-Versammlung oder einer anthroposophischen Kultgemeinde; nämlich überall dort, wo eine Verkündigung vorgetragen wird, die nicht auf rationalen Beweisen beruht, sondern eine Glaubensbereitschaft anspricht.

Bewertung. Da es nicht Absicht dieses Buches ist, den Leser für bestimmte weltanschauliche Urteile oder Entscheidungen zu gewinnen, so sollen auch keine Werturteile weltanschaulicher Art entwickelt werden. (Nur in gelegentlicher Berührung anderer Fragen werde ich auch mit meinen Werturteilen nicht zurückhalten und mein Temperament nicht ganz unterdrücken.) Wenngleich die Behandlung von Fragen, die uns innerlich bewegend sind, naturgemäß die Versuchung emotionalen Verhaltens ergibt, ist doch die Ausschaltung des Emotionalen notwendige Voraussetzung, wenn wir über weltanschauliche Verschiedenheiten hinweg eine kühle, nüchterne, sachliche Erörterung erstreben. Durchdenkung und Untersuchung von Tatsachenzusammenhängen, jenseits von Bewertungen, wollen wir versuchen.

Bekenntnis. So soll auch eine Darstellung oder Erwähnung meiner persönlichen weltanschaulichen Neigungen in diesem Buche ganz unterbleiben. Objektive Tatbestände sind es, mit denen wir uns beschäftigen wollen – geistesgeschichtliche Tatbestände, naturwissenschaftliche Tatbestände, gedanklich-logische Tatbestände. Persönliche Bekenntnisse dagegen kommen ebensowenig in Betracht, wie Berichte über sonstige Privatsorgen etwa gesundheitlicher oder finanzieller Art. Zwar hat ja die Amtsbezeichnung «Professor» die Bedeutung von «Bekenner»; aber ich kann und will das damit gemeinte Bekenntnis nicht anders verstehen, als die Verpflichtung zum Dienste an der wissenschaftlichen, das heißt der *beweisbaren Wahrheit.*

Es ist also auch nicht vorausgesetzt, daß meine Leser eine ähnliche weltanschauliche, bekenntnismäßige, bewertungsmäßige Einstellung hätten wie ich. Im Sizilien Kaiser Friedrichs II. haben christliche und mohammedanische Gelehrte Verkehr und Gedankenaustausch gepflegt, obwohl sie getrennt waren durch den größten damaligen Gegensatz der Bekenntnisse.

System. Noch einmal betone ich das schon vorhin gebrauchte Wort «Untersuchung». Es soll im Laufe unserer Betrachtungen nicht etwa ein philosophisches System entwickelt werden, das eine abschließende Gesamtbeantwortung der gestellten Fragen geben will. Wir wollen vielmehr durch Untersuchung verschiedener zu unserer Aufgabe gehörender Fragen Beiträge zur Klärung des Themas liefern – uns bewußt bleibend, daß die Aufgabe, in ihrer Ganzheit verstanden, unerschöpflich und daß alles Wissen und Erkennen bruchstückhaft ist.

Was bleibt aber übrig von unserem Thema, wenn wir mit diesen vier gewichtigen Einengungen den Inhalt und die Art der Behandlung begrenzen? Bedeuten diese Beschränkungen nicht schon einen Verzicht darauf, dem Thema eigentlich gerecht zu werden? Kann überhaupt rationale Betrachtung heranreichen an die religiöse Frage – obwohl man doch gern das Religiöse zum «Irrationalen» zu rechnen pflegt, und obwohl doch eine bedeutsame Rolle des Emotionalen im Religiösen nicht verkannt werden kann?

Diese Erwägungen scheinen unser Unternehmen in Frage zu stellen – es als widerspruchsvoll erweisend, als schon im Ansatz verfehlt. In der Tat, wenn wir uns den Naturwissenschaftler denken, wie er als solcher vor der religiösen Frage steht – nicht mit den privaten, außerwissenschaftlichen Gedanken, die er nebenbei auch noch haben mag, sondern mit den Methoden und Ergebnissen seiner *Erkenntnis;* wenn wir ihm entschlossen in seine Ebene, seinen Bereich folgen, sein rationales, kühles, kritisches, objektives Denken als auch für unsere Untersuchung verbindlich anerkennend – dann freilich ist es unvermeidlich, daß wir die religiöse Problematik und ihre eigentlichen Inhalte – ihre umstrittenen, von Gegnern geleugneten oder bekämpften Inhalte – nur aus der Ferne zu sehen bekommen. So etwa, wie ein Wanderer in der Ebene *ferne blaue Berge* sieht.

Aber auch dieser Wanderer und seine Weggenossen können sich Gedanken machen über das Gebirge, das sie in der Ferne sehen. Und vielleicht werden sie im Marschieren in Streit geraten darüber, ob es ein wirkliches Gebirge oder eine Fata Morgana ist.

Die Europäer sind seit einigen Jahrhunderten in diesem Streit begriffen. Nicht im entferntesten kann es die Absicht dieses Buches sein, den Streit zu entscheiden. Unsere ganz bescheidene Zielsetzung ist vielmehr die, einige der Beweismittel kritisch zu prüfen, die in diesem Streit gebraucht worden sind.

Erstes Kapitel

NATURWISSENSCHAFT ALS GLAUBENSANFECHTUNG

Irrelevanz?

Es gibt einen verlockenden Spruch, der oft zitiert und gern gehört wird. Er lautet: Religion und Naturwissenschaft liegen auf zwei verschiedenen Ebenen und haben nichts miteinander zu tun.

Dieser die weltanschauliche «Irrelevanz» naturwissenschaftlicher Erkenntnis behauptende Spruch ist zweifellos verlockend: Denn wenn er wahr wäre, so könnte nach dieser Feststellung der Verfasser den Federhalter beiseite legen. Jedoch wollen wir vorher noch ein wenig nachdenken, ob wir uns mit diesem Spruch zufriedengeben dürfen – die Leugnung eines Problems ist nicht immer seine Lösung.

Nehmen wir den Spruch ernst, so können wir ihn entweder als eine Aussage im historischen, geistesgeschichtlichen Sinne verstehen, oder aber als eine logisch-sachliche, philosophische Aussage. Im ersteren Sinne besagte er, daß in der europäischen Geistesgeschichte Naturwissenschaft und Religion sich beziehungslos nebeneinander entwickelt hätten; und das ist offenbar falsch. Die schärfsten und erfolgreichsten Gegner der Religion im vorigen Jahrhundert, wie Büchner, Haeckel und andere, haben ihre antireligiösen Bestrebungen auf naturwissenschaftlicher Grundlage vertreten; und schon in früheren Jahrhunderten ist der Kampf zwischen Religion und Naturwissenschaften in ähnlich erbitterter Schärfe geführt worden. Obwohl der von Marx begründete historische oder dialektische Materialismus an der Entstehung und Ausbreitung der europäischen Irreligiosität maßgeblich beteiligt ist, kann man – selbst wenn man den *Vorrang* der Naturwissenschaften in diesen Entwicklungen leugnen wollte – ihre entscheidende Mitwirkung nicht verkennen, ganz abgesehen davon, daß seit Engels der historisch-dialektische Materialismus den naturwissenschaftlichen Materialismus zu einem Fundament seines eigenen Systems gemacht hat.

Es ist kaum übertrieben, wenn man den Hauptinhalt der europäischen Geistesgeschichte seit der Renaissance in der durch die aufsteigende Naturwissenschaft mitbedingten Säkularisierung der älteren religiösen Vorstellungswelt sieht – ein Vorgang, der sich in mehreren Wellen durchgesetzt hat bis zur heutigen naturwissenschaftlich-materialistischen Weltanschauung der Mehrzahl der Europäer.

Also kann jener Spruch, wenn er ernst genommen werden soll, nur als philosophische, die logische, sachliche Lage aufklärende (oder aufklären wollende) Aussage aufgefaßt werden. Es wäre dann so, daß der Hauptinhalt der neueren europäischen Geistesgeschichte nur durch ein Mißverständnis zustande gekommen wäre – das Ganze wäre nicht nötig gewesen, wenn man schon eher bemerkt hätte, daß Religion und Naturwissenschaft sich gar nicht berühren.

Aber hierzu möchte ich eine ketzerische Bemerkung machen, welche die Fiktion objektiver philosophischer Wahrheiten betrifft. Eine (seit der Antike bekannte) arithmetische Wahrheit ist, daß es unendlich viele Primzahlen gibt. Eine geometrische Wahrheit ist (unter Voraussetzung euklidischer Axiome) der Lehrsatz des Pythagoras. Eine physikalische Wahrheit ist das Newtonsche Gravitationsgesetz oder das Faradaysche Induktionsgesetz. Eine chemische Wahrheit ist, daß Wasser aus Wasserstoff und Sauerstoff besteht. Eine zoologische Wahrheit ist, daß der Wal zu den Säugern gehört. Alle diese Wahrheiten sind objektive, vom urteilenden Subjekt unabhängige Wahrheiten – sie werden nicht bestritten von Erwachsenen, die außerhalb von Irrenhäusern leben. Aber wo gibt es eine philosophische Wahrheit, die *nicht* bestritten wird? Zu jeder philosophischen These dürfte es mindestens *einen* Philosophen geben, der das Gegenteil behauptet.

Wenn also die in jenem Spruch enthaltene angebliche Wahrheit eine philosophische Wahrheit sein soll, so lautet sie in ehrlicher Formulierung so: «Es gibt *auch solche* Philosophen, welche behaupten, daß Naturwissenschaft und Religion beziehungslos zueinander seien.» Das ist zutreffend, aber es reicht wohl nicht aus, die Untersuchung der Beziehungen von Naturwissenschaft und Religion als unwichtig hinzustellen. Zum mindesten müßte eine philosophische These, welche die europäische Geistesgeschichte der letzten Jahrhunderte in einem ihrer Hauptinhalte für überflüssig erklären will, sehr sorgfältig begründet werden; und die Begründung müßte, wenn sie in ernst zu nehmender Form vorhanden wäre, auf ihre Stichhaltigkeit untersucht werden. Also können wir doch nicht das entbehren, was wir uns gerade vorgenommen hatten: *Untersuchung* der

Beziehungen von Naturwissenschaft und Religion, unbeeinflußt durch allzu billige Sprüche.

Wenn wir aber, bevor wir von jenem Spruch endgültig Abschied nehmen, seinen eigentlichen Sinn verstehen wollen — so, wie ein Psychologe versucht, die Symptome seines Patienten besser zu verstehen, als dieser selber —, so haben wir uns klarzumachen, daß der Spruch nicht eine Aussage, sondern einen Wunsch enthält: Nicht wenige Menschen möchten gern, es wäre so, daß Naturerkenntnis und Religion nichts miteinander zu tun hätten. Es ist verständlich, daß dieser Wunsch von manchen religiösen Menschen gehegt wird, welche, beeindruckt von dem gewaltigen Vormarsch der europäischen Irreligiosität gerade um die Jahrhundertwende, eine geistige Stellung finden möchten, die es ermöglichte, die Ansprüche der Naturwissenschaft nicht ernst zu nehmen. Jedoch wird auch dieser Wunsch nicht eine Untersuchung der Verhältnisse verhindern dürfen; im Gegenteil erfordert er eine Prüfung seiner Erfüllbarkeit.

Immerhin gibt es bestimmte geistige Einstellungen, von denen aus in der Tat keine innere Anteilnahme an unserer Fragestellung möglich oder nötig ist. Es ist Voraussetzung dieser Untersuchung, daß wir sowohl die naturwissenschaftliche Erkenntnis, als auch die religiöse Frage — mindestens *als Frage* — ernst nehmen wollen; und das ist nur einer unter vier möglichen Standpunkten.

Statt dessen könnte jemand sagen: «Religion ist mir gleichgültig — ich bin weder dafür noch dagegen; sie erscheint mir belanglos und unwichtig.» Das ist ein Standpunkt, den wir als in sich geschlossen anerkennen müssen. Man kann zwar nicht behaupten, daß er eine innere geistige Verbindung mit der europäischen Geistesgeschichte ergibt, in welcher das Für und Wider der Religion so leidenschaftlich verfochten worden ist; aber dieses rein bildungsmäßige Bedenken wollen wir jetzt nicht weiter erörtern. Nur jener nicht seltenen Ansicht sei entgegengetreten, daß die Erwähnung oder Erörterung von Religion etwas Peinliches wäre. Dazu meine ich nach Spoerl: «Man kann ruhig darüber sprechen.»

Es kann andererseits jemand erklären, ihm als religiös gläubigem Menschen sei die Naturwissenschaft für sein persönliches geistiges Leben belanglos — und natürlich ist das auch eine Haltung, gegen die wir keine anderen als bildungsmäßige Bedenken anmelden könnten. Ebenso kann ein Atheist sagen: «Meine Ablehnung der Religion ist so entschieden, daß es mir gleichgültig ist, was die Naturwissenschaft dazu sagt. Religion ist der geistige Reflex der verabscheuungswürdigen feudalistischen Gesellschaftszustände der Vergangenheit; die von uns erstrebte Abschaffung solcher Zustände oder ihrer Überreste und architektonischen Hinterlassenschaft geht der Liquidierung der Religion parallel.»

Endlich könnte jemand aussprechen: «Naturwissenschaft und Religion langweilen mich alle beide – ich sehe mir lieber einen Boxkampf an.» Das ist ebenfalls eine durch Folgerichtigkeit ausgezeichnete, verbreitete Haltung, die wir wegen ihrer unproblematischen Geschlossenheit beneiden mögen, aber gewiß nicht stören wollen.

Dagegen verdient es eine Überlegung, ob die zur naturwissenschaftlichen Erkenntnis ablehnende Stellungnahme eines gläubigen Menschen eine nach seinen eigenen Maßstäben vertretbare Stellungnahme bleibt, wenn sie hinausgeht über ein Urteil privatester Art – wie es eigentlich nur ein Einsiedler sich leisten könnte. Nehmen wir aber nun einmal an, der fragliche Gläubige wäre Seelsorger und hätte es mit Menschen heutiger Zeit zu tun. Menschen der heutigen Zeit sind überwiegend Menschen, welche von naturwissenschaftlichen Vorstellungen stark beeinflußt sind – welche naturwissenschaftliche Erkenntnisse irgendwie ernst zu nehmen pflegen. So wird der Seelsorger, um seinen Beruf zu erfüllen, auch seinerseits über die Fragen nachdenken müssen, die wir jetzt untersuchen wollen. Ganz ebenso wird aber auch der gedachte Atheist einer Befassung mit diesen Fragen – und zwar so, wie sie heute zu sehen sind – nicht aus dem Wege gehen können, sofern er für seine Ziele zu *wirken* wünscht gegenüber solchen Menschen, die noch nicht das Glück zwangsweiser Einbeziehung in ein ihnen auch das Denken linientreu vorschreibendes System gefunden haben: Auf die Dauer wird er es sich nicht leisten können, naturwissenschaftliche Ergebnisse entweder zu übergehen oder sie so darzustellen, wie sie vor fünfzig bis hundert Jahren einmal ausgesehen haben.

Die Neigung, gegenüber theologischer Glaubensgewißheit die naturwissenschaftliche Erkenntnis als nicht erwähnenswert zu betrachten – was, wie schon erläutert, eher uneingestandene Verzweiflung, als wirkliche Glaubensstärke anzuzeigen scheint –, hat neuerdings unter den evangelischen Theologen, welche der Karl-BARTH-Mode zum Opfer gefallen sind, weite Verbreitung gefunden. Freilich entfällt jede Notwendigkeit, sich um die uns jetzt bevorstehenden Fragen abzumühen, wenn man etwa sagen kann: «Entweder bestätigt die Naturwissenschaft – sofern sie überhaupt eine Beziehung dazu hat – die dialektische Theologie, und dann freue ich mich; oder sie widerspricht der dialektischen Theologie. Dann freue ich mich noch mehr – denn um so herrlicher macht der Ganzandere menschliche Weisheit zunichte.»

Was heisst Religion?

Lassen wir auch solche Auffassungen jetzt auf sich beruhen, und machen wir die Voraussetzung, daß sowohl die Naturwissenschaft als auch die religiöse Frage ernst zu nehmen seien – dies ist die Voraussetzung, ohne welche unser Vorhaben sinnlos wäre –, so müssen wir freilich dem Begriff der Religion zunächst noch eine bestimmtere Fassung geben. Denn dieser Begriff wird ja in sehr mannigfaltigen Bedeutungen und Definitionen verstanden – von denen manche, wenn wir sie annehmen wollten, wiederum den ganzen Gegenstand unserer Untersuchung in ein Nichts auflösen würden.

Nicht wenige Menschen, die gekränkt wären, wenn man sie als «irreligiös» bezeichnen wollte, verstehen unter Religion im Kerngehalt etwas, wie «Anerkennung eines höchsten Absoluten»; und daß das nun mit jeder naturwissenschaftlichen Erkenntnis (und auch mit jedem naturwissenschaftlichen Irrtum) ohne weiteres harmoniert, bedarf freilich keines ausführlichen Beweises. Ebensowenig wäre das hier zu betrachtende Problem vorhanden, wenn Religion haben darin bestünde, daß man gelegentlich weihevolle Stimmungen hat oder daß man mit Goethe das Unerforschliche «ruhig verehrt». Alle so oder ähnlich verstandene Begriffsbestimmungen der Religion fallen für unsere Betrachtungen aus, weil sie kein Problem ergeben.

Eine andere verbreitete Auffassung sieht das Moralische als eigentlichen Kern des Religiösen an: Die historischen Religionen wären danach ungefähr gleich Moral plus Allegorie. Viele Zeitgenossen würden etwa folgende Sätze gern unterschreiben: «So wie ein weiser Pädagoge Kinder Belehrungen durch Geschichten vermittelt, so mußte auch unmündigen Völkern oder einer unerwachsenen Menschheit die Moral in allegorischer Einkleidung beigebracht werden. Volksbildner, die damals Propheten hießen, weil sie sich durch Wahrsagen Respekt verschaffen mußten, erzählten fromme Märchen vom lieben Gott, von Himmel, Hölle und Arche Noah zu dem Zweck, Moral zu verbreiten. Die heranreifende Menschheit entledigte sich der Allegorie und Mythologie und gelangte, sie abstreifend, zum eigentlichen Kern der Religion. Kern des Christentums ist die Bergpredigt, in der der Stifter dieser Lehre – ein großer Pädagoge und Morallehrer – die seltene Reinheit und Milde seiner Gesinnung zeigt. Wer diese hohen moralischen Werte anerkennt, darf es sich verbitten, als irreligiös bezeichnet zu werden.»

Von dieser Auffassung aus könnte der vorhin erörterte Spruch, wenn ich ihn doch noch einmal erwähnen darf, eine scheinbare Rechtfertigung erhalten. Man könnte jetzt sagen, daß die zwei Ebenen, auf denen Naturwissenschaft und Religion liegen sollen, die Ebene der *Tatsächlichkeit* und die Ebene der *Werte* seien. Ich glaube freilich, das wäre immer noch falsch: denn man kann nicht von Werten sprechen, ohne (so oder so) auf die Frage der *Freiheit* einzugehen; und diese Frage hat meines Erachtens ebensosehr mit der Tatsächlichkeit, wie mit den Werten zu tun.

Wir haben mit der Zielsetzung, die am Schluß der Einleitung beschrieben wurde, schon festgelegt, daß unsere Untersuchungen dem realen Verlauf der geistesgeschichtlichen Auseinandersetzung folgen sollen. In diesen geistesgeschichtlichen Auseinandersetzungen ist es aber keineswegs um Religion im Sinne von Moral gegangen – weder ihre Verteidiger noch ihre Widersacher haben eine solche Auffassung gehabt. Sondern die Zurückschraubung des Religiösen auf das Moralische hat erst infolge dieser Auseinandersetzungen in Kompromißbestrebungen der Aufklärungszeit Anhängerschaft gefunden – als ein Versuch, der Entscheidnug auszuweichen, das Unversöhnbare zu versöhnen oder den Verzicht zu vollziehen, ohne ihn sich einzugestehen.

Denen, die Klarheit bewahrten (auf der einen oder der anderen Seite der Kampffront), bedeutete Religion etwas anderes als Moral. Dieses Andere ist dem unbefangenen Betrachter sichtbar in der ganzen Breite der Religionen – nichtchristlicher und christlicher –, wie sie uns als Erscheinungen der Geschichte und der Völkerkunde entgegentreten. Religion ist dort, wo kultische Handlungen vollzogen werden – Gebete und Opfer[1].

---

[1] Diese Definition ist eng verwandt, aber nicht gleichbedeutend mit der von Mensching im Anschluß an Otto gegebenen, wonach die Religion die Begegnung mit dem Heiligen und das darauf antwortende Handeln des Menschen ist. Diese letztere Definition erleichtert es, Erscheinungen wie Laotse und Konfuzius noch in vollem Maße zum religiösen Bereich zu rechnen, während sie in der oben gegebenen Definition nur als Randerscheinungen der Religion bezeichnet werden könnten. – Das Kultische als eigentlicher Kern des Religiösen ist dem protestantischen Bewußtsein etwas fern gerückt worden durch den Vorrang des Predigens, wie er sich seit der Reformation aus den Bedürfnissen konfessioneller Polemik ergeben hat. Eine mir vertretbar erscheinende Auffassung möchte jedoch die Predigt nicht als Teil des Gottesdienstes, sondern nur als Teil eines Gemeindedienstes (der in den Gemeindesaal zu verweisen wäre) betrachten.

Der an kultischen Handlungen teilnehmende, der betende Mensch drückt durch dieses Tun ein Urteil aus über die Tatsächlichkeit der Welt – nicht nur über Werte, sondern über die Struktur der Wirklichkeit. Denn dieses Tun für sinnvoll – nicht etwa für töricht oder abergläubisch – zu halten, erfordert mit logischer Notwendigkeit entsprechende Überzeugungen betreffend Gang und Lauf des Weltgeschehens. Für unsere augenblickliche Betrachtung ist es von untergeordneter Bedeutung, ob der Betende oder Opfernde diese Überzeugung in mythologischer Einkleidung auszudrücken sucht oder sie unausgesprochen läßt oder sie als theologische Philosophie entwickelt. Daß es sich jedenfalls um sehr gewichtige (wenngleich kaum jemals unabhängig von speziellen Konfessionen formulierte) Urteile handelt, ist in den Weltanschauungskämpfen noch des vorigen Jahrhunderts *beiden* Seiten deutlich gewesen: In irgend einer Weise werden bei kultischen Handlungen verborgene personale, *ansprechbare* Mächte im Hintergrund der Welt vorausgesetzt.

Ein Gebet der heidnischen Galla beginnt:

Höre uns, o alter Gott,
Höre uns, uralter Gott,
Der du Ohren hast.

Ein Gebet der Inka-Kultur lautet:

O Herr, wo immer du bist, im Himmel oder auf der Welt oder über der Welt oder in der Unterwelt – höre auf mich, Schöpfer der Welt und der Menschen – o höre mich, Gott.

Unserer Untersuchung also stellt sich die eigentliche Frage nun in schärfer umrissener Form: Wie verhält sich die vom kultisch handelnden, betenden Menschen durch dieses Tun ausgedrückte Weltbeurteilung zur wissenschaftlichen Naturerkenntnis? Diese Frage wird am besten dadurch zu klären sein, daß wir – unserer schon besprochenen Absicht gemäß – dem tatsächlichen historischen Verlauf der Auseinandersetzung folgen, in welchem ja gewiß kein als antireligiöses Argument verwendbarer Gesichtspunkt vergessen worden ist.

Die Angriffswellen

Die Einwände, welche in den letzten Jahrhunderten von naturwissenschaftlichen Erwägungen aus gegen die christliche Gedankenwelt erhoben sind, können unterteilt werden in solche, die aus bestimmten *Ergebnissen* der Naturforschung stammen, und solche, die aus der *methodischen Haltung* der Naturwissenschaften abgeleitet sind – welche für unvereinbar mit der geistigen Einstellung eines Gläubigen erklärt wurde. Aus den Ergebnissen heraus sind insbesondere gegen die christliche Lehre von *Seele* und *Schöpfung* Einwände entwickelt; aus der Methodik heraus ist vor allem die Anerkennung von *Glauben* und *Offenbarung* als unmöglich erklärt worden.

Zu den Einwänden erster Art gibt es ein frühes, denkwürdiges Beispiel. Kaiser Friedrich II., in der Kühnheit und in der Klarheit seines Geistes wie ein Vorbote späterer Jahrhunderte erscheinend, hat unter mancherlei anderen naturwissenschaftlichen Beschäftigungen auch folgendes Experiment ausgeführt: Ein zum Tode verurteilter Verbrecher wurde in eine mit Wasser gefüllte Tonne eingeschlossen – die entweichende Seele sollte beobachtet werden.

Die damalige Zeit hat sich die Seele sehr anschaulich gedacht – wie sie ja auch im Alten Testament und in der Antike als etwas dem Hauch Verwandtes vorgestellt wird. Das Experiment hatte also seinen sachlichen Sinn – und sein negativer Ausfall zeigte, daß in Wahrheit die Seele (solange man noch nicht ihre Leugnung in Betracht zieht) abstrakter gedacht werden muß.

Weniger beweiskräftig sind wohl die in Rußland nicht im dreizehnten, sondern im zwanzigsten Jahrhundert gemachten Experimente mit Sterbenden oder nahezu Gestorbenen, dann Wiederbelebten, aus deren Erfahrung man die Irrealität eines Lebens nach dem Tode zu folgern wünschte. Eine Beweisführung, welche – auch wenn wir ihre Methodik gar nicht ablehnen – kaum überzeugender ist, als wenn sich vor einem der großen Alpentunnel zwei Kinder unterhalten würden: «Ich bin schon einmal zehn Meter weit hineingegangen; ich weiß genau, daß es keinen Ausgang am anderen Ende gibt.»

Auch der zweiten Gruppe der vorhin erwähnten Einwände – solchen aus der Methodik – ernsthafte Untersuchung zu widmen, ist unabweisbar. Die gesamte Erziehung zum wissenschaftlichen Menschen und die gesamte Berufsausübung in einer wissenschaftlichen Arbeit verlangen den kritisch Denkenden; sie machen zur Pflicht, nur das als wahr anzusehen, was durch Beweisführung erhärtet ist – und die Methodenlehre der Forschung und die Erkenntnistheorie geben strenge Anweisungen dafür, was wir als vollgültige Beweise anerkennen dürfen. Es handelt sich dabei nicht etwa nur um technische Zweckmäßigkeitsregeln, deren Beobachtung die Erfolgsaussichten vergrößern soll, sondern um eine geistige Haltung, die der Naturwissenschaftler als eine tiefe und ernste *Verpflichtung* empfindet. Ist aber bei dieser Haltung noch «Glauben» an eine «Offenbarung» möglich?

Manche Naturforscher – und darunter bedeutende – haben diese Frage bejaht. Viele andere – nicht nur BÜCHNER oder HAECKEL – haben sie mit Leidenschaft verneint. Für uns kann im Sinne unseres Vorgehens nicht Bejahung oder Verneinung die Aufgabe sein, sondern prüfende Erwägung und Untersuchung des Fragenzusammenhangs: Geleitet von dem Bewußtsein, daß wir hier – so oder so – vor einer der bedeutsamsten Fragen menschlichen Daseins und geistigen Lebens stehen. Aber die aus den *Ergebnissen* der Naturwissenschaft entspringenden Einwände sind wohl dem heutigen Menschen die wichtigsten: Ihnen soll dieses Buch in erster Linie gewidmet sein.

Drei große naturwissenschaftliche Angriffswellen sind in den letzten Jahrhunderten gegen die christliche Weltauffassung vorgetragen worden: Das kopernikanische Weltbild, das mechanistische Naturbild und die Entwicklungslehre. Indem wir sie betrachten und indem wir uns erinnern etwa an die Prozesse gegen GALILEI und GIORDANO BRUNO, oder indem wir an die Enzyklopädisten denken oder an VOLTAIRE, dessen auf die Überwindung christlich-kirchlicher Vorstellungen hinzielende Bestrebungen in NEWTONS Werk ihren entscheidenden Rückhalt suchten, erkennen wir nicht nur das leidenschaftliche Ringen zwischen Christentum und Naturwissenschaft als einen Hauptinhalt europäischer Geistesgeschichte in den letzten Jahrhunderten, sondern finden auch die richtige historische Einordnung für jene heute so gern vertretene These von der Nichtberührung beider Mächte oder von der religiösen «Irrelevanz» der Naturerkenntnis. Diese These findet Anhänger, nachdem der Kampf in ein Stadium der Beruhigung durch den fast uneingeschränkten Sieg des naturwissenschaftlichen Materialismus eingetreten ist: Jetzt sucht man eine Zuflucht darin, Religion und Naturwissenschaft für Angelegenheiten von *Spezialisten* zu erklären – theologischen oder philosophischen Spezialisten einerseits und naturwissenschaftlichen Spezialisten andererseits –, die durch Zurückziehung in ihre Zuständigkeiten den unbequemen Fragen einer Begegnung aus dem Wege gehen könnten. Wenn manche Theologen oder Philosophen glauben, mit dieser These die Stellung der Religion ausreichend zu sichern, so ist das ähnlich, als wenn ein Feldherr nach dem Totalverlust des Landes, das er verteidigen sollte, ausrufen würde: «Ich brauche meine Gegner nicht mehr ernst zu nehmen – sie können mir jetzt nicht mehr schaden!»

Dem mittelalterlichen Menschen war eine Geschlossenheit seines geistigen Lebensraumes gegeben, in die wir uns nur aus der Ferne einfühlen können. Diese geistige Geschlossenheit fand einen Ausdruck in der Kunst jener Zeit. Wer etwa Rothenburg ob der Tauber sieht, ist trotz des störenden Touristenbetriebes überwältigt von dem Eindruck einer einheitlichen Gestaltung, die nicht durch Planung entstanden ist, sondern aus der Übereinstimmung eines Lebensgefühls von ungebrochener Sicherheit erwachsen – organische Ganzheit in lebendiger Vielfalt.

Wir haben das ja verloren – in der zweiten Hälfte des vorigen Jahrhunderts sind unsere Städte zu unorganischen Anhäufungen, Zusammenstellungen nicht zueinander passender, nicht zusammengehörender Gebäude geworden, deren wesentlichste Gemeinsamkeit eine weitverbreitete Häßlichkeit ist. Diese Gebäude-Zusammenstellungen spiegeln die Zerrissenheit und die geistige Entleerung, die sich damals in Europa ausbreitete und den Wachstumsboden späterer Schrecknisse bildete.

Die Häßlichkeit der neuzeitlichen Stadtbilder wird besonders fühlbar, wenn man eine Stadt von außen betrachtet, den Rand der Vorstädte erreichend, in denen die unfertig gebliebene Vorläufigkeit begonnener Bebauung die Reste ursprünglicher Landschaft zu Unkraut, Kahlflächen und Abfallhaufen degradiert. Wenn wir dagegen die Bilder alter Städte – etwa in den Stichen Merians – sehen, so empfinden wir sie als Teil der Landschaft, sie mit ihren Bauten bereichernd und erhöhend – wie Bäume und Wälder die Landschaft bereichern.

So war auch die geistige Welt damaliger Menschen: In ihr war noch natürliche Einheit, was uns späteren in drei getrennte, gesonderte Bereiche aufgespalten ist: Tatsachenwissen, Religion und Märchen. Wenn auch Zauberer, sprechende Tiere, verwunschene Schlösser, Gespenster, Kobolde, Zwerge schon damals nicht für ganz so wirklich genommen wurden, wie das, was der Nachbar tat, so ging doch die Märchenwelt ohne scharfe Grenze in den nüchternen Alltag über. In den Alltag, der seinerseits noch umfangen, noch eingehüllt war vom Unheimlichen: Jede Nacht bedeckte ja die Welt mit einer Dunkelheit, die noch nicht durch Scheinwerfer, Autolichter, Glühlampen und großstädtische Lichtreklame überwältigt, überstrahlt war. Wenn nicht Kriegs- und Notzeiten die Behausungen von Mensch und Tier in

Flammen aufgehen und die Nacht erleuchten ließen, so erhellte nur mühsam die Kerze oder das Herdfeuer einen kleinen Bereich, während ringsum und draußen die Dunkelheit lag, nur vom Mond gespenstisch beleuchtet. Und im Dunkel regten sich die unheimlichen Gefahren der Nacht – Diebe und Wölfe, Hexen und Gespenster.

So konnte – ein uns heute fast unverständlicher Gedanke – ein Dichter älterer Zeit, GRIMMELSHAUSEN, in einem der schönsten Gedichte deutscher Sprache von der Trostbedürftigkeit des nächtlich geängstigten Menschen sprechen:

«Komm, Trost der Nacht, o Nachtigall.»

Das christliche, kirchliche Bild vom Aufbau der Welt – aus irdischen und jenseitigen Bereichen –, in dessen anschauliche Ausgestaltung alttestamentarische und heidnisch-mythologische Vorstellungen einbezogen waren, verschmolz mit dem damaligen Wissen von der Naturwirklichkeit zu einer vielstufig geschlossenen Einheit. Himmel und Hölle waren – als Nachbarbezirke des Irdischen – Teile des dreidimensionalen Raumes, der damals noch groß genug schien, Diesseits und Jenseits, Natur und Übernatur zu beherbergen: Denn «Himmel» bedeutete für damalige Vorstellung nicht, wie heute, die über uns befindliche Lufthülle der Erde, Schauplatz der meteorologischen Vorgänge, durch Lichtzerstreuung tagsüber blau gefärbt und nachts (bei fehlenden Wolken) durchsichtig. Sondern in unmittelbarer, handgreiflicher Gleichsetzung war das räumliche «Oben» zugleich die überirdische Welt; Sitz, Wohnort der himmlischen Heerscharen und ihrer Herrlichkeit. Ebenso selbstverständlich hatte das räumliche «Unten» zugleich seine gewichtige religiöse Bedeutung: Die Bedeutung des Gegensatzes. Das Reich der Hölle war damaligem Denken zufolge wirklich unter unseren Füßen – im Dunkel der Erde, in das nur bedenkliche Tiere, wie die Maus, oder fürwitzige Menschen, wie der Bergmann, einzudringen wagen. Böse Einflüsse steigen von unten herauf in die Menschenwelt – vollzogen durch nächtliche Sendboten von greifbarer Körperlichkeit.

Was unserem Weltgefühl selbstverständlich geworden ist – daß oben und unten im Raume keine grundsätzliche Bedeutung haben – war damaligem Denken eine unvollziehbare Abstraktion. Oben und unten waren Grundbegriffe der Welterfassung – und wurden als Ausdruck der Rangverschiedenheit und Wertverschiedenheit auch im religiösen Sinne betrachtet. In diesem Vorstellungsrahmen konnte beispielsweise der neutestamentliche Bericht von Christi Himmelfahrt eine ganz anders packende Gewalt ausüben als bei späteren Menschen. Heute kann kein Mensch mehr diesen Bericht so empfinden, wie es in damaliger Zeit möglich war. Auch wenn ein orthodoxer Gläubiger heute erklärt: «Ich bin überzeugt, daß ein realer historischer Vorgang zugrunde liegt, der sich als ein einmaliges Ausnahmeereignis vollzogen hat, unter Durchbrechung der Naturgesetze», so muß er doch zugeben, daß das Wesentliche des Vorgangs nicht eine räumliche Aufwärtsbewegung war. Denn er kann nicht umhin, zu wissen, daß eine räumliche Aufwärtsbewegung zu gar nichts führt – da ja über den Wolken nicht etwa der Himmel liegt, sondern die Stratosphäre, die Ozonschicht, die Ionosphäre und schließlich der leere Raum, Tummelplatz der Raumfahrtpioniere, in dessen Fernen es Sterne und Spiralnebel, aber kein Oben und Unten mehr gibt.

Notwendigerweise muß also die Himmelfahrt, sofern sie weiterhin ernst genommen wird, wesentlich abstrakter gedacht werden, als das Mittelalter es getan hat; und mit dieser Wendung zum Abstrakten, zur Lösung und Trennung der religiösen Vorstellungswelt von der anschaulichen Naturvorstellung, beginnt eine Zerrissenheit, Gespaltenheit des Weltbildes Platz zu ergreifen: Verlust zwar noch nicht der «Mitte», aber doch jener Geschlossenheit der naiv gedachten Welt, in welcher Christus wirklich aufwärtsfahrend in das Reich des Vaters eingehen konnte.

Kolumbus

Daß die Erde in Wahrheit keine Scheibe, sondern eine Kugel ist, wurde schon in antiker Zeit erkannt: Aristoteles, vertraut mit der richtigen Deutung der Mondfinsternisse als Schattenwurf der Erde auf den Mond, schloß aus der Form dieses Schattens auf die Kugelform der Erde. Im hellenistischen Alexandrien – in jener Spätblüte griechischen Geistes, die nach dem politischen Verfall und nach weitgehendem Erlöschen künstlerischer Gestaltungskraft noch zur Entfaltung kam, hat nach Euklid und anderen glänzenden Geistern auch Eratosthenes gewirkt; von ihm ist erstmalig die Größe der Erdkugel ausgemessen worden. Er wußte, daß zur Zeit der Sommersonnenwende die Sonne in Syene (heute Assuan) in Oberägypten mittags senkrecht herniederscheint, einen Brunnen bis in die Tiefe erleuchtend, während in Alexandrien (fast auf dem gleichen Meridian) ein Obelisk auch mittags Schatten wirft – die Ausmessung dieses Schattens ermöglichte es deshalb, den Winkel zu bestimmen, den eine Senkrechte in Syene mit einer Senkrechten in Alexandrien bildet. Obwohl die Entfernung zwischen den beiden Städten damals nur roh bekannt war, traf die so gewonnene Bestimmung der Erdgröße das Richtige bis auf etwa zehn Prozent.

Wenngleich das Wissen Alexandriens in späteren Jahrhunderten fast wieder vergessen war, so ist doch seine Spur nie ganz verlorengegangen. Als KOLUMBUS aufbrach, jenseits des Atlantischen Ozeans Land zu suchen, folgte er den antiken Erkenntnissen, von denen er durch den gelehrten Kartographen TOSCANELLI erfahren hatte.

Abenteuernde Wikinger haben schon einige Jahrhunderte früher über Island und Grönland nordamerikanische Küsten erreicht. Aber gegenüber diesen kühnen Streifzügen wilder Gesellen war das Unternehmen des Kolumbus etwas anderes: Es war ein *wissenschaftliches Experiment;* ein Versuch, die aus der Antike stammende Theorie von der Kugelgestalt der Erde zu erproben und zu verwerten. Es mag erlaubt sein, diesem seltsamen Manne einige Worte der Erinnerung zu widmen, in dessen Unternehmen und in dessen menschlicher Gestalt der Forschungs- und Erkenntnisdrang sich lebendig einfügt in die Ganzheit eines zum Abenteurer höchstens Ranges vorbestimmten Menschen. An diesem Beispiel des dämonischen Untergrundes können uns der abenteuerliche Zug, die männliche Herrlichkeit der Forschung bewußt werden, die wir sonst leicht vergessen, wenn wir die Wissenschaft aus der Perspektive ihrer geduldigen, mühsamen Alltagsarbeit sehen, oder sie verkörpert glauben nur in der Gestalt des pedantischen, bücherwürmenden «Gelehrten». Zahlreiche Forschungsexpeditionen haben seit den Zeiten des Kolumbus ihren Teilnehmern Gelegenheit gegeben, Unternehmungsgeist und unerschrockene Tapferkeit zu zeigen; aber sie reichten nicht in jene Zone menschlichen Erlebens, welcher die Reise des Kolumbus in so auffälliger Weise angehört, daß wir darüber fast ihren Charakter als überragende wissenschaftliche Tat vergessen könnten — tatsächlich kommt in einem verdienstvollen, die Geschichte der Naturwissenschaften behandelnden vierbändigen Werk Kolumbus nur in einer Fußnote vor.

Er war viel gereist: Die Levante, aber auch die Färöer waren ihm bekannt. Der Schwiegervater, der ebenfalls Seefahrer war, hatte Landbesitz auf einer Insel nahe Madeira — und aus seinen hinterlassenen Papieren und von Seeleuten, welche die weit hinaus ins unbefahrene Meer gelagerten Azoren kannten, erhielt Kolumbus seltsame Berichte, unverständlich und geheimnisvoll für die anderen, aber verlockend, aufstachelnd für den, der durch die stillen Hüter der Bibliotheken und ihrer Weisheitsschätze, wie Toscanelli, von der merkwürdigen Lehre antiker Mathematiker und Philosophen erfahren hatte. Da waren fremdartige Fichtenstämme angeschwemmt, wie man sie aus der Alten Welt nicht kannte; geschnitzte Hölzer unbekannter Herkunft; und zwei Leichen einer nie gesehenen Menschenrasse.

Dem verwegenen Entschluß, über das Weltmeer hinweg im Westen die Länder zu suchen, die im Osten liegen, folgten lange, enttäuschungsreiche Bemühungen, erst in Portugal und dann in Spanien Unterstützung für dieses paradoxe Experiment zu finden. Die Forderungen, die er stellte, zeigten freilich, daß er die einzigartige Größe der Gelegenheit klar ersah – und daß er weder ein bloßer wissenschaftlich Neugieriger, noch ein mit geringem Preis zufriedener Gelegenheits-Abenteurer war, sondern ein um die Ganzheit hohen Lebens Ringender: Er verlangte die Erhebung in den Adelsstand, die Ernennung zum Atlantischen Admiral mit höchsten Vorrechten, sowie zum Vizekönig der zu entdeckenden Länder. Ferner großen Anteil an künftigen atlantischen Kroneinkünften und Handelsmonopolen.

Die verzagenden Schiffsmannschaften, denen sein Plan ungeheuerlich und undurchführbar schien, täuschte er, um der Meuterei zu entgehen, durch falsche Schiffsbuch-Eintragungen über die schon erreichte Entfernung von der heimatlichen Küste. Sein unerschütterlicher Mut, Ergebnis nicht nur der Willensstärke, sondern auch einer umstürzenden, seiner Umgebung unverständlichen wissenschaftlichen Überzeugung, erzwang gegen dennoch versuchte Meuterei die Fahrtfortsetzung, bis am 12. Oktober 1492 vom Mastkorb «Land» gerufen wurde.

Kopernikus

Die Erkenntnis der Kugelgestalt der Erde, wie sie einzelnen großen Denkern schon in der Antike aufgegangen war, drängt dazu, auch ihr Verhältnis zu den anderen Gestirnen neu zu durchdenken, vor allem zu Sonne und Mond als gleichfalls kugelförmigen Körpern. Die Überzeugung, daß es in Wahrheit die Sonne sei, um welche sich die Erde bewegt – statt umgekehrt –, diese Überzeugung eines der Erde überlegenen Ranges der Sonne im Weltaufbau ist schon von

Aristarch von Samos gefaßt worden, der sich durch diese Lehre in seiner heidnischen Umwelt eine Anklage wegen Gottlosigkeit zugezogen hat. Er ersann ein Verfahren, die Entfernung Erde–Sonne messend zu vergleichen mit dem Abstand Erde–Mond, für den man damals schon begründete Schätzungen gewonnen hatte: Bei Halbmond bilden Sonne, Mond und Erde ein rechtwinkliges Dreieck; folglich kann durch eine Messung des Winkels zwischen den Richtungen von der Erde zur Sonne und zum Mond das Verhältnis beider Abstände ermittelt werden – menschliche Gedankenkühnheit griff hiermit messend in die astronomischen Entfernungen ein.

Es vermindert nicht die Genialität dieses Gedankens, daß er praktisch in dieser Form schlecht geeignet ist, zuverlässige Ergebnisse zu liefern. Da der fragliche Winkel nahezu ein rechter ist, muß seine ganz kleine Abweichung von einem rechten sehr genau gemessen werden; die tatsächlich verbliebenen Ungenauigkeiten bedingten, daß Aristarch den Sonnenabstand noch erheblich unterschätzte – die Sonne ist in Wahrheit noch wesentlich entfernter und viel gewaltiger, als Aristarch glaubte.

Die Kühnheit seiner Vorstellung ging jedoch hinaus über das, was seinen gelehrten Zeitgenossen zumutbar war. Als Ptolemäos vier Jahrhunderte später in seinem berühmten Werk das astronomische Wissen seiner Zeit zusammenfaßte (außer dem schon erwähnten Eratostenes waren Apollonios von Perge, Poseidonios und vor allem Hipparch die Vorgänger, auf deren Forschungen er sich stützte), setzte er noch einmal die Erde in den Mittelpunkt, die Bewegung der Planeten mathematisch beschreibend in geistreicher Zusammensetzung von Kreisbewegungen.

Kopernikus konnte die von Ptolemäos zusammengetragenen und mathematisch analysierten astronomischen Beobachtungstatsachen schon verbinden mit wesentlich umfangreicheren und genaueren Messungsergebnissen, die inzwischen hinzugekommen waren. (Vor ihm hatte schon Regiomontan eine umfassende neue Bearbeitung aller Beobachtungsdaten als dringlich bezeichnet.) Er kannte aber aus der antiken Literatur auch die Lehre des Aristarch, – so daß uns auch hier der große Brückenbogen sichtbar wird, der unsere abendländische Kultur mit der Antike verbindet. Einzelne erleuchtete Geister im abendländischen Bereich haben schon vor Kolumbus und Kopernikus den kühnen Gedanken einer Kugelgestalt der Erde und einer Bewegung dieser Kugel um die größere Sonne geahnt oder erfaßt, in Anlehnung an Schriften der Antike oder auf Grund eigenen Grübelns.

Augustin z. B. hat die Erde als Kugel angesehen, aber die Möglichkeit von «Antipoden» geleugnet – da sie ja hinunterfallen müßten. Erst durch Kolumbus und die nach ihm folgenden Erdumsegler ist die Erde als Kugel zu einer Gewißheit geworden, die das allgemeine Bewußtsein zu beherrschen und umzuformen begann. Die Erkenntnis des Kopernikus, obwohl ihrem Inhalt nach nicht so handgreiflich, wie die durch Erdumseglung zu erweisende Tatsache der Kugelgestalt, hat doch als Erkenntnis schließlich die Geister noch tiefer beeindruckt und bewegt, das mittelalterliche Weltbild der im Mittelpunkte ruhenden Erde endgültig widerlegend und überwindend.

Ungleich Kolumbus suchte der Frauenburger Domherr sein Abenteuer in der Verfolgung der Gestirne – obwohl freilich auch er durchaus nicht die Menschenart weltfremder Gelehrsamkeit vertrat. Er hatte in hohen Verwaltungs- und Regierungsgeschäften sowie in Erfüllung diplomatischer Aufträge, die ihn auf weite Reisen führten, seine Fähigkeit gezeigt, auch im tätigen Leben hohe Stellungen auszufüllen. Jedoch gewannen seine astronomischen Forschungen, angeregt durch praktische Erfordernisse der Kalenderreform, zunehmendes Gewicht; und unter dem Drängen einiger verständnisvoller Freunde entschloß er sich schließlich zu der lange verzögerten zusammenfassenden Niederschrift. Sein Leben vollendete sich mit diesem Werk. Dem Sterbenden wurde 1543 das erste fertige Exemplar seines Buches «De Revolutionibus» überreicht; aber er erkannte es nicht mehr.

Die Auswirkungen dieses Werkes sind erst im Laufe der Zeit zutage getreten; zunächst traf es auf vielseitige Ablehnung – Luthers Verurteilung der kopernikanischen Lehre ist bekannt; Melanchthon hat sich in einem Vorwort zu einer neuen Ausgabe des ptolemäischen Werkes heftig gegen die «neuen, bösen und gottlosen Meinungen» ausgesprochen, als welche er die Lehre des Kopernikus ansah. Im katholischen Bereich war man damals bereitwilliger, die neue Lehre anzunehmen; übrigens hatte Kopernikus sein Buch dem Papste Paul III. gewidmet.

Aber auch unter astronomisch Sachkundigen fand die neue Theorie keineswegs ungeteilte unmittelbare Zustimmung. Der große Astronom Tycho de Brahe hat sich nicht überzeugen lassen, daß Kopernikus die Wahrheit gefunden habe. Er meinte, die «träge, dicke Erde» sei zu den Bewegungen, die Kopernikus ihr zuschrieb, viel zu ungeschickt.

Tycho de Brahes Urteil war in damaliger Zeit von großem wissenschaftlichen Gewicht; war doch Brahe als beobachtender, messender Astronom die erste Autorität seiner Zeit – er war zugleich der letzte große Astronom ohne Fernrohr. Durch die Freigebigkeit des dänischen Königs Friedrich II. wurde er instand gesetzt, auf einer kleinen Insel zwischen Schonen und Seeland eine Sternwarte zu errichten, wie sie die Welt in gleicher Großartigkeit noch nicht gesehen hatte. Zwanzig Jahre lang hat er dort die Sterne beobachtet und vermessen, den astronomischen Messungen einen bis dahin nicht erreichten Schärfegrad verleihend. In Winkelmessungen trieb er die Genauigkeit bis auf Bruchteile einer Bogenminute. Mehr als tausend Sterne, deren Örter er genau gemessen hatte, sind von ihm auf einer Himmelskugel aus Kupfer eingetragen worden, deren Herstellung die ungeheure Summe von 5000 Talern verschlungen hatte.

Es war nämlich 1572 ein neuer, vorher unbekannt gewesener Stern erschienen (eine «Supernova», wie wir es heute nennen), der zeitweise fast den Glanz des Jupiters erreichte, dann abnahm und nach etwa zwei Jahren ganz verschwand. Sorgfältige Messungen zeigten, daß er sich gegenüber den Fixsternen nicht bewegte, also nicht zum Planetensystem gehören konnte – wie manche meinten. (Nach ihrer Ansicht sollte dieser neue Stern durch Jupiter in Brand gesteckt sein.) Es wurde also wünschenswert, genaue Sternverzeichnisse zu schaffen, damit ähnliche Vorkommnisse mit Sicherheit erkannt werden könnten. Später, 1604, ist abermals eine Supernova erschienen; Kepler hat sie untersucht.

Auf der Höhe seines Ruhmes traf Brahe ein schwerer Schlag: Sein königlicher Gönner starb, und auf das Betreiben zahlreicher Feinde und Neider wurde ihm verboten, seine Untersuchungen fortzusetzen, weil sie nicht nur nutzlos, sondern auch «voll schädlicher Kuriosität» seien. Kaiser Rudolf II. jedoch bot ihm eine Zuflucht in Prag, wo er zum kaiserlichen Astronomen ernannt wurde; er hatte von seinen Instrumenten und Aufzeichnungen das Wertvollste nach dort gerettet. In Prag konnte er 1599 Kepler zu sich rufen, ihn als Hilfsrechner beschäftigend und ihm Gelegenheit gebend, die umfangreichen Beobachtungsdaten nach eigenem Ermessen zu verwerten.

Die Einwände Tycho de Brahes gegen die Lehre des Kopernikus beschränkten sich nicht darauf, daß ihm die von Kopernikus behauptete Bewegung der Erde vom Standpunkt der Dynamik unglaubhaft schien, wie er es in seinen obigen, uns heute spaßhaft vorkommenden Worten ausgedrückt hatte. Für diese Seite des Problems hat später Newton durch die von ihm geschaffene Mechanik die endgültige Klärung gebracht. Tycho unterließ es auch nicht, den unrichtigen, von vielen Zeitgenossen vorgebrachten Einwand auszusprechen, daß das senkrechte Herunterfallen eines losgelassenen Steines die behauptete Bewegung der Erde widerlege. Auch dieser Punkt hat erst im Zusammenhang der Galilei-Newtonschen Mechanik seine abschließende theoretische Aufklärung gefunden; in der Zeit der heftigen geistigen Kämpfe um die Lehre des Kopernikus hat Gassendi Aufsehen erregt durch die Mitteilung, daß er auf einem schnell fahrenden Schiffe eine Eisenkugel vom Mastkorb habe herunterfallen lassen: Die Kugel sei vor dem Mast heruntergefallen, nicht etwa hinter der Bewegung des Schiffes zurückbleibend.

Der ernsteste Einwand Tycho de Brahes aber war rein astronomisch. Wenn wirklich die Erde sich um die Sonne bewegt, im Lauf des Jahres einen riesigen Kreis beschreibend, dann müßten die Sterne uns diese Bewegung erkennen lassen – die uns nächsten Sterne müßten gegenüber den ferneren kleine jahreszeitliche Verschiebungen erkennen lassen. Davon hatte aber Brahe trotz der vorher nie erreichten Schärfe seiner Messungen keinerlei Andeutung erkannt – die Sterne müßten also, wenn Kopernikus recht hätte, in ungeheuren, unvorstellbaren Entfernungen liegen.

Dieser gewichtige Einwand ist erst viel später aufgeklärt worden: Im neunzehnten Jahrhundert konnte der bedeutende Astronom Bessel mit den inzwischen weit entwickelten Methoden der Fernrohrbeobachtung diese winzigen jahreszeitlichen Verschiebungen der uns näheren Fixsterne nachweisen, die auch eine Messung ihrer (nach Lichtjahren rechnenden) Entfernungen von uns gestatten. Erst seit Bessel eigentlich kann man die Lehre des Kopernikus als astronomisch überzeugend begründet ansehen.

Unser Versuch, uns in die geistige Welt der vorkopernikanischen Menschheit zurückzuversetzen, ließ uns verstehen, daß diese umwälzende neue Lehre nicht nur als eine Erkenntnis von fachwissenschaftlich eingegrenzter Bedeutung, sondern vielmehr als ein folgenschwerer Eingriff in die religiöse Vorstellungswelt empfunden werden mußte. Zwar bedeutete die Erkenntnis der Kugelgestalt der Erde schon für sich allein eine tiefgreifende Umgestaltung des alten Weltbildes, in welchem Natur und Übernatur vereinigt waren, doch konnte diese nicht mehr auszuschaltende Erkenntnis noch als tragbare Umgestaltung des vorherigen Weltbildes gelten, solange die nunmehr als kugelförmig erkannte Erde im Mittelpunkte blieb – umlaufen von unserem Tagesgestirn, das seinerseits in der von Tycho de Brahe begründeten Weiterentwicklung ptolemäischer Vorstellungen von den Planeten Merkur, Venus, Mars, Jupiter, Saturn umkreist wurde – während eine große kugelförmige Schale, mit Sternen als Lichtern besetzt, das Ganze einschloß und abgrenzte gegenüber dem außerhalb befindlichen unerforschlichen Reich der Übernatur.

Die kopernikanische Lehre ergab jedoch zusätzliche Erschwerung für die Aufrechterhaltung dieses naturwissenschaftlich-religiösen Gesamtbildes. Zwar haben hohe katholische Geistliche sich, wie erwähnt, zu dieser neuen Wendung toleranter eingestellt als einige der Reformatoren. Kopernikus hat auch noch keinen Zweifel geäußert hinsichtlich der Realität der das Planetensystem einschließenden und abgrenzenden Kugel, der «Sphäre der Fixsterne», wie Tycho sie nannte. Aber dadurch, daß kühne, noch weiter ausgreifende Gedanken auch diese Sphäre zu zerbrechen und damit das himmlische, göttliche Außenreich zu verneinen begannen, wurde die folgenschwere Bedeutung der durch Kopernikus so machtvoll geförderten Gedankenrichtung in vollem Ausmaß sichtbar.

Im Osten, wo die Uhren geschichtlicher und geistiger Entwicklung anders gehen als bei uns, wird die religiöse bzw. antireligiöse Bedeutung dieser Fragen heute noch lebendig empfunden: Der propagandistische Erfolg des ersten Sputniks lag nicht nur darin, daß er die Sowjetunion an der Spitze der technischen Weltentwicklung zeigte, sondern auch darin, daß er als handgreiflicher Beweis der Nichtexistenz Gottes gedeutet wurde. Er zeigte, daß es auch außerhalb der Erde keinen für Gott vorbehaltenen Raum gibt, welcher der sowjetischen Technik unzugänglich wäre.

Giordano Bruno

Um 1530 ist ein deutscher Holzschnitt entstanden (der Maler scheint unbekannt zu sein), der die Durchbrechung der Sphäre der Fixsterne bildhaft darstellt. Die als Landschaft mit Bäumen, Bergen, Seen und Städten gezeichnete Erde ist freilich noch eben – statt kugelförmig – dargestellt, und Sonne und Mond sind neben vielen Sternen an die Sphäre der Fixsterne versetzt, während außerhalb Wolken und Symbole des Lichtes zu sehen sind. Ein einzelner Mensch aber durchbricht die begrenzende Kugel und sieht in die vorher verschlossene Ferne hinaus.

Dieser Mensch war Giordano Bruno, den die Lehre des Kopernikus tief getroffen und begeistert hatte, ihn anregend zu kühnen, weitreichenden Folgerungen. Er verkündete die Unendlichkeit des Weltenraumes, der keinerlei Mitte besitzt; er erklärte die Fixsterne als ferne, andere Sonnen, die in unendlicher Vielzahl vorhanden seien; er erklärte, daß es unendlich viele, um fremde Sonnen kreisende Planeten gäbe und daß unendlich viele dieser Planeten von lebenden Wesen bewohnt seien: Wie die Erde, so sollte auch das Menschengeschlecht seine Einzigartigkeit verlieren. Und er erklärte, das unendliche Weltall der Sonnen und Planeten sei von unendlicher, ewiger Dauer.

Mit dieser Zusammenfassung seiner berühmtesten Behauptungen ist freilich eine Auswahl aus seinen Gedanken getroffen, die keineswegs ein historisch zutreffendes Bild seiner Gesamtlehre gibt. Er neigte mystisch-schwärmerischen Vorstellungen zu, und seine astronomischen Gedanken sind nur ein Ausschnitt aus der Fülle uns heute sehr fremdartig und sehr verworren anmutender Gedanken, mit denen er sich beschäftigt hat. Übrigens war auch seine Vorstellung von lebenden Bewohnern auf Planeten anderer Sonnen nicht klar abgegrenzt von einer mystischen Deutung der Sternenwelt, in welcher die Himmelskörper selber als lebend und beseelt angesehen wurden. Sein Nachruhm, gegründet auf die wegweisenden Gedanken, die er der Astronomie gegeben hat, ließ ihn später in der Rolle eines pantheistischen Philosophen erscheinen, dem man die Schaffung eines großartig-einheitlichen, geschlossenen Naturbildes zuzuschreiben liebte: Eine Meinung, die sich durchaus auf Unkenntnis seines ganz anders gearteten Lebenswerkes gründete. Reiche, überquellende, ungebändigte Phantasie, verbunden mit ungemeiner, aber vielfach oberflächlicher Belesenheit ließ ihn eine Fülle von Gedanken ausspinnen, die zu allen okkulten und magischen Bestrebungen seiner Zeit Verbindung suchten, wobei er sich von einer Art religiös-politischer Mission erfüllt fühlte. Daß er 1600 den Scheiterhaufen besteigen mußte, beruhte nicht etwa auf seinen astronomischen Gedanken allein. Dieser unruhige, streitsüchtige Kopf, der an keinem Orte lange bleiben konnte, ohne sich unmöglich zu machen, hatte sich auch sonst, als desertierter Mönch, durch eine pantheistisch-atheistische Philosophie und durch heftige Angriffe gegen Kirche und Priesterstand als in den Augen der Autoritäten gefährlich und strafwürdig erwiesen: In einem der totalitären Staaten unseres Jahrhunderts hätte ihn ein solches Treiben viel rascher der Liquidierung entgegengeführt, als in der weitherzigen Toleranz damaliger Zeit.

Wenn wir, uns auf die naturwissenschaftliche Seite seiner Lebensleistung beschränkend, sein Verhältnis zu Kopernikus kennzeichnen wollen, so dürfen wir Kopernikus als Naturforscher, Bruno hingegen als spekulierenden Philosophen bezeichnen. Für die Astronomie ist Bruno ein großer Anreger gewesen: Die Überzeugung, daß die Sterne fremde Sonnen seien, ist durch ihn verbreitet worden, obwohl sie freilich schon eigentlich in Tycho de Brahes astronomischem Einwand gegen Kopernikus enthalten war – sie hätte auch dann kaum ausbleiben können, wenn sie nicht in der Person Giordano Brunos einen so leidenschaftlichen Verkünder gefunden hätte. Darüber hinaus haben Giordano Brunos oben zusammengefaßte Vorstellungen vom Weltall für Jahrhunderte den grundsätzlichen Vorstellungsrahmen aller Astronomie geliefert: Erst unser Jahrhundert schreitet über diese Vorstellungen mit großen Schritten hinaus. Aber Giordano Bruno hat außer diesen, in wenige Worte zusammenfaßbaren spekulativen Thesen für die Naturwissenschaft keinen sonstigen Beitrag gegeben, sondern seine Hauptbeschäftigung in den abwegigen Gedankenspielereien der «lullischen Kunst» gesucht. Die mathematischen Unterlagen der Lehre des Kopernikus ließen ihn unberührt, wie er überhaupt Mathematik und strenge Logik mit Abscheu betrachtet hat.

In Kopernikus hingegen sehen wir den Naturforscher, in welchem sich die Demut echter Erkenntnis verkörpert. Er kennt und befolgt das strenge Gebot einer Beschränkung der Aussage auf das, was zuverlässig gesagt und auch begründet werden kann. Im sorgfältigen, gewissenhaften Zusammentragen von Beweisen sammelt er Baustein um Baustein für das Gebäude der Erkenntnisse. Er beugt sich der Tatsache, daß dies Gebäude unfertig bleiben muß, offen und unabgeschlossen: Daß er die Sphäre der Fixsterne unangerührt bestehen ließ, bedeutet nicht eine Scheu vor der Anzweiflung überkommener Lehren, sondern ist Folge der Tatsache, daß er aus den ihm verfügbaren Unterlagen des Wissens noch keine beweisbaren Folgerungen für die Fixsterne ableiten konnte. So ließ er die Frage nach der Deutung der Fixsterne auf sich beruhen – er verschmähte den Ausweg spekulierender Phantasie, die zu abschließender, letztgültiger Gesamterkenntnis kommen und das Gebäude eigenwillig krönen möchte.

Hat Giordano Bruno einerseits mit seiner spekulierenden Phantasie der Astronomie wegweisende Anregungen gegeben, so hat andererseits sein Wirken dazu geführt, daß die ursprüngliche Toleranz katholischer Geistlichkeit gegenüber der Theorie des Kopernikus ein Ende fand. Sechzehn Jahre nach dem Tode Giordano Brunos wurde im

Zusammenhang des Inquisitions-Prozesses gegen Galilei das Werk des Kopernikus auf den Index gesetzt mit der Begründung: «Die Behauptung, die Sonne stehe unbeweglich im Mittelpunkt der Welt, ist töricht, philosophisch falsch und ketzerisch, weil den Worten der Heiligen Schrift zuwider.» Erst zweihundert Jahre später ist dieses Urteil wieder aufgehoben worden.

Auch dieses Urteil und der wegen der Kopernikanischen Lehre gegen Galilei geführte Inquisitions-Prozeß zeigen, daß angesichts der Realität der abendländischen Geistesgeschichte von einer religiösen «Irrelevanz» naturwissenschaftlicher Erkenntnisse nicht gesprochen werden kann: Giordano Brunos Lehren von Raum und Zeit und von der unendlichen Vielzahl bewohnter Weltkörper berühren Grundfragen religiöser Weltauffassung und Wirklichkeitsdeutung. Sie zerstörten die Reste jener Naturauffassung, welche im mittelalterlichen Bewußtsein mit der religiösen Vorstellungswelt zu einer unteilbaren Ganzheit verschmolzen war.

Ein bedeutender katholischer Denker unserer Zeit, Friedrich Dessauer, hat dem Prozeß Galilei und seinen geistesgeschichtlichen Auswirkungen eine ausführliche Studie gewidmet. Er hat das damals gefällte Urteil als einen folgenschweren Irrtum bezeichnet und darauf hingewiesen, daß gerade von da an eine Bewegung zur Auswanderung der Naturforschung aus dem kirchlichen Bereich begonnen hat – eine vorher unbekannt gewesene Trennung der Naturwissenschaften von allem theologischen Denken. Dessauer hat die Überzeugung ausgesprochen, diese Trennung sei für die abendländische Entwicklung verhängnisvoller, noch verhängnisvoller geworden als die konfessionelle Zerspaltung der Christenheit. Soweit es sinnvoll ist, historischen Schuldfragen nachzugehen, wird man für diesen von Dessauer beklagten Bruch weitgehend Giodano Bruno verantwortlich zu machen haben.

Die Grundlagen des neuen Naturbildes, das an die Stelle des alten trat, entstammen antikem Geistesgut. Die Mathematik nach Euklid und Archimedes; das astronomische Weltbild des Eratosthenes und Aristarchs, für dessen spätere Ausgestaltung das Werk des Ptolemäus trotz seiner abweichenden Auffassungsweise die Unterlagen geliefert hat; und die Atomlehre Demokrits – von der wir noch sprechen werden – sind die drei überragenden Erkenntnisleistungen, durch welche die Griechen unserem Nachdenken über die Natur die Richtung gewiesen haben. Sicherlich gehören auch die Dichtung, die bildende Kunst und die Philosophie der Griechen zu den höchsten Entfaltungen menschlichen Geistes. Aber niemand kann in der heutigen Welt mit höherem Recht behaupten, Erbe antiken Geistes und Träger seiner fortzeugenden Wirkungen zu sein, als die Mathematiker, Physiker und Astronomen.

Wer geneigt ist, die künftige Ablösung der heutigen europäischen Irreligiosität durch eine Rechristianisierung zu erwarten oder zu erhoffen, der könnte die von dieser Beurteilung aus dringendste Notwendigkeit unserer Zeit bezeichnen als eine Vollendung der – in großen historischen Anläufen (wie THOMAS VON AQUIN) versuchten, aber bislang nur zum Teil vollzogenen – Vermählung der christlichen Gedankenwelt mit der heidnischen Antike.

ANTIKE UND MODERNE WELT

Natürlich wäre die wunderbare Entwicklung griechischer Astronomie – die trotz der eindringlichen Beschäftigung der Babylonier, Chinesen und Maya-Indianer mit den Gestirnen keinerlei gleichwertige Entsprechung in anderen Kulturen gefunden hat – nicht möglich gewesen ohne die gleichfalls von den Griechen vollzogene Schaffung der Geometrie, wie sie in dem großen Werke des EUKLID ihre für alle Späteren richtunggebende Gestalt gefunden hat. Diesen beiden überragenden Leistungen menschlichen Geistes, die in antiker Zeit vollbracht wurden, steht eine dritte zur Seite, die sich als nicht weniger bedeutungsvoll erweisen sollte, obwohl erst unser eigenes Jahrhundert die endgültige Rechtfertigung und Bestätigung dafür erbringen konnte. Die Atom-Vorstellung, wie sie von den Philosophen LEUKIPP, DEMOKRIT und EPIKUR geschaffen wurde, ist in der Folgezeit zu einer unentbehrlichen Grundlage naturwissenschaftlichen Denkens und Forschens geworden, freilich zunächst in anderer Weise als die antike Geometrie und Astronomie. In der Geometrie handelte es sich ja um die Klarstellung – und zwar weitgehend endgültige Klarstellung – wunderbarer Gesetzmäßigkeiten räumlicher Gestaltung, welche, einmal erkannt, zu unbezweifelbarer Bedeutung für menschliches Denken und Tun erhoben waren. In der Astronomie handelte es sich um handfeste, weitreichende Beiträge zur Wirklichkeitserkenntnis, deren Bedeutung gleichfalls nicht wieder zweifelhaft werden konnte, nachdem sie einmal gefaßt waren. Die antike Atomlehre hingegen ist von mehr spekulativem oder «philosophischem» Charakter – weder bot sie, gleich der Geometrie, beweisbare, nach dem erfolgten Beweis unangreifbare Erkenntnis, noch stand sie, wie die Astronomie, mit planmäßiger messender Naturbeobachtung in Verbindung. Dennoch enthielt sie die Unterlagen einer großartigen und unentbehrlichen Denkschulung und Wegweisung für alle spätere Naturwissenschaft.

Daß die moderne Welt mit ihrer Atomtechnik, ihren Raketen und ihrer beginnenden Raumschiffahrt auf den antiken Gedankenleistungen in Geometrie, Astronomie, Atomphilosophie beruht (ebenso wie schon die Naturforschung des vorigen Jahrhunderts und die daraus entstandene, das Industriezeitalter eröffnende Technik der Dampfmaschinen und der Elektrizität darauf beruhte), ist eine Tatsache, die weit davon entfernt geblieben ist, in unserem heutigen Bewußtsein ausreichend gewürdigt zu werden. Hindernd steht hier die eigentümliche Zerspaltung unseres Bildungswesens in einen geisteswissenschaftlichen und einen naturwissenschaftlichen Bereich im Wege. Diejenigen Menschen, die sich mit der Antike beschäftigen, sind in ihrer großen Mehrzahl als ausgesprochene Geisteswissenschaftler abgeneigt, die Geschichte mathematischer und naturwissenschaftlicher Forschung in antiker Zeit zu verfolgen – und tatsächlich gehört ja zu einer Würdigung und Wertung der mathematisch-naturwissenschaftlichen Leistungen der Antike auch eine gewisse Bekanntschaft mit der modernen Entwicklung von Naturwissenschaft und Mathematik, durch welche die Tragweite dessen, was von den Griechen angebahnt wurde, erst voll erkennbar wird. Die Naturwissenschaftler andererseits, voll beansprucht durch ihre eigene Mitwirkung am weiteren Wachstum unserer Erkenntnis, sind meist abgeneigt, rückblickend die Begründung ihrer geistigen Welt in antiker Zeit zu betrachten. Die Spaltung unseres Bildungswesens und unserer Vorstellung davon, was «Bildung» eigentlich sein und bedeuten sollte, ist ein eigentümliches Kulturübel, welches um seiner selbst willen einige nähere Betrachtung verdient.

Wer (wie der Verfasser dieses Buches) auf Befragen bekennen muß, weitgehend unmusikalisch zu sein, der tut das mit Beklommenheit: Mit der Empfindung, etwas nicht zu sein, was ein ordentlicher Mensch sein sollte – was jedenfalls zur vollen Entfaltung des Menschen hinzugehört. Wer aber erklärt, nichts von Mathematik zu verstehen, der tut das gewöhnlich mit Nachdruck und Stolz – so etwa, wie jemand versichert, kein Bürokrat zu sein. Man glaubt weithin, daß der Mangel an mathematischem Verständnis geradezu eine der Voraussetzungen höheren Menschentums sei; daß Verständnis dafür –

oder Neigung zur Mathematik – den Betroffenen kennzeichne als einen Menschen, dem die inneren Beziehungen zur Welt des Schönen und des Lebendigen verlorengegangen oder abgestorben sind; so etwa, wie dem seine Dukaten zählenden Geizhals nur ein zu übersteigerter Größe gezüchteter Ersatz der vollen Lebenswirklichkeit geblieben ist.

In solcher Betrachtungs- und Bewertungsweise erscheint es dann sehr natürlich, daß der Mathematik noch heute (kaum weniger als in der Großväterzeit) eine außenseiterische Stellung – nur eben am Rande – in unserem Bildungsideal zuerteilt wird: Als eine trockene, dürre und langweilige Angelegenheit scheint sie am besten durch verknöcherte Pedanten verwaltet zu werden.

Dieser Abscheu vor der Mathematik ist die emotionale Grundlage, welche die eigentümliche Konstruktion unseres abendländischen Bildungsideals trägt. Denn dieses hat ja in seiner traditionellen Gestalt den Gesamtbereich nicht nur der Mathematik, sondern auch der mit mathematischem Denken verwobenen Naturwissenschaften von sich abzuschließen gestrebt. Wenn auch heute, inmitten einer sich in krisenhaften Auflösungen bewegenden Welt, die eindeutige Bestimmtheit eines anerkannten Bildungsideals verlorenzugehen beginnt, so ist doch jene eigentümliche Kluft, jene seltsame Zweiteilung unserer wissenschaftlichen Arbeit in Geisteswissenschaften und Naturwissenschaften bestehen geblieben (oder sogar noch vertieft), die man gern als eine unabänderliche Gegebenheit betrachtet.

Es ist bekanntlich versucht worden, bestimmte grundsätzliche Verschiedenheiten in der Aufgabenstellung und den Methoden beider Wissenschaftsrichtungen zu entdecken: Der bekannteste dieser Versuche behauptete, daß das Historische das eigentliche Element der geisteswissenschaftlichen Arbeit sei, im Gegensatz zum Systematischen der Naturforschung. Der Historiker spürt der Einmaligkeit eines unwiederholbaren Geschehens nach; der Physiker oder Chemiker hingegen sucht Naturgesetze zu ergründen, die sich in endlosen Wiederholungen immer wieder als zeitlos gültig bestätigen. Aber daß diese berechtigte und wichtige Unterscheidung des Historischen und des Systematischen irgend etwas zu tun hätte mit der Verschiedenheit von Geisteswissenschaft und Naturwissenschaft, kann schwerlich im Ernst vertreten werden. Sind doch große Gebiete der Naturwissenschaft, wie Geologie, Paläontologie, astronomisch-kosmologische Forschungen, auf die Ermittlung historischer Vorgänge gerichtet. Neben den «systematischen» Wissenschaften der Physik-Chemie stehen die biologischen, in denen sich die Erforschung von Gesetzlichkeit (teilweise angelehnt an chemisch-physikalische Erkenntnisse) unablösbar verknüpft mit der Erforschung von Tatsächlichkeiten, die wir nur als historische Gegebenheiten – aus der Phylogenie heraus – auffassen können. Und ebensowenig, wie wir der Naturwissenschaft die historische Betrachtungsweise nehmen können, ebensowenig dürfen wir die geisteswissenschaftliche Forschung einseitig festlegen auf das Nur-Historische: Auch dort werden ja in mancherlei Arbeitsgebieten Gesetzlichkeiten zu erkennen gesucht – ganz abgesehen davon, daß wir in einem Erfahrungsgebiet, in welchem wir keine Gesetzlichkeiten irgendwelcher Art zu entdecken vermöchten, auch keine Hilfsmittel zur Ermittlung und Erkennung des einmaligen geschichtlichen Verlaufes mehr hätten.

Wenn aber dieser Versuch (und ähnlich auch andere Versuche), der Unterteilung unseres Gesamtwissens in zwei große Teilgebiete eine tiefere sachliche Berechtigung nachzuweisen, als mißlungen angesehen werden muß, so bleibt zuletzt für eine definitorische Abgrenzung kaum ein anderer Gesichtspunkt übrig, als der, daß der eine Ast der Wissenschaften sich auf die nur am Menschen zu verzeichnenden Sondererscheinungen bezieht, während der andere (obwohl er – z. B. in der Medizin – auch seinerseits dem Menschen höchste Aufmerksamkeit widmet) nur diejenigen Eigenschaften des Menschen näher betrachtet, welche dieser gemeinsam hat mit anderen Naturgebilden, insbesondere seiner näheren und weiteren biologischen Verwandtschaft. Bei einer solchen Art der Abgrenzung, welche gewissermaßen nur ein praktisches Bedürfnis der wissenschaftlichen Arbeitsteilung hervorhebt, aber ganz verzichtet auf die Behauptung *grundsätzlicher* Unterschiede der beiderseitigen Methodik (obwohl in den *speziellen* Methoden, etwa des Sinologen und des Mineralogen, natürlich sehr erhebliche Verschiedenheiten aus den Erfordernissen der Sache heraus bestehen), bleibt aber schließlich kein Grund erkennbar dafür, warum sich Geisteswissenschaft und Naturwissenschaft oft so schlecht vertragen; schlechter jedenfalls, als etwa Physik und Chemie oder Zoologie und Botanik.

Wir werden vielmehr die Tatsache, daß heutige Europäer (soweit sie an Dingen wissenschaftlicher Bildung Anteil nehmen) fast immer so entschieden entweder auf der einen oder auf der anderen der beiden Seiten stehen, als eine Übertreibung betrachten müssen, deren Ursprung nicht sachlich-berechtigt ist, sondern schlechthin in den Zufälligkeiten historischer Entwicklungen und Fehlentwicklungen liegt. Man kann nicht hoffen, einen so verhängnisvollen Fehler durch wohlmeinende Ratschläge beheben zu können. Aber man darf durchaus hoffen, daß es nicht vergeblich ist, ihn der Aufmerksamkeit zu empfehlen und sich um Einsicht in sein Zustandekommen (und seine Auswirkungen) zu bemühen. In der Länge der Zeit wird solche Einsicht allmählich zur Auswirkung gelangen, auch wenn wir heute das Übel für so groß ansehen müssen, daß es in absehbarer Zeit schwerlich zu heilen sein wird.

Sicherlich handelt es sich um ein Übel. Die geistig lebendige Schicht der europäisch-amerikanischen Menschheit besteht heute aus zwei Arten von Bildungsvertretern, die in verschiedenen, getrennten Welten leben, zwischen denen es nur spärliche und schmale Brücken der Verständigung gibt. Die uns alle so stürmisch bewegende Macht der Technik wird getragen von Menschen, die oft die innere Welt der Geisteswissenschaften kaum ihrem Vorhandensein nach kennen: Die mit nicht-technischen Berufen beschäftigte Mehrheit europäischer Bildungsschicht hingegen steht umgekehrt größtenteils mit ähnlicher Hilflosigkeit und Ahnungslosigkeit den Naturwissenschaften gegenüber. In beiden Fällen handelt es sich nicht etwa um das natürliche, selbstverständliche Fehlen von Spezialistenkenntnis außerhalb der jeweiligen eigenen Fachbereiche, sondern vielmehr um einen Grad der Ahnungslosigkeit, der sich zu gefühlsbetonter Ablehnung zu steigern geneigt ist; der als ein Extremfall wechselseitiger Entfremdung und Verständnislosigkeit keineswegs wirkungslos inmitten der vielfältigen Zerrissenheiten unserer Gegenwart steht.

Der einzelne ist ja gar nicht imstande, sich dieser Bewußtseinsspaltung unserer Bildungsschicht zu entziehen. Die in Jahrhunderten herausgebildeten Möglichkeiten des Studiums drängen jeden zu einer Entscheidung zwischen zwei Wegen – und halten ihn darin fest. In solcher Weise wirken nicht nur die traditionelle Organisation unserer Vorlesungen, Seminare, Prüfungsfächer, Berufswege; sondern auch unser gesamtes wissenschaftliches Schrifttum ist darauf angelegt, entweder dem geisteswissenschaftlich gerichteten oder dem naturwissenschaftlich gerichteten Benutzer Auskunft zu gewähren.

Solche Verhältnisse müssen sich verhängnisvoll auswirken in einer Zeit, die so dringlich wie die heutige die volle Entfaltung menschlicher Kräfte zu ihrer Bemeisterung verlangt – die es wünschenswert macht, daß etwa Staatsmänner und Politiker ein inneres Verständnis sowohl für die Welt der Technik, Naturwissenschaften und Medizin, als auch andererseits für die Welt der Geschichte hätten, aus deren

Geschehenszusammenhängen wir nicht einmal durch unsere Irrtümer hinaustreten können. Aber wie radikal die betrachtete Zerspaltung uns Heutige daran hindert, überhaupt den Typ des gebildeten Menschen — in einem anspruchsvoll-zeitgemäßen Sinne — zu verwirklichen, wird uns klar, wenn wir uns vor Augen halten, daß niemand heute imstande wäre, etwa über DESCARTES ein den Ausmaßen seines Geistes und seines Wirkens gerecht werdendes Buch zu schreiben. Dazu würde ja einerseits ein Historiker gehören, der den Lauf eines bunt bewegten Lebens vor dem Hintergrunde und im Zusammenhang geschichtlicher und kultureller Entwicklungen zu erkennen und zu schildern vermöchte; und andererseits ebenso sehr ein reifer Kenner heutiger Naturwissenschaften, der aus dieser Kenntnis die Maßstäbe für die rechte Bewertung eines genialen Denkers zu entnehmen vermöchte, welcher in seiner Zeit allen Zweigen der Naturwissenschaften seine Aufmerksamkeit gewidmet und fast allen wesentliche Antriebe gegeben hat. Die Unfähigkeit des heutigen Europas, ein solches Buch zustande zu bringen, beruht nicht auf unabänderlichen Leistungsgrenzen des menschlichen Gehirns, sondern lediglich auf Strukturfehlern unseres traditionellen Bildungsbegriffes und Bildungssystems — auf der aus historischen Zufälligkeiten entstandenen Verabsolutierung einer Zweiteilung unserer Wissenschaften, welche nur im harmlosen Sinn praktischer Arbeitsteilung ihre begrenzte Berechtigung hätte.

Bildung in einem zugleich modernen und tiefen Sinn würde ja die Geschichte der Naturwissenschaften mit besonderer Aufmerksamkeit zu betrachten haben: Das technisch-naturwissenschaftliche Denken von heute aus seinen historischen Bedingungen heraus zu verstehen, und damit zu einem vertieften geschichtlichen Bewußtsein unserer Gegenwart zu gelangen, wäre eine wesentliche Aufgabe moderner Bildung in anspruchsvoller Form. Aber die wenigen verdienstvollen Forscher, welche die Geschichte der Mathematik, Naturwissenschaften, Technik und Medizin zu ihrem Arbeitsgebiet gemacht haben, sind durch die Trägheit, mit welcher ihre Umwelt auf sie reagiert, bislang mehr zu Spezialisten gesteigerter Form als zu Gestaltern einer großen Synthese unserer Wissenschaften gestempelt; die europäische Geistigkeit entzieht sich einer ihrer dringendsten Pflichten.

PLATO hat den Zugang zu seiner Akademie nur denen gestattet, welche den Geist der Mathematik verstanden und in sich aufgenommen hatten: Ein mahnender Gegensatz zur späteren europäischen Entwicklung, deren Philosophie fast durchweg eine Philosophie von Nichtmathematikern ist.

Wie konnte es geschehen, daß die um die Erforschung der Antike gruppierten Geisteswissenschaften sich der Mahnung Platos gänzlich entziehen und eine der wesentlichsten Leistungen, eine der bewunderungswürdigsten Seiten antiker Geistesgröße fast völlig aus den Augen verlieren konnten? Eine Beantwortung dieser Frage, die ich einmal von einem klugen Menschen hörte, gebe ich hier wieder, ohne meinerseits fachmännisch prüfen zu können, wie weit sie das Richtige trifft. Danach wäre der redselige Herr Cicero der eigentliche Schuldige; oder genauer gesagt: Die Wurzel des Übels läge darin, daß wir in den humanistischen Studien der Renaissance die Antike wesentlich mit seinen Augen zu sehen uns angewöhnt und danach das europäische Bildungsideal gestaltet haben. Für diesen unermüdlichen Meister der Phrase, dessen kunstvoll verschnörkelte Satzgebilde so ungeheure Bewunderung bei Zeitgenossen und Nachfahren gefunden haben, war ja die Welt des Geistes im wesentlichen durch die Begriffe Rhetorik, Grammatik, Jurisprudenz und Politik umrissen (allenfalls noch Schöne Literatur). Die Geschäftigkeit des Advokaten, Parlamentariers und Konferenzlöwen duldete keine Versenkung in brotlose Künste und Wissenschaften: Jene überragenden Geistestaten mathematischen Denkens und naturwissenschaftlicher Welterkundung, welche für immer zum höchsten Ruhme antiker Kultur gehören werden; welche das begründet haben, was uns Heutigen unser Schicksal ist – sie galten ihm ebensowenig, wie die immerhin nicht unbeträchtlichen sonstigen Schätze naturwissenschaftlicher Kenntnisse, die zu seiner Zeit bereits gewonnen waren. Kein Wunder, daß spätere Abendländer, welche die Antike durch diese Brille sahen, nur eine Hälfte davon zu sehen bekamen.

Heute scheint die Zerspaltenheit unseres Wissens und Denkens in zwei auseinanderstrebende Teile so endgültig besiegelt, daß man kaum noch Hoffnung auf ihre Überwindung sieht.

Dennoch sollten wir nicht verzweifeln an der Lösbarkeit auch dieses Problems. Entscheidendes wird bereits gewonnen sein, wenn der gefühlsbetonte Abscheu gegen die Mathematik einmal einer anderen Stimmung weichen wird – und das wenigstens zu erreichen, läge nicht außerhalb des Bereichs der Möglichkeiten. Niemand kann, den Notwendigkeiten praktischer Arbeitsteilung entgegenstrebend, dem Nichtmathematiker die Erwerbung mathematischer Spezialistenkenntnisse zumuten. Aber es wäre wichtig, daß das Verständnis für

Mathematik sich (Platos Forderung gemäß) ausbreiten würde: Für Mathematik *Verständnis* haben, das bedeutet nicht mehr (aber auch nicht weniger), als: Einen Hauch verspürt haben von der inneren *Schönheit* der Mathematik. Dazu sind sicherlich viel weitere Kreise von Menschen imstande, als man gemeinhin glaubt. Wenn auch unglückliche Entwicklungen abendländischer Bildungsideale und abendländischer Erziehungsmethoden die mathematische Begabung (außer in ihren stärkeren, nicht umzubringenden Fällen) weithin verschüttet haben, so ist sie im Grunde wahrscheinlich keineswegs seltener als die Begabung für Musik.

Der große Mathematiker Hilbert, von dem es so viele Anekdoten gibt, sprach einmal von einem seiner Schüler und erzählte: «Damals studierte er Mathematik; aber später ist er ein Dichter geworden. Zum Mathematiker hatte er nicht genug Phantasie.» Dieses Wort muß dem der Mathematik Fernerstehenden überraschend erscheinen, weil es landläufige Meinung ist, daß Mathematik und Phantasie gar nichts miteinander zu tun hätten. Aber das ist ein Irrtum: Zum Schaffen des Mathematikers gehört die Phantasie nicht weniger als etwa zum Schaffen des Komponisten.

Allerdings handelt es sich hier um eine andere Verwendungsweise der Phantasie: Nicht in der Art freier künstlerischer Schöpfung, sondern gebunden an die unerbittliche Forderung der Wahrheit. Das Reich der Zahlen mit der unerschöpflichen Fülle seiner Geheimnisse, wie sie insbesondere mit den Primzahlen verknüpft sind, und das nicht weniger große und mannigfaltige Reich der logischen Strukturen gestatten nur demjenigen ein tieferes Eindringen, der imstande ist, sich in diese abstrakte Formenwelt hineinzudenken, hineinzuversetzen. Die hier verborgenen Gewebe und Architekturen vielgestaltiger Beziehungen können nur dann sichtbar gemacht werden, wenn wir Phantasie genug besitzen, sie uns nachschaffend zunächst vermutungsweise auszumalen und dann die Richtigkeit der Vermutungen Schritt um Schritt zu prüfen.

Demokrit

Wenn wir in unserer Betrachtung der antiken Atomphilosophie den Namen Demokrit in den Vordergrund stellen, ohne ausführlicher seinen Vorgänger Leukipp oder andererseits den an ihn anknüpfenden Epikur zu würdigen, so entspricht dies der Tatsache, daß das vorliegende Buch auf sachliche Fragen unserer Gegenwart zielt und ihre historischen Voraussetzungen nur recht flüchtig berühren kann. Es entspricht aber auch dem Tatbestand, daß einerseits die antike Atomvorstellung erst bei Demokrit zu voller Klarheit und Deutlichkeit gekommen ist. Andererseits hat Epikur den Nachdruck seiner geistigen Bemühung nicht mehr in gleichem Maße wie Demokrit auf die Gewinnung theoretischer Erkenntis der Welt gelegt, sondern vielmehr auf die daraus zu ziehenden Folgerungen im Sinne praktischer Lebensweisheit. Gerade dieserhalb ist er später in der abendländischen Geistesgeschichte von den Vertretern materialistischer oder sonstiger areligiöser Philosophie besonders gefeiert worden. Für unsere Fragestellung jedoch ist Demokrit wesentlicher.

Er lehrte, daß alles, was wir in unserer Umwelt vorfinden, alles Sichtbare, Fühlbare, Faßbare – alles *Stoffliche,* alles *Materielle* würden wir in unserer heutigen, damals noch nicht verfügbaren Sprache sagen – nichts anderes sei, als eine Vielheit zahlloser, winziger Körperchen, die er «Atome» («Unteilbares») nannte, um damit die Überzeugung auszudrücken, daß diese Körperchen letzte, unzusammengesetzte Bausteine aller Materie seien. Sie sind dementsprechend unveränderlich, unzerstörbar, unerschaffbar. Aber sie bewegen sich im leeren Raum, bei ihren Zusammenstößen in Wechselwirkung tretend – wir würden heute ganz kurz sagen: nach den Gesetzen der Mechanik. So vollzieht sich also eine im ganzen ungeheuer verwickelte Bewegung von Atomen im leeren Raume; und sie ist nach Demokrit die eigentliche Wirklichkeit des Weltgeschehens – das, wovon uns unsere groben Sinne nur eine stark getrübte und bunt verschleierte Kunde geben.

«Es gibt nichts», so lehrte Demokrit, «als die Atome und den leeren Raum. Alles andere ist Meinung.» Und «Meinung», dieses wegwerfende Wort, sollte offenbar bedeuten: Alles, was sich die Menschen sonst vorzustellen pflegen in bezug auf die Wirklichkeit, ist nur von Menschen erfunden und erdacht, von Menschen fälschlich, irrtümlich *hineingelegt* in die Wirklichkeit, welche in ihrer objektiven Gestalt nichts anderes ist, als Bewegung der Atome im leeren Raum.

Wir heutigen Menschen sind ja von diesem Naturbild einer atomistischen Philosophie keinewegs mehr überrascht. Deshalb scheint es nicht überflüssig, uns daran zu erinnern, in welcher Zeit, in welcher geistigen Umwelt Demokrit diese Gedanken ausgesprochen hat. Seine Zeitgenossen waren noch gewohnt, in jeder auffälligen Naturerscheinung das launenhafte, willkürliche Walten von Göttern, Halbgöttern,

Dämonen, Nymphen und sonstigen mythologischen Wesen zu sehen, die nach ihrer Überzeugung in Wäldern, Bäumen, Quellen wohnten. Diesem mythologisch durchwebten, mythologisch belebten Naturbild seiner Umwelt, seiner Zeit stellte Demokrit in kaum zu überbietender Kühnheit des Denkens ein ganz anderes Bild gegenüber: Das Bild einer von *Gesetzlichkeit* beherrschten Natur.

Dieser große Gedanke – maßgebend geblieben für alle spätere Naturforschung – der Gedanke einer das gesamte Naturgeschehen beherrschenden Naturgesetzlichkeit, ist, so dürfen wir ohne Übertreibung sagen, zum ersten Male in der Geschichte menschlichen Denkens von Demokrit scharf erfaßt und in seiner Atomphilosophie in so greifbar anschaulicher Form ausgemalt worden, daß man sich nicht darüber wundern kann, daß diese Gedanken berufen waren, über Jahrtausende hin das Denken der Menschheit prägend zu beeinflussen.

Mit jenem entschiedenen Satz, nach welchem nur die Atome und der leere Raum Wirklichkeit sind, alles andere aber, was für wirklich gehalten wurde, bloße Meinung ist – mit diesem Satz ist natürlich vor allem die gesamte heidnische Götterwelt als bloße Phantasie erklärt. Dem radikalen Wahrheitssucher Demokrit war dies eine notwendige Folgerung seiner Überlegungen. Epikur, dem die theoretische Erkenntnis als solche weniger wichtig war als die praktischen Folgerungen, hat sich hinsichtlich der antiken Götterwelt vorsichtiger und kompromißbereiter gestellt. Nach seiner auf Demokrit aufbauenden Lehre waren die Götter anzuerkennen als höhere Wesen, die in der Sternenwelt wohnen und die keinerlei Einfluß ausüben auf irdisches Geschehen: Ohne sich den Gefahren einer grundsätzlichen Leugnung der Götter auszusetzen, konnte Epikur auf diese Weise doch die für ihn wichtige Folgerung begründen, nämlich, daß der Mensch keinerlei Furcht vor den Göttern zu haben brauche, da diese mit sich selber beschäftigt sind, während andererseits das Naturgeschehen seinen durch die Mechanik der Atome gesetzlich bestimmten Lauf vollführt.

Wenngleich in den großen geschichtlichen Krisen nach dem Verblühen der antiken Welt die Erinnerung an Demokrit und seine Atomphilosophie fast verloren schien, so ist sie doch niemals ganz verlorengegangen. Wir müssen es uns versagen, den geistesgeschichtlichen Entwicklungen nachzugehen, welche – vor allem durch die Gelehrten der arabischen Kultur – eine Bewahrung antiker Geistesschöpfungen in den Jahrhunderten europäischer Krisen möglich gemacht haben. Jedenfalls wurde in der Renaissance, als im großen

Aufbruch abendländischer Entfaltung das geistige Erbe der Antike in breitem Ausmaß wieder ans Licht geholt wurde, auch Demokrits Philosophie den Gelehrten des Abendlandes weithin bekannt; und sie hat seitdem nicht wieder aufgehört, fruchtbarste Anregung naturwissenschaftlicher Vorstellungsbildung zu sein. Während die Astronomie in der Bewegung der Gestirne überzeugende Beispiele mathematischer Naturgesetzlichkeit enthüllte, gab die Atomphilosophie den Mut, auch in der überwältigenden Mannigfaltigkeit irdischer Naturvorgänge das Walten unverbrüchlicher Gesetzlichkeit zu vermuten und diese Vermutung in zunehmend vielseitiger Bestätigung zur Überzeugung werden zu lassen.

Zwar ist versucht worden – vor allem von Descartes –, die atomistische Vorstellung zu vermeiden und statt dessen eine abgeänderte Grundvorstellung vom physikalischen Naturgeschehen zu entwickeln. Jedoch konnte nicht übersehen werden, daß die Atomvorstellung die einfachste überhaupt denkbare Möglichkeit bot, sich die Naturvorgänge als gesetzlich bedingt auszumalen. Dies kommt zum Ausdruck in Newtons Stellungnahme zur Atomvorstellung, die Dannemann[1] folgendermaßen zusammenfaßt: «Er hält es für das Wahrscheinlichste, daß sie aus festen, undurchdringlichen, beweglichen Partikeln bestehe. Da die Naturkörper, z. B. das Wasser, in ihren Eigenschaften unveränderlich seien, so müßten die Partikeln, aus denen sie beständen, weder abgenutzt noch zerstört werden können. Der Wandel der körperlichen Dinge sei ausschließlich in die Trennungen, Vereinigungen und Bewegungen jener unveränderlichen Partikeln zu verlegen.»

Vor allem die *Chemie* verdankt der Atomvorstellung ihre Entwicklung zu einer mit klaren Begriffen arbeitenden Wissenschaft – die sich loslöste aus dem Gedankenwirrwarr alchemistisch-magischer Vorstellungen: Boyle und später Dalton haben die Grunderkenntnisse der Chemie auf der «Korpuskulartheorie» aufgebaut.

Die Auswirkungen der Gedanken Demokrits werden uns im folgenden noch vielseitig zu beschäftigen haben, sowohl in ihrer überragenden Bedeutung für die naturwissenschaftliche Erkenntnis als auch in ihrer Eigenschaft als Zündstoff geistesgeschichtlicher Entwicklungen (und ihrer politisch-historischen Folgeereignisse). Vorweg sollte hier jedoch die beherschende Rolle dieser Gedanken – neben

---

[1] Die Naturwissenschaften in ihrer Entwicklung und ihrem Zusammenhange. Leipzig 1910–1913.

derjenigen der antiken Geometrie und Astronomie – für die moderne, auf Naturforschung, Technik, Industrie beruhende Welt betont werden. Wären dem allgemeinen Bewußtsein diese geistigen Zusammenhänge antiker und moderner Welt deutlicher gegenwärtig, so würde es daraus eine nicht unbeachtliche Lehre ziehen können – welche gängigen, verbreiteten Meinungen freilich radikal widerspricht. (Wie meistens die Wahrheit im Gegensatz zu Mode-Ansichten steht.)

Unsere Gegenwart ist in besonderem Maße eine von Krisen geschüttelte (und eine in Angst vor noch kommenden Krisen dahinlebende) Zeit. Im Bereich der Kunst wie im Bereiche der politischen Entwicklungen ist uns der Zustand der Dauerkrise fast schon zur Selbstverständlichkeit geworden – ähnlich, wie im Bereich der Weltanschauungen. Trotzdem gibt es einen von allen Krisen ausgesparten modernen Lebensbereich: Naturforschung und Technik in ihrer rasanten Vorwärtsentwicklung sind seit dem Versuche kirchlicher Kräfte, Galilei zu bremsen, niemals mehr einer ernstlichen äußeren Hinderung und noch weniger einer inneren Krise ausgesetzt gewesen. Zwar hat in Deutschland das Trümmerfeld der ersten Nachkriegsjahre zeitweise jenen grundsätzlichen Bedenken gegen Naturwissenschaft und Technik Nahrung gegeben, die in dem (heute schon wieder vergessenen) Schlagwort von der «Dämonie der Technik» ihren Ausdruck fanden; und die durch die Atomtechnik verursachten Sorgen haben auch im Ausland gelegentlich Anklagen gegen Forschung und Technik laut werden lassen, deren folgerichtige Fortsetzung dahin gehen müßte, zu bedauern, daß die Verhinderung Galileis nicht gelungen ist. Jedoch wird eine ernsthafte Erwägung nicht verkennen können, daß es sich hier nicht um Anzeichen einer Krise von Forschung und Technik selber handelte, sondern um einen Ausdruck fehlenden Zusammenpassens zwischen dem ständigen, unbeirrbaren Vorwärtsschreiten wissenschaftlich-technischer Entwicklung einerseits und den schwankenden Hilflosigkeiten krisenhaft verwirrter weltpolitischer Entwicklung andererseits.

Dieser durch Abwesenheit jeglicher innerer Krise herausgehobene Bereich heutigen Lebens – Naturforschung und Technik – ist aber zugleich der einzige Bereich modernen Lebens, in welchem man noch nie auf die absurde Vorstellung gekommen ist, daß das (in allen anderen Lebensbereichen dauernd angepriesene) «Über-Bord-Werfen» von Traditionen ein Weg zum Fortschritt sei. Im Gegenteil ist die gesamte Geschichte der Naturforschung ein aus lückenloser Bewahrung der Tradition erwachsener Vorgang – niemals kann es einem

Naturwissenschaftler unklar sein, daß er anknüpft an die Arbeit anderer und auf ihren Schultern steht. Niemals ist eine einmal gewonnene richtige Erkenntnis hernach wieder verworfen oder vergessen oder mißachtet worden – obwohl sie verfeinert, also abändernd fortenwickelt, und vielleicht auch hinsichtlich ihrer Gültigkeit eingegrenzt wurde durch neue Ergebnisse, welche die früheren nicht widerlegen, sondern ergänzen.

Wir sehen die ersten Gipfelleistungen dieser durch die Jahrtausende reichenden Tradition in der griechischen Antike – die ihrerseits anknüpfte an noch früher errungenes Wissen ägyptischer und babylonischer Zeit.

Descartes als Naturforscher

Gegenüber dem glänzenden, faszinierenden Eindruck und der aus Zustimmung und Widerspruch fruchtbar zusammengesetzten nachhaltigen Wirkung, welche Decsartes' Philosophie in der abendländischen Geistesgeschichte hinterlassen hat, sind seine Beiträge zu den Naturwissenschaften stark in den Hintergrund getreten. Zwar haben seine mathematischen Forschungen kaum weniger als die philosophischen seinen Ruhm mitbegründet. Aber was von seiner eigentlich naturwissenschaftlichen Gedankenarbeit heute allgemein bekannt und geläufig ist, beschränkt sich auf die grundsätzlichen, halb philosophischen Theorien: Seine Korpuskulartheorie, welche, der aus antikem Geistesgut überkommenen Atomlehre nahe verwandt, dieser so wesentlich die Wege ebnete durch Abänderung von Härten der Vorstellung, die dem damaligen Denken Schwierigkeiten machten; und ferner seine Wirbeltheorie, welche mit dem Versuch einer Zurückführung der zwischen den Himmelskörpern wirkenden Kräfte auf die in Druck und Stoß der Korpuskeln tätige Nahewirkung ein Thema angeschnitten hat, das bis auf unser Jahrhundert die Naturforscher bewegen sollte.

Aber schon die naturwissenschaftlichen Anwendungen in seinem vor dreihundert Jahren erschienenen *«Discours de la Méthode»* haben in neuerer Zeit so wenig Aufmerksamkeit gefunden, daß sie nicht einmal ins Deutsche übersetzt worden sind. So beschränkt sich die 1911 in Leipzig erschienene verdienstvolle Ausgabe von A. Buchenau auf den rein philosophischen Teil des «Discours», unter Fortlassung der «Dioptrique», der «Météores» und der «Géométrie».

Wie entschieden aber Descartes selber, in einer Zeit, welcher die heutige Entfremdung von Naturwissenschaft und Philosophie noch nicht bekannt war, die Einheit seines Werkes von 1637 empfand – derart, daß die drei Anwendungen nicht möglich wären ohne die zuvor dargelegte Methode, während umgekehrt erst die Anwendungen Wesen und Wert dieser Methode voll ersichtlich machen –, das geht aus brieflichen Erläuterungen hervor, nach welchen die Schrift ursprünglich heißen sollte: «Entwurf einer universellen Wissenschaft, die unsere Natur zum höchsten Grade der Vollkommenheit zu erheben vermag». Darin behandeln die drei Anwendungen «die anziehendsten Gegenstände, die der Autor hat auswählen können, um von der beabsichtigten universellen Wissenschaft Rechenschaft abzulegen. – In der ‹Dioptrique› rede ich, außer von der Brechung und der Erfindung der Gläser, auch ganz besonders vom Auge, vom Licht, vom Sehen und von allem, was in die Katoptrik und Optik hineingehört. In den ‹Météores› verbreite ich mich besonders über die Natur des Salzes; die Ursachen der Winde und des Donners; die Figuren des Schnees, die Farben des Regenbogens, wobei ich auch versuche, ganz allgemein zu beweisen, welches die Natur der einzelnen Farben ist; ferner über die Ringe (um Sonne oder Mond) oder die ‹Halonen› und die Nebensonnen, ähnlich denen, wie sie sich in Rom vor sechs bis sieben Jahren zeigten. Endlich versuche ich in der ‹Géométrie› eine allgemeine Methode anzugeben, um alle Probleme zur Lösung zu bringen, bei denen eine solche bisher noch nicht gelungen ist.»

Geboren 1596, also 32 Jahre jünger als Galilei, und 47 Jahre älter als Newton, steht DESCARTES mitten im Zeitalter der Begründung der abendländischen Naturwissenschaft. Es ist eine merkwürdige Zeit. Noch sind die Lehren und die Institutionen eines autoritär geschlossenen Weltbildes ungeschwächt in Kraft. Aber schon eröffnen sich dem neuen Denken und Forschen kaum geahnte Horizonte. Dem erwachenden neuen Geist – der seine drängenden Fragen nicht mehr aus den Schriften der Alten beantwortet wissen will, der sich zum eigenen Suchen und Feststellen entschlossen hat, allen fertigen Antworten seinen Zweifel entgegensetzend – tauchen auf allen Seiten neue Aufgaben auf, die zur Erprobung seiner jungen Kräfte reizen. Descartes, mit einer fast rauschartigen Lebhaftigkeit von der Bewegung seiner Zeit ergriffen, hat eigentlich mit allen seinen Schriften nur Bruchstücke eines Gesamtwerks hinterlassen, das zu groß gedacht war, um ausführbar zu sein.

Als der Dreiundzwanzigjährige im Winterlager zu Neuburg an der Donau 1619–1620 beschloß, sich aus dem Kriegsleben in die Einsamkeit zurückzuziehen, hegte er den Plan eines umfassenden Wissenschaftsaufbaus, der mit der Untersuchung der zur Wahrheitsfindung geeigneten Methode zu beginnen hatte. Im Sommer 1629 werden die seit Jahren verfolgten, schon mehrfach geänderten Arbeitspläne beiseitegestellt, da die im März in Rom beobachteten Nebensonnen Descartes zu einer Erklärung auf Grund seiner früheren optischen Studien locken.

«Aus diesem Erklärungsversuch erwächst der Plan einer Darstellung aller sublunaren Erscheinungen, der einerseits ... erweitert wird zu einer Darstellung aller Naturerscheinungen überhaupt, also der ganzen Physik. Der Plan soll alle früheren Pläne in sich einschließen und so weit angelegt sein, daß er in keinem Falle mehr erweitert zu werden brauche.»[1] Dabei sollen die grundlegenden metaphysischen Fragen beantwortet, alle Sinnesqualitäten erklärt, die Meteorologie und die Akustik ausführlich behandelt werden.

Aber schon beginnen anatomisch-medizinische Studien Descartes zu fesseln und abzulenken; und die Fülle weiterer Anknüpfungen, die sich aus jedem von ihm behandelten Thema ergeben, sowie die nie ganz überwundene Schwierigkeit, eine Grenze zu finden in dem Bestreben, jeder angeschnittenen Frage bis ins Letzte nachzugehen, lassen nur ein Teilstück des Gesamtplans zur Ausarbeitung kommen. Auch dieses Teilstück aber gewinnt allmählich eine Inhaltsweite, die dazu führt, ihm den Titel «Das Weltall» («Le monde») zu übertragen, der für das anfangs geplante Gesamtwerk vorgesehen war. Schon ist Neujahr 1634 als Datum der Absendung an Mersenne festgesetzt, als die Nachricht von Galileis Verurteilung Descartes veranlaßt, das Werk zu verschließen.

Auch andere Beispiele zeigen diese Neigung seiner Arbeitspläne, sich unter seiner Hand zu erweitern, oft bis zu einer Größe, die nur noch fragmentarische Verwirklichung erlaubt.

William Harveys *«De motu cordis»* läßt ihn ein Teilstück seines «Weltall»-Planes ausgestalten zum Programm einer Erklärung aller wichtigen Funktionen eines ausgebildeten tierischen Organismus; später beginnt er, diese Darstellung durch eine von der Embryologie ausgehende zu ersetzen. Vermutlich ist auch eine Behandlung des Pflanzenorganismus zum mindesten geplant gewesen.

---

[1] K. Jungmann, René Descartes, Leipzig 1908.

Es ist zweifellos zum wesentlichen Teil den Hinderungen durch die Inquisition zuzuschreiben, daß das «Weltall» niemals als fertiges Gesamtwerk erschienen ist. Zum Teil aber lag wohl auch der Grund dafür in den inneren Schwierigkeiten eines unruhevollen Denkers, dessen allen Problemen einer stürmischen Entwicklungszeit offener Geist die Fülle der ihm zuströmenden Gedanken kaum auszuschöpfen vermochte. Aber trotz des fragmentarischen Charakters seiner Werke steht er mit dem groß angelegten Versuch einer Neubegründung aller Wissenschaften als eine der glänzendsten Erscheinungen in der europäischen Geistesgeschichte.

Sein äußeres Leben, von frühester Zeit an ganz der Aufgabe gewidmet, die ihn erfüllt, zeigt eine durch abenteuerliche Wechselfälle hindurch sich entwickelnde Folgerichtigkeit. Im «Discours», weit entfernt davon, einen unpersönlich-sachlichen Gedankenaufbau im Stile sonstiger wissenschaftlicher Werke vorzuführen, erläutert er autobiographisch die Entstehung und Entwicklung seiner Gedanken: Eine Darstellungsform, die in ihrer Vereinigung von Naivität und genialem Selbstbewußtsein nur in dieser Frühzeit und Aufbruchszeit der Wissenschaften möglich ist.

«Von Kindheit an bin ich in den Wissenschaften aufgezogen worden, und weil man mich überredete, man könne vermittels ihrer eine klare und untrügliche Kenntnis von allem für das Leben Nützlichen erlangen, so war mein Wunsch, sie zu lernen, sehr groß. Sobald ich aber diesen ganzen Studiengang, am Ende dessen man gewöhnlich unter die Gelehrten aufgenommen wird, vollendet hatte, änderte sich hierüber gänzlich meine Ansicht. Denn ich fand mich in soviel Zweifel und Irrtümer verstrickt, daß ich, wie mir schien, aus dem Versuche, mich zu belehren, keinen anderen Nutzen gezogen, als daß ich mehr und mehr meine Unwissenheit entdeckt hatte.» – «Sobald also mein Alter es mir erlaubte, mich von meinen Lehrern freizumachen, gab ich das gelehrte Studium gänzlich auf; und entschlossen, kein anderes Wissen fürderhin zu suchen, als das, was sich in mir selbst oder in dem großen Buche der Welt finden möchte, verwandte ich den Rest meiner Jugend darauf zu reisen, Höfe und Heere zu sehen, mit Menschen von verschiedener Art und Stellung zu verkehren, mannigfache Erfahrungen zu sammeln, mich selbst in den Ereignissen, die das Geschick mir darbot, auf die Probe zu stellen und überall über die sich mir darbietenden Dinge so nachzudenken, daß ich daraus einen Nutzen ziehen konnte.» – «Als ich nun von der Krönung des Kaisers (1619) zur Armee zurückkehrte, hielt mich der Beginn des

Winters in einem Quartier fest, wo ich mich, da ich keine mich zerstreuende Unterhaltung fand und im übrigen glücklicherweise durch keine Sorgen oder Leidenschaften gestört wurde, den ganzen Tag über allein im warmen Zimmer eingeschlossen hielt, so daß ich alle Muße hatte, mich mit meinen Gedanken zu unterhalten.» Der Rückzug in die Einsamkeit sollte ihm aber auch nur eine Zeitlang die Ruhe zu ungestörtem Schaffen geben: Nachdem Ende 1633 in Rücksicht auf die Inquisition «Das Weltall» zurückgehalten war, Mersennes Drängen aber 1637 erreichte, daß Descartes endlich mit Teilen seiner Werke hervorzutreten begann, wurde sein weiteres Leben ein dramatisch zugespitztes wechselvolles Ringen um die Freigabe seiner Lehren durch Inquisition und Vatikan; bis 1649 Christine von Schweden ihm eine Zuflucht in Stockholm bot, wo er im Februar 1650 dem nordischen Winter erlag.

Die Hauptschwierigkeit lag in der Kopernikanischen Lehre, die in der ursprünglichen, zurückgehaltenen Fassung des «Weltalls» ein wesentlicher Bestandteil war. In den später veröffentlichten Schriften hat Descartes einen merkwürdigen Ausweg gefunden: Auseinandersetzungen über die (wie wir heute sagen würden) *Relativität* ermöglichen es, eine formelle Anerkennung der von der Kurie festgehaltenen Auffassung zu vereinigen mit einer weitgehenden Verwertung der neuen Erkenntnisse; wobei es schwer ist (vielleicht sein *soll*), die genaue Grenze zu erkennen zwischen wissenschaftlicher Überzeugung und Diplomatie. Die ältere Geschichtsschreibung (z. B. Langes «Geschichte des Materialismus») hat es als offenkundig angenommen, daß Descartes' Absage an die Kopernikanische Theorie ein bloßes Zugeständnis an die äußere Gewalt, entgegen der besseren Überzeugung, gewesen sei. Wahrscheinlich ist diese zu plumpe Ansicht unrichtig; aber es dürfte andererseits auch zu weit gehen, wenn G. Milhaud[1] die *volle* Übereinstimmung von Descartes' Überzeugung mit dem Vertretenen behaupten möchte.

Diese Frühzeit der Wissenschaften ist ja eine Zeit eifersüchtiger Kämpfe: Prioritätsstreitigkeiten ohne Ende (man denke an LEIBNIZ-NEWTON) steigern sich immer wieder zum wechselseitigen Vorwurf des Plagiats; und auch Descartes ist von vielen Seiten zum Gegenstande schwerster Verdächtigungen gemacht. Milhaud hat in durchaus überzeugender Weise diese zum Teil bis in die Neuzeit fortgepflanzten Vorwürfe zurückgewiesen. Hierbei sieht er in Descartes'

[1] Descartes savant. Paris 1921.

Anerkennung der Unbewegtheit der Erde eine Schwierigkeit: «Wenn einmal bewiesen wäre, daß Descartes die wissenschaftliche Wahrheit der Sorge um seine Sicherheit geopfert hätte, wenn er sich dieser Feigheit schuldig gemacht hätte, wie sogar manche seiner Bewunderer, Millet z. B., behaupten, würde nichts unseren Glauben an seine Ehrlichkeit mehr rechtfertigen.» Aber dieses Urteil scheint uns gesprochen aus den Empfindungen einer Zeit heraus, welche sich von den Bedingungen, unter denen Descartes wirkte, mangels eigener ähnlicher Erfahrungen keine rechte Vorstellung zu machen vermochte. Wer unser Jahrhundert miterlebt hat, kann es besser verstehen. Psychologisch scheint uns keine Schwierigkeit zu stecken in der Annahme, daß Descartes zwar gegenüber der Kirche und der Inquisition eine diplomatische Haltung angenommen hat, aber trotzdem in allem religiös Neutralen unbedingt offen gewesen ist.

Bei dem Charakter Descartes' kann es nicht möglich sein, eine Abmessung einer Leistung und Bedeutung für die Naturwissenschaften zu finden durch eine bloße Zusammenstellung der fertigen Ergebnisse seiner Arbeit: Es ist dazu die viel schwierigere Aufgabe zu lösen, die von ihm ausgegangenen Einflüsse und Anregungen zu verfolgen. In keinem der von ihm behandelten naturwisenschaftlichen und mathematischen Problemgebiete erreicht er die abschließende Klarheit und klassische Vollendung, die Newton in der unerschütterlichen Ruhe seines Denkens und Forschens seinen Werken zu geben vermochte. In seiner eigensten mathematischen Schöpfung wird er durch unveröffentlichte Gedanken und Untersuchungen des großen Fermat an Klarheit und Weitblick überboten. Aber wie sehr auch seine Gedankengänge noch der Klärung und Durcharbeitung, der Kommentierung und Erläuterung durch Schüler und Zeitgenossen bedürfen – trotzdem hat sein Geist, zu unruhvoll, um sie zur letzten Klarheit ausreifen zu lassen, mit genialer Treffsicherheit das Entscheidende erfaßt.

Die mathematischen Arbeiten beziehen sich zum größten Teil auf das Gebiet, das in der «Géométrie» von 1637 behandelt wurde und das durch die Begriffe analytische Geometrie, Tangentenproblem[1], Gleichungslehre umschrieben wird. Es enthält zum wesentlichen Teil die Grundlagen und Voraussetzungen aller späteren höheren Mathematik, vor allem derjenigen mathematischen Disziplinen, die in den Naturwissenschaften angewandt werden. Aber auch außerhalb dieser

[1] eigentlich: Normalenproblem.

Begrenzung hat sein mathematisches Genie sich erwiesen; z. B. durch die Auffindung[1] jenes berühmten geometrischen (genauer topologischen) Satzes, der später nach seinem Wiederentdecker der Eulersche Polyedersatz genannt wurde.

K. Jungmann[2] hat aufschlußreiche Beiträge geliefert zum Verständnis der inneren Einstellung, aus der Descartes' analytische Geometrie entstanden ist. Man findet bei verschiedenen Denkern jener Zeit (auch später bei LEIBNIZ) den bei Descartes so ausgeprägten Glauben an die Möglichkeit einer allumfassenden Wissenschaft und Wissenschaftsmethode, welche alle überhaupt denkbaren Probleme zu lösen vermag. Descartes' analytische Geometrie war als Teil einer ihm vorschwebenden «Universalmathematik» gedacht, die ihrerseits nur die mathematische Anwendung seiner philosophischen Methode der Wahrheitserkenntnis sein sollte. Die mathematischen Ergebnisse der Antike, faszinierend durch Klarheit und Sicherheit der Beweismethode, scheinen ihm doch unbefriedigend durch den Mangel eines einheitlichen, leitenden Gedankens. Die einzelnen – als zweifellos richtig festgestellten – Lehrsätze scheinen zufällig oder auf geheimgehaltenen Wegen entdeckt; es muß eine Methode geben, die in einheitlichem Zusammenhang auf diese Wahrheiten und auf die Lösungen noch ungelöster Probleme führt.

Die späteren Mathematiker haben sich überzeugen müssen, daß die Hydra des Unerforschten nicht mit einer «universellen» Methode bezwungen werden kann, sondern immer wieder den durch keine Regel und Methode zu bestimmenden und zu ersetzenden Zugriff des Genies verlangt. Dennoch ist der Traum von einer «Universalmathematik» fruchtbar gewesen: Tatsächlich liegt die Bedeutung der in der analytischen Geometrie geschaffenen Verschmelzung von Geometrie und rechnender Mathematik eben darin, daß sie weiten Gebieten mathematischer Erkenntnis eine systematische Einheitlichkeit gibt, durch die in großem Umfang allgemein anwendbare Methoden an die Stelle jedesmal *ad hoc* erdachter Einzelüberlegungen treten. Die Rolle, welche die Mathematik später für die Forschung und Präzisierung der Physik spielen sollte, wäre nicht möglich gewesen ohne die Erleichterung, welche die mathematische Arbeit durch diese Systematisierung erfuhr.

Der bedeutende Einfluß, den Descartes' naturwissenschaftlich-

---

[1] Vgl. darüber Cantor, Geschichte der Mathematik.
[2] a.a.O.

philosophische Lehren – die Korpuskulartheorie, die Mechanik der Organismen, auch die Wirbeltheorie – auf die grundsätzliche Entwicklung des naturwissenschaftlichen Denkens ausgeübt haben, ist so oft analysiert und geschildert worden, daß hier keine Wiederholung nötig scheint. (Auf die Mechanik der Organismen kommen wir aber an anderer Stelle zurück.)

Von Einzelbeiträgen zu den Naturwissenschaften ist vor allem das Brechungsgesetz bekannt geworden. VOSSIUS und HUYGENS haben nach seinem Tode seine Urheberschaft bestritten, um den Holländer SNELLIUS – der es in mathematisch gleichbedeutender, aber umständlicherer Fassung aufgestellt hat – als Alleinurheber hinzustellen. Aber die Vermutung, daß Descartes dessen Manuskript gekannt habe, kann schwerlich aufrechterhalten werden[1]. Freilich ist wenig bekannt über die Erfahrungsgrundlagen, die zur Aufstellung dieses Gesetzes führten; ausführliche, systematische Experimente hierzu hat Descartes wohl bestimmt nicht gemacht; eine gewisse indirekte Bestätigung scheint ihm genügt zu haben. Wahrscheinlich waren es Keplers vorangegangene optische Untersuchungen, durch die Descartes (und wohl auch Snellius) zum Brechungsgesetz geführt wurde. Weiterhin bietet ihm dann die Optik ein Anwendungsfeld der *Deduktion:* so insbesondere in der Deutung des Regenbogens, dessen *Farben* zu erklären freilich NEWTON vorbehalten blieb.

Dies führt uns auf die grundsätzliche Frage nach Descartes' Verhältnis zum Experiment. Ohne Zweifel liegt hier die wesentlichste Begrenzung seiner Bedeutung als Naturwissenschaftler: So groß und so nachhaltig sein Einfluß zugunsten der Entwicklung unseres naturwissenschaftlichen Denkens ist, so ist ihm die Notwendigkeit der Induktion und der experimentellen Erfahrung doch nicht so deutlich geworden, daß er sie als die eigentliche Quelle und das Lebenselement der Naturwissenschaft erkannt hätte. Die Deduktion entsprach besser dem philosophischen Zuge seines Geistes; sein Traum von einer universellen Wissenschaft beruhte wesentlich auf dem Glauben, aus der methodisch-systematischen Anwendung allgemeiner Prinzipien heraus die Lösung der wichtigsten Fragen finden zu können. Aber obwohl er in diesem Sinne doch weniger Naturforscher als Philosoph und Mathematiker ist, muß man sich hüten, dieser Feststellung eine zu große Schärfe zu geben. Ein Geist wie Descartes ist nicht mit einfachen, einseitigen Formeln zu kennzeichnen. Nicht

[1] Milhaud, a.a.O. – Vgl. übrigens auch: F. Dannemann, Die Naturwissenschaften in ihrer Entwicklung u. i. Zusammenhänge, Bd. II, Leipzig 1911.

nur seine lebendige Anteilnahme an allen naturwissenschaftlichen Fortschritten seiner Zeit zeigt ein von apriorischen Prinzipien unabhängiges Verständnis für naturwissenschaftliche Erfahrung und naturwissenschaftliches Experiment; sondern eine ganze Reihe von Stellen seiner Schriften und Briefe hebt nachdrücklich Bedeutung und Notwendigkeit des Experimentes hervor. Es gibt Hinweise, daß gerade die unabsehbare Mannigfaltigkeit und Weite der Aufgaben, die ihm experimenteller Untersuchung bedürftig erschienen, seinen ohnehin schon der Vielfältigkeit der ihn bewegenden Fragen fast erliegenden Geist gewarnt hat, kräftiger in die experimentelle Forschung einzutreten. Immerhin hat ihn das nicht gehindert, auch selber Experimente anzustellen; MILHAUD hat dieser so unbekannten Seite seiner Tätigkeiten eine reizvolle Studie gewidmet.

Der Hinweis auf Milhaud erleichtert uns auch den an dieser Stelle unvermeidlichen Verzicht auf eine Berührung noch weiterer naturwissenschaftlicher Leistungen Descartes'. Aber es sei abschließend eine nachdenkliche Bemerkung gestattet zu der von Milhaud gegebenen Erklärung des Umstands, daß in der reichen Literatur, die dem Philosophen (und dem Mathematiker) Descartes gewidmet worden ist, seine naturwissenschaftlichen Leistungen, vor allem in bezug auf konkrete naturwissenschaftliche Einzelfragen, so weit davon entfernt geblieben sind, verdiente Würdigung zu erfahren.

Milhaud sieht den Grund einfach darin, daß die Betrachter des Philosophen Descartes fast durchweg den Naturwissenschaften zu fern standen, um seine diesbezüglichen Leistungen und Wirkungen beurteilen zu können. Und die wertvollen Studien, die der zu früh verstorbene Milhaud über die weniger bekannten Seiten des Descartes'schen Werkes hinterlassen hat, können nicht die Feststellung verhindern, daß eine alle Seiten seines Denkens und Wirkens gleichmäßig und einheitlich umfassende Gesamtwürdigung Descartes' heute durchaus fehlt.

So mahnt uns die Erinnerung an diesen großen Geist an unsere eigenen Schwächen. Es ist Mode geworden, die wissenschaftliche Arbeitsteilung nicht nur als ein notwendiges Übel, sondern geradezu als etwas an sich Begrüßenswertes anzusehen. Mit einem an die sauren Trauben erinnernden Eifer hat man den Verzicht auf – grob gesagt – wissenschaftliche Allgemeinbildung zur Tugend emporgelobt. Aber so bequem es ist, nicht nur das Unmögliche, sondern auch das Schwierige zu unterlassen, so kann es doch nicht als ein gesunder Zustand angesehen werden, daß wir schlechterdings nicht mehr imstande sind, die Großen der Vergangenheit – Descartes, Leibniz und andere – wenigstens nach den Hauptrichtungen ihres Tuns und Denkens ungeteilt zu erfassen.

Naturgesetzlichkeit

Die in Demokrits Gedanken angelegte Vorstellung von Naturgesetzlichkeit hat sich erst während der geistigen Entwicklung von Jahrhunderten in der werdenden Naturwissenschaft durchgesetzt, andersartige, weniger geglückte Gedankenansätze überwindend und selber zugleich mit Bestätigung und Untermauerung auch umbildende Weiterentwicklung erfahrend.

Den antiken astronomisch Gelehrten galt es als ein Grundprinzip der Naturerklärung, daß die Kreisbewegung die «vollkommenste» sei und daß deshalb die Natur zur Verwirklichung dieser Form von Bewegung strebe. Die verwickelteren Bewegungen der Planeten, wie sie sich der geozentrischen Betrachtung darstellen, wurden deshalb – diese Beschreibungsweise ist in dem großen Werk des Ptolemaeus auf ihren Höhepunkt geführt – als Zusammensetzung von Kreisbewegungen analysiert: Da die (streng genommen elliptischen) Planetenbahnen um die Sonne nahezu kreisförmig sind, so kann man die relativ zur Erde vollführten Bewegungen in der Tat darstellen als Kreisbewegungen um einen Mittelpunkt, der selber eine Kreisbewegung vollführt: Unabhängig von der tiefgehenden gedanklichen Verschiedenheit der geozentrischen und der heliozentrischen Auffassung behielt die mathematische Untersuchung der Planetenbewegungen ihre Bedeutung und ihren Wert.

Auf der Grundlage der kopernikanischen Vorstellung weiter forschend, hat später Kepler eine seltsame Gesetzlichkeit im Planetensystem zu erkennen geglaubt. Er hielt damals die Planetenbahnen noch für genaue Kreise; und er stellte fest, daß die Bahnradien der sechs damals bekannten Planeten – Merkur, Venus, Erde, Mars, Jupiter, Saturn – etwas zu tun zu haben scheinen mit den «platonischen Körpern», dem Würfel und dem regelmäßigen Tetraeder, Oktaeder, Dodekaeder, Ikosaeder. Diese fünf schon im Altertum bekannten Körper sind die einzigen mathematischen Möglichkeiten für vollkommen regelmäßige Körper – mit lauter gleichen Begrenzungsflächen, die ihrerseits regelmäßige Vielecke sind (Dreiecke, Vierecke, Fünfecke), und mit lauter kongruenten Ecken. Kepler hielt es für denkbar, daß der göttliche Schöpfer – dessen Werke zu bewundern und zu verehren er als den Sinn seiner Forschung empfand – in das Planetensystem eine verborgene Harmonie hineingelegt hätte, welche zur Vollkommenheit dieser Körper in Beziehung stehe; und er fand folgendes heraus: Man betrachte die sechs Kugeln, mit der Sonne als Mittelpunkt, welche die passenden Größen haben, um die Kreisbahnen der Planeten auf ihrer Oberfläche aufzunehmen. Wenn dann ein Würfel gezeichnet wird, dessen Ecken auf der Kugelfläche, der «Sphäre» des *Saturn* liegen, so werden die Außenflächen dieses Würfels von der Kugel des *Jupiter* gerade von innen berührt. Entsprechendes ergibt sich, wenn in die zur Jupiterbahn gehörende Kugel ein regelmäßiges Tetraeder hineingestellt wird – die zum Mars gehörende Kugel berührt die Tetraederflächen von innen; und entsprechend sind Dodekaeder, Isosaeder und schließlich Oktaeder in dieser Reihenfolge zwischen die der Sonne näheren Planeten von Mars bis Merkur einzupassen.

Diese in einem Buche über das «Kosmographische Mysterium» niedergelegte Entdeckung, die nach Keplers Überzeugung Einblick in ein tiefes Geheimnis der Schöpfungsharmonie bedeutete, zeigt uns Kepler im Bannkreis von Vorstellungen, die trotz der Höhe des dabei angewandten mathematischen Könnens, trotz der Stützung auf empirische Naturtatsachen und trotz der Einbeziehung der Lehre des Kopernikus eher dem magisch-alchemistischen Gedankenreich nahestehen als der wirklichen Naturgesetzlichkeit. Um so eindringlicher kann uns dieser mißlungene Versuch Keplers verdeutlichen, wie weit die durch Demokrit vorbereitete, durch Galilei und Newton großartig gestaltete Vorstellung von physikalischer Gesetzlichkeit davon entfernt ist, eine dem menschlichen Denken leicht zu erreichende oder unmittelbar einleuchtende Vorstellung zu sein. Sie enthält in sich ein hohes Maß bedeutungsvoller Erkenntnis, das der Naturwirklichkeit mühsam abgelauscht und abgerungen worden ist.

Die tiefe innere Begeisterung, welche Kepler offenbar über seine Entdeckung eines scheinbaren Zusammenhangs des Planetensystems mit den platonischen Körpern empfunden hat, und das riesige Ausmaß mathematisch-rechnerischer Arbeit, das er sicherlich zur Aufdeckung dieses seltsamen Sachverhalts nötig gehabt hatte, hinderten ihn nicht, diese Entdeckung selber in Zweifel zu ziehen, als ihm in der rechnerischen Untersuchung der Marsbahn geringfügige Unstimmigkeiten entgegentraten. Erst die fast übermenschliche Unerbittlichkeit der Selbstkritik, die Kepler hier bewies, hat ihn zu seiner höchsten Leistung kommen lassen. Wie ernst er seine platonische Harmonie der Planetenbahnen genommen hatte, geht daraus hervor, daß er – sehr zum Mißbehagen Tycho Brahes – überzeugt war, auf dieser Grundlage nun die Verhältnisse der Planeten-Bahnradien deduktiv berechnen zu können, mit einer über die Schärfe der Meßmöglichkeiten hinausreichenden Genauigkeit. Aber acht Bogenminuten einer Abweichung der Marsbahn von der Theorie ließen ihn die ganze Sache zum Gegenstand neuer Prüfung, neuen Durchdenkens, neuen Grübelns und neuer mühevoller Rechnungen machen – schwerlich hat irgendein anderer Naturforscher jemals Rechnungen ähnlichen Gesamtumfanges ausgeführt. Die berühmten Keplerschen Gesetze, zu deren Entdeckung er gelangte – seine frühere Theorie völlig beiseite legend – brauchen hier nicht wiederholt zu werden; es sei lediglich daran erinnert. Eines dieser Gesetze stellt fest, daß jeder Planet eine Ellipse beschreibt, wobei die Sonne in einem ihrer Brennpunkte steht. Ein weiteres legt mathematisch fest, in welcher Weise die Bewegung eines Planeten in Sonnennähe schneller als in größeren Entfernungen von der Sonne vor sich geht; und schließlich werden die Umlaufzeiten der verschiedenen Planeten in Beziehung gesetzt zu ihren Bahnradien (genauer: zu den großen Achsen ihrer Bahnellipsen).

Die Keplerschen Gesetze gehören zu den in der Geschichte der Physik gar nicht allzu häufigen Beispielen bedeutender Entdeckungen, die nur einmal, von nur einem Forscher, gemacht worden sind – ohne Vorläufer und Vorbereiter, und ohne daß ein anderer zu nennen wäre, der gleiche oder ähnliche Ergebnisse errungen hätte. Es gibt in der wissenschaftlichen Anerkennung wenig Gerechtigkeit, und viele Entdecker sind ruhmlos unbekannt geblieben, weil ein anderer, der die gleiche Entdeckung gemacht hat, zufällig derjenige war, der als erster Beachtung fand. Die ältere Geschichte abendländischer Physik ist voll von unerfreulichen Prioritätsstreitigkeiten – man hatte sich damals noch nicht daran gewöhnt, daß Probleme, die zur Lösung reif geworden sind, *oft* von verschiedenen Verfassern ungefähr gleichzeitig gelöst werden: Es gehört zu den Bestätigungen des objektiven Wahrheitsgehaltes naturwissenschaftlicher Erkenntnis, daß solche Übereinstimmungen zustande kommen, ohne daß bösartige Plagiate dazu nötig sind.

Aber Keplers Erkenntnis ist ungeteilt seine geistige Schöpfung, sein geistiges Eigentum – man fragt sich vergeblich, welche anderen Forscher vielleicht an seiner Stelle zu diesen Gesetzen hätten vordringen können, wenn Kepler zu früh gestorben oder vielleicht über die Enttäuschung mit den platonischen Körpern nicht hinausgekommen wäre. Seine wahrhaft gigantische Leistung, aus einem ungeheuren empirischen Zahlenmaterial – einer Sammlung von Messungsdaten – diese mathematischen Gesetze herauszulesen, trägt das Kennzeichen des Einzigartigen.

Jedoch sind sie ihrem Charakter nach – oder in ihrem geistigen Stil – noch immer unverkennbar verwandt mit dem, was Kepler schon vorher in seinem «Kosmographischen Mysterium» versucht hatte: Die Ähnlichkeit ist zu auffallend, um ausführlicher Erläuterung zu bedürfen. Galilei war mit seiner Aufstellung des Trägheitsgesetzes und der Fallgesetze auf eine ganz andere Bahn geraten, die unmittelbarer und tiefer dem Stil physikalischer Grundgesetze entspricht: Ihm waren die ersten Erkenntnisse dynamischer Naturgesetzlichkeit aufgegangen. So ist es denkbar, daß seine Nichtbeachtung der Keplerschen Gesetze (trotz seiner Hochschätzung Keplers) darauf beruhte, daß diese Gesetze ihm in ihrem «morphologischen» Stil ebensowenig überzeugend schienen, wie die vorangegangene, stilähnliche Spekulation mit den platonischen Körpern. Es blieb Newton vorbehalten, in den Keplerschen Gesetzen mathematische Folgerungen einer tiefer liegenden dynamischen Gesetzlichkeit zu erkennen – damit unsere Auffassung der physikalischen Naturgesetze endgültig auf die richtigen Wege weisend.

Die durch Galilei und Newton begründete Erkenntnis, daß die eigentlichen, ursprünglichen Gesetze der Physik dynamische Gesetze sind, bedingt keineswegs, daß morphologische Gesetze ganz aus der Physik zu verbannen wären. Im Gegenteil treten sie gerade als Folgerung übergeordneter dynamischer Gesetze (für besondere Fälle) in Kraft – so z. B. für die *Kristalle* als *Gleichgewichts-Zustände* der Materie. Die atomistische Deutung der Materie muß offenbar den kristallinischen Zustand deuten als geordnete, dreifach periodische Zusammenhäufung der Moleküle der betreffenden Substanz; und es ist eine Aufgabe reiner Mathematik, uns Auskunft zu geben über die unter diesen Umständen auftretenden Möglichkeiten von *Symmetrien* – die dann bei den Kristallen der verschiedenen chemischen Substanzen tatsächlich als verwirklicht vorgefunden werden.

Die mathematische «Gruppentheorie» – unter diesem Namen verbirgt sich nichts anderes, als eine Wissenschaft von den Denkmöglichkeiten verschiedenster Fälle von Symmetrie – kann zeigen, daß alle denkmöglichen dreifach periodischen Anordnungen von Molekülen sich auf 230 «Symmetrieklassen» verteilen, deren jede also durch besondere Symmetrie-Eigenschaften gekennzeichnet ist. Achtet man dabei nur auf diejenigen Symmetrie-Verhältnisse, welche auch dann noch erkennbar bleiben, wenn die Moleküle zu klein sind, um sichtbar zu sein, so vereinigen sich die 230 Symmetrieklassen zu 32 umfassenderen Klassen; und diese entsprechen genau den 32 «Kristallklassen», welche die Mineralogen und Kristallographen in der Natur oder an künstlich hergestellten Kristallen gefunden haben.

Fragt man nach den mathematischen Möglichkeiten einer zweifach statt dreifach periodischen Anordnung, so bekommt man statt 230 eine kleinere, aber auch noch beachtliche Anzahl verschiedener Symmetrieklassen; und der Mathematiker A. Speiser hat festgestellt, daß die Künstler der alten arabischen Kultur in der Gestaltung von Gitterornamenten eine erschöpfende Verwirklichung aller dieser zweidimensionalen Symmetrieklassen vollzogen haben — eine geistige Leistung, wie sie von unseren heutigen Künstlern gewiß nicht zu erwarten wäre. —

Romantische Bewertung hat Keplers Hingabe an die Harmonie der Schöpfung zum Anlaß genommen, ihn für den gegenüber Newton größeren Naturforscher zu erklären. Dies ist eine ähnliche wirklichkeitsfremde Romantik, wie diejenige, die aus Goethe einen großen Naturforscher machen möchte. Zwar wird uns, wenn wir Goethes Haus in Weimar durchwandern, aus der Vielfalt seiner naturwissenschaftlichen Hinterlassenschaft bewegend und ergreifend glaubhaft, daß er selber zeitweise seinen eigentlichen Beruf als den des Naturforschers verstanden hat, seine Dichtung nur als begleitendes Beiwerk betrachtend. Zugleich aber wird uns unerbittlich klar, daß die dichterische Verklärung der Natur und die wissenschaftliche Erforschung der Natur nicht vermischt werden können. Goethes Dichtergenie hat dem Naturforscher Goethe hindernd im Wege gestanden: Viele weniger reich begabte Naturen haben vollwertige, bleibende Beiträge zur Naturwissenschaft leisten können, während Goethes naturwissenschaftliche Schriften, ohne in der Entwicklung der Naturwissenschaften mitzuwirken, die Möglichkeit boten, nachträglich etwas aus ihnen herauszulesen, wie Vorahnung bedeutender Erkenntnisse späterer Naturforscher.

Einen Versuch der Vermittlung zwischen wissenschaftlicher und dichterischer Naturbetrachtung hat A. v. Humboldt in seinem großen Werk über den «Kosmos» unternommen. Stark beeindruckt vom Geist der Weimarer Dichter suchte er im ersten Bande dieses Werkes ein

«Naturgemälde» zu entwerfen, das von den Nebelflecken und Sternen aus in allmählich enger werdender Umgrenzung unser Planetensystem und unsere Erde mit ihrem organischen Leben in großzügiger «Weltbeschreibung» darstellt – in einem Geiste, den Humboldt durch ein Wort über Goethe ausgedrückt hat: «Wer hat beredter als er seine Zeitgenossen angeregt, des Weltalls heilige Rätsel zu lösen und das Bündnis zu erneuern, das im Jugendalter der Menschheit Philosophie, Naturlehre und Dichtkunst umschlang.»

Jedoch wurde sein Werk von seinem dritten bis zum unvollendeten fünften Band (der zweite enthält – ebenfalls eine große Leistung – eine Geschichte der Naturforschung) ein Zeugnis dafür, daß nur die im ersten Band ganz im Vordergrunde stehenden «beschreibenden» Naturwissenschaften, wie z. B. Erdkunde, Botanik, Pflanzengeographie, sich für eine vom dichterischen Stil befruchtete Darstellungsform eigneten, während die (der eigenen Neigung Humboldtschen Denkens ferner liegenden) exakten Naturwissenschaften, die in den letzten Bänden des «Kosmos» in der Form von Astronomie und Geophysik zur Geltung kamen, nicht mehr im Stil des ersten Bandes behandelt werden konnten. Und trotz Humboldts ehrlicher und großartiger Bemühung, Naturlehre im «Bündnis» mit Dichtkunst zu pflegen, hat Schiller den Naturforscher Humboldt scharf abgelehnt: «Bei allem ungeheuren Reichtum des Stoffes finde ich in ihm eine Dürftigkeit des Sinnes, die bei dem Gegenstande, den er behandelt, das schlimmste Übel ist. Es ist der nackte schneidende Verstand, der die Natur, die immer unfaßlich und ehrwürdig ist, schamlos ausgemessen haben will und mit einer Frechheit, die ich nicht begreife, seine Formeln, die oft nur leere Worte und immer nur enge Begriffe sind, zu ihrem Maßstabe macht. Kurz, mir scheint er für seinen Gegenstand ein viel zu grobes Organ und dabei ein viel zu beschränkter Verstandesmensch zu sein. Er hat keine Einbildungskraft, und so fehlt ihm nach meinem Urteil das notwendigste Vermögen zu seiner Wissenschaft, denn die Natur muß angeschaut und empfunden werden in ihren einzelnsten Erscheinungen wie in ihren höchsten Gesetzen.»

Mit einem von Bohr stammenden Wort, das uns im folgenden noch viel beschäftigen wird, können wir die dichterische und die wissenschaftliche Betrachtung der Natur als zwei *«komplementäre» Weisen* der Betrachtung bezeichnen – womit gesagt ist, daß beide ihre Berechtigung und Bedeutung haben, jede für sich, daß aber beide nicht miteinander verbunden werden können.

Der berühmte Mathematiker H. POINCARÉ hat einmal gesagt, die Menschheit habe die Gesetze der *Mechanik* – auf der unsere Maschinentechnik und somit unsere ganze moderne Welt beruht – von den *Gestirnen* gelernt: Wäre unser Himmel, gleich dem der Venus, ständig von Wolken bedeckt, so hätte uns eine einzigartige Gelegenheit gefehlt, die Gesetze der Mechanik aus dem Buche der Natur heraus zu lesen.

Nächst der Geometrie (die wir heute als eine Erfahrungswissenschaft gleich der Physik oder Chemie bewerten) ist die Mechanik das erste historische Erfolgsfeld naturwissenschaftlichen Denkens gewesen – das erste Gebiet, in welchem die Naturerforschung zur vollen gedanklichen Durchdringung, zur abschließenden Erfassung wesentlicher Züge des Naturgeschehens gelangte. Andere Naturgebiete lagen noch, wie die Chemie, in kaum durchdringbarem Dunkel – ihre Erforscher rangen noch um die einfachsten Handhaben und Ansatzpunkte klarer Durchdenkung, unter Beiseiteschiebung mystisch-abergläubischer Spekulation; oder sie waren, wie das Reich der Elektrizität, kaum ihrem Vorhandensein nach bekannt, als aus den Leistungen von KOPERNIKUS, KEPLER, GALILEI, NEWTON das kühne Erkenntnisgebäude der Mechanik entstand, das die Bewegungsgesetze der Erde und der Himmelskörper ebenso vollständig umfaßte, wie diejenigen der von Menschen konstruierten Maschinen, Geschosse, Automaten und mechanischen Apparate.

Galilei wurde geboren am Todestage Michelangelos – womit, wie Libri gesagt hat, die Natur andeuten zu wollen schien, daß die Kunst das Szepter an die Wissenschaft abgetreten habe. Er starb im Jahre 1642; und DANNEMANN widmet ihm in seinem Werke über die Geschichte der Naturwissenschaften folgende Worte: «Die gegen ihn gerichteten Verfolgungen setzten sich bis über das Grab hinaus fort. Sogar das letztere wurde ihm streitig gemacht. Erst ein Jahrhundert nach Galileis Tode wurde seinem letzten Wunsche gewillfahrt, indem man die irdischen Überreste des großen Forschers in der Kirche Santa Croce zu Florenz bestattete. Ein prächtiges Denkmal schmückt jetzt diesen Ort. Von gleicher Tragik war das Geschick der handschriftlichen Hinterlassenschaft Galileis. Von seinem Sohne sehr vernachlässigt, von seinem Enkel in einer skrupulösen Anwandlung zum Teil verbrannt, gelangte sie endlich in die Hände VIVIANIS, der Galilei die letzten traurigen Lebensjahre ertragen geholfen. Vivianis Absicht, diese Geistesschätze durch eine Herausgabe zu heben, wurde jedoch vereitelt. In Florenz, wo mit dem Enkel desjenigen Mediceers, der Galilei in seinem Lande eine Ehrenstätte bereitet hatte, Andächtelei und Priesterherrschaft den Thron bestiegen, war der Name des großen Mannes nahezu verhaßt geworden. Viviani sah sich schließlich in der Furcht, ihm könnten auf obrigkeitlichen Befehl die Schriften abgenommen werden, genötigt, sie einem Verstecke anzuvertrauen. Erst im nachfolgenden Jahrhundert wurden Galileis Manuskripte wieder entdeckt. Sie sollten schon als Makulatur in die Hände eines Krämers wandern, als man noch rechtzeitig ihren Wert erkannte und wenigstens einen Teil in die Bibliothek zu Florenz hinüberrettete.»

Ein Jahr nach dem Tode Galileis, hundert Jahre nach dem Tode des Kopernikus, wurde im englischen Dorfe Woolsthorpe Isaak NEWTON geboren, als Sohn eines bescheidenen Landmanns, der vor der Geburt seines Sohnes gestorben war. Dem zum Grübeln und zum Bauen von mechanischem Spielzeug angelegten Knaben liefen nicht selten die Schafe fort, die er hüten sollte. Obwohl die Saat, die Galilei ausgesät hatte, als Bahnbrecher empirischer Naturforschung, vielfältig aufgegangen war, so steht doch Newton einzig vor uns als der eigentliche Fortsetzer und Vollender dessen, was Galilei angebahnt hatte: Er schuf die Mechanik, deren Grundsteine Galilei gelegt hatte durch Aufklärung der Fallgesetze und des Trägheitsgesetzes; er löste die von Galilei beiseitegeschobene Aufgabe, die Keplerschen Gesetze der Ellipsenbewegungen der Planeten als mathematische Folgerung *dynamischer Naturgesetze* zu verstehen; er entdeckte in der *Schwerkraft* ein Grundgesetz des Weltalls – mit der Erhellung dieser Erscheinung eine für zweieinhalb Jahrhunderte abschließende, nicht mehr überbietbare Klarheit erreichend. Erst in unserem Jahrhundert ist EINSTEINS Allgemeine Relativitätstheorie und dann die Theorie der «veränderlichen Konstanten» der Schwerkraft über Newtons Erkenntnis grundsätzlich hinausgegangen.

Zu den Grundgesetzen oder «Axiomen» der Newtonschen Mechanik gehört ja, daß die auf einen frei beweglichen «Massenpunkt» wirkende Kraft eine bestimmte Beschleunigung bewirkt; und daß diese Beschleunigung durch die Beziehung «Kraft gleich Masse mal Beschleunigung» gegeben ist. In späterer Kritik hat Ernst MACH eingewandt, dies sei eher eine Definition der Kraft, als ein unmittelbar inhaltsvolles Gesetz – zumal auch der Begriff der Masse in Newtons Darstellung keine diesem Gesetz vorangehende oder von ihm begrifflich unabhängige Definition erhalten habe. Mach hat ihm dann – in zweifellos scharfsinniger Weise – eine neue Fassung gegeben, welche von vornherein den «Schwerpunkt-Satz» (oder Impulssatz) d. h. das Axiom *«actio = reactio»*, mit einbezieht, hierdurch eine Verwendung noch nicht definierter Begriffe sorgfältig vermeidend. Aber abgesehen davon, daß die später durch HILBERT in der geometrischen Axiomatik ausgeführte Auffassung eine andere (der Newtonschen näher entsprechende) ist – bei Hilbert werden die Grundbegriffe ausdrücklich *nicht* einzeln definiert, sondern nur durch die von ihnen erfüllten Axiome gekennzeichnet – abgesehen hiervon ist es ja gar nicht wahr, daß *Kraft* in der Mechanik nur durch eine von ihr bewirkte Beschleunigung definiert werden kann. Man kann die etwa vermittels eines Drahtes ausgeübte Zugkraft durch eine in diesen Draht eingesetzte Zugfeder *messen* – die «Kraft» ist danach physikalisch eine unmittelbar meßbare Größe, an der man experimentell nachweisen kann, daß sie z. B. dem Gesetz der «Vektoraddition» (Parallelogramm der Kräfte) gehorcht, und daß und wie sie auf eine freie Masse beschleunigend wirkt.

In Verbindung mit seinen allgemeinen Gesetzen der Mechanik hat Newton das Gesetz der Schwerkraft in der berühmten Fassung ausgesprochen, daß jeder Massenpunkt auf jeden anderen eine Anziehung ausübt, deren Stärke dem Produkt der beiden Massen proportional und dem Quadrat des Abstandes umgekehrt proportional ist: Seine kühne Vermutung betrachtete das Fallen eines Steines auf der Erdoberfläche und die Bewegung des Mondes um die Erde als zwei Äußerungen der gleichen Schwerkraft-Gesetzlichkeit. Jedoch ergab der erste, 1666 durchgeführte rechnerische Vergleich der auf den Mond und auf den Stein ausgeübten Anziehung zunächst nur eine recht ungenaue, unbefriedigende Bestätigung der vermuteten Beziehung. Erst 16 Jahre später, als PICARD eine verbesserte Ausmessung der Erdkugel durchgeführt hatte, konnte Newton die Richtigkeit seines Gedankens sichern – daraus den Mut schöpfend für sein großes Werk über die *«Mathematischen Prinzipien der Naturwissenschaft»*, in welchem er seine Mechanik und seine Schwerkraft-Theorie ausführlich darstellte.

Er konnte den mathematischen Beweis führen, daß die drei Keplerschen Gesetze tatsächlich Folgerungen aus den allgemeinen Gesetzen der Mechanik und dem Gesetz der Schwerkraft sind: Aber auch die Bewegungen der Jupitermonde und die der ausreichend bekannten Kometen bestätigten ebenso wie unser Erdmond und wie die Fallgesetze die allumfassende Gültigkeit des Newtonschen Gesetzes der

Schwerkraft — daß auch die Doppelsterne es bestätigen, blieb freilich späterer astronomischer Erkenntnis vorbehalten. Im Umkreis irdischer Erscheinungen wurden aber auch *Ebbe und Flut* — bis dahin zu den rätselhaftesten, unbegreiflichsten Naturerscheinungen gehörend — als Folge des Schwerkraft-Gesetzes verständlich.

Von entscheidender Bedeutung in allen diesen Zusammenhängen ist die aus dem Newtonschen Gesetz folgende Tatsache, daß eine ausgedehnte, aber kugelsymmetrische Masse nach außen hin die gleiche Schwerkraft-Wirkung ausübt, als wenn die fragliche Masse als Ganzes in ihrem Mittelpunkt vereinigt wäre. Dies hängt mit Verhältnissen zusammen die KANT in folgenden Worten ausgedrückt hat: «Gehen wir von da noch weiter, nämlich zu den Grundlehren der physischen Astronomie, so zeigt sich ein über die ganze materielle Natur verbreitetes physisches Gesetz der wechselseitigen Attraktionen, deren Regel ist, daß sie umgekehrt mit dem Quadrat der Entfernungen von jedem anziehenden Punkt ebenso abnehmen, welche als notwendig in der Natur der Dinge selbst zu liegen scheint und daher auch als *a priori* erkennbar vorgetragen zu werden pflegt. So einfach nun auch die Quellen dieses Gesetzes seyn, indem sie blos auf dem Verhältnisse der Kugelfläche von verschiedenen Halbmessern beruhen, so ist doch die Folge davon so vortrefflich in Ansehung der Mannigfaltigkeit ihrer Zusammenstimmung und Regelmäßigkeit derselben, daß nicht allein alle möglichen Bahnen der Himmelskörper in Kegelschnitten, sondern auch ein solches Verhältnis derselben untereinander erfolgt, daß kein ander Gesetz der Attraktion, als das des umgekehrten Quadratverhältnisses der Entfernungen zu einem Weltsystem als schicklich erdacht werden kann. Hier ist also Natur, die auf Gesetzen beruht, welche der Verstand *a priori* erkennt, und zwar vornehmlich aus allgemeinen Bestimmungen der Prinzipien des Raumes.»

Wir sehen hier Kant ein Beispiel seiner philosophisch-erkenntnistheoretischen Auffassungen erläutern, von welchem wirklich nicht geleugnet werden kann, daß wir diese Auffassung heute ganz schlicht als falsch und abwegig ansehen müssen: Die Tatsache, daß die Stärke der von einem Massenpunkt ausgeübten Schwerkraft umgekehrt proportional dem Quadrat des Abstandes von der angezogenen Masse ist, oder anders ausgedrückt umgekehrt proportional der Größe der Kugelfläche (mit Mittelpunkt im Massenpunkt), auf welcher die angezogene Masse liegt, ist eine nur durch die naturwissenschaftliche Erfahrung bewiesene Wahrheit — keinerlei unserem Geiste angeblich innewohnende Fähigkeit apriorischer Wahrheitserkenntnis kann uns gewährleisten, daß es so sein *muß*, wie es empirisch *ist*.

Wohl aber bedeutet diese Beziehung des Gravitationsgesetzes zum geometrischen Gesetz der Kugelfläche, daß das von Newton entdeckte Gesetz von besonderer mathematischer Schönheit und Einfachheit ist; einer Einfachheit, die sich in folgender Erwägung verdeutlichen läßt: Wenn wir uns das «Vektorfeld» der von einem Massenpunkt auf eine «Probemasse» von einem Gramm ausgeübten Schwerewirkung (die «Feldstärke» der Schwerkraft) durch eine Flüssigkeits-Strömung veranschaulichen, so sagt Newtons Gesetz gerade, daß diese Flüssigkeits-Strömung im fraglichen Massenpunkt eine «Quelle» hat, sonst aber «quellenfrei» ist. Hiermit ergibt sich – ohne Benötigung irgendwelcher Rechnung – die erwähnte mathematische Gesetzmäßigkeit kugelsymmetrischer Massen. –

Eine Gesamtwürdigung Newtons in seinen sonstigen naturwissenschaftlichen und mathematischen Leistungen liegt außerhalb der Grenzen dieses Buches, obwohl wir später noch einige Bemerkungen dazu zu machen haben. Erwähnt sei aber, daß F. DESSAUER ein ungewöhnliches und erstaunliches Buch über ihn geschrieben hat[1], in welchem dieser Verfasser sich erneut als einer der wenigen zu unserer Zeit Lebenden erwies, welche die Eigenschaften eines auf seinem Spezialgebiet bahnbrechenden wissenschaftlichen Forschers zu vereinigen vermochten mit einer den tiefsten Fragen zeitgenössischen Lebens offenen Horizontweite des Geistes.

Es gibt über Isaac Newton nur wenig biographische Literatur. In deutscher Sprache ist sonst nur ein einziges solches Buch geschrieben worden, von dem verdienstvollen Physikhistoriker ROSENBERGER, dessen vor einem halben Jahrhundert erschienenes Werk die in den letzten Jahrzehnten erreichten Ergebnisse der historischen Newton-Forschung noch nicht berücksichtigen konnte. Außerdem ist vor mehr als hundert Jahren eine deutsche Übersetzung der kurzen Newton-Biographie von Brewster erschienen.

Man kann wohl nicht zweifeln, worin die Ursachen dieser Lücke unseres Schrifttums liegen: Es ist die überragende Größe jenes Gewaltigen, durch dessen Gedankenkraft die moderne Welt zum wesentlichen Teil begründet worden ist. Sie entmutigte; sie schreckte zurück vor dem Unterfangen, dieses Leben und seine geistige Leistung zu erforschen und biographisch nachzugestalten. Zugleich aber wirkte

---

[1] Weltfahrt der Erkenntnis. Leben und Werk Isaac Newtons. Zürich 1945.

sich wiederum jene eigentümliche Fehlentwicklung unseres modernen Bildungsbegriffes aus, die der Verfasser schon oben zu analysieren versucht hat: Erst im Blick auf diese Zusammenhänge wird ganz deutlich, welches Wagnis von Dessauer unternommen und welcher große Wurf ihm gelungen ist. Die schroffe Zweiteilung unserer Bildung in einen geisteswissenschaftlichen und einen naturwissenschaftlich-mathematischen Bereich (eine Teilung, die nicht durch sachliche Notwendigkeiten, sondern durch unverkennbare Fehler unserer Bildungstradition bedingt ist) macht es uns heute in Deutschland fast unmöglich, *Geschichte der Naturwissenschaften* zu treiben – wozu Forscher und Verfasser gehören, die zugleich mit der Methodik historischer Forschung und dem Wesen und der Tragweite naturwissenschaftlicher Entdeckungen vertraut wären.

Damit entgeht uns die Möglichkeit, uns selber, unsere moderne Welt, innerlich zu verstehen, historisch zu begreifen: Wer tätig im Zuge dessen steht, was für diese Zeit eigentlich kennzeichnend ist – ihre naturwissenschaftliche und technische Leistung –, der hat von den geschichtlichen Voraussetzungen dieser Hauptkräfte der modernen Welt gewöhnlich nur undeutliche, auf Umrisse beschränkte Vorstellungen. Wer aber als einseitig geisteswissenschaftlicher Historiker die Geschehnisse der Vergangenheit verfolgt, deren Kinder wir sind, der merkt in dieser Einseitigkeit gar nicht das Wichtigste von dem, was sich in der von ihm durchforschten Vergangenheit zugetragen hat. Denn seit der Antike ist, wenn wir absehen vom religiösen Bereich, nichts Historisches geschehen, dessen Bedeutung vergleichbar wäre mit der Entfaltung der Naturwissenschaften – neben den Taten von Kolumbus, Kopernikus, Galilei, Newton bis Planck, Einstein, Bohr ist das ganze Hin und Her sich streitender Könige, Heerführer, Staatsmänner von vergleichsweise untergeordneter, weil nicht bleibender Bedeutung; das Wort «Bedeutung» sowohl im geistigen als auch im handgreiflichen Sinne verstanden.

Immerhin – während in Deutschland heute das Universitätsfach «Geschichte der Naturwissenschaften» fast im Aussterben begriffen ist, hat in den USA fast jede Universität ihr Forschungsinstitut für dieses Fach. Aber in Deutschland wollen wir um so dankbarer sein, Dessauers Buch zu besitzen, in welchem ein Verfasser von Rang uns Leben und Werk jenes Mannes zeigt, der mehr als jeder andere die Gestaltung der letzten Jahrhunderte beeinflußt hat. In klarer Erkenntnis des für uns heute Nötigen sieht Dessauer die Beschäftigung mit Newton als ein Stück moderner Selbstbesinnung an; und sicherlich haben wir schon etwas nicht Geringes gewonnen, wenn wir aus seinem Buch erkennen, «wie das Große leise geschieht» und wie es «gut ist und gefährlich zugleich».

Dessauer hat sich mit besonderen Mitteln bemüht, dieser Darstellung eine Form zu geben, welche trotz der in unserer fehlerhaften Bildungstradition liegenden Hindernisse das Buch für weite Kreise auch von Nichtnaturwissenschaftlern lesbar und fruchtbar machen kann, ohne deshalb seine Eignung für Naturwissenschaftler zu vermindern. Umfangreiche Sonderabschnitte geben sowohl eine Fülle geschichtlicher Einzelheiten als auch sachliche Erläuterungen, die den Inhalt der Newtonschen Entdeckungen auch dem Fernerstehenden zu erstaunlicher Nähe zu bringen vermögen.

So konnte der Haupttext freigehalten werden für eine in Form des biographischen Romans gehaltene Schilderung, die Newtons Entwicklung und die Entstehung seiner Entdeckungen und Gedanken spannend und mitreißend schildert in lebendigen Bildern der Gespräche von Freunden mit ihm und über ihn, und im Rahmen eines buntbewegten zeitgenössischen Hintergrundes, dem Pest, Revolution und Krieg, der Wechsel dreier Dynastien und die in seinen Freundeskreis mit hineinwirkenden politischen Verschwörungen ruhelose Spannung geben.

Determinierung

Die von Demokrit in seinem atomistischen Naturbild vorgezeichnete Form von Naturgesetzlichkeit hat erst in den späteren, an ihn anknüpfenden Entwicklungen abendländischer Naturwissenschaft ihre abschließende Klärung und Verschärfung gewonnen – in der Vorstellung *lückenloser Determinierung* des gesamten Naturgeschehens. Wir wollen uns diese Grundvorstellung aller Naturwissenschaft vor 1900 sachlich verdeutlichen – in ihrer endgültigen Ausformung–, bevor wir hernach den geistesgeschichtlichen Entwicklungen, die bis zu ihrer letzten Klärung zu durchlaufen waren, einige rückblickende Bemerkungen widmen.

Als Beispiel wollen wir uns das Planetensystem vorstellen, mit seinen Planeten und Monden. Obwohl dies eines der einfachsten Naturgebilde ist, die wir kennen, so müssen wir doch gewisse Feinheiten des wirklichen Planetensystems in Gedanken fortwischen, um der zu machenden Aussage eine volle, nicht eingeschränkte Gültigkeit (für das von uns idealisierte, vereinfachte Modell) zu geben. Wir wollen uns die Planeten als genau kugelförmige Himmelskörper denken, sowohl ihre bekannten durch die Drehung bedingten Abplattungen als auch z. B. die Flutwirkungen des Mondes und der Sonne auf unserer Erde außer acht lassend. Ferner wollen wir die Planetoiden, die Kometen und die im Raum des Planetensystems dahinfliegenden meteoritischen Körper (und die Satelliten) ebenfalls außer acht lassen.

Für das so vereinfachte Modell des Planetensystems können wir jetzt sagen: Wenn einmal ein Astronom (oder ein Physiker oder Mathematiker) den *augenblicklichen* Zustand des Systems genau kennt – dazu gehört sowohl die Kenntnis der *Massen* aller dieser Himmelskörper, als auch ihrer *Orte* (relativ zur Sonne) und ihrer augenblicklichen *Geschwindigkeiten* (nach Größe und Richtung) –, so ist es für diesen Astronom eine Sache bloßer Rechnung, bloßer Mathematik, vorauszusagen, wie die Bewegungen im Planetensystem weitergehen werden – wo die Planeten und ihre Monde stehen werden nach einem Jahr oder nach zehn oder hundert Jahren. Natürlich kann er ebenso diese Bewegungen auch rückwärts, rekonstruierend berechnen – die Datierung geschichtlicher Ereignisse beruht ja in einer Reihe wichtiger Punkte darauf, daß man den Zeitpunkt jeder *Sonnenfinsternis* in historischer Zeit astronomisch berechnen kann. Jedoch ist es für uns für die jetzige Erwägung zunächst wichtiger, daß Sonnenfinsternisse, Mondfinsternisse und überhaupt die gesamte Bewegung im Planetensystem *vorausberechnet* werden können – soweit hinreichend genaue Kenntnis des gegenwärtigen Zustands gegeben ist und soweit unsere Köpfe und unsere elektronischen Rechenmaschinen die dazu nötigen Anstrengungen schaffen können; mit zunehmenden Ansprüchen an die Genauigkeit und an den zeitlichen Umfang der Voraussage steigern sich die Mühen, die wir uns zur Durchführung der Vorausberechnung machen müssen, in steilem Anstieg. Wenn wir wollen, können wir dabei auch sogar jene Feinheiten des wirklichen Planetensystems mehr oder weniger mit berücksichtigen, welche wir oben zunächst aus unserem Modell ausgelöscht hatten.

Dieser Tatbestand – im betrachteten Beispiel, also im Falle des Planetensystems, ein ausführlichst bewiesener und bestätigter Tatbestand – ist genau das, was wir mit dem Wort «Determinierung» meinen: Also *berechenbare Vorausbestimmung künftigen Geschehens durch den jetzt (oder zu irgendeinem anderen Zeitpunkt) vorliegenden Zustand.*

Wenn wir einmal erfahren haben und uns auch innerlich zu eigen gemacht haben, daß im Planetensystem diese Determinierung der Bewegungen besteht – daß der ganze sich in die Zukunft erstreckende Bewegungsablauf vorausberechnet werden kann, also – objektiv genommen – vorausbestimmt ist, in unabänderlicher mechanischer Zwangsläufigkeit, dann können wir nicht mehr, wie antike Menschen das konnten und auch getan haben, uns vorstellen, daß die Planeten lebende Wesen seien, die nach lebendiger Sympathie und Antipathie ihre verschlungenen Bahnen am Himmelsgewölbe aufeinander abstimmen. Wir sehen vielmehr jetzt ganz klar: Was hier vorliegt, ist ein durchaus totes Gebilde, ein riesiger Mechanismus, ein gewaltiges Uhrwerk, in welchem gleichsam jedes Rädchen sich genau so dreht, wie es sich drehen *muß*, nach uhrwerksmäßigem mechanischem Zwang. Wir werden auch, wenn wir dies verstanden haben, nicht mehr imstande sein, uns bei einer Sonnenfinsternis jenen Indianern anzuschließen, welche angsterfüllt um Rettung und Wiedererscheinen der Sonne beten: Kein Europäer heutiger Zeit kann noch daran denken, die Bewegungen des Planetensystems durch Gebete beeinflussen zu wollen.

Das Demokritische atomistische Bild der Wirklichkeit lädt nun dazu ein, die lückenlose Determinierung, welche wir im Falle des Planetensystems als eine gründlich bewiesene Erfahrungstatsache vor uns haben, als allgemeine, ausnahmslos gültige Gesetzlichkeit alles Geschehens vorzustellen – also der Natur die zwangsläufige Determinierung aller ihrer Geschehnisse zuzutrauen, im kleinen wie im großen, und bis in jede feinste Einzelheit hinein. Das hat Demokrit natürlich gemeint – obwohl er es zu seiner Zeit noch nicht in der Schärfe heutiger mathematisch-physikalischer Begriffe aussprechen und vor allem nicht durch Hinweis auf die Newtonsche Planeten-Mechanik unterbauen konnte.

Diese als riesiger Mechanismus, als verwickeltes Uhrwerk (aus Atomen statt aus Rädchen) vorgestellte Gesamtnatur (oder Gesamtwirklichkeit, da das Wort «Natur» an dieser Stelle nicht als abgrenzend oder unterscheidend, sondern als allumfassend gemeint ist) – diese Gesamtnatur, deren Atombewegungen gleichbedeutend mit dem Ganzen aller Geschehnisse sind, ist also mit sich allein – durch die ihr eigene Gesetzlichkeit alle Bewegung lückenlos, ohne offen bleibenden Spielraum, vorausbestimmend. Einmischung einer göttlichen

Fügung in das Getriebe dieser Atombewegungen ist unmöglich; sie könnte das Geschehen nicht beeinflussen, ohne sich in Widerspruch zur naturgesetzlichen Determinierung zu setzen.

B. Bavink hat – Begriffe benutzend, die für uns zwischen den zwei Weltkriegen zu den bekanntesten Begriffen des Alltags und seiner Sorgen gehörten – davon gesprochen, daß Gott durch diese lückenlose Determinierung *arbeitslos* gemacht sei, nachdem das astronomische Weltbild in seiner durch Giordano Bruno gegebenen Prägung ihn *wohnungslos* gemacht hatte.

Zwar hat der «Deismus», wie ihn insbesondere Voltaire auf der Grundlage der Newtonschen Erkenntnisse vertreten hat, trotz der durch die Vorstellung lückenloser Determinierung gegebenen Ausschaltung göttlicher Fügung wenigstens dem göttlichen Schöpfer einen blassen Rest von Anerkennung zu erhalten versucht. Nach der Lehre des Deismus ist zwar die geschaffene Welt als ein Mechanismus anzusehen, der in unverbrüchlicher, lückenloser Determinierung funktioniert. Aber wie jedes Uhrwerk einen Uhrmacher voraussetzt, so ist auch der kunstvolle Mechanismus der Gesamtnatur von einem Schöpfer ins Dasein gerufen worden, welcher in vollständiger Vorausberechnung die Schicksale aller geschaffenen Wesen festgelegt hat. Seit Erschaffung dieses Uhrwerks hat der Uhrmacher von weiteren verändernden Eingriffen abgesehen, das Uhrwerk nach seiner Fertigstellung seinem eigenen Lauf überlassend, der durch die ihm eingeprägten Gesetze lückenlos bestimmt ist.

Diese Ausflucht des Deismus ist sicherlich von manchen ihrer Vertreter ehrlich gemeint worden, nicht nur ähnlich der Epikurschen Anerkennung des Daseins von Göttern, welche keinen Einfluß auf Welt und Menschen haben, aber dem Vertreter einer solchen Philosophie bessere Aussichten für den Fall eines Prozesses wegen Gottlosigkeit geben. Jedoch scheitert die Ausflucht des Deismus, sobald wir die Frage stellen, *wann* der Uhrmacher diese Uhr geschaffen hat. Denn sofern wir uns anlehnen an die Vorstellungsweise Giordano Brunos von der ewigen Dauer des Weltalls – und diese hat ja bis zu unserem Jahrhundert hin den unbestrittenen Gesamtrahmen astronomischen Denkens gegeben –, so müssen wir darauf verzichten, den als Herstellung des hernach sich selber überlassenen Weltmechanismus gemeinten Schöpfungsvorgang in irgendeiner endlichen Vergangenheit zu suchen. Er zieht sich zurück, bei näherer Betrachtung, zum Zeitwert «minus unendlich»; das heißt aber, er hat *niemals* stattgefunden. Man kann, sobald man einmal die lückenlose Determinierung des Naturgeschehens anerkennt, der vollständigen Verneinung göttlichen Wirkens im Weltgeschehen nicht mehr entgehen.

Im vorigen Jahrhundert hat der scharfsinnige Physiologe Dubois-Reymond, an Laplace anknüpfend, in einem berühmten Vortrag «Ignorabismus» dem atomistisch-deterministischen Naturbild eine glanzvolle Erläuterung gegeben, welche dies deterministische Naturbild in einer Klarheit darstellt, die schon bis an die Grenze seiner damals als vollendet erschienenen Folgerichtigkeit führte. Denken wir uns – so etwa sagte Dubois-Reymond – einen «Laplaceschen Geist», eine Intelligenz, die alles Können und Wissen fertig in sich zusammenfaßt, um dessen Erringung sich unsere Forschung bemüht. Dieser Laplacesche Geist kennt die genaue Form der Gesetze, durch welche die wechselseitigen Kräfte zwischen den Atomen vorgeschrieben sind. Er ist als vollkommener Mathematiker imstande, aufgrund dieser vollständigen Kenntnis der Naturgesetze die Differentialgleichungen zu lösen, welche für die Bewegung einer beliebig großen Anzahl wechselwirkender Atome maßgebend sind. Außerdem ist ihm für einen gewissen Zeitpunkt der Ort und die Geschwindigkeit (sowie die Masse) jedes einzelnen Atoms im Weltall bekannt. Danach wäre dieser Laplacesche Geist imstande, jedes Ereignis der Zukunft oder der Vergangenheit in allen Einzelheiten genau vorauszuberechnen bzw. rechnerisch zu rekonstruieren. Kein Geheimnis, das jemals von einem Menschen bewahrt worden ist, könnte dem Laplaceschen Geist geheimnisvoll bleiben. Jedes unaufgeklärte Verbrechen wäre ihm in seinem ganzen Verlauf berechenbar. Rückwärts und vorwärts könnte er die Geschichte des Weltalls lückenlos aufgrund seiner Formeln übersehen.

Trotzdem würde dem Laplaceschen Geist – in der Hervorhebung dieses Punktes äußert sich der seinen Zeitgenossen überlegene Scharfsinn Dubois-Reymonds – eine Kenntnis der *Bewußtseinsvorgänge* lebender Wesen ewig vorenthalten bleiben. Er könnte zwar die Bahn jedes einzelnen Atoms vorausberechnen, und somit auch die Bewegungen jedes lebenden Organismus. Aber seine Ermittlung aller Handlungen künftiger oder früherer Menschen liefert ihm keine Aussage über ihre Empfindungen oder Gefühle, über ihr Bewußtsein. Dubois-Reymond hat dies als den Beweis dafür angesehen, daß unserer menschlichen Erkenntnis gewisse unübersteigbare Schranken gesetzt sind. Da selbst der Laplacesche Geist, als gedachter Besitzer aller Erkenntnisse, die von Menschen errungen werden können, keinen Einblick in die Zusammenhänge von Physiologie (letzten

Endes Atombewegung) und Bewußtsein erreicht, so werden wir Menschen darüber niemals etwas wissen: Ignorabimus.

Friedrich Albert LANGE, der ein so großartiges Buch über die Geschichte des Materialismus geschrieben hat, hielt diesen Punkt im Vortrag Dubois-Reymonds für angreifbar. Dubois-Reymond hat seiner Kritik in gewissem Maße nachgegeben; im Grunde aber tritt dabei die Unzulänglichkeit des atomistisch-deterministischen Naturbildes als eines Bildes der Gesamtwirklichkeit noch deutlicher hervor – wenn auch nicht so deutlich, daß darin schon im vorigen Jahrhundert ein wirklicher Einwand hätte gesehen werden können. Lange wies darauf hin, daß der Laplacesche Geist bei der Berechnung des körperlichen Verhaltens lebender Menschen auch ihr Mienenspiel, ihr Erröten, ihren «Ausdruck» ermitteln könnte. Es würden ihm also für die Beurteilung ihrer Empfindungen mindestens ebenso weitgehende Anhaltspunkte gegeben sein, wie wir sie haben bei lebendigem Umgang mit einem Menschen. Diese Erwägung also ist von Dubois-Reymond anerkannt worden. Sie weist aber darauf hin, daß die menschliche Erkenntnis tatsächlich noch ganz anderen Zielen nachgeht, als der Erkennung und Vorausberechnung materieller Bewegung. Würde der Laplacesche Geist ebenso wie ein lebender Mensch das Bedürfnis empfinden, außer den physiologischen Reaktionen der von ihm berechneten Menschen ein Urteil über ihre Empfindungen zu gewinnen, so würde die ungeheure ihm gebotene Beispiel-Sammlung auch das Problem einer systematischen Gestaltung solcher Schlüsse ergeben: Womit sich zeigen würde, daß der Laplacesche Geist in gewisser Richtung noch nicht die abschließende Vollendung alles Erkennens erreicht, sondern erst einen Anfang gemacht hat.

Verbleiben wir aber, die zuletzt berührten Fragen vorläufig ruhen lassend, im Gebiete der Physik, so hat das atomistisch-deterministische Naturbild freilich eine eindrucksvolle Folgerichtigkeit und Geschlossenheit. HELMHOLTZ hat seinerzeit, auf dem Boden dieser Vorstellungen stehend, das letzte Ziel der physikalischen Forschung, wie er es sah, erläutert. Überzeugt, daß die Atome als kugelsymmetrische, also durch «Zentralkräfte» aufeinanderwirkende Gebilde anzunehmen seien, erklärte er es als die entscheidende Aufgabe, das mathematische Gesetz dieser Zentralkräfte zu ermitteln: Mit seiner vollständigen Aufklärung würde die Aufgabe der Physik erfüllt, indem alle physikalischen Gesetze auf ein letztes Grundgesetz zurückgeführt wären.

Diese Denkweise eines der berühmtesten Physiker des vorigen Jahrhunderts macht es begreiflich, daß es damals für die These einer weltanschaulichen «Irrelevanz» der Naturwissenschaften keine Anhänger gab – daß vielmehr ganz entschieden die naturwissenschaftlich Denkenden den wohnungslos und arbeitslos gewordenen Gott der Großväter zu den überwundenen Irrtümern einer früheren geistigen Entwicklungsstufe rechneten. Der große VIRCHOW hat das unmißverständlich ausgedrückt in der Erklärung: «Über den Glauben läßt sich wissenschaftlich nicht rechten; denn Wissenschaft und Glauben schließen sich gegenseitig aus.»

LAPLACE

Die überzeugungskräftige Klarheit, zu welcher das deterministische physikalische Naturbild in der zweiten Hälfte des vorigen Jahrhunderts gekommen war, hat sich zwar keineswegs auf kurzem Wege ergeben. Newton, auf dessen überragender Gedankenleistung unser Verständnis der Planetenmechanik beruht, war selber noch keineswegs geneigt, das Planetensystem als Modellfall eines *lückenlos* determinierten Naturgebildes anzusehen.

Er meinte im Gegenteil, die wechselseitige Anziehung der Planeten untereinander müßte, obwohl klein im Vergleich zur Anziehungskraft der Sonne, im Laufe der Zeit die Bahnen der Planeten völlig verändern und vielleicht schließlich den Sturz von Planeten in die Sonne verursachen: So hatte NEWTON geglaubt, daß nur ein von Zeit zu Zeit erfolgendes übernatürliches Eingreifen des Schöpfers eine solche Katastrophe verhindern könnte, indem er das Planetensystem erneut in seine Ordnung brachte.

Die hier in Newtons Werk verbliebene Lücke wurde erst später durch Pierre Simon LAPLACE ausgefüllt. Unter den großen Forschern, welche Frankreich der Menschheit geschenkt hat, ist er eine der glänzendsten Erscheinungen. Durchdringende Verstandesschärfe und höchste Klarheit des Denkens vereinigten sich in ihm mit einer beweglichen, lebhaften Phantasie, die ihn in bedeutenden Problemen der Mathematik, Physik und Astronomie zu bahnbrechenden Gedanken führte. Jedem Physiker, jedem Mathematiker ist die berühmte «Laplacesche Gleichung» wohlvertraut, die ihm in seiner Arbeit auf Schritt und Tritt begegnet und deren Name ihn an einen der großen Geister der Vergangenheit erinnert; aber wenige Heutige ahnen, welche Vielseitigkeit überragender Leistungen diesem Manne zu verdanken ist und wie unverlierbar seine Erfolge in die Weiterentwicklung der Naturwissenschaften eingegangen sind.

Der in der Normandie als Sohn eines armen Landmannes Geborene war schon als Zwanzigjähriger ein anerkannter Forscher, nachdem er zwei Jahre vorher mit der Veröffentlichung mathematischer Abhandlungen begonnen hatte. Als Vierundzwanzigjähriger wurde er Mitglied der Pariser Akademie der Wissenschaften.

Zu seinen vielfältigen späteren Arbeiten gehören chemisch-physikalische Untersuchungen, die er zusammen mit dem großen LAVOISIER ausführte; Größen wie spezifische Wärme und Verbrennungswärme – heute zum Grundbestande unserer chemisch-physikalischen Vorstellungen gehörend – wurden erstmalig gedanklich klar gefaßt und experimentell gemessen. Die Gesetze der Flüssigkeiten, insbesondere der Kapillarität, wurden ebenfalls durch Laplace weitgehend aufgeklärt. Tiefgründige Untersuchungen über die Wahrscheinlichkeitsrechnung zeigen seinen lebhaften Geist in wieder ganz anderen Richtungen beschäftigt. In der Akademie übrigens wurde er später mit Aufgaben betraut, die in sehr praktische Gebiete hinüberreichten. Die nach der französischen Revolution gegründete Kommission für Maß und Gewicht, aus deren Arbeiten das Metermaß und das Grammgewicht hervorgegangen sind, zählte Laplace zu ihren einflußreichsten Mitgliedern. Auch entfaltete er eine fruchtbare, weitreichende Tätigkeit als Organisator wissenschaftlicher Arbeit und wissenschaftlichen Studiums, indem er die Ecole Polytechnique umgestaltete und damit eigentlich ihren Weltruf begründete.

NAPOLEON I. schätzte das organisatorische Können dieses keineswegs weltfremden Gelehrten so hoch, daß er ihm auch das Ministerium des Innern übertrug und ihn später, nach der Kaiserkrönung, zum Grafen erhob. Unangefochten von allen Wirren der nachfolgenden Zeit blieb er auch nach dem Sturz Napoleons eine der angesehensten Persönlichkeiten seines Landes; von den zurückgekehrten Bourbonen zum Pair von Frankreich und zum Marquis ernannt, starb er, fast 78jährig, 1827.

Aber die eigentliche Leistung seines Lebens liegt ganz im Felde der Astronomie, wo er, das Werk Newtons fortsetzend, glänzende Gelegenheiten zur Entfaltung und Nutzbarmachung seines hohen mathematischen Könnens fand. Verbesserungen der Theorie der Gezeiten, bahnbrechende Untersuchungen über die wechselseitige Beeinflussung der Planeten und auch der Monde sind zusammen mit anderen, verwandten Untersuchungen zusammengefaßt in seinem großen Werk über die *«Himmelsmechanik»*. Auch die schon erwähnte *«Laplacesche Gleichung»* gehört hierher: Sie wurde entdeckt in der mathematischen Durchdenkung des Newtonschen Gravitationsgesetzes; später hat sie sich auch für die Elektrizitätslehre als eine der fundamentalsten Gesetzmäßigkeiten erwiesen.

Insbesondere führte Laplace den mathematischen Beweis, daß die Planetenbahnen, obwohl sie sich wechselseitig ständig etwas stören, trotzdem stabil bleiben: Siegreich verbreitete sich mit der Erkenntnis, daß die Determinierung der Planetenbewegungen nach den Gesetzen der Newtonschen Mechanik und dem Gravitationsgesetz ausreichend ist, den Bestand des Planetensystems zu erhalten, auch die Überzeugung, daß eine *vollständige* Determinierung alles Naturgeschehen lückenlos beherrsche, ohne übernatürliche Eingriffe Gottes nötig zu haben oder zuzulassen: *Die Natur ist mit sich allein.*

Aber auch den in ferner Vergangenheit liegenden Entstehungsvorgang des Planetensystems hat sich Laplace (hierbei ähnliche Gedanken entwickelnd wie Kant) als ein naturgesetzlich abgelaufenes Geschehen vorgestellt. Als Napoleon ihn nach einem Vortrag über diese Theorie fragte, wo denn dabei der Schöpfer bleibe, gab Laplace die berühmt gewordene Antwort: «Diese Hypothese benötige ich nicht.»

In ihr drückt sich der geistige Stolz eines Zeitalters aus, das im Triumph menschlicher Vernunft die Lösung aller Daseinsfragen zu sehen glaubte: Von Laplace ist ja auch in eindringlicher (hernach von Dubois-Reymond wiederaufgenommener) Erläuterung jener Grundgedanke der mechanistischen Naturphilosophie ausgemalt worden, nach welchem die Gesamtnatur – als ein System zahlloser Atome – nach mechanistischen Gesetzen zwangsläufig, uhrwerksmäßig bewegt sei; ähnlich wie es Laplace für das Planetensystem und für die Jupitermonde bewiesen hatte.

Unserem heutigen physikalischen Denken ist diese Vorstellungswelt freilich schon wieder altmodisch geworden, obwohl sie eine notwendige und bedeutungsvolle Durchgangsstufe der Gedankenentwicklung war. Aber wir spüren echte, über die Jahrhunderte hinwegreichende geistige Verwandtschaft in dem ergreifenden Abschiedswort, das Laplace auf seinem Sterbebette gesprochen hat: «Was wir wissen, ist wenig; was wir nicht wissen, ist unermeßlich.»

Der Gedanke einer lückenlosen mechanischen Determinierung von Naturvorgängen wurde von DESCARTES auch auf lebende Organismen übertragen. Wenn wir ein lebendes Tier betrachten, etwa eine kleine spielende Katze, so sind wir ja in Wirklichkeit, praktisch genommen, völlig außerstande, mathematisch vorauszuberechnen, was sie in den nächsten Sekunden oder gar Minuten tun wird; und man könnte dieser Feststellung die nachdenkliche Bemerkung hinzufügen, daß gerade darauf der Reiz einer Beobachtung von Lebendigem beruht, daß dies Lebendige imstande ist, uns immer wieder zu überraschen. Aber nach Descartes beruht die Fähigkeit der Katze, uns zu überraschen, nur darauf, daß unsere Wissenschaft noch ganz im Anfang ihrer Entwicklung steht (in dieser Hinsicht heute nicht viel weniger, als zu Descartes' eigener Zeit). Trotz ihrer Kleinheit ist ja diese Katze ein ungeheuer verwickeltes Naturgebilde – viel verwickelter, als das große Planetensystem, welches (in der etwas vereinfachten Vorstellung, die wir oben unserer Erläuterung der Determinierung zugrunde gelegt haben) nur aus einer eng begrenzten Anzahl kugelförmiger Himmelskörper besteht.

Wäre unsere Wissenschaft schon viel weiter, als sie tatsächlich ist (dabei könnte sie immer noch von der Allwissenheit des Laplaceschen Geistes weit entfernt sein), so würden wir – im Sinne der von Descartes ausgedrückten Überzeugung – zweierlei können, was wir heute noch keineswegs können: Einerseits könnten wir den augenblicklichen Zustand der kleinen Katze beobachten, ausmessen – und zwar in allen Einzelheiten, mit allen Feinheiten ihrer inneren Organe, auch bezüglich zellulärer Strukturen und chemischer Beschaffenheit – mit solcher Genauigkeit, daß wir diesen Zustand ebenso scharf und erschöpfend *kennen* würden, wie wir den Zustand des Planetensystems zu ermitteln und zu kennen vermögen. Zweitens aber würden wir die mathematische Aufgabe, die Rechenaufgabe erfolgreich zu bearbeiten wissen, die uns durch eine solche Unmenge von Messungsergebnissen gestellt wird. So würden wir die Katze vielleicht wirklich überholen können durch Vorausberechnung ihrer künftigen Bewegungen, wie sie sich aus den Bedingungen des gegenwärtigen Zustands ergeben müssen, unter Berücksichtigung der Umwelteinflüsse, die inzwischen noch auf sie wirken werden.

In dem so gezeichneten Naturbild – in welchem auch die lebenden Organismen zu (eigentlich «toten») Mechanismen werden, gelenkt allein durch den mechanischen, uhrwerksmäßigen Zwang lückenloser Vorausbestimmung jeder Bewegung – hat Descartes jedoch eine bedeutungsvolle Ausnahme eingebaut. Was für jedes Tier gilt (erst recht für jede Pflanze), gilt nach Descartes nicht mehr für den Menschen. Der Mensch ist der entscheidende Ausnahmefall – er hat nicht nur seinen materiellen Körper, er hat auch seine immaterielle, unsterbliche Seele, den Träger seiner Willensfreiheit: Indem diese Seele in einer sehr geheimnisvollen Weise mit dem Körper in Wechselwirkung steht, ihm Aufträge, Antriebe, Befehle erteilen kann, da wird hier – in jedem lebenden Menschen –, aber auch *nur* hier im Gesamtgetriebe der Wirklichkeit, die sonst lückenlos erhaltene Determinierung unterbrochen.

In diesem Gedankengemälde wollte Descartes offenbar eine Versöhnung, eine Vereinigung, Harmonisierung ermöglichen zwischen zwei auseinanderstrebenden Gedankenwelten, deren Auseinanderstreben er schon damals klar erkannte und als unheilvoll betrachtete: Die Gedankenwelt einer von Demokrit her prägend beeinflußten Naturwissenschaft (welche Descartes freilich durch eine gegenüber Demokrit abgeänderte, jedoch nicht weniger «materialistische» Theorie auf einen neuen Weg zu lenken versuchte); und andererseits die Gedankenwelt religiöser Verkündigung, kirchlicher Lehren, theologischer Vorstellungen mit ihren schwerwiegenden Aussagen über Schicksal und Bestimmung des Menschen.

Descartes bezahlte für diesen Versöhnungsversuch den Preis einer Schärfe in der Unterscheidung von Mensch und Tier, die uns heute nicht mehr glaubhaft erscheinen kann: Da wir durch die biologische Entwicklungslehre gewöhnt sind, den Menschen als Teil der organischen Formenwelt zu begreifen – historisch entstanden aus tierischen Vorfahren, und noch heute seinen nächsten tierischen Verwandten im Urwald (oder im Zoo) begegnend –, so muß die gedankliche Härte dieser Unterscheidung uns störend fühlbar werden.

Die enge Beziehung zwischen theoretischer Bewertung und praktischer Behandlung des Tieres hat ein Philosoph[1] verdeutlicht, welcher aus Descartes' Lehre von der rein mechanischen Natur des tierischen Organismus seine Folgerung zog: Er stieß eine ihm in den Weg laufende trächtige Hündin mit einem kräftigen Fußtritt zur Seite. Zur Rede gestellt erwiderte er, sich auf Descartes berufend: Ich gebe zu, daß die heulende Hündin jetzt häßliche Geräusche erzeugt. Aber

[1] Ich habe vergessen, ob es Maupertuis oder ein anderer war.

sie entsprechen lediglich dem Quietschen einer schlecht geölten Maschine.

Die Bedenken, welche Descartes' Versöhnungsversuch bei heutigen Menschen erregen muß, mit der gezwungenen Gewolltheit seiner Lösung, lagen seinen Zeitgenossen ferner. Trotzdem konnte es nicht ausbleiben, daß radikalere Geister die Folgerungen zogen, welche Descartes gerade abwenden wollte. So hat sein Landsmann, der Arzt und Philosoph LAMETTRIE, in seinem 1748 veröffentlichten Buche «L'homme machine», der Mensch als Maschine, das ausgeführt, was schlagwortartig schon im Buchtitel verkündet wurde: Auch der lebende Mensch ist nichts anderes als ein Mechanismus, eine Maschine, ein aufgezogenes Uhrwerk – oder ein *Roboter,* so würde Lamettrie sicherlich gesagt haben, wenn dies Wort in seiner heutigen Bedeutung schon damals bekannt gewesen wäre. Es bezeichnet genau das, was er ausdrücken wollte – die vollständige Determinierung auch des menschlichen Körpers.

Wenn mir ein lebender Mensch entgegentritt, dann bin ich ja in Wirklichkeit völlig außerstande, mathematisch vorauszuberechnen, wie er sich bewegen, wie er handeln, welche Worte er sprechen, welches Mienenspiel und welchen Ausdruck der Augen er zeigen wird. Aber Lamettrie weigerte sich, hierin einen Einwand gegen die Behauptung vollständiger mechanischer Determinierung zu sehen: Descartes hat uns ja am Beispiel der Tiere schon erläutert, wieso die Vorausberechnung praktisch unmöglich sein kann, auch wenn sie grundsätzlich, theoretisch möglich ist. Der Mensch ist *noch* etwas komplizierter als die kleine Katze – kein Wunder, daß die Vorausberechnung seiner Bewegungen praktisch ebensowenig ausführbar ist, wie bei der Katze.

Wäre aber unsere Wissenschaft viel weiter, als sie tatsächlich ist – hätte sie einen Zustand zwar noch weit entfernter, aber doch vorstellbarer Vollendung (andererseits noch weit zurückbleibend hinter dem Wissen des Laplaceschen Geistes) schon erreicht, so könnte sie nicht nur Sonnen- und Mondfinsternisse oder Planetenbewegungen, sondern auch das Handeln eines lebenden Menschen vorausberechnen, ihn dadurch entlarvend als das, was er tatsächlich ist: Eine Maschine, ein Mechanismus, ein Roboter. Aber wenngleich *diese* Form der Entlarvung des Menschen heute noch nicht möglich ist, so entlarvt ihn doch das folgerichtige philosophische Denken. Denn jedes Atom steht unter dem unentrinnbaren Zwang der gleichen Naturgesetzlichkeit. Es kann dabei keinen Unterschied ausmachen, ob sich ein gewisses

Atom gerade jetzt in der sogenannten unbelebten Natur befindet, in einer Wolke, im Meereswasser oder im Felsgestein, oder ob es im Hirn oder Herzen eines Menschen sitzt: In jedem Falle ist die Bewegung des Atoms – in Wechselwirkung mit den übrigen – durch die Gesetze der Mechanik vollständig vorausbestimmt; und indem für jedes einzelne Atom des menschlichen Körpers lückenlose, willkürfreie Determinierung gegeben ist, gilt diese Determinierung auch für den Menschen im ganzen.

Man kann nicht verkennen, daß Lamettrie hier im Vergleich zu Descartes der Folgerichtigere ist: Der Verzicht auf die Ausnahmestellung, welche Descartes noch dem Menschen bewahren wollte, läßt erst die volle Tragweite dessen erkennen, was Descartes in seiner Beurteilung der Tiere als Mechanismen ausgeführt hatte – dieses Urteil schließt sich zu einer folgerichtigen Gesamtauffassung von Natur und Mensch durch die Beseitigung der von Descartes künstlich aufrechterhaltenen Lücke seiner sonst deterministischen Vorstellung.

Es ist in der Kulturkritik unserer Gegenwart oft als deutlichster Beweis für die «Dämonie der Technik» bezeichnet worden, daß sie den Menschen degradiert habe zur seelenlosen Arbeitsmaschine. Die schlichte historische Wahrheit stimmt damit nicht überein: Schon bevor das Industriezeitalter, das Zeitalter der Technik begonnen hatte, ist der Mensch philosophisch zur Maschine erklärt worden. Erst die Folgezeit begann ihn auch praktisch als solche zu bewerten und zu behandeln.

Wir sehen in Lamettries Lehre den Kerngehalt materialistischer Philosophie. Spätere Versuche, die materialistische Weltauffassung darzulegen – etwa bei Haeckel oder bei Engels –, haben Lamettrie nicht mehr an Schärfe und Klarheit überbieten können: Sie haben seine Klarheit nicht einmal wieder erreicht. Lückenlose Determinierung der gesamten Naturwirklichkeit – die Natur zu einem gewaltigen Uhrwerk machend – und der Mensch als ebenso determiniertes Teilstück dieser Weltmaschine selbst Maschine oder Maschinenteil: Das ist die Vorstellung, in welcher der Materialismus gipfelt.

Die Deutung des Menschen als Maschine, als Roboter zieht – wenn sie anerkannt wird – einen Schlußstrich unter alles, was jemals aus den Zusammenhängen religiöser Weltbetrachtung heraus über den Menschen gesagt worden ist. Das alles muß jetzt ausgestrichen, ausgelöscht werden – als Irrtum, Fehlglaube und Torheit; oder etwa als nunmehr durchschautes geistiges Erzeugnis betrügerischer Machenschaften eines herrschsüchtigen, gewinnsüchtigen Priesterstandes.

Wenn der lebende Mensch eine Maschine ist, dann ist Gott nicht nur wohnungslos und arbeitslos, sondern auch *sinnlos* geworden.

Es gibt keine «Willensfreiheit»: Schon das Wort als solches ist ein Widerspruch in sich. Denn was kann «Willensfreiheit» bedeuten bei einer Taschenuhr oder bei einer Dynamomaschine? Wenn der Mensch Maschine ist, wenn er lückenloser Determinierung unterliegt, so kann von Willensfreiheit keine Rede sein.

Zwar hat Kants Scharfsinn versucht, hier einen Ausweg zu finden, und bei Anerkennung mechanistisch-determinierender Naturgesetze die Existenz einer metaphysischen Rückseite oder Innenseite der Erscheinungswelt zu behaupten, in welcher *das* Freiheit sein könnte, was sich in der Erscheinungswelt als mechanischer Zwang darstellt. Aber obwohl Kants Philosophie für etwa ein Jahrhundert der protestantischen Religiosität eine gewisse philosophische Rückzugsposition gegenüber dem vordringenden materialistischen Atheismus geboten hat, so sind doch seine Gedanken den Heutigen bereits so weitgehend unbekannt geworden, daß es nicht mehr nötig scheint, ihnen kritisch nachzugehen.

Heutige philosophische Versuche, der Verneinung menschlicher Willensfreiheit durch naturwissenschaftlichen Determinismus aus dem Wege zu gehen, klammern sich gewöhnlich an die Irrelevanz-These. So wird etwa gesagt, daß die Frage der Determinierung deshalb gar nichts zu tun habe mit dem Freiheitsproblem, weil «echte» Freiheit nur im Zusammenhang ethischer Kategorien zu verstehen sei: Verkannt wird hierbei, daß die mechanistische Determination auch alle ethischen Kategorien verneint und als Hirngespinste erscheinen läßt. Ein Roboter, dessen Bewegungen durch Mechanik vorgeschrieben sind, hat keine Gelegenheit, ethische Gebote zu berücksichtigen. Man erwartet ja auch nicht von einem Auto, daß es in Rücksicht auf ethische Erfordernisse das Überfahren eines Menschen unterläßt, auf den es von seinem betrunkenen Fahrer hingesteuert wurde. Zwischen einem Auto und einem Roboter besteht aber kein Unterschied im Verhältnis zur mechanischen Determinierung.

Aus mancherlei Diskussionen habe ich überhaupt den Eindruck gewonnen, daß die Vertretung der Irrelevanz-These (insbesondere in der absurden Form, die Frage der Determinierung sei irrelevant für die Anerkennung von Freiheit) ihren Vertretern nur deshalb möglich wird, weil diese – dem naturwissenschaftlichen Denken allzu fremd – die rasante Schärfe und die unerbittliche logische Folgerichtigkeit der materialistisch-deterministischen Vorstellungsweise noch gar nicht in sich aufgenommen haben. Eine gegnerische Beweisführung nicht zu verstehen, ist natürlich der sicherste Schutz gegen diesbezügliche Beunruhigung.

Lamettrie, dem FRIEDRICH DER GROSSE einen Nachruf geschrieben hat, ist auf Grund seiner Eigenschaft als früher radikal materialistischer Philosoph vielfältig angefeindet worden. Aber auch abgesehen davon, daß Fehler seiner Person, wenn sie nachweisbar wären, keine Unterlage logischer Einwände gegen den sachlichen Gehalt seiner Lehre bilden könnten, scheint ein solcher Nachweis nicht gelungen zu sein. F. A. LANGE schrieb darüber: «Es sind uns von ihm keine besonderen Schlechtigkeiten bekannt. Er hat weder seine Kinder ins Findelhaus geschickt, wie ROUSSEAU, noch zwei Bräute betrogen, wie SWIFT; er ist weder der Bestechung für schuldig erklärt, wie BACON, noch ruht der Verdacht der Urkundenfälschung auf ihm, wie auf VOLTAIRE.»

DIE ENTWICKLUNGSLEHRE

Die Tatsache, daß die Naturwissenschaft des 20. Jahrhunderts eine veränderte Stellung zu den weltanschaulichen Fragen gewonnen hat und daß sie die antireligiöse Stellungnahme der Naturwissenschaftler des vorigen Jahrhunderts nicht mehr zu unterstützen vermag, ist von Außenstehenden oft so dargestellt worden, als sei die Naturwissenschaft nunmehr «bescheidener» und sich «ihrer Grenzen bewußt» geworden. Dabei wird also der Sinn der neuen Entwicklungen naturwissenschaftlichen Denkens so aufgefaßt, als ob ein *Rückzug* angetreten sei, der eine *Entwertung* bisheriger naturwissenschaftlicher Erkenntnisse enthielte.

Das ist ein vollkommenes Mißverständnis. Es handelt sich nicht um eine Rückwärtsentwicklung, sondern um eine Vorwärtsentwicklung der Naturwissenschaft: Diese Vorwärtsentwicklung erst hat es der Naturwissenschaft möglich gemacht, sich zu trennen von philosophischen Lehren, welche bis zu unserer Zeit die Naturwissenschaft befruchtet, aber auch belastet haben.

Dabei muß eine nach gerechtem Urteil strebende Wertung jedoch die Befruchtung stärker betonen als die Belastung: Letztere ist erst in unserem eigenen Jahrhundert naturwissenschaftlich fühlbar geworden, indem die Gewohnheit deterministischen Denkens der Erfassung der Quanten-Gesetzlichkeit Schwierigkeiten machte – welche jedoch in einem dramatischen geistigen Ringen innerhalb weniger Jahrzehnte überwunden werden konnten. Jedoch haben die philosophischen Lehren – diejenigen eines materialistischen Determinismus –, welche so lange Zeit als unlösbar verknüpft mit der Naturwissenschaft erschienen, durch mehr als ein Jahrhundert die Gegensätzlichkeit von Naturwissenschaft und Religion zu etwas scheinbar Unabänderlichem gemacht. VIRCHOW hat dies in dem schon erwähnten Satz ausgedrückt.

Zum richtigen Verständnis der geistesgeschichtlichen Entwicklung ist aber die Feststellung wichtig, daß die von den Naturwissenschaften in mehrfachen Angriffswellen ausgegangene Erschütterung des religiösen Glaubens nicht etwa aus *törichten* Vorstellungen oder Meinungen der Naturforscher erwachsen ist. Im Gegenteil waren es höchste Leistungen menschlichen Geistes, menschlicher Erkenntnisfähigkeit, welche dem abendländischen Menschen zu schweren religiösen Glaubensanfechtungen geworden sind.

Das gilt auch für die biologische Entwicklungslehre, und zwar einschließlich dessen, was Ernst HAECKELS der Abstammungs- und Entwicklungslehre gewidmete wissenschaftliche Arbeit zu ihr beigetragen hat. Alle in neuerer Zeit hervorgetretenen Versuche, durch die Vertretung von Zweifeln an Richtigkeit und Bedeutung der biologischen Entwicklungslehre die Stellung des Glaubens zu stärken, sind verfehlt aufgrund des schlichten Umstands, daß sie zur Wahrheit im Widerspruch stehen: Dem Glauben kann nur durch Wahrheit geholfen werden, nicht durch Unwahrheit. Daß die Schaffung der Abstammungs- und Entwicklungslehre zu den das naturwissenschaftliche Weltverständnis begründenden geistigen Taten gehörte, darf nicht verschwiegen oder verdunkelt werden.

Die Vorläufer DARWINS zu würdigen, gehört nicht in den Rahmen dieses Buches. So wollen wir uns auch bei LAMARCK mit der Erwähnung seines Namens begnügen. Die gern (schon von Haeckel) behauptete Miturheberschaft GOETHES muß ausdrücklich verneint werden. Seinen Betrachtungen über die «Urpflanze» (und ebenso seinen entsprechenden Betrachtungen über die Wirbeltiere) fehlte gerade das Entscheidende: Die Vorstellung eines realen historischen Vorgangs, in welchem sich die abgeleiteten, ausentwickelten Formen aus ursprünglicheren gebildet haben. Das «Ur» in seinem Urpflanzen-Begriff bedeutete eine begrifflich-morphologische Ursprünglichkeit, nicht aber ein zeitliches Vorangehen und eine abstammungsmäßige, echte Verwandtschaft, also historische Ahnen-Eigenschaft.

Die durch die Entwicklungslehre vollzogene Zusammenführung vorher getrennter Teile der Naturwissenschaft ergab sich gerade aus dem Ernstnehmen der historischen Vorgänge, welche die heutige biologische Formenwelt zustande kommen ließen. Als LINNÉ in seinen bahnbrechenden Forschungen zur Zoologie und Botanik die Arten der Tiere und Pflanzen zu ermitteln und in Gattungen und immer umfangreichere Gruppen zusammenzufassen begann, lag dieser Tätigkeit keine andere Vorstellung zugrunde, als die, daß eine übersichtliche «Ordnung» aufgestellt werden sollte, in welcher die Arten nach dem Grade der Ähnlichkeit enger oder lockerer zusammengefaßt wurden. Die entscheidende Frage, welche Ähnlichkeiten dabei als wesentlich, als maßgebend betrachtet werden sollten – gegenüber anderen, mehr äußerlichen Ähnlichkeiten (wie z. B. zwischen Fisch und Wal), hat Linné weder durch allgemeine Definition, noch durch den – damals ganz fern liegenden – Gedanken beantwortet, daß die festzustellende «Verwandtschaft» der Formen eine Verwandtschaft im echten Sinne bedeuten sollte: So, wie Brüder und Schwestern oder Vettern und Neffen «Verwandte» sind, die sich *nicht nur* durch Ähnlichkeiten als solche ausweisen.

Während die von Linné im einzelnen getroffenen konkreten Entscheidungen überwiegend glückliche Entscheidungen waren, vor allem in bezug auf die Tierwelt, hat er die Fülle der ihm bekannt gewordenen Pflanzenarten zum Teil nur nach äußerlichen, weniger bedeutungsvollen Merkmalen zu ordnen vermocht.

Aber auch spätere Botaniker, die sich, wie Augustin DE CANDOLLE, um ein «natürliches System» bemühten und dabei den *echten* Verwandtschaftsbeziehungen, also den abstammungsmäßigen, um einige Schritte näherkamen, haben nicht geahnt, daß sie die Spuren historischer Vorgänge erforschten. Erst die von Haeckel entworfenen, seitdem fortschreitend verfeinerten *Stammbäume* der Tierarten haben den wahren, historische Abstammungsbeziehungen aufdeckenden Sinn der «Systematik» heutiger Arten deutlich gemacht.

Diese Stammbäume schlossen die heute lebende Tier- und Pflanzenwelt zusammen mit den ausgestorbenen Arten früherer geologischer Zeitalter. Sie begründeten zugleich die Möglichkeit des historischen Verstehens pflanzengeographischer und tiergeographischer Tatsachen unserer Gegenwart, welche nur teilweise aus der Lebensfähigkeit der einzelnen Arten unter bestimmten klimatischen Bedingungen abzuleiten sind: Viele Arten plazentaler Säuger wären in Australien lebensfähig; aber sie sind dort nicht vorhanden, aus Gründen der erdgeschichtlichen und tiergeschichtlichen Entwicklung.

Darwin hatte die Unterlagen seiner wissenschaftlichen Überzeugung von der Veränderlichkeit der Arten auf der fünfjährigen Weltumseglung des Forschungsschiffes «Beagle» gesammelt, welche 1832, im Todesjahr Goethes, begann. Erst 1859, im Todesjahr Alexander v. Humboldts, erschien sein umwälzendes Werk über *«Die Entstehung der Arten durch natürliche Auslese, oder die Erhaltung der bevorzugten Rassen im Kampf ums Dasein»*. Es legte umfassende Beweisunterlagen vor für die Behauptung, daß die Tier- und Pflanzenarten, obwohl in den kleinen Zeitmaßen menschlicher «Weltgeschichte» fast keine Veränderung zeigend – außer bei künstlich gezüchteten Formen –, in geologischen Zeitmaßen erhebliche Umgestaltung erfahren hätten. Ferner erläuterte es die im Kampf ums Dasein vollzogene Auslese der besser Angepaßten als vermutliche Hauptursache dieser allmählichen Umbildung der Arten.

Die hierzu gemachten Ausführungen blieben deshalb mit Schwächen belastet, weil die Gesetze der Vererbung – die man kennen muß, um die Bedeutung der Auslese richtig beurteilen zu können – damals noch unbekannt waren: Gregor Mendel begann 1858 seine später so berühmt gewordenen Forschungen, die jedoch damals unbekannt blieben; erst um 1900 brachte die Wiederentdeckung der von ihm gefundenen Gesetzmäßigkeiten sie zur Kenntnis der Naturforscher – mit dem Ergebnis, daß eines der großartigsten Kapitel moderner Naturforschung daraus erwuchs.

Aber obwohl Darwins Vorstellungen von Vererbung noch unzulänglich waren, so hat doch sein Scharfblick die entscheidende Bedeutung der Auslese richtig erkannt – *wie* richtig, das konnte erst durch die moderne Vererbungsforschung klargemacht werden. Sein Vorgänger Lamarck hatte statt dessen eine Vererbung erworbener Eigenschaften, erworbener Anpassungen als Hauptursache der Artumbildung betrachtet – und diese Vererbung erworbener Eigenschaften ist von der modernen Forschung als Hirngespinst erwiesen (trotz Lyssenkos Befehl, sie zum geheiligten Glaubenssatz für alle Linientreuen zu erheben).

Der Vorstoß von der grundsätzlichen Vorstellung einer geologisch-historischen Entwicklung der Lebewelt zu der ins einzelne gehenden Aufstellung von Stammbäumen der heutigen und früheren Arten war wesentlich Haeckels Verdienst; obwohl natürlich seine Pionierarbeit hernach nicht nur Verfeinerung, sondern auch Verbesserung in

Einzelheiten erforderte, hat sich das von ihm entworfene Bild in den Hauptzügen als richtig erwiesen. (Freilich hat auch die von ihm gewonnene Autorität gewisse notwendige Verbesserungen unterdrückt – ein auffälliges Beispiel dafür wird noch erwähnt werden.) Haeckel hat auch – gleichzeitig mit Th. Huxley – 1863 den Menschen in diese Geschichte der Tierwelt einbezogen; Darwin ist erst seit 1871 öffentlich für diese Einbeziehung eingetreten, welche den Menschen zum Verwandten der Menschenaffen und zum Nachkommen affenartiger Vorfahren erklärt.

Nachdem die Entwicklungslehre für lange Zeit die Ähnlichkeiten zwischen Mensch und Tier (insbesondere zwischen Mensch und Menschenaffen) zum Gegenstand vieler Erörterungen und Untersuchungen gemacht hatte, ist es sicherlich berechtigt, zur Vervollständigung und Vertiefung des Bildes andererseits auch die vorhandenen erheblichen Unterschiede naturwissenschaftlich herauszuarbeiten, wie es Adolf Portmann in eindrucksvoller und fruchtbarer Weise getan hat. Zu warnen ist jedoch vor dem Mißverständnis, daß hierdurch irgendwelche Zweifel an der Richtigkeit der Entwicklungs- und Abstammungslehre begründet werden könnten. Die Abstammung des Menschen von affenähnlichen Vorfahren steht naturwissenschaftlich ebenso fest, wie die Bewegung der Erde um die Sonne.

Auswirkungen der Entwicklungslehre

Auf der Stettiner Versammlung der Gesellschaft Deutscher Naturforscher und Ärzte im Jahre 1863 erklärte Haeckel in einem Vortrag über Darwins Theorie, sie führe zu Folgerungen, welche ihr Urheber selbst noch nicht gezogen hatte: Der Abstammung des Menschen aus dem Tierreich; und der «Urzeugung» niedrigster, ursprünglichster Lebensformen aus unbelebter, anorganischer Materie.

F. Bolle, der zur Geschichte des Darwinismus und seiner Auswirkungen eine ungewöhnlich lebendige und aufschlußreiche Abhandlung vorgelegt hat[1], zum Teil gestützt auf W. May, erwähnt einige der ablehnenden Äußerungen der – fachlich sachverständigen – Zuhörer: Man beachte, daß der Vortrag vor einer Versammlung von Naturwissenschaftlern gehalten wurde. Ihre Urteile waren z. B.: «Haltlose Hypothese»; oder «vorübergehender Schwindel, dem bald

[1] Zeitschr. f. Religions- und Geistesgeschichte, 14, 143 (1962).

die unausweichliche Ernüchterung folgen wird»; «harmloser Traum eines Nachmittagsschläfchens»; oder: «das ist so etwas Ähnliches wie Tischrücken».

Die Großtaten der Naturforschung sind Lösungen von großen Erkenntnisfragen: Die Schwierigkeiten einer Durchsetzung dieser Lösungen im Bereich der Zeitgenossen liegen aber nicht immer nur in der Schwierigkeit, die *Lösung* verständlich zu machen. Sobald wir die Frage anerkennen, wie das Vorhandensein des heutigen organischen Lebens auf unserer Erde zu verstehen sei – wie wir es begreifen können als Ergebnis von Naturvorgängen der Vergangenheit –, ergibt sich unausweichlich diejenige Antwort, welche uns die Entwicklungslehre gibt, gestützt auf eine ungeheure Tatsachenfülle, welche durch diese Theorie ihre überzeugende Deutung erhält: Diese Deutung ist zwingend vorgeschrieben durch die Erfahrungstatsachen, die darin ihre lückenlos zusammenpassende Aufklärung erhalten, ohne daß auch nur eine einzige ihr widersprechende Tatsache übrig bliebe.

Die Stellungnahme der Naturforscherversammlung von 1863, die offenbar überwiegend Ablehnung war, zeigte, daß die Frage nach einer naturwissenschaftlich vertretbaren Theorie der Herkunft heutigen organischen Lebens noch gar nicht in den Gesichtskreis der Zuhörer getreten war – die von Haeckel vertretene Antwort wurde ihnen vorgelegt, bevor überhaupt durch Anerkennung der Frage ein Verlangen nach Antwort entstanden war.

Haeckel hatte sich jedoch in propagandistischem Elan über die Fachkreise hinaus an eine breite Öffentlichkeit gewandt: Es ist wohl nicht übertrieben, zu behaupten, daß die begeisterte Zustimmung außerwissenschaftlicher Kreise zu der von Haeckel vertretenen Antwort rückwirkend dazu beigetragen hat, die Wissenschaftler zur Anerkennung der Frage zu zwingen – und Anerkennung der Frage mußte Anerkennung der Antwort nach sich ziehen.

Haeckel hatte seinen Stettiner Vortrag geschlossen mit den aus wissenschaftlichem Stil in demagogischen Stil überspringenden Worten: «Denn der Fortschritt ist ein Naturgesetz, das keine menschliche Gewalt, weder Tyrannenwaffen noch Priesterflüche, jemals dauernd zu unterdrücken vermögen.» Er pries die neue wissenschaftliche Lehre bestimmten außerwissenschaftlichen Strömungen seiner Zeit – und zwar denen, die von den mit «Tyrannenwaffen» und «Priesterflüchen» angesprochenen Ideen von 1789 ausgingen – als neuen Bundesgenossen an: Dem leidenschaftlichen, inbrünstigen Glauben an den

Fortschritt schien der Entwicklungsgedanke machtvolle Unterstützung zu leihen.

Zweifellos war diese Gedankenverbindung so oberflächlich und abwegig wie nur möglich: Wenn wir erfahren (hier ziehen wir allerdings schon moderne Erkenntnisse mit heran), daß der Weg vom Urmenschen bis heute mehrere Millionen von Jahren beansprucht hat, so könnte man daraus statt einer Bestärkung des Fortschrittsglaubens — mit seiner Behauptung einer jetzt im Zeitraum weniger Generationen sich vollziehenden grundsätzlichen Umwandlung des Menschen — eher eine naturwissenschaftliche Bestätigung der biblischen Lehre von der Unveränderlichkeit menschlichen Wesens (jedenfalls in aller uns vorausdenkbaren Zukunft) erschließen. Das hat nicht gehindert, daß man in den Kreisen der damaligen sozialdemokratischen Arbeiterbildungsvereine überzeugt war, daß Darwin und Marx, oder Haeckel und Engels «dasselbe» seien; Bolle hat diese Beziehungen eindrucksvoll geschildert. Virchow, den wir in seinem obigen Satz als einen den naturwissenschaftlich begründeten Atheismus bereits als Selbstverständlichkeit betrachtenden Gelehrten kennenlernten, hat als politisch wirkender Liberaler die Ermutigung der «Socialdemokratie» durch die Darwin-Haeckelschen Lehren als eine Gefahr bezeichnet, die ihn veranlaßte, vor Haeckels Ideen nachdrücklich zu warnen. Freilich traten bei Haeckel neben seinen großen wissenschaftlichen Leistungen immer stärker die außerwissenschaftlichen Spekulationen über Molekülseelen und Zellseelen und über den «Monismus» als Überwindung des «Dualismus» hervor: «Die einfache Naturreligion wird zukünftig in weit höherem Maße veredelnd und vervollkommnend einwirken, als die mannigfaltigen Kirchenreligionen, welche auf dem blinden Glauben an die dunklen Geheimnisse einer Priesterkaste und ihrer mythologischen Überlieferungen beruhen.»

Ein Versuch, die Lehren Darwins in logisch-sachlicher Analyse, statt in emotional bestimmten bloßen Ideen-Assoziationen zu den vorherrschenden Tendenzen des Zeitgeistes in Beziehung zu setzen, hätte ja nicht übersehen können, daß die Darwinsche Selektionstheorie im schärfsten Gegensatz zu allen sozialen und demokratischen Ideen des Zeitalters stand. Diese Ideen-Beziehung ist jedoch damals nur von kleinen Gruppen oder Kreisen fanatischer Verneiner des Zeitgeists gesehen worden; sie hat allerdings später eine Rolle gespielt, als der Hitlerismus für seine neue Art atheistischer «Weltanschauung» nach geistigen Helfern suchte und auf Haeckel zurückgriff.

Unter den wirkungskräftigen Ausstrahlungen der Entwicklungslehre im geistigen und im politisch-sozialen Bereich sind jedoch für das Thema unseres Buches nur diejenigen von eigentlicher Bedeutung, welche unmittelbar die Stellung religiösen Glaubens gegenüber der naturwissenschaftlichen Erkenntnis berühren.

Für die Naturwissenschaft selber ist die Frage nach der historischen Herkunft heutiger Lebensformen eine unabweisbare und übrigens mit der Erdgeschichte, der Geologie, unlösbar verwobene Frage. Die Antwort der Abstammungslehre auf diese Frage ist auch deshalb vielen Naturwissenschaftlern des vorigen Jahrhunderts früher vorgestellt worden, als die Frage ihnen lebendig geworden war, weil *vor* dieser Antwort gar nicht glaubhaft oder gar sicher schien, daß eine naturwissenschaftliche Beantwortung dieser Frage überhaupt möglich sei. Man war also weithin geneigt, diese Frage als unberechtigt oder unerforschbar für die Naturwissenschaft anzusehen.

Statt dessen standen hier noch außer-naturwissenschaftliche Vorstellungen in Ansehen, die mit ganz handgreiflichem, übernatürlichem Schöpferwirken rechneten – nachdenklichen Naturbetrachtern schien die Fülle sinnreicher zweckmäßiger Anpassungen in Tier- und Pflanzenwelt ein offenkundiger Beweis für das Vorhandensein eines weisen, vorsorgenden Schöpfers, der seinen Geschöpfen diese Anpassungen auf ihren Lebensweg mitgegeben hatte. Auch wurde der biblische Schöpfungsbericht gern noch buchstäblich genommen und als eine der naturwissenschaftlichen Forschung übergeordnete Auskunftsquelle bewertet.

Die materialistische Schule stand natürlich schon vor Darwin und Haeckel in schroffem Gegensatz zu diesen Resten mittelalterlicher, Religion und Naturerkenntnis noch vermischender Vorstellungen. So war ihr auch die Frage nach der Entstehungsweise der organischen Formenwelt – in einem der menschlichen Erforschung zugänglichen Vollzug – keineswegs fremd; und daß die Antwort ungefähr in der dann von Darwin und Haeckel angegebenen Richtung liegen mußte, war ebenfalls klar, wenn auch nicht in derjenigen Deutlichkeit und Beweiskraft, die von Darwin und Haeckel erreicht wurde.

Das wird sichtbar in der fühlbaren Unfreundlichkeit, mit welcher Ludwig Büchner in seinem berühmt gewordenen Buche «Kraft und Stoff» über Darwin-Haeckel urteilt – andeutend, daß sie mit Unrecht zum Mittelpunkt der allgemeinen Aufmerksamkeit geworden seien durch Gedanken, die für jeden guten Materialisten eigentlich selbstverständlich waren. Das genannte Buch Büchners hat übrigens von

1855 bis zum Jahrhundertende 21 große deutsche Auflagen erlebt und dazu 32 ausländische Auflagen in 17 Übersetzungen.

Büchner war auch Begründer des Deutschen Freidenkerbundes (1881): Naturwissenschaft und materialistische Weltanschauung waren für ihn die Kräfte, die im Bündnis mit dem Fortschrittsglauben und mit den Ideen von 1789 die endgültige Niederzwingung aller Tyrannen- und Priesterherrschaft durchsetzen sollten.

Das in Büchners «Kraft und Stoff» – und ebenso in den ihm verwandt gerichteten Schriften – immer wiederkehrende Wort ist: «Natürliche Ursachen». Es bezeichnet genau den grundsätzlich entscheidenden Zug jener naturwissenschaftlichen Gedankengänge, die mit Entwicklungslehre, Abstammungslehre und Selektionstheorie zum Durchbruch kamen. Trotz aller Erfolge der Naturwissenschaft von Kopernikus und Galilei über Newton bis zu den Physikern und Chemikern des 19. Jahrhunderts hatten viele die Entstehung der Tier- und Pflanzenwelt, vor allem aber des Menschen, noch in unerforschliche Schöpfungsgeheimnisse eingehüllt geglaubt. Jetzt aber ergab sich – da der geniale Gedanke der Auslese, der Selektion auch das Zustandekommen immer zweckmäßigerer Anpassungen mindestens grundsätzlich verstehbar macht – die Vorstellung einer in den Jahrmillionen der Erdgeschichte vollzogenen Entfaltung und Aufwärtsentwicklung, die in allen Einzelheiten als naturgesetzlich abgelaufen vorzustellen war – und in allen Einzelfragen einer naturwissenschaftlichen Erforschung zugänglich.

Diese Aufklärung der Geschichte organischen Lebens verscheuchte nicht nur die gröberen, handgreiflicheren Vorstellungen von übernatürlichen, die Naturgesetze durchbrechenden Schöpferleistungen in der Hervorrufung von Pflanzen, Tieren, Menschen. Sie vollendete und krönte auch das Lehrgebäude materialistisch-deterministischer Naturauffassung, ihm durch die Abschließung einer vorher noch verbliebenen Lücke (oder mindestens Unsicherheit) eine durchschlagende Überzeugungskraft verleihend.

Zwar war Haeckel weit davon entfernt, den Scharfsinn und die Folgerichtigkeit Lamettries würdigen oder nachvollziehen zu können – seine undisziplinierte Vermischung von Materie und Molekülseelen, von Wissenschaft und «Naturreligion», Erkenntnis und Demagogie zeigt ihn als einen begeisterten Menschen, aber schwachen und konfusen Denker; die Stärke seines Geistes lag andernorts, in der Fähigkeit, sich die Tragweite des Entwicklungsgedankens auf der Grundlage eines reichen biologischen Tatsachenwissens auszumalen.

Wir Heutigen haben die These der *Naturgesetzlichkeit* und der *Erforschbarkeit des Entwicklungs- und Abstammungs-Geschehens* rückhaltlos anzuerkennen. Dem 19. Jahrhundert mußte diese Anerkennung «natürlicher Ursachen» freilich gleichbedeutend scheinen mit der Anerkennung lückenloser Determinierung auch in der historischen Entfaltung des organischen Lebens; also mit der Vollendung eines Wirklichkeitsbildes, in welchem Gott nicht nur, um mit Laplace zu reden, eine unnötige Hypothese, sondern sogar ein widerlegter Irrtum war. Es scheint, daß auch Darwin selber sich im Verfolg seiner wissenschaftlichen Forschungsarbeit aus einem ursprünglich ernst religiösen Menschen in einen Anhänger eines atheistischen Naturbildes umgewandelt hat.

Daß Naturgesetzlichkeit etwas anderes sein könnte als Determinierung, ist ein Gedanke, den im vorigen Jahrhundert noch niemand zu erfassen oder zu erahnen vermochte. Erst diese Erkenntnis des 20. Jahrhunderts veränderte mit dem naturwissenschaftlichen Weltbild auch die weltanschauliche Stellung der Biologie und der Entwicklungslehre. Alle Versuche hingegen, mit Vitalismus, Neo-Lamarckismus oder «Ganzheits»-Lehren dem Teufelskreis des Mechanismus zu entkommen, sind wissenschaftlich ohne irgendeinen Erfolg geblieben.

Ende des 19. Jahrhunderts hat Haeckel sein berühmtes Buch über die «Welträtsel» geschrieben, welches eine Zusammenfassung seines materialistischen Naturbildes vorlegte. Das Vorwort, in welchem er dies Buch als einen Gruß an das herankommende 20. Jahrhundert bezeichnete, enthielt die Erklärung, daß mit der Aufstellung und dem Beweise der Entwicklungslehre die Aufgabe der Naturforschung im wesentlichen abgeschlossen sei; und daß das neue 20. Jahrhundert sich ungeteilt der praktischen Aufgabe werde widmen können, auf der sicheren Unterlage materialistischer Naturerkenntnis eine bessere Gestaltung menschlicher Daseinsverhältnisse durchzuführen.

Dies Urteil hat auch bedingt, daß er den damals einsetzenden neuen Forschungsrichtungen in der Biologie teilnahmslos oder sogar ablehnend gegenüberstand. Indem die von ihm so mächtig geförderte und angeregte Biologie über den von ihm entscheidend mitgeprägten Forschungsstil hinauswuchs, hat sein eigener wissenschaftlicher Stil – trotz der unvergänglichen Bedeutung der wissenschaftlichen Ergebnisse Haeckels – eigentümlich rasch das Aussehen des Altmodischen und Verstaubten angenommen. Die ganzen damals aufblühenden Bestrebungen, auch den Feinbau der Zellen genauer zu erkennen –

unter Anwendung verschärfter, zum Teil auf neuen Gedanken beruhender Methoden der Sichtbarmachung immer feinerer Einzelheiten –, blieben ihm fremd und augenscheinlich reizlos; der von ihm noch miterlebten Wiederentdeckung der Mendelschen Gesetze 1900, aus denen seither die große, weitverzweigte Wissenschaft der Genetik hervorgegangen ist – Grundwissenschaft der modernen Biologie –, scheint er in den letzten, dem 20. Jahrhundert angehörenden zwei Jahrzehnten seines Lebens keine besondere Beachtung geschenkt zu haben.

Naturwissenschaftliche Forschungsleidenschaft – der das Deutlichwerden naturwissenschaftlicher Tatbestände *um ihrer selbst willen* reizvoll ist, unabhängig davon, ob die Ergebnisse vorgefaßte Meinungen bestätigen oder nicht – hat sich bei ihm im höheren Alter nicht mehr in Kraft erhalten können: Die beginnende Entwicklung dessen, was wir heute moderne Biologie nennen, war ihm unbehaglich, weil sie ihm als eine Ablenkung von den ihm allein wichtigen Themen des Beweises der Abstammungslehre, der Ausgestaltung des «Monismus» und seiner Verbreitung als neue «Naturreligion» erschien: So zog er es vor, die Aufgabe der Forschung als vollendet anzusehen – ein Urteil von geradezu denkwürdiger Irrigkeit. Heute haben wir ja fast das Gefühl, daß in unserem eigenen Jahrhundert die seit mehr als zwei Jahrtausenden vorbereitete Naturforschung erst richtig beginnen konnte.

Die Geschichte des organischen Lebens

Grundlage und Ausgangsstellung aller Erforschung des Werdens der organischen Formenwelt in den vielen Jahrmillionen der Erdgeschichte ist die Bestandsaufnahme der heutigen Lebewelt. Die Ermittlung der heute lebenden Tierarten kann als weitgehend abgeschlossen gelten, obwohl sich noch bis in neueste Zeit überraschende Ergänzungen ergeben haben. Die Entdeckung des Okapi hat wohl unsere Kenntnisnahme der größten Säugetiere abgeschlossen – sofern nicht der «Schneemensch» des Himalaya wirklich als eine noch unbekannte Tierart existiert. Eine beträchtliche Mannigfaltigkeit neuer, zu sehr verschiedenen systematischen Gruppen gehöriger Tierarten wurden entdeckt, als man die winzigen Bewohner der kleinen Zwischenräume zwischen den Sandkörnern der Meeresküsten planmäßig untersuchte. Viel auffälliger aber waren die Ergebnisse einer

Erforschung derjenigen Tierarten, welche die höchsten Baumkronen gewisser Urwaldgebiete bewohnen, ohne diesen besonderen Lebensbereich zu verlassen – sogar eine Froschart, also eine neue Art von Wirbeltieren, wurde unter ihnen gefunden. – Sicherlich deckt das Dunkel der Tiefsee zur Zeit noch viele uns unbekannte Tierarten zu.

Das aufgrund der Entwicklungslehre erarbeitete Bild von der allmählichen Eroberung der Erde durch das organische Leben ist mit einem farbenreichen Roman oder einem dramatischen Film zu vergleichen – reizvoll und spannend in seinen großen, grundsätzlichen Umrissen, als auch in vielen Einzelausschnitten, von denen wir Kenntnis gewinnen konnten. Nicht nur die Riesengestalten der Saurierzeit oder die ungeheuren Wälder der Steinkohlenzeit bieten unserer rekonstruierenden Betrachtung unerschöpfliche Anlässe des Staunens und der in der Phantasie vollzogenen Zurückversetzung in Landschaften von heute nicht mehr anzutreffenden Formen des Pflanzenwuchses und der Tierwelt, sondern schon die Lebensentwicklung in Zeiten vor den ersten Vielzellern bedeutete ein vielgestaltiges Geschehen, in dessen Geheimnisse wir erst heute erste Einblicke gewinnen. Wir müssen jetzt der Versuchung widerstehen, uns in diese versunkenen Welten zurückzuträumen, mit dem Wunsch, uns wenigstens andeutungsweise den Reichtum ihrer Formen und Erscheinungen im ganzen zu vergegenwärtigen; dies um so mehr, als die Geschichte des organischen Lebens eng verwoben ist mit der Geschichte der Erde selber – daß die Veränderungen in der Verteilung von Land und Meer sowie in den klimatischen Verhältnissen wahrscheinlich viel umfangreicher und durchgreifender waren, als man früher ahnte, wird ohnehin später im Zusammenhang der Kosmologie zu berühren sein.

Der verlockende Reiz dieser Themen darf uns nicht dazu führen, die Aufgabe dieses Buches aus dem Auge zu verlieren – weit entfernt davon, uns den Versuch einer andeutungsweise ausgeführten Gesamtdarstellung der Geschichte der Lebewelt zu erlauben, gestattet diese Aufgabe lediglich, mit kurzer Berührung einiger weniger Punkte die Tatsache zu unterstreichen, daß die Abstammungslehre – wie vielfältig auch die in ihrem Rahmen noch übriggebliebenen offenen Fragen sind – eine endgültige Erkenntnis bedeutet.

Auch dann freilich, wenn es jetzt unsere Aufgabe wäre, die Erdgeschichte und die Geschichte des Lebens auf der Erde in ihren Hauptzügen in einem Gesamtbild zusammenzufassen, wäre es nicht ratsam, dies Gesamtbild so anzulegen, wie es seit HAECKELS bahnbrechenden Untersuchungen häufig in allzu populären Schriften geschehen ist – in Anlehnung an das Vorbild der Geschichtsschreibung, die ja in ihren großen Werken von THUKYDIDES bis ROSTOVTZEFF die Darstellung des Geschichtenerzählers beibehalten hat. Wenn ein alter Mann Miterlebtes erzählt, so entsteht nicht die Frage, woher er es weiß. Es ist also sinngemäß, daß er – aus der eigenen Erinnerung schöpfend – die Ereignisse in der zeitlichen Reihenfolge des Geschehens berichtet.

Aber die übliche Übernahme dieser Darstellungsform in geschichtliche Werke ist nur in begrenztem Maße angemessen – wenn sie auch in der Darstellungskunst etwa RANKES zu schriftstellerisch großen Werken geführt hat. Im Gegensatz zu Chronisten, Tagebuchverfassern oder Memoirenschreibern schöpft der Geschichtsdarsteller *nicht* aus persönlicher Erinnerung, sondern er *rekonstruiert* das Bild der Vergangenheit aus den ihm bekannt gewordenen hinterlassenen Spuren und Dokumenten dieser Vergangenheit.

Wenn ein Verfasser – diesen geistigen Vorgang der Rekonstruktion dem Leser vorenthaltend (außer vielleicht in Fußnoten, deren Häufung störend wirkt) – nur das fertige Endergebnis der Rekonstruktion vorzeigt, so bedeutet das eine Verkennung des natürlichen Wunsches anspruchsvoller und geistig lebendiger Leser, zu erfahren, woher er dies alles weiß – und in welchem Umfang (und bis zu welchen verschiedenen Graden der Sicherheit) diese Rekonstruktion begründet und bewiesen ist.

Ein Geologe wird (außer vielleicht in einer ganz populären Schrift) nicht auf den Gedanken kommen, die Erdgeschichte in chronologischer Reihenfolge zu erzählen unter Auslassung aller heute zu machenden Beobachtungen und Feststellungen an Erdschichten, Versteinerungen, Gebirgsfaltungen, eiszeitlichen Moränen, Brandungskehlen, Magmamassen, Pollenresten und so fort. In diesen heute vorgefundenen Verhältnissen liegen ja die Beweise für das erzielte Bild rekonstruierter Vergangenheit; eine radikale (vielleicht schon etwas überspitzte) erkenntnis-theoretische Auffassung könnte geradezu behaupten, der Sinn aller Aussagen über die vor Jahrmillionen gewesene Vergangenheit liege nur darin, daß sie eine zusammenhängende Beschreibung heutiger Befunde enthält. In schwächerem, aber immer noch beachtenswertem Maße gelten solche Erwägungen aber auch für eine Darstellung geschichtlicher Entwicklungen in Zeiträumen von der Größenordnung eines Jahrhunderts oder Jahrtausends.

Ein Geschichtswissenschaftler bestritt mir dies und meinte, daß die historische Quellenkunde nur in Seminaren vorgetragen werden könne, während sowohl das fertige wissenschaftliche Werk geschichtlichen Inhalts, wie (erst recht) jedes auch für außerwissenschaftliche Leserkreise bestimmte Buch die vollzogene Rekonstruktion in chronologischer Erzählung vortragen müsse – allenfalls ergänzt (oder gestört) durch Quellenhinweise in Fußnoten. Aber wie verbreitet das geistige Bedürfnis nach einer neuen, sinnvollen Darstellungsweise ist, zeigte der überraschende Erfolg des Buches von C. W. Ceram über «Götter, Gräber und Gelehrte», welches endlich einmal die atemlos folgenden Leser das Forschungsabenteuer der archäologischen Ausgräber miterleben ließ, statt eine übliche Beschreibung der Frühkulturen in ihrer fertig durchgeführten Rekonstruktion zu geben – bei der ja das «fertig» immer nur für den augenblicklichen Forschungsstand gilt, so daß nach einiger Zeit das Ganze veraltet ist und völlig neu geschrieben werden muß. Dagegen kann eine bei der Erörterung der uns vorliegenden Quellen und Spuren beginnende Behandlung des Stoffes, welche die aus diesen Unterlagen zu gewinnenden Rekonstruktionsergebnisse logisch aufbaut (uns nicht die verbleibenden Ungewißheiten verheimlichend und uns nicht den Scharfsinn und detektivischen Spürsinn der Forscher im Ableiten bedeutender Folgerungen aus oft geringfügigen, aber mit äußerster Sorgfalt verwerteten Spuren vorenthaltend), niemals wirklich veralten: Was im weiteren Fortgang der Forschung hinzukommt, kann in einem neuen Band hinzugefügt werden, uns in dieser Weise augenfällig machend, daß auch die Fortentwicklung der Geschichtsforschung auf lückenlos erhaltener Tradition des erworbenen Wissens beruht.

Was das vorliegende Buch in diesem Abschnitt bringen kann, bleibt freilich eingeengt auf die Besprechung weniger Punkte, wobei die soeben berührten Grundfragen geschichtlicher Darstellung kaum zur Auswirkung kommen können.

Die Überzeugung, daß das Entwicklungsgeschehen sich aufgrund «natürlicher Ursachen» vollzog, kann vor dem Entstehungsvorgang des Menschen nicht haltmachen: Die Deutung dieser «natürlichen Ursachen» (oder naturgesetzlichen Bedingtheit, wie wir es lieber nennen wollen) als mechanische Zwangsläufigkeit werden wir nur dann vermeiden können, wenn wir die Entwicklungsvorgänge *im ganzen* als teilweise außerhalb solcher Zwangsläufigkeit zu sehen vermögen – wofür im 19. Jahrhundert noch keinerlei Möglichkeit gegeben schien.

Als Haeckel und Darwin sich für die Tierabstammung des Menschen aussprachen, war die Kluft zwischen Menschen – auch niedrigster Stufen – und Menschenaffen noch nicht durch schon bekannte, ausgestorbene Zwischenformen ausgefüllt oder wenigstens gemildert. Trotz aller Vielgestaltigkeit der Menschenrassen, einschließlich etwa der waldbewohnenden Pygmäen, die vielleicht als Degenerationsform anzusehen sind, gibt es sowohl anthropologisch, körperlich, als auch ethnologisch, von den technischen Fähigkeiten aus, gemeinsame Merkmale aller bekannten menschlichen Formen, also klare Unterscheidungsmerkmale gegenüber den nächsten tierischen Verwandten. Körperlich ist die von allen Affenarten abweichende Verteilung der Behaarung zu erwähnen – deren stammesgeschichtliche Entstehungsweise trotz mancher Erklärungsversuche noch immer rätselhaft ist. Nicht weniger scharf grenzt die Fähigkeit, das Feuer zu benutzen (aber nicht unbedingt, es auch zu erzeugen), die Gesamtheit menschlicher Rassen von der Tierwelt ab – ebenfalls auf eine einheitliche Wurzel der Menschenabstammung hinweisend. Dazu kommt die Gewohnheit ständigen Aufrechtgehens – wahrscheinlich Ursache der menschlichen Geburtsschwierigkeiten, da dies Aufrechtgehen vom weiblichen Körper einen Umbau verlangte, welcher kaum noch ganz gelingen konnte: Unsere Frauen hätten es besser, wenn wir dabei geblieben wären, auf allen vieren zu laufen.

Der verdiente Anthropologe KLAATSCH hat im Anfang unseres Jahrhunderts die einheitliche abstammungsmäßige Wurzel des Menschengeschlechts ausdrücklich bezweifelt, als er, nachdem die ersten Funde vorgeschichtlicher Menschenrassen gemacht waren, verfrüht versuchte, den Entstehungsort und die Ausbreitungswege der Menschheit sowie die Rassengliederung der vorgeschichtlichen Menschenarten zu ermitteln – seine Deutung sah vor, daß der Neandertaler dem Gorilla, die dem Aurignacenser verwandte Menschenart hingegen dem Schimpansen näher gewesen sei – was heute niemand mehr ernst nehmen wird. Moderne Methoden der Serologie und Blutgruppenforschung haben neuerdings gezeigt, daß *nur* der Schimpanse als wirklich *naher* Verwandter des Menschen gelten kann.

Während zu Haeckels Lebzeiten die Auffindung vorgeschichtlicher, den Menschenaffen näherstehender Menschenrassen nur sehr langsam über die ersten, heftig umkämpften Funde hinauskam, hat sich neuerdings die Zahl solcher Funde in verschiedenen Erdteilen zu fast verwirrender Fülle gesteigert. Man gewinnt aber den Eindruck, daß wir von einer alle Tatsachen zusammenfassenden stammbaummäßigen Gliederung der vorgeschichtlichen Rassen oder einer Ermittlung ihrer

Entstehungsgebiete und Ausbreitungswege noch weit entfernt sind. Auch schwanken die Angaben des wahrscheinlichen Alters ältester, schon deutlich menschlicher Funde zwischen 500 000 und mindestens 5 Millionen Jahren.

Um so dringlicher ist es freilich, die Verhältnisse soweit wie möglich vom heutigen Bestande der Menschenrassen aus zu klären; und hier ist zu bedauern, daß die so überzeugende Darstellung, welche C. A. Stratz der Rassengliederung der heutigen Menschheit gegeben hat, unter anthropologischen Spezialisten fast unbekannt geblieben ist – vielleicht, weil der horizontweite Arzt, Anthropologe und Ethnologe Stratz echten Spezialisten unsympathisch war. Ich glaube jedoch, daß man an seinen Aufstellungen nicht vorbeigehen kann, ohne an der Wahrheit vorbeizugehen.

Stratz unterscheidet einerseits die drei großen, ausgeprägten Rassen – weiß, gelb, schwarz –, welche zur Ausbildung auffälliger Sondermerkmale gelangt sind («Archimorphe» Rassen). Zur schwarzen Rasse sind ausdrücklich *nicht* zum Beispiel Buschmänner und Pygmäen zu rechnen, die vielmehr dem allgemeinen Untergrund der Menschheitsentwicklung zugehören, welcher von Stratz unter der Bezeichnung «protomorphe Rassen» zusammengefaßt wird. Dazu gehören zum Beispiel auch die Dravidas Indiens, die Ainus Japans sowie die Indianerrassen (aus denen man vielleicht noch besser die weitgehend ausgestorbenen altamerikanischen Kulturvölker als eine vierte «archimorphe» Rasse aussondern sollte). Diese protomorphen Rassen, selber eine reich gegliederte Mannigfaltigkeit bildend, umfassen einerseits die entwicklungsmäßig Zurückgebliebenen, wie etwa die Feuerländer, die Australier und die Tasmanier, die seinerzeit in einer planmäßigen Durchkämmung der gesamten Insel Tasmanien restlos abgeschossen wurden, weil sie europäischen Geschäftemachern störend schienen. Andererseits gehören dazu mancherlei kleine Gruppen, welche eine Sonderentwicklung durchgemacht, aber nicht das zahlenmäßige Gewicht der archimorphen Rassen erreicht haben. Endlich haben die «melanomorphen» Rassen, die Mischrassen, in manchen Gebieten – wie Polynesien – eine erhebliche Bedeutung; nach Stratz sind sie Ergebnisse nachträglicher Vermischung von Teilen der archimorphen Rassen miteinander oder mit protomorphen Rassen.

Wieweit heute vorhandene wissenschaftliche Ermittlungen dazu ausreichen, eine vertretbare Verfeinerung dieses von Stratz entworfenen Schemas zu begründen, insbesondere eine feinere Unterteilung der weißen Rasse, muß wohl als völlig offen angesehen werden, da die dazu vorhandene Literatur infolge Durchtränkung mit «weltanschaulichen» Tendenzen wissenschaftlich unbrauchbar ist. Die absurde Behauptung, die Mitglieder der mosaischen Religionsgemeinschaft seien eine «Rasse», ist von Hitler nicht nur seinen Anhängern eingetrichtert, sondern auch von fast allen seinen Gegnern übernommen worden in Form der nunmehr daraus abgeleiteten Modemeinung, daß die sachliche Anerkennung von Rasseverschiedenheiten – etwa im Sinne von Stratz – ein Ausdruck antisemitischer Gesinnung sei.

Oswald Spengler hat in seiner gedankentiefen Schrift «Der Mensch und die Technik» die Ansicht ausgeführt, die Hand des Menschen könne sich nur gleichzeitig und in Verbindung mit dem Gebrauch der ursprünglichen Werkzeuge entwickelt haben. Dabei ist jedoch übersehen worden, daß die Hand ein gemeinsamer Besitz *aller* Affenarten einschließlich des Menschen ist. Ihre Entstehung kann also nur aus der das ständige Greifen nach Zweigen erfordernden Lebensweise in Urwaldbäumen verstanden werden: Es muß geradezu als typisches Beispiel für die überraschenden Zickzack-Züge der organischen Formenentwicklung betrachtet werden, daß die aus den Bedingungen des Baumlebens entwickelte Greifhand dann auch für die ganz andersartigen Aufgaben der Werkzeugbenutzung geeignet war.

Die Klasse der Säugetiere, zu denen der Mensch erfreulicherweise gehört, hat ihre reiche, in ein stürmisches Tempo übergegangene Entwicklung in zwei großen Schüben vollzogen. Vor 60 Millionen Jahren begann die Entfaltung der «modernen» plazentalen Säugetiere, denen die Natur durch die Erfindung der Plazenta eine erhebliche Erleichterung der Fortpflanzung gegeben hat: Sie haben in allen ihnen zugänglich gewordenen Erdteilen die älteren Säuger, die Beuteltiere, fast völlig verdrängt, ihnen nur in Australien einen ganzen Erdteil überlassend, in welchem außer dem Menschen (und den von Weißen eingeführten Tierarten) nur etwa Mäuse, Fledermäuse und Robben – die von Insel zu Insel wandern können – als Vertreter der plazentalen Säugetiere erschienen sind. Anscheinend waren die Beuteltiere einstmals über die ganze Erde verbreitet; in ihrem restlichen Verbreitungsgebiet sind sie noch immer so mannigfach und artenreich, daß sie ihre eigenen Parallelgruppen zu den Raubtieren, Nagetieren, Insektenfressern, Huftieren der im Tertiär entstandenen plazentalen Säuger zeigen.

Von den ausgestorbenen Arten dieser letzteren ist uns eine so reichhaltige Hinterlassenschaft erhalten, daß man für verschiedene Gruppen – so die Huftiere, aber auch zum Beispiel die artenreiche Gruppe vorzeitlicher Elefanten – sehr ins einzelne gehende Stammbäume, Entwicklungsreihen wichtiger Organe oder historische Ausbreitungswege ermitteln konnte. In ihren vielseitigen Anpassungen an verschiedenste Lebensbedingungen haben sie alle Länder und alle Klimazonen erobert, vom Flachland bis zu hohen Gebirgen hinauf. Als Fledermäuse, fliegende Hunde und so fort haben sie den Luftraum zu ihrem Lebensbereich gemacht, ähnlich wie früher die den Reptilien zugehörenden Flugsaurier, und nur von den Vögeln als einzigen Wirbeltieren in dieser Eroberung des Luftraumes übertroffen. Mit den mannigfaltigen Robbenarten, vor allem aber mit den äußerlich fischähnlichen Walen und Delphinen haben sie den Weg zurück ins Meer gefunden – der uralten Heimat früherer, den Haien verwandter Wirbeltiere und ihrer dem Amphioxus näheren Vorfahren.

Anscheinend der einzige erhebliche Fehler, der Haeckel bei seiner Stammbaumzeichnung der Tierarten unterlaufen ist, liegt darin, daß er zwischen den Lurchen, Amphibien und den ursprünglichen Säugern noch die frühen Kriechtiere, Reptilien, einschaltete. Es ist seit mehr als einem halben Jahrhundert erwiesen (wenn ich recht erinnere, durch den verdienstvollen vergleichenden Anatomen GEGENBAUR), daß das in der Tat ein Fehler war; trotzdem scheint in den letzten Jahrzehnten kaum eine stammbaummäßige Darstellung der Wirbeltierarten veröffentlicht zu sein, welche es vermieden hätte, diesen Haeckelschen Fehler zu wiederholen.

Die Tatsache, daß statt dessen die frühen Säuger *unmittelbar* aus Lurchen hervorgegangen sein müssen, kann man erkennen, wenn man nur einmal etwa den Kühnschen Grundriß der Allgemeinen Zoologie zu Rate zieht, in welchem die Schemata der Blutkreisläufe von Amphibien, Reptilien, Vögeln, Säugern übersichtlich nebeneinandergestellt sind. Die «Warmblüter» Säuger und Vögel haben durch Verzicht auf einen der beiden Aortenbogen die Ausbildung der Warmblütigkeit ermöglicht. Aber es ist in einem Fall der linke, im andern der rechte Aortenbogen des bei den Lurchen noch symmetrischen Adersystems, welcher geopfert wurde; und bei den Reptilien ist bereits die dem späteren Entwicklungsweg der Vögel entsprechende Spezialisierung so weit eingeleitet, daß die vollzogene Weichenstellung sie als Ahnen der Säugetiere ausschließt.

Der Übergang von Reptilien zu Vögeln vollzog sich in der Jurazeit: Der etwa taubengroße Archäopteryx zeigt uns eine ausgesprochene

Zwischenstufe – ein echter Vogel mit vollem Federkleide, aber noch mit Krallen an den Flügeln, Zähnen im Schnabel und einem aus Wirbelknochen gebildeten Schwanz.

Die Jurazeit hat 35 Millionen Jahre gedauert. Wenngleich die Gattung Archäopteryx vielleicht erst in einem späteren Abschnitt dieser Zeitspanne aufgetaucht ist, so ist es doch wohl kaum eine übertriebene Schätzung, zu vermuten, daß von Archäopteryx und nahe verwandten Arten insgesamt nicht nur Milliarden, sondern Billionen von Vögeln gelebt haben. Von diesen Billionen sind uns bis heute genau drei versteinerte Exemplare bekannt geworden; das dritte, neueste, ist schlecht erhalten.

Diese Tatsache muß uns davor warnen, in der Beurteilung von Fragen der Abstammungstheorie zu weitgehende Schlüsse daraus zu ziehen, daß Tierformen, deren einstmalige Existenz theoretisch notwendig ist, in der relativ winzigen Gesamtsammlung wissenschaftlich entdeckter Versteinerungen oftmals *nicht* vertreten sind. Daß insbesondere diejenigen Formen, welche an Gabelungspunkten des Stammbaums der Arten standen, in der Regel *nicht* aufgefunden sind, ist völlig natürlich – so daß mancherlei Diskussionen und Theorien moderner Zeit als gegenstandslos anzusehen sind.

Die Vogelwelt hat besonders auffällig die äußere *Verschiedenheit der Geschlechter* verwirklicht, und sie bietet damit reiche Betätigung des treffenden Darwinschen Gedankens, daß der Auslesevorteil eines Tieres keineswegs allein in seiner Erhaltungsfähigkeit beim Kampf ums Dasein liegt, sondern auch in seiner Durchsetzungsfähigkeit im Kampf um Liebe und Fortpflanzung: Die von Darwin erörterte «geschlechtliche Zuchtwahl» ist für die Vorgänge der Arten-Entwicklung kaum weniger bedeutsam, als die «natürliche Zuchtwahl», die auf dem Kampf um Nahrung und gegen Feinde beruht.

Die Riesengestalten der Saurier, in denen die Entwicklung der Reptilien gipfelte, haben zu ihrer Zeit die Erde ebenfalls in allen Lebensräumen bevölkert – zu Lande, im Wasser, in der Luft; heute ist dieser einst so reich entfaltete Zweig des Stammbaums der Arten nur noch in geringfügigen Überresten vertreten. Die Fische des Meeres und des Süßwassers, in ihrem Formenreichtum für sich allein eine kaum übersehbare Fülle der Gestalten bietend, haben mit ihrem Hinunterdringen bis in die Tiefsee Lebensbereiche von ungeheurer Weiträumigkeit erobert. In neuester Zeit sind einige Exemplare einer Gattung aufgefunden worden, welche die Zoologen seit etwa 200 Millionen Jahren ausgestorben glaubten: Die *Crossopterygièr*, anscheinend seit vielen Jahrmillionen in die Tiefsee abgedrängt, stehen gerade denjenigen Fischarten nahe, aus denen die ersten Landwirbeltiere hervorgegangen sein dürften. Der Entdecker einer noch heute lebenden Art dieser Gruppe hat über die abenteuerlichen, erfolggekrönten Bemühungen, nach dem ersten zufälligen Fund einige weitere dieser Fische zu erlangen, in einem ungewöhnlich lebendigen, spannenden Buch berichtet, gewissermaßen einen Modellfall der Forscherleidenschaft schildernd.

Der Stamm der Wirbeltiere, dem wir diese Bemerkungen gewidmet haben, ist ja nur einer unter mehreren. Die Gliederfüßler beispielsweise haben schon im Kambrium die krebsartigen Trilobiten in außerordentlichem Artenreichtum hervorgebracht, die seit 200 Millionen Jahren fast völlig ausgestorben sind – bis auf einige heute noch lebende entfernte Verwandte. Geflügelte Insekten, deren spätere Entwicklung größtenteils so eng verknüpft ist mit derjenigen der durch ihre Vermittlung befruchteten Pflanzenarten, tauchen zuerst in den ungeheuren Wäldern der Steinkohlenzeit auf – Libellen mit Flügelspannweite von 75 Zentimeter flogen dort umher. Flügellose Ur-Insekten gab es schon im Devon. Die Zahl der heute lebenden Insektenarten scheint mehr als eine Million zu betragen; wir bekommen eine Ahnung von dem nicht sehr viel kleineren Artenreichtum der Pflanzenwelt, wenn wir hören, daß allein von den bescheidenen Flechten, wie sie auf Baumstämmen und auf Steinen wachsen, 17 000 Arten bekannt sind.

Das Zeitalter des Kambriums hat uns die ältesten noch deutlich erkennbaren Lebensspuren nennenswerten Umfangs hinterlassen, etwa 0,5 Milliarden Jahre alt. Das damals noch wesentlich auf die Gewässer beschränkte Leben hatte jedoch in den bereits erwähnten Trilobiten eine Entwicklungshöhe erreicht, die auf eine lange, schon vorausgegangene Geschichte des organischen Lebens hindeutet. Daß das Leben des Kambriums im Bereich der Flachmeere auch schon zur ausgesprochenen Massenerscheinung geworden war, zeigt das Vorhandensein kambrischer Öllager, die ja organischen Ursprungs sind, obwohl neuestens auch der Gedanke geprüft wird, daß das Erdöl *teilweise* schon in jenen urzeitlichen Meteoriten gebildet wurde, aus deren Sammlung die Erde entstanden ist. Gewisse noch wesentlich ältere Kohlenstoff-Ansammlungen, an denen keine Struktur mehr zu erkennen ist, sind durch Isotopen-Analyse immerhin noch als Reste organischen Lebens erwiesen; bei den Graphitlagern scheint die Klärung, ob sie organischen oder anorganischen Ursprungs sind, noch nicht voll gelungen. Jedenfalls ist ein Alter des organischen Lebens der Erde von mindestens zwei Milliarden Jahren wohl als sicher und ein noch höheres (nach neuesten Befunden sogar über drei Milliarden hinausgehendes) als wahrscheinlich anzusehen. Fast unheimlich berührt uns, daß in Salzlagern eingeschlossene Einzeller, die Jahrmillionen in Todesstarre gelegen haben, jetzt noch zu neuem Leben erweckt werden können.

Innerhalb der Gesamtgeschichte des organischen Lebens, die sich vorwiegend im Meer abgespielt hat, ist die Eroberung des Landes nur ein letzter, kürzerer Entwicklungsabschnitt: Erst am Ende des Silurs, vor etwa 350 Millionen Jahren, begann ein Übergreifen pflanzlichen Lebens in das Süßwasser und dann aufs Land.

Die kurze Berührung einiger Punkte aus der Geschichte des organischen Lebens, die im obigen möglich war, muß weit entfernt davon bleiben, das tatsächliche Gewicht und die wissenschaftliche Überzeugungskraft der Abstammungs- und Entwicklungslehre fühlbar zu machen, die erst in der genaueren Betrachtung der zahllosen Einzelheiten deutlich werden, welche die heutige Wissenschaft zur Aufhellung der Rätsel der heutigen Lebewelt beizutragen vermag. Absichtlich haben wir uns (bis auf ergänzende Einzelheiten) auf solche Fragen beschränkt, deren Beantwortung schon gegen Ende des vorigen Jahrhunderts möglich war. Die modernere Entwicklung hat mit viel raffinierteren Methoden mannigfaltige zusätzliche Beweise für die Richtigkeit des Entwicklungsgedankens hinzugefügt. Wesentlich war schon in Haeckels Zeit auch sein genialer Gedanke, in der Keimentwicklung heutiger Tiere eine Wiederholung der in den Jahrmillionen vollzogenen Artentwicklung zu sehen («Biogenetisches Grundgesetz»). Alle Versuche, diesen grundlegenden Gedanken anzufechten, konnten nur vor zu einfacher, grober Anwendung warnen, ohne die Richtigkeit dieser bedeutungsvollen Erkenntnis in Frage zu stellen.

Daß zu Haeckels Lebzeiten nicht nur ihm selber, sondern auch anderen Naturforschern – sowie den zahllosen sonstigen Lesern seiner Schriften – der wissenschaftliche Richtigkeitsbeweis für die Entwicklungslehre auch als Beweis für die Wahrheit der materialistischen Naturdeutung erscheinen mußte, versuchten die obigen Darlegungen klarzumachen. Ob wir diese Folgerung heute noch anerkennen können, soll später erörtert werden. Aber daß die Wahrheit der Abstammungslehre selber außer Zweifel steht, sollte hier eindeutig ausgesprochen werden.

Es besteht wohl auch Einigkeit darüber, daß die Entwicklungslehre als solche – abgesehen von ihrer hernach noch genauer zu prüfenden Beziehung zum Determinierungsglauben – heute kein Hindernis religiöser Weltdeutung mehr ist; obwohl freilich noch vor etwa drei Jahrzehnten in einer kleinen Stadt der Vereinigten Staaten ein Schullehrer nach Anzeige durch empörte Eltern gerichtlich verurteilt wurde, weil er den Schulkindern in «furchtbaren Andeutungen» von der Abstammungslehre verraten hatte. Wir sollen aber die Bibel nicht als naturwissenschaftliche Auskunftsquelle benutzen wollen – auch die biblische Versicherung, der Hase sei ein Wiederkäuer (3. Mose 11, Vers 6), findet heute nicht mehr die ungeteilte Anerkennung zoologischer Autoritäten.

Urzeugung?

Haeckel hat zielsicheren Instinkt bewiesen in der Aufspürung der Punkte, in denen die Naturwissenschaft gegen die Religion ausgespielt werden konnte. Seine Betonung, vom folgerichtigen naturwissenschaftlichen Denken aus müsse auch die «Urzeugung» anerkannt werden, der Übergang von anorganisch-unbelebter Materie zu ursprünglichsten Lebewesen, traf eine Rückzugsposition der religiösen Weltauffassung, welche auch nach Anerkennung der Entwicklungs- und Abstammungslehre noch verteidigungsfähig schien.

Die Betrachtung der Frage der Urzeugung in ihrem damaligen Stande mag uns Veranlassung geben, noch einmal an ältere Vorstellungen, vor der Entwicklungslehre, zurückzudenken. Das ganze Problem der Herkunft, des Ursprungs dieser wunderbaren Naturerscheinung, die wir das organische Leben nennen – aus deren Zusammenhang wir selber stammen –, hat erst dadurch seine eigentümliche Zuspitzung gewonnen, daß wir ein großes Naturgesetz allmählich immer deutlicher und immer umfassender kennengelernt haben: Das Gesetz der Erzeugung organischen Lebens nur durch artgleiches elterliches Leben, vertreten durch ein oder zwei elterliche Lebewesen. Dieses uns längst zur geläufigen Selbstverständlichkeit gewordene Naturgesetz ist früheren Jahrhunderten keineswegs eine Selbstverständlichkeit gewesen. Im Gegenteil war es bis vor etwa dreihundert Jahren allgemeine Überzeugung, daß jedenfalls niedere Lebewesen – Maden, Würmer, vielleicht auch Mäuse – ständig in der Natur elternlos erzeugt würden: Aus Schmutz oder Schlamm, aus faulenden, verwesenden Stoffen. Das schien die alltägliche Erfahrung ja zu zeigen. So war es einem naturwissenschaftlich gestimmten Nachdenken durchaus glaubhaft, daß die Erde in Zeiten größerer Fruchtbarkeit auch größere Tiere – etwa einen Löwen – spontan, elternlos hervorgebracht habe.

Die Wende der Gedankenentwicklung brachte Francesco Redi mit seinem 1668 veröffentlichten Buch über die Erzeugung der Insekten. Er berichtete darin von einem einfachen Experiment – das seine Zeitgenossen tief beeindruckt hat. Er hatte nämlich Fleisch verfaulen lassen, aber durch einen Gazeschleier den Zutritt Eier legender Insekten abgewehrt: Es bildeten sich keine Maden oder Würmer in diesem Fleisch. Von hier aus kam man zu immer breiterer Anerkennung des erwähnten Naturgesetzes: Als ein bedeutungsvoller weiterer Schritt sei nur die später von Pasteur durchgesetzte Erkenntnis hervorgehoben, daß sogar die Bakterien, die mikroskopisch winzigen Krankheitserreger, diesem Naturgesetz unterworfen sind. Auch sie entstehen nur durch Vermehrung, nie durch elternlose Erzeugung.

Aber schon längst vorher war dies Naturgesetz jedenfalls für alle größeren Tiere zu allgemeiner Anerkennung gelangt; und diese Anerkennung verdichtete sich zur Überzeugung von der Unveränderlichkeit der Arten. Als der Paläontologe Cuvier, der bahnbrechende Erforscher der Vorzeit-Tiere, wie sie uns aus den Versteinerungen noch erkennbar sind, klar erkannte, daß die Tierwelt früherer Erdzeitalter ganz anders als die heutige ausgesehen hat, sah er hierin einen Beweis dafür, daß in der Vergangenheit wiederholt sintflutartige Katastrophen über die Erde hereingebrochen seien, in denen die ganze damalige Lebewelt zugrundeging: Jedesmal habe danach ein neuer Schöpfungsvorgang – als übernatürlicher, dem Menschengeiste unerforschlicher Vollzug – neue, abermals unveränderlich bleibende Tier- und Pflanzenarten ins Leben gerufen.

Dies war die Vorstellungswelt, in welche die Entwicklungslehre einbrach, übernatürliche Schöpfertaten verneinend und alles aus «natürlichen Ursachen», naturgesetzlichem Geschehen, erklärend. Wer aber – empirischer, und somit naturwissenschaftlicher denkend als die doktrinären Materialisten, einschließlich Haeckel – die Entwicklungslehre nicht deshalb bejahte, weil sie den materialistischen Grundvorstellungen entsprach, sondern deshalb, weil die empirischen Beweise eindeutig und übermächtig zu ihren Gunsten sprachen, der konnte naheliegenderweise versuchen, wenigstens den Anfang der irdischen Lebensentwicklung doch noch als übernatürliches Wunder zu deuten, welches aus rein chemisch-physikalischen Kräften allein nicht hätte zustande kommen können. Einer gläubigen Naturbetrachtung schien in dieser Form doch noch eine Zuflucht übrigzubleiben. Hiergegen also wandte sich Haeckel mit besonderem Eifer – der verderbliche Einfluß doktrinärer, ideologischer Voreingenommenheit auf naturwissenschaftliche Erkenntnis zeigt sich drastisch in der Unsinnigkeit der Spekulationen, mit denen er das rätselhafte Problem der Urzeugung zu lösen suchte zu einer Zeit, als noch alle Voraussetzungen fehlten, es wenigstens schärfer ins Auge zu fassen. Die Haeckelschen Spekulationen hier zu besprechen, wäre Verschwendung von Papier und Druckerschwärze – es war wirklich *nichts* darin enthalten, was zur Förderung der Probleme beitragen konnte. Erst die moderne Forschung hat uns Unterlagen geliefert, die wenigstens eine Erörterung lohnend machen; wir kommen darauf zurück.

Als grundsätzlicher Beitrag der Forschungen schon des vorigen Jahrhunderts zur Aufhellung sehr früher Abschnitte der Lebensentwicklung muß aber die Erkenntnis des Zellenbaues aller Lebewesen erwähnt werden. Diese Erkenntnis hat sich schon in der ersten Hälfte des 19. Jahrhunderts angebahnt: SCHLEIDEN und SCHWANN sprachen 1838/39 für die pflanzlichen und für die tierischen Organismen die durchgängige Zusammensetzung aus Zellen aus; VIRCHOW ergänzte zwanzig Jahre später das oben betonte Naturgesetz der Herkunft alles Lebens von artgleichem elterlichen Leben durch den Satz, daß auch die einzelne Zelle stets nur aus einer anderen elterlichen Zelle hervorgehen, nie aber anderweitig erzeugt werden kann.

Diese Erkenntnisse nötigen uns dazu, uns eine Frühzeit der Erdgeschichte vorzustellen, in welcher es nur Einzeller gab – in welcher die Natur noch nicht bis zur Erfindung der Mehrzelligkeit, in zunächst ganz kleinen Gruppen von noch nicht verschiedenen Zellen, vorgedrungen war – erst recht nicht bis zur beginnenden «Arbeitsteilung» zwischen den verschiedenen Zellen eines mehrzelligen Lebewesens. Unter den heute noch erhaltenen Arten von Einzellern gibt es ja solche – die Amöben vor allem –, die einer Betrachtung mit Mikroskopen des vorigen Jahrhunderts als überaus einfach erscheinen; sie scheinen nur kleine, gestaltlich veränderliche Tröpfchen von Eiweiß zu sein; und Haeckel zweifelte nicht daran, daß sie über eine recht kurze Reihe von Ahnen-Arten mit den durch Urzeugung entstandenen Anfängen der Lebensentwicklung verbunden seien. Daß in Wirklichkeit auch die schlichte Amöbe, mit heutigen Methoden untersucht, sich als ein Naturgebilde von kaum vorstellbarer Kompliziertheit erweist – auf eine Frühgeschichte des noch einzelligen Lebens hinweisend, die sicherlich Hunderte von Jahrmillionen umspannt hat –, konnte damals freilich niemand ahnen.

Swante ARRHENIUS hat noch zu Lebzeiten Haeckels einen beachtenswerten Gedanken zur Frage des Beginns der Lebensentwicklung beigetragen. Er hat auf die Möglichkeit hingewiesen, daß beispielsweise von der Erde aus gelegentlich einzellige Lebewesen in so hohe Luftschichten geraten könnten, daß sie geradezu die Erde verlassen würden, aus Bereichen der in großen Höhen schon stark verdünnten Luft «weggeblasen» durch den Strahlungsdruck der Sonne.

Das gelegentliche (wenn auch wahrscheinlich äußerst seltene) Vorkommen solcher Ereignisse kann in der Tat schwerlich verneint werden. Der berühmte Ausbruch des Krakatau 1883 hat damals große Massen von feinem vulkanischen Staub in höhere Schichten der Lufthülle emporgetrieben, wo sie sich weltweit verbreiteten, durch längere Jahre auch in Europa häufig auffällig schöne Sonnenuntergangserscheinungen bewirkend.

Es wäre nun, um mit Arrhenius fortzufahren, denkbar, daß solche in den freien Weltraum gelangte Lebenskeime – durch die Weltraumkälte in einen Gefrierzustand und inneren Ruhezustand versetzt, dessen mögliche Dauer keiner Beschränkung unterläge – im Laufe der Zeit weite Wanderungen vollführen könnten, bis sie vielleicht irgendwann auf einen anderen Planeten treffen, wo die Voraussetzungen einer neuen Lebensentfaltung gegeben wären.

Diesen Gedanken fortspinnend, könnte man sich nach Arrhenius vorstellen, daß im Weltraum ständig in sehr dünner Verteilung Lebenskeime vorhanden wären – dafür sorgend, daß kein bewohnbarer Planet irgendeines Fixsterns dauernd unbewohnt bleibt, und andererseits «Nachschub» erhaltend von allen denjenigen Planeten, auf denen es zu einer Vermehrung und Massenerzeugung von Lebewesen kommt. Wenn man rein naturwissenschaftlich denkt, könnte man also die Auffassung vertreten, daß es niemals eine Urzeugung gegeben hat – daß vielmehr das organische Leben in seinen niedrigsten und kleinsten Formen eine schon immer im Weltall vorhanden gewesene Naturerscheinung sei.

Zu Lebzeiten von Arrhenius und Haeckel fehlten die Anhaltspunkte einer kritischen Würdigung dieses Gedankens. Was vom heutigen Wissen dazu zu sagen ist, wollen wir später zu klären versuchen.

In New York gab jemand in einer größeren Zeitung eine Anzeige auf: Der Rundfunkempfänger des Christoph Kolumbus sei zu verkaufen. Es meldeten sich zwischen 50 und 100 ernsthafte Interessenten. Das sind zwar nicht viele unter den Millionen der New Yorker; aber man kann wohl vermuten, daß diejenigen, welche diesen Apparat nicht kaufen wollten, nur *zum Teil* deshalb verzichteten, weil ihnen klar war, daß es sich um einen Witz handelte. Jedoch wäre es falsch, auf einen solchen Vorfall eine europäische Bildungsüberheblichkeit zu stützen. Rein bildungsmäßig – nicht nur in Raketentechnik, Raumforschung und sonstigen wissenschaftlich-technischen Entwicklungen der modernen Welt – bleiben wir zunehmend hinter den Amerikanern zurück.

Dabei liegt in der Geschichte der Naturforschung der eigentliche Schlüssel zur Gewinnung von Bildung in einem anspruchsvoll-modernen Stil, unter Überwindung der verhängnisvollen Zweiteilung unseres Wissens in Geistes- und Naturwissenschaften. Naturwissenschaftliche Erkenntnisgrundlagen nicht nur als Fertigware entgegenzunehmen, sondern sie in der Perspektive ihrer geschichtlichen Entstehungsvorgänge zu sehen, ist der Weg zu einem wirklichen Eindringen in den tiefen menschlichen Sinn des Naturerkennens. Geschichte andererseits nicht nur als Auf und Ab der sich bekämpfenden Einzelkräfte zu sehen, sondern als fortschreitende Entfaltung der durch den Wechsel der Völker und Kulturen hindurch ständig erhaltenen und ständig erweiterten Erkenntnisse, aus deren technischer Verwertung die Herrschaft des Menschen über die Erde und sein jetzt vorbereitetes Vordringen in den planetarischen Raum erwachsen ist – das erst ist der Weg zu einer wahren Geisteswissenschaft, welche den Menschengeist in seinen erstaunlichsten Leistungen beobachtet und begreift.

Während die Biologen des 19. Jahrhunderts entscheidende Wege bahnten zu einem wissenschaftlichen Verständnis der Gesamtnatur, waren Physiker und Chemiker nicht untätig. Von den vielen Errungenschaften der Chemie kann hier nicht ausführlicher gesprochen werden. Erwähnt seien nur drei mit den Namen von Liebig, Wöhler, Kekulé verknüpfte wissenschaftliche Großtaten: Liebig hat durch Schaffung der künstlichen Düngung die Voraussetzungen dafür gegeben, daß mit dem beginnenden Industriezeitalter eine so gewaltige Bevölkerungsvermehrung in Europa möglich wurde. Seine Leistung war eine der folgenreichsten Geschehnisse in der neueren Geschichte Europas. Aber in wie vielen der zahllosen Geschichtswerke über Europa wird sie überhaupt erwähnt?

Wöhlers Synthese des Harnstoffs (1828) erlangte wegweisende Bedeutung für die naturwissenschaftliche Auffassung der Lebenserscheinungen, da sie die damals noch verbreitete Meinung durchbrach, daß die in den lebenden Organismen vorhandenen chemischen Verbindungen nur unter Mitwirkung einer geheimnisvollen «Lebenskraft» zustande kommen könnten.

Kekulé hat durch die Erkenntnis der Vierwertigkeit des Kohlenstoffs und durch die Aufstellung des Benzol-Ring-Modells der organischen Chemie den Weg gewiesen – zugleich einen der überzeugendsten Beweise für die Fruchtbarkeit der Atomvorstellung liefernd.

Unter den physikalischen Errungenschaften des 19. Jahrhunderts ragt Faradays Entdeckung der Induktion hervor, aus welcher Siemens durch Schaffung der Dynamomaschine eine Folgerung zog, die ihrerseits bahnbrechend für die Gesamtentwicklung der Technik werden sollte. Die weiteren Entdeckungen Faradays und ihre gedankliche, theoretische Verarbeitung durch Maxwell gehören schon so eng mit der physikalischen Gedankenentwicklung des 20. Jahrhunderts zusammen, daß wir sie erst im nächsten Kapitel berühren wollen. Aber das Industriezeitalter begann als Zeitalter der Dampfmaschine: Zwar nicht ihre Erfindung, wohl aber ihre spätere Fortentwicklung zu steigender Leistungsfähigkeit verwertete das im 19. Jahrhundert entstandene Wissen von den physikalischen Gesetzen der Wärme.

Die Einbeziehung der Wärme in das Energieprinzip durch J. R. Mayer (1842), Joule (1843) und Helmholtz (1847) – schon ältere Forscher hatten die Energieerhaltung als ein allgemeines Gesetz für rein mechanische Vorgänge erkannt – erhob das Energiegesetz, den «ersten Hauptsatz» der Wärmelehre, zu einem Grundsatz aller Physik. J. R. Mayer kam – als Arzt – dadurch zu seiner großen Entdeckung, daß er sich wunderte über einen von ihm in den Tropen beobachteten Tatbestand: Das venöse Blut dort lebender Menschen ist heller als in Europa. Von dieser Beobachtung führte ihn angestrengtes Grübeln bis zur Erkenntnis des Energiegesetzes.

Aber schon vorher (1824) hatte Carnot jene andere bedeutungsvolle Erkenntnis angebahnt, die später durch Clausius als «zweiter Hauptsatz» klar gefaßt wurde (1850) und schließlich in dem von Clausius geschaffenen Begriff der «Entropie» ihre abschließende

Gestaltung fand (1865); abschließend, soweit es möglich war, ohne bereits auf den atomistischen Feinbau der Materie einzugehen.

Die Anerkennung des Energieprinzips, des ersten Hauptsatzes, als eines umfassenden Naturgesetzes, bedeutet, daß wir jede Hoffnung aufgeben, ein *perpetuum mobile* erfinden zu können, eine Antriebsmaschine, welche aus sich heraus – ohne Zufuhr von Brennstoff, elektrischer Energie oder dergleichen – imstande wäre, uns fortlaufend durch Arbeitsleistung zu dienen. Daß eine solche Maschine nicht mit rein mechanischen Mitteln gebaut werden kann, war schon älteren Physikergenerationen klargeworden; aber nun wurde ausgesprochen, daß auch die Zuhilfenahme von Wärmeumsetzungen, chemischen und elektrischen Vorgängen niemals ihre Konstruktion erlauben könnte – selbstverständlich auch nicht bei Zuhilfenahme der Schwerkraft. (Aber in unserer Gegenwart gibt es Leute, die von physikalisch-technischen Möglichkeiten einer «Aufhebung der Schwerkraft» träumen, wobei die Verwirklichung des perpetuum mobile dann ein Nebenergebnis wäre.) Es gibt also kein Feuer, das ohne Zufuhr von Brennstoffen fortdauernd Licht und Wärme liefern könnte; es gibt keine Märchen-Zuckertüte, aus welcher das von einer gütigen Fee mit ihr beschenkte artige Kind unbegrenzt wohlschmeckende Kalorien naschen könnte; es gibt keinen Ersatz für die Kohle der Lokomotiven – oder das Öl der Automotoren – in Gestalt einer Vorrichtung, welche ohne Brennstoffverbrauch die Schwerkraft an der Vorderseite des Wagens oder des Zuges aufheben und ihn damit zum Vorwärtsrollen veranlassen könnte. Es gibt auch keinen Stern, der unbegrenzt strahlen könnte – unsere eigene Sonne freilich blieb im 19. Jahrhundert ein unlösbares Rätsel für die Physiker, da damals keine physikalisch zu verstehende Quelle ihrer Strahlungsenergie zu entdecken war.

Die in «Kalorien» gemessenen Wärmemengen sind also nichts anderes als eine Form von Energie – wie sie vom Physiker in *«erg»*, vom Techniker meist in Kilowattstunden gemessen wird. Diese Erkenntnis mußte den Vorstellungen der Atomistik kraftvolle Unterstützung geben – sie begünstigte die Überzeugung, daß es in der Materie verborgene Bewegungen gibt, bei welcher eine regellose Durcheinanderbewegung der Atome zwar im ganzen keine Ortsveränderung sichtbar großer Materiestücke ergibt, wohl aber die fragliche Materie unserem Temperatursinn um so heißer erscheinen läßt, je stärker diese innere Bewegung ist. Für den gasförmigen Zustand konnte diese Vorstellung – vor allem durch Clausius und

Maxwell – zu hoher Vollkommenheit entwickelt werden: In einem dünnen Gas haben wir es zu tun mit schnell dahinfliegenden Teilchen, Molekülen, die nur gelegentlich miteinander zusammenstoßen; ihre gradlinigen Wege zwischen zwei Zusammenstößen sind zwar für menschliche Maße winzig klein, aber doch sehr groß im Vergleich zu den Moleküldurchmessern. Die «Regellosigkeit» der Bewegungen ist so zu denken, daß sie das Höchstmaß überhaupt denkbarer «Ungeordnetheit» verwirklicht – welches im statistischen Sinn durch ganz bestimmte mathematische Gesetze zu kennzeichnen ist.

Erst im 20. Jahrhundert ist, vor allem durch Born, Debye, v. Karman, die kinetische Wärmetheorie auch für den kristallinischen Zustand der Materie in voller Klarheit durchgeführt – hier hat die Wärmebewegung die Gestalt elastischer Schwingungen, die sich als Wellenbewegungen (mit Wellenlängen bis zur Größe der Atomdurchmesser hinunter) im Kristall vollziehen. Eine ähnlich vollkommene kinetische Theorie für den dritten Aggregatzustand der Materie, die Flüssigkeiten, ist infolge übergroßer mathematischer Schwierigkeiten bis heute nur in den Anfängen zustande gekommen. Jedoch hat schon die kinetische Gastheorie des 19. Jahrhunderts durch Zurückführung von Wärmeerscheinungen auf die Mechanik der Atome mächtig dahin gewirkt, die Überzeugung von der mechanistischen Erklärbarkeit der Naturerscheinungen zu bestärken – was damals unvermeidbarerweise auch zusätzliche Bestärkung der deterministisch-materialistischen Vorstellungen der Naurforscher bedeuten mußte.

Jedoch blieb für die kinetische Wärmetheorie trotz der großen Erfolge von Clausius und Maxwell eine grundsätzliche Frage noch ungelöst – und es schien, daß sie geradezu grundsätzlich unlösbar sei: Das Naturgesetz der Entropievermehrung. Der «Zweite Haupt-satz» der Wärmelehre spricht nämlich aus, daß der sogenannte Entropie-Inhalt eines physikalischen Systems, wenn es von der Umwelt abgeschlossen ist, nur zunehmen, niemals abnehmen kann – ganz anders also als der Energie-Inhalt dieses Systems, der ja bei Unterbindung aller Wechselwirkung mit der Umwelt stets (nach dem «erstenHauptsatz») unveränderlich bleibt. Ein sich selbst überlassenes abgeschlossenes System wird also dem Höchstwert seines möglichen Entropie-Inhaltes zustreben; dazu gehört insbesondere, daß es eine einheitliche Temperatur annimmt.

In einem rein mechanischen System – z. B. dem Planetensystem – beobachten wir nur umkehrbare Vorgänge: Könnten wir in einem gewissen Zeitpunkt an allen Planeten und Monden ihre Bewegungsrichtung umkehren (bei unveränderter Größe jeder Geschwindigkeit), so würde von diesem Zeitpunkt an das ganze Planetensystem seine vorigen Bewegungen rückwärts wiederholen. Aber sobald Wärme mitspielt, sind die Naturvorgänge nicht umkehrbar: Die Reibung meines Schreibstiftes auf dem Papier ergibt Umwandlung eines gewissen Betrages mechanischer Energie (aus meinen Muskelkontraktionen stammend) in Wärme; und diese Wärmeerzeugung wird keineswegs rückgängig gemacht, zeitlich umgekehrt, wenn ich den soeben gezogenen Strich in Rückwärtsbewegung wiederhole – sondern dann wird erneut mechanische Arbeit zur Wärmeerzeugung verbraucht.

Von dem hervorragenden amerikanischen Physiker Wood wird erzählt, er habe bei einem Winterurlaub die Klagen eines Farmers gehört, dem die Wasserleitung zugefroren war: Er müsse nun unter großen Kosten die ganze Leitung ausgraben lassen, um sie auftauen zu können. Wood verband das unterirdische Wasserrohr mit der elektrischen Stromleitung, und die vom Strom erzeugte Wärme taute es auf. Er sagte dem Farmer: «Rechnen Sie aus, wieviel Geld Sie gespart haben – das teilen wir uns 50 : 50.» Dem Farmer gefiel diese Rechnung nicht – er meinte, der Ferienprofessor habe auf diese Weise zu leicht einen beträchtlichen Dollarbetrag verdient. «Dann nicht», sagte Wood, «ich lasse also den Strom in umgekehrter Richtung durch das Rohr gehen – dann friert es wieder zu.» Das leuchtete dem Farmer ein, und er bezahlte ohne weiteren Widerspruch – für seine Unkenntnis des Entropiegesetzes, nach welchem die Wärmeerzeugung in Wirklichkeit für jede Stromrichtung die gleiche ist.

Wenn nun aber Vorgänge mit Wärmeerscheinungen nicht umkehrbar sind, rein mechanische Vorgänge hingegen grundsätzlich stets umkehrbar – wie kann man dann die Hoffnung aufrechterhalten, daß die Wärme-Gesetze auf die Mechanik der Atome zurückgeführt werden könnten? Für diese scheinbar unlösbare Frage hat Ludwig Boltzmann eine Antwort gegeben. Es ist im Grunde eine sehr einfache Antwort – oft sind die *großen* Erkenntnisse erstaunlich *einfache* Erkenntnisse.

Denken wir uns in einem Gefäß eine Anzahl roter und weißer Kugeln – die roten unten, die weißen oben liegend. Wenn nun dies Gefäß geschüttelt wird, so mischen sich die Kugeln – die ursprüngliche Ordnung der Kugeln geht verloren. Genauer müssen wir sagen: Nach einer Minute Schüttelbewegung werden wir *wahrscheinlich* die Kugeln vermischt, ungeordnet finden. Es ist nicht völlig ausgeschlossen, aber es ist außerordentlich *unwahrscheinlich*, daß die Kugeln nach dem Schütteln «zufällig» – «von selbst» – sich wieder in rote und weiße gesondert haben: Bei zahllosen Wiederholungen des Schüttelexperimentes würden wir auch das gelegentlich erleben, aber nur als äußerst seltenen Fall. Nehmen wir aber statt der Kugeln einige Hände voll roter und weißer Sandkörner, so ist die Wahrscheinlichkeit, daß die durch Schütteln hergestellte gleichmäßige Vermischung sich zufällig einmal wieder in die ursprüngliche Ordnung verwandeln würde, so gering, daß wir auch bei einem durch Jahrmillionen fortgesetzten Schüttelexperiment keine erwähnenswerte Hoffnung haben könnten, dies Ergebnis zu erreichen.

Nach Boltzmann bedeutet Entropievermehrung eine Zunahme von Unordnung in den Atombewegungen – die Umkehrbarkeit gibt uns lediglich die Zusicherung, daß eine zufällige Rückkehr zu einem geordneteren Zustand nicht völlig ausgeschlossen wäre; sie ist aber, wenn es sich um ein System mit zahlreichen Atomen handelt, so ungeheuer unwahrscheinlich, daß wir mit ihrem tatsächlichen Eintreten nicht zu rechnen haben. Boltzmann hat diese hier angedeuteten Gedanken am Modell der kinetischen Gastheorie mathematisch ausführen und die Entropie des Gases als Maß der «Wahrscheinlichkeit» seines Zustands formelmäßig festlegen können – eine der glänzendsten Leistungen menschlichen Erkenntnisvermögens.

Dennoch hat der Scharfsinn moderner Physiker eine noch verbliebene Lücke in Boltzmanns Klärung dieser Sachlage entdecken können. Tiefere Analyse zeigt, daß nur die *Kosmologie*, die Lehre vom Weltall im Großen, unter Bezugnahme auf die *Expansion* des Kosmos eine letztbefriedigende Klärung geben kann.

Zweites Kapitel

DIE PHYSIK IM 20. JAHRHUNDERT

Klassische und moderne Physik

In mehreren großen Schritten ist die Physik unseres Jahrhunderts hinausgegangen über den früheren Rahmen ihrer grundsätzlichen Vorstellungsweisen. Vor allem sind hier Einsteins Relativitätstheorie und die von Planck begründete Quantentheorie zu erwähnen: Man spricht häufig von «klassischer» Physik, wenn man die älteren physikalischen Theorien diesen neuen gegenüberstellen will. Dabei ist zu beachten, daß «klassisch» zwei verschiedene Bedeutungen haben kann: Einmal kann es eine physikalische Theorie meinen, in welcher die durch die Relativitätstheorie eingeführte Verfeinerung und Vertiefung noch unberücksichtigt geblieben ist; andererseits kann mit der Bezeichnung «klassische Theorie» gemeint sein, daß die Quantenerscheinungen noch nicht berücksichtigt sind.

Die Plancksche Quantentheorie, 1899/1900 aufgestellt, war damals nur eine auf ein einzelnes, freilich grundsätzlich wichtiges Problem der Physik zugeschnittene Feststellung. Sie ließ zwar sogleich erkennen, daß sie eine Lawine revolutionärer Umgestaltung der Physik einleiten mußte, sie machte aber keineswegs auch unmittelbar deutlich, welche Wegrichtung diese Lawine nehmen würde. Während es klar war, daß die gesamte Physik von hier aus eingreifend verändert werden würde, blieb doch zunächst ungewiß, welche Form diese Veränderungen anzunehmen hätten. Erst fünf Jahre später hat Einstein durch die Schaffung der Lichtquanten-Vorstellung einen der wichtigsten weiteren Schritte auf diesem Wege vollzogen — jedoch sind seine damaligen tiefgründigen Gedanken von Planck selber und auch von fast allen anderen Physikern noch nahezu zwei Jahrzehnte lang als eine zu radikale Spekulation angesehen und abgelehnt worden.

Die «spezielle» Relativitätstheorie, welche Einstein ebenfalls 1905 in ihren Grundzügen festgelegt hat — er selber und viele andere Verfasser haben sie hernach weiter ausgebaut —, war durch den großen holländischen Physiker H. A. LORENTZ vorbereitet und überdies in erheblichem Ausmaß durch H. POINCARÉ vorweggenommen worden. Jedoch sind aufgrund äußerer Zufälligkeiten die Poincaréschen Arbeiten damals von den Physikern nicht beachtet worden, so daß sie keinen Einfluß auf die Entwicklung der Forschung gewinnen konnten. Später, ab 1915, hat Einstein seine Theorie erweitert zur «Allgemeinen» Relativitätstheorie. Diese wird uns jedoch erst im dritten Kapitel beschäftigen; wenn hier, im zweiten Kapitel, von Relativitätstheorie die Rede ist, so ist stets nur die spezielle gemeint. Die Gedankengänge dieser Relativitätstheorie sind eng verknüpft mit der schon im vorigen Jahrhundert entstandenen MAXWELLschen Theorie der Elektrizität – die gewissermaßen ein erstes, vorweggenommenes Teilstück der modernen, unserem Jahrhundert angehörenden Physik ist. Wir werden deshalb auch ihr im folgenden einige Aufmerksamkeit schenken müssen, obwohl wir daran festhalten wollen, die Physik hier nicht um ihrer selbst willen und in der vollen Breite ihrer Fragen zu betrachten, sondern nur in Rücksicht auf das besondere Thema des Buches.

Für dieses Thema hat die Quantentheorie, indem sie in ihrer Weiterentwicklung zur «Quantenmechanik» eine Widerlegung des Gedankens vollständiger Determinierung der Naturvorgänge lieferte, einschneidendere Bedeutung gewonnen als die Relativitätstheorie, die nicht so unmittelbar an die Fragestellung unseres Buches rührt. Trotzdem dürfen wir auf sorgfältige Würdigung auch der Relativitätstheorie nicht verzichten, da andernfalls ein tiefer eindringendes Verständnis der modernen Physik nicht zu erzielen wäre[1].

FERNWIRKUNG UND NAHEWIRKUNG

Die Nahewirkungstheorie der elektromagnetischen Erscheinungen ist von FARADAY angebahnt und hernach von MAXWELL mathematisch gefaßt worden. Die überraschende Entdeckung, zu der Maxwell dabei durch theoretische Überlegungen kam, war die, daß es elektromagnetische *Wellen* geben müsse, und daß diese sich fortpflanzen mit der bekannten Geschwindigkeit c = 300 000 km/sec des *Lichtes*. Er

[1] Für Leser, denen es wünschenswert scheint, die notgedrungen *kurze* Erläuterung der neuen Physik in diesem Kapitel anderweitig ergänzt zu sehen, erwähne ich mein Buch «Atom und Weltall»; zehnte (neugestaltete und erweiterte) Auflage der «Physik des 20. Jahrhunderts». Braunschweig 1960.

wagte es, daraus die kühne Folgerung zu ziehen, daß das Licht tatsächlich ein solcher elektromagnetischer Wellenvorgang sei: Zwei vorher getrennt gewesene Gebiete der Physik, die Lehre vom Licht und die Lehre von der Elektrizität, verschmolzen damit zu einem einheitlichen Kapitel physikalischer Erkenntnis. Heinrich HERTZ, dem es später gelang, auch elektromagnetische Wellen viel größerer Wellenlängen zu erzeugen und damit die theoretischen Voraussagen Maxwells glänzend zu bestätigen, schenkte der Technik durch seine Entdeckungen eines ihrer reichsten und fruchtbarsten Arbeitsgebiete – das mit seinen Ergebnissen zu einer der Unterlagen moderner Weltentwicklung geworden ist: Ohne Funk könnten wir uns weder den Alltag unseres heutigen Lebens, noch die kühnen Leistungen heutiger Flugtechnik und Satellitentechnik vorstellen.

Faradays Grübeln und Experimentieren zielte in seinen bedeutungsvollsten Untersuchungen auf eine Frage, welche den anderen Physikern seiner Zeit gar nicht als Frage galt: Wie kann *Fernwirkung* zustande kommen? Zwei elektrische Ladungen ziehen sich an (oder stoßen sich ab, je nach Vorzeichen der Ladungen), während sie beliebig weit voneinander getrennt sind – ein größerer räumlicher Abstand der Ladungen bedingt zwar, daß die Anziehung entsprechend abgeschwächt ist; dabei gilt, wie COULOMB entdeckt hat, für die Verkleinerung der Anziehung bei vergrößerter Entfernung genau das gleiche mathematische Gesetz, welches Newton für den Fall der Schwerkraft entdeckt hat.

Die Newtonsche Schwerkraft-Lehre war schon zu ihrer Zeit von manchen Physikern als unbefriedigend angesehen worden: Diese stießen sich an der Paradoxie der Vorstellung, daß materielle Körper aufeinander wirken sollten, ohne sich zu berühren – räumliche Trennung gewissermaßen mit Gespensterhänden überbrückend. So wollten diese Kritiker nicht ohne eine Erklärung der Gravitationswirkung zu ihrer Anerkennung bereit sein; und «Erklärung» sollte bedeuten, daß die Wirkungsweise der Materie letzten Endes auf Druck und Stoß der materiellen Teilchen zurückgeführt würde, wie es dem Schema der demokritischen Vorstellungsweise in ihrer ursprünglichen, unveränderten Fassung entsprochen hätte. Aber Newton hat sich dazu mit seinem berühmten Wort «hypotheses non fingo» geäußert: Hypothesen erfinde ich nicht. Ich begnüge mich damit, das tatsächliche Vorhandensein von Gravitationsanziehung – unter Erfüllung des von mir ausgesprochenen mathematischen Gesetzes – nachzuweisen. Worauf diese Gravitationswirkung beruht, oder wie sie als Folgeergebnis anderer Umstände erklärt werden kann, will ich auf sich beruhen lassen, da hierzu nur Spekulationen, nicht aber beweisbare Feststellungen möglich wären.

An solchen Spekulationen hat es nicht gefehlt. Man hat insbesondere den «Äther», ein hypothetisches, das Vakuum zwischen den Sternen (und auch in einem luftleer gemachten Gefäß) erfüllendes feines Medium, für die Schwerkraft verantwortlich zu machen versucht. Wenn man diesen Äther als gasförmig denkt, so könnten seine dahinfliegenden Atome, indem sie durch die Massen von Himmelskörpern gebremst werden, zwei getrennte Himmelskörper gegeneinanderdrücken, weil diese wechselseitig ihre einander zugewandten Seiten etwas gegen den Anprall der Ätherteilchen abschirmen. Newton war anscheinend nicht etwa der Meinung, daß solche Erklärungsversuche für die Schwerkraft grundsätzlich abwegig seien; wohl aber hielt er es für verfrüht, ihnen nachzugehen, da sie nur zu Hypothesen statt zu beweisbaren Erkenntnissen führen konnten. Seine Schüler und Bewunderer haben dann aber den Gedanken der Fernwirkung gerade als besondere Errungenschaft der Newtonschen Physik angesehen und der Fernwirkung die Bedeutung einer physikalischen Grundtatsache zugeschrieben, für welche kein Erklärungsversuch mehr unternommen werden sollte. Die von diesem Vorbild stark beeinflußte spätere Entwicklung der Elektrizitätslehre hat dann außer dem Coulombschen Gesetz auch für sonstige elektromagnetische Erscheinungen Fernwirkungsgesetze aufgestellt – beispielsweise für die magnetischen Kräfte, die bei Vorhandensein elektrischer Ströme auftreten.

Faraday hat sich mit dieser unter seinen Zeitgenossen vorherrschenden physikalischen Gedankenrichtung jedoch nicht abfinden können. Ohne auf die Frage der Schwerkraft zurückzukommen, hat er jedenfalls für die elektromagnetischen Wirkungen die Überzeugung vertreten, daß sie nur scheinbar Fernwirkungen seien, in Wahrheit aber vermittelt durch gewisse Spannungen im dazwischen liegenden Raum – oder genauer überall dort, wo elektrische (oder magnetische) *Feldstärke* vorhanden ist, als solche nachweisbar durch die Kraftwirkung, die sie ausübt, wenn wir an den betreffenden Ort eine kleine Ladung («Probeladung») bringen. Das bedingt, daß die elektrischen Wirkungen eine gewisse Ausbreitungsgeschwindigkeit haben: Wenn zwei Ladungen sich in Ruhe befinden, so können wir uns durch Nachmessung davon überzeugen, daß sie tatsächlich diejenige Abstoßung oder Anziehung aufeinander ausüben, welche durch das

Coulombsche Gesetz vorgeschrieben wird. Wird aber jetzt die eine dieser beiden Ladungen *rasch* an einen anderen Ort gebracht, so wird nach der Nahewirkungs-Vorstellung das elektrische Feld eine gewisse Zeit nötig haben, bis es sich der veränderten räumlichen Verteilung der Ladungen angepaßt hat. Der dazu nötige Umbau des Feldes wird beginnen bei derjenigen Ladung, die ihren Ort veränderte, und wird sich ausbreiten auf einen immer größer werdenden Raumbereich. Die an ihrem Orte gebliebene Ladung wird also erstmalig dann von der Ortsveränderung der anderen Ladung etwas merken, wenn der durch diese Ortsveränderung bedingte Umbau des Feldes sich bis zu der in Ruhe gebliebenen Ladung ausgebreitet hat.

Das Programm einer folgerichtig durchgeführten Nahewirkungstheorie verlangt also die vollständige Zurückführung aller scheinbaren Fernwirkungen auf physikalische Wirkungen, die sich nur von Ort zu Ort ausbreiten können, ohne räumliche Abstände zu überspringen. Die Fernwirkungsgesetze hören dabei nicht auf, bedeutungsvoll zu sein; sie verlieren aber den Rang *ursprünglicher* Gesetzmäßigkeiten, und ihre Gültigkeit wird eingeschränkt auf solche Fälle, in denen das elektromagnetische Feld zeitlich unverändert bleibt oder höchstens langsamen Veränderungen unterliegt: Bei schnellen Veränderungen hingegen, die dem Felde in seiner ganzen räumlichen Verteilung einen raschen und fortgesetzten Umbau abverlangen, ergeben sich Verhältnisse, deren Beschreibung nicht mehr sinngemäß in Fernwirkungsgesetzen zusammengefaßt werden kann.

Für die genauere Betrachtung dieser Verhältnisse wollen wir uns an besonders einfache Voraussetzungen halten: Wir betrachten jetzt das elektromagnetische Feld in einem Raumgebiet, wo wir reines Vakuum haben, wo also keinerlei Materie anwesend ist; auch soll in diesem Gebiet keine elektrische Ladung und kein Strom vorhanden sein. Dagegen gibt es in ihm an jedem Orte eine elektrische Feldstärke von bestimmter Richtung und Stärke und ebenso eine magnetische Feldstärke. Die grundlegenden Nahewirkungs-Gesetze, die hier gelten, haben die Form, daß die zeitliche Veränderung des Feldes in irgendeinem Raumpunkt in gesetzmäßige mathematische Verbindung gebracht wird mit dem Zustand des elektromagnetischen Feldes in diesem Raumpunkt und seiner unmittelbaren Umgebung. Dabei ergibt sich die bedeutungsvolle Erkenntnis, daß die in einem elektrischen System vorhandene *Energie* gewissermaßen «substantiellen» Charakter hat, indem sie in bestimmter Dichteverteilung im ganzen Felde ausgebreitet ist.

Das Auftreten elektrischer *Wellen* – in denen diese «lokalisierte» Energie sich fortbewegt – ist ein unmittelbares Folgeergebnis der angedeuteten Vorstellungen. Wenn eine Ladung nicht nur einmalig ihren Ort verändert, sondern fortgesetzt hin- und herschwingt, so wirkt sie als Sendeantenne, die dauernd an ihrem Orte einen Umbau des Feldes erzwingt; dieser unaufhörliche Umbau breitet sich aus und trägt Energie von der Antenne in die Umgebung.

Diese uns heute so natürlich erscheinenden Verhältnisse sind jedoch erst in längerer, mühsamer Gedankenentwicklung – im Zusammenwirken experimenteller Untersuchung und mathematischen Durchdenkens – klargeworden. Dabei waren auch begriffliche Schwierigkeiten zu überwinden, für deren damaliges Gewicht uns heute bereits das nachempfindende Verständnis weitgehend verlorengegangen und nur durch historische Einfühlung wiedergewinnbar ist.

Obwohl die Spekulationen um eine Erklärung der Gravitation aus der Äther-Vorstellung heraus durch Newtons «hypotheses non fingo» abgeschnitten worden waren, so hatte doch die Optik – seitdem die glänzenden Leistungen des Franzosen Fresnel die Wellentheorie des Lichtes zum Siege geführt hatten – die Vorstellung vom Weltäther lebendig erhalten; und die Erkennung des Lichtes als Spezialfall elektromagnetischer Wellen verbreitete und verstärkte bei Maxwells Zeitgenossen die Überzeugung, daß es nun die eigentliche Aufgabe sei, ein «mechanisches Äthermodell» aufzustellen, welches erklären könnte, warum und wieso dieser Äther gerade diejenigen Eigenschaften hat, welche in den elektromagnetischen Erscheinungen zum Ausdruck kommen. Die durch Demokrit den späteren Physikern machtvoll eingeprägte Denkrichtung ließ die Mechanik als eigentliche Grundwissenschaft der Physik erscheinen; so meinte man, daß man die Gesetze der Elektrizität erst dann endgültig verstanden hätte, wenn es gelungen wäre, sie auf die Äther-Mechanik zurückzuführen. Es wurde vielen Physikern damaliger Zeit zu einer schweren Enttäuschung, daß Maxwells Theorie – und erst recht ihre Fortbildung durch andere Verfasser – an Stelle der Zurückführung der elektromagnetischen Gesetze auf ein mechanisches Äthermodell etwas anderes brachte. Dieses «Andere», von Maxwell selber noch gar nicht sehr betont und ursprünglich nicht beabsichtigt, aber von H. Poincaré später scharf herausgearbeitet, ging genau in die Richtung des Newtonschen «hypotheses non fingo»: Die «Maxwellsche Theorie», wie wir heute sagen, wenn wir Maxwells Gedankenwerk bereits in Verbindung mit den ergänzenden Leistungen von Hertz und anderen Verfassern sehen, enthält die mathematische Zusammenfassung experimentell festgestellter Gesetze der elektromagnetischen Erscheinungen; auf die Frage einer Erklärung dieser Gesetze durch eine Äthermechanik geht die Maxwellsche Theorie, wie sie heute gelehrt wird, ebensowenig ein, wie Newton auf eine Erklärung des Gravitationsgesetzes durch Druck und Stoß der Äther-Atome eingegangen ist.

Es gibt also in dieser Theorie keine Aussage derart, daß die elektrische Feldstärke in dieser oder jener Weise eine Bewegung oder elastische Spannung des Äthers bedeute; sondern ohne den Versuch einer mechanischen Deutung dieser Feldstärke betrachten wir sie einfach als meßbare Realität, die im Sinne ihrer objektiven Meßbarkeit ebensosehr als Bestandteil objektiver physikalischer Wirklichkeit anzuerkennen ist, wie Massen, Bewegungen oder elastische Spannungen in materiellen Medien.

Diese Einführung einer nicht-materiellen physikalischen Realität, des *Feldes*, in das physikalische Denken bedeutete sicherlich – wie von manchen Verfassern stark betont worden ist – nicht nur eine Veränderung des physikalischen Realitätsbegriffes, sondern auch ein Abrücken von den materialistischen Grundvorstellungen in ihrer gröbsten oder besser gesagt ältesten Form: Demokrits berühmter Satz, daß es nichts gibt als die Materie (die Atome) und den leeren Raum, ist hier endgültig aufgegeben. Jedoch haben wir, als wir im ersten Kapitel die naturwissenschaftlichen Erkenntnisse der früheren Jahrhunderte in ihrer Rolle als religiöse Glaubensanfechtung betrachteten, von vornherein auf diesen Satz Demokrits kein entscheidendes Gewicht gelegt. Ohne dem selbstverständlich noch zu eng gefaßten Naturbild Demokrits in dieser Richtung eine zu grundsätzliche Bedeutung beizumessen, haben wir es vielmehr in seinem geistesgeschichtlichen Kerngehalt zu würdigen versucht, nämlich als Ausmalung eines lückenlos deterministischen Naturbildes.

Betreffs der Determinierung aber bedingt der Übergang zur Nahewirkungstheorie und Feldtheorie keine Veränderung; nur die Formulierung der Determinierung erfordert jetzt etwas mehr mathematischen Aufwand als früher im Beispiel des Planetensystems. Wieder denken wir der Einfachheit halber an ein Raumstück, in welchem wir Vakuum haben, und Abwesenheit von Ladungen und Strömen. Wenn uns in diesem Raumgebiet für den gegenwärtigen Augenblick das elektromagnetische Feld vollständig bekannt ist; und wenn wir außerdem von jetzt bis zu einem gewissen späteren Zeitpunkt die auf der Oberfläche des Gebiets geschehenden Feldveränderungen vollständig verfolgen können, dann ist uns der Feldzustand im Innern des Raumstücks für die fragliche spätere Zeit vorausberechenbar. Das bedeutet für die weltanschauliche Problematik der Sache nach das gleiche, wie die gröbere mechanische Form von Determinierung, welche den Vorstellungen Demokrits oder auch der Vorstellung Newtonscher Fernkraft-Mechanik entsprach.

Relativitätstheorie

Wir wollen uns zwei Rennwagen denken, die auf der Autobahn in gerader Strecke nebeneinander dahinfahren. Da es sich jetzt nur um ein Gedankenexperiment handelt, so schadet es nichts, wenn wir ihnen etwas übertriebene, für die beabsichtigte Rechnung zahlenmäßig bequeme Geschwindigkeiten zuschreiben: Der eine Wagen soll 360 Stundenkilometer fahren; der andere, ihn überholende, 361 Stundenkilometer. Der langsamere Wagen fährt also 100 Meter in der Sekunde; und wenn wir die Länge der Wagen kennen, so können wir leicht ausrechnen, welchen Bruchteil einer Minute der schnellere Wagen vom Anfang bis zum Ende der Überholung braucht: Wir können ja sofort die *Relativgeschwindigkeit* der beiden Wagen angeben – sie ist offenbar die Differenz ihrer Geschwindigkeiten auf der Straße, also genau ein Stundenkilometer.

Aber woher wissen wir das eigentlich, daß diese Relativgeschwindigkeit gerade die Differenz der beiden Einzelgeschwindigkeiten ist? Im vorigen Jahrhundert hätte jeder Physiker gesagt: Das ist doch eine Selbstverständlichkeit!

In der Tat erscheint die obige Antwort auf die Frage nach der Relativgeschwindigkeit so überzeugend, daß wir kaum ein Bedürfnis fühlen, überhaupt auf eine Begründung einzugehen: Unsere Vorstellungen von Raum und Zeit sind eben so, daß sie uns zu dieser Antwort nötigen. So wundern wir uns in keiner Weise, wenn eine Nachmessung der Relativgeschwindigkeit, falls sie in irgendeinem vergleichbaren Fall erfolgt, tatsächlich die Richtigkeit unserer Antwort bestätigt. Trotzdem ist es falsch, zu glauben, daß diese Antwort selbstverständlich wäre – wir wissen nämlich seit Einstein, daß sie streng genommen gar nicht richtig ist.

In Wahrheit ist die Relativgeschwindigkeit zweier parallel fahrender Wagen nur *nahezu* gleich der Differenz ihrer Geschwindigkeiten.

Der Fehler in unserer Antwort ist allerdings, solange es sich um Autos handelt, so klein, daß auch die genauesten Meßwerkzeuge, die wir haben, ihn nicht nachweisen können. Aber wenn wir nicht Autos, sondern schnelle Elektronen nebeneinander parallel dahinfliegen lassen — mit Geschwindigkeiten, von denen man nicht mehr (wie bei jedem Auto) sagen kann, sie seien äußerst langsam im Vergleich zur Lichtgeschwindigkeit c = 300 000 km/sec —, dann ist die Relativgeschwindigkeit erheblich verschieden von der Differenz der Geschwindigkeiten.

Das Gesagte ist zunächst einmal eine Erfahrungstatsache. Bevor Einstein 1905 die Relativitätstheorie begründete, hatten die Physiker eine Reihe merkwürdiger experimenteller Ergebnisse gesammelt, die durchweg im höchsten Grade unverständlich waren — ja, sogar in schreiendem Widerspruch zu Gesetzen, die man für selbstverständlich zu halten geneigt war. Stellen wir uns vor, wir empfingen das Licht eines Sterns, der relativ zu uns in Ruhe ist; dieses Licht hat, wenn es unser Fernrohr durchläuft, die bekannte Lichtgeschwindigkeit c. Aber zu einer anderen Jahreszeit bewegt sich die Erde relativ zu diesem Stern — nehmen wir an, daß sie sich dann gerade von ihm fortbewegt. Messen wir jetzt wieder die Geschwindigkeit des fraglichen Sternenlichtes, so finden wir als seine jetzige Relativgeschwindigkeit uns gegenüber nicht etwa, wie bei den Rennwagen, die Differenz von c und der jetzigen Erdgeschwindigkeit (verglichen mit dem Stern). Sondern wir finden den unveränderten Wert c.

Die Anhänger der Äthertheorie haben versucht, durch allerlei Abänderungen an der ursprünglichen Form der Theorie Auswege aus den Schwierigkeiten zu finden — der soeben angedeutete paradoxe Befund ist nur ein Beispiel unter verschiedenen experimentellen Tatsachen, welche in gleichem Maße verwirrend und geradezu unmöglich schienen, weil im Widerspruch zu scheinbaren Selbstverständlichkeiten. Während aber die Äthertheorie trotz zunehmender Kompliziertheit in immer neue Schwierigkeiten geführt wurde, gab uns die Einsteinsche Theorie eine einheitliche Lösung aller dieser Schwierigkeiten. Freilich müssen wir uns, wenn wir diese Lösung annehmen, endgültig trennen von gewissen *scheinbaren* Selbstverständlichkeiten, von denen man früher meinte, daß daran nicht gerüttelt werden könnte.

Zwei Grundgesetze beherrschen die Einsteinsche Theorie: Erstens das Gesetz von der *Konstanz der Lichtgeschwindigkeit:* Es wird anerkannt, daß sich die Fortpflanzung des Lichts im Vakuum *immer* mit der gleichen Geschwindigkeit c vollzieht, einerlei, *relativ wozu* diese Geschwindigkeit gemessen wird. Wir haben schon betont, daß diese Gesetzmäßigkeit, obwohl sie zunächst so überwältigend paradox erscheint, gar nichts anderes ist, als eine Erfahrungstatsache.

Zweitens kommt hinzu das Relativitätsprinzip. Dieses ist schon aus der Newtonschen Mechanik bekannt: Bewegen wir uns mit einem ganz ruhig fliegenden Flugzeug gradlinig dahin, mit gleichbleibender Geschwindigkeit, so finden wir im Flugzeuginnern die gleichen physikalischen Gesetze in Gültigkeit, wie in einem auf der Erde ruhenden Laboratorium. Ebenso, wie wir als Fluggäste bei unseren gewöhnlichen Hantierungen nichts merken von unserer Bewegung (ein Löffel, den wir fallen lassen, fällt senkrecht neben uns zum Boden – er bleibt nicht etwa gegenüber der Vorwärtsbewegung des Flugzeugs zurück), ebenso würden wir auch bei feineren mechanischen Experimenten, wenn wir sie dort ausführen wollten, nichts von der Bewegung des Flugzeugs merken. Ebenso merken wir ja im Laboratorium nichts von der Bewegung der Erde – entgegen dem, was manche Kritiker des Kopernikus als angebliche Folge der behaupteten Erdbewegung ableiten wollten. Das ist also die Gesetzmäßigkeit, welche wir als Relativitätsprinzip bezeichnen – eine Gesetzmäßigkeit, die schon in der Newtonschen Mechanik gilt.

Aber wie steht es mit optischen oder elektrischen statt rein mechanischen Experimenten? Wenn die Äthervorstellung zu Recht besteht, dann gibt es ja den Zustand der Ruhe im Äther – und von jedem relativ zum Äther bewegten Fahrzeug (einerlei, ob Himmelskörper oder Flugzeug oder Eisenbahn) sollte man erwarten, daß es irgendwie einen «Ätherwind» verspürt, sobald es sich ausdrücklich – durch optische oder elektrische Experimente – zum Äther in Beziehung setzt. Die experimentelle Erfahrung – in vielfältigsten Abwandlungen – zeigt aber das Gegenteil: Es gibt keinen Ätherwind; sondern es bestätigt sich auch für die Elektrodynamik das Relativitätsprinzip.

Damit sind zwei umfassend gültige Gesetzmäßigkeiten festgelegt; aber es fragt sich, ob und wie wir uns aus den schweren Widersprüchen gegenüber scheinbaren Selbstverständlichkeiten, gegenüber scheinbaren Denknotwendigkeiten herausfinden können. Irgendwie muß eine Unstimmigkeit in unseren Denkgewohnheiten vorhanden sein, wenn diese uns zu Schlüssen führen, denen die Erfahrung glattweg widerspricht.

Einstein erkannte die Wurzel der Schwierigkeiten im Begriff der Gleichzeitigkeit. Was bedeutet überhaupt die Aussage, daß zwei verschiedene Ereignisse «gleichzeitig» eintreten? Wenn es sich um räumlich nah benachbarte Ereignisse handelt, die wir beieinander mit einem einzigen Blick übersehen, so besteht kein Bedürfnis für eine Definition des Begriffs. Stellen wir uns aber vor, daß das eine Ereignis (z. B. ein Blitzlicht) auf der Erde stattfindet, das andere auf dem Mars; und denken wir uns ferner, daß ein an unserem Planetensystem vorbeisausendes Raumschiff (es fliege mit gleichbleibender Geschwindigkeit) beobachten möchte, ob diese beiden Ereignisse gleichzeitig geschehen oder nicht: Dann müssen wir freilich zunächst einmal definieren, was wir überhaupt unter Gleichzeitigkeit verstehen wollen; d. h. wir müssen ein ausführbares physikalisches Messungsverfahren angeben, durch welches die Raumfahrer prüfen können, ob Gleichzeitigkeit vorlag oder nicht.

Hier ist nun die Stelle, an der sich die Gedankengänge der Relativitätstheorie mit der Nahewirkungs-Vorstellung verknüpfen. Die Raumfahrer müssen Signale austauschen mit der Erde und dem Mars, um zur Beantwortung ihrer Frage zu kommen; und die Nahewirkungstheorie sagt uns, daß diese Signale Zeit brauchen, um ihre Wege zu machen. Nehmen wir Lichtsignale oder Funksignale (also jedenfalls elektromagnetische Wellen): Dann benötigen wir bereits unsere Kenntnis des Prinzips von der Konstanz der Lichtgeschwindigkeit, um überhaupt die Laufzeiten der Signale beurteilen und danach das Verfahren der Gleichzeitigkeitsprüfung einrichten zu können. Bei dieser jetzt unvermeidlich gewordenen Kompliziertheit der Sache kann man aber schon gar nicht mehr erwarten, daß auf diese Weise eine *absolute* Definition der Gleichzeitigkeit zustande käme, das heißt, daß zwei verschiedene Raumschiffe bei Anwendung dieses Verfahrens immer zu gleichen Ergebnissen kommen müßten (welches dann auch noch übereinstimmen sollte mit dem Urteil der auf Erde oder Mars experimentierenden Physiker). In der Tat kommen sie nur dann stets zu gleichen Ergebnissen, wenn sie sich parallel und gleich schnell bewegen; andernfalls kommen in der Regel verschiedene Ergebnisse zustande – der Begriff der Gleichzeitigkeit wird *relativiert*.

Das ist in der Tat die Vollendung eines schweren Bruches mit Denkgewohnheiten, die man vorher stets als Denknotwendigkeiten angesehen hatte. Aber tatsächlich ist es ein Schritt, den unser Denken vollziehen kann, ohne der geringsten Unsicherheit ausgesetzt zu werden: Wenngleich ein leichtes Schwindelgefühl Demjenigen nicht erspart bleibt, der diesen (hier nur kurz angedeuteten) Gedankengang nachvollzieht, so findet sich doch unser Denken, wenn es ein gewisses

Maß mathematischer und physikalischer Schulung besitzt, hier unter Einsteins Anleitung leicht zurecht, in der Gewißheit voller Klarheit und widerspruchsfreier Logik, in freilich abstrakter Form. Das Gesetz von der Konstanz der Lichtgeschwindigkeit schließt sich jetzt in voller Harmonie mit dem Relativitätsprinzip zusammen, und auch die anderen oben berührten Schwierigkeiten lösen sich von selbst. Als neues, wunderbares Gesetz ergibt sich, daß kein Signal sich schneller als mit der Geschwindigkeit c bewegen kann – womit die Nahewirkung zur notwendigen Folgerung der Relativitätstheorie wird: Gäbe es Fernwirkungen, die ohne Zeitverlust räumliche Abstände überspringen könnten, so hätten wir ja Möglichkeiten, Signale ohne Zeitaufwand zu geben.

Da die Maxwellsche Elektrodynamik schon sowieso auf der Vorstellung der Nahewirkung aufgebaut war, erfüllte sie gewissermaßen im voraus die Anforderungen der Relativitätstheorie und wurde durch diese nicht mehr verändert. Die Newtonsche Mechanik mußte sich hingegen Korrekturen gefallen lassen: Ihre Gesetze gelten nur dann fast genau, wenn es sich um langsam bewegte Körper handelt, langsam im Vergleich zur Lichtgeschwindigkeit. Bei schnellen Bewegungen hingegen gelten gewisse abgeänderte Gesetze – diese Gesetze der «relativistischen Mechanik» sind durch die Atomkern-Forschung, die Erforschung der kosmischen Strahlung und der Elementarteilchen sowie durch die in den letzten Jahrzehnten entwickelte Technik der Erzeugung äußerst schneller, energiereicher Teilchen einer Nachprüfung in fast unübersehbarer Vielfältikeit unterzogen worden – mit ausnahmslos positiven Ergebnissen.

Als umfassendes Grundgesetz aller physikalischen Naturerscheinungen ergab sich eine Verschmelzung zweier Hauptbegriffe der Physik in einem einzigen: «Masse» und «Energie» sind bis auf die Maßeinheit das gleiche, da das Vorhandensein einer Masse M mit dem Vorhandensein einer Energie $M c^2$ gleichbedeutend ist. Diese Erkenntnis hat die Physiker darauf hingewiesen, daß in den Atomkernen gewaltige Energien stecken müßten, deren Freisetzung und technische Benutzung freilich erst einige Jahrzehnte später gelingen sollte.

Die Feststellung der «Äquivalenz» von Masse und Energie bedeutet einen weiteren bedeutsamen Schritt der Entfernung moderner Physik von dem alten Materialismus Demokrits. Jedoch kann man dies ebensowohl einen Ausbau und eine Weiterentwicklung der materialistischen Vorstellungen, wie einen Beitrag zu ihrer Auflösung oder Überwindung nennen. Das Entscheidende, die Vorstellung lückenloser physikalischer Determinierung, bleibt auch hier bestehen. Da, wie schon gesagt, die Maxwellsche Theorie als schon vorhandenes Teilstück der Relativitätstheorie übernommen und ihr eingefügt werden konnte, so geht auch die strenge Determinierung der Maxwellschen Theorie in die Relativitätstheorie über: Sie ist die moderne Form eines determinierten physikalischen Weltbildes. Erst die Quantenerscheinungen erschütterten den Glauben an lückenlose Determinierung.

Einstein hat seiner hier kurz betrachteten *Speziellen Relativitätstheorie* später in der *Allgemeinen Relativitätstheorie* eine nochmals ebenbürtige Gedankenleistung zur Seite gestellt. Schon seit 1905 hat er aber auch durch Schaffung der Lichtquanten-Vorstellung der Weiterentwicklung der Planckschen Quantentheorie die Wege gewiesen. Allerdings vermochte er sich niemals mit der durch die spätere Quantenmechanik vollzogenen Außerkraftsetzung deterministischer Vorstellungen zugunsten statistischer Gesetzlichkeit abzufinden. «Wenn der liebe Gott sich nicht an Naturgesetze hält, braucht er auch nicht zu würfeln», schrieb er mir einmal. Der dabei erwähnte liebe Gott hatte übrigens für Einstein nicht etwa die Bedeutung einer personalen Realität – er war ihm eine gern gebrauchte *façon de parler*. Im Ernst hingegen sah er – etwa im Geiste Spinozas – die Naturgesetzlichkeit als solche als das erhabene Ewige an, als *deus sive natura*.

Gibt es wirklich Atome?

Um die Jahrhundertwende kam die Physik in eine Krise eigentümlicher Art. Nicht nur die Physiker, sondern auch die Chemiker hatten – letztere vor allem unter dem Einfluß Daltons – die durch Gassendi der abendländischen Naturforschung bekannt gewordene Demokritische Atomvorstellung zu einer Grundlage ihres Denkens gemacht. Das neunzehnte Jahrhundert hatte viele glänzende Erfolge dieser Denkrichtung erlebt – auf der Seite der Physik war die Gastheorie durch Clausius, Maxwell, Boltzmann zu wunderbarer gedanklicher Vollendung gelangt (der nur das mathematische Genie Hilberts später noch eine grundsätzliche Vertiefung der mathematischen Behandlung zu geben vermochte). In der Chemie hatte die Lehre von der «Vierwertigkeit» des Kohlenstoffs Kekulé zur Aufstellung der berühmten Benzolformel geführt.

Aber es meldete sich eine Kritik, welche dies alles noch nicht als wirklichen Beweis für das tatsächliche Vorhandensein der hypothetischen Atome ansah: Vor allem der Physiker Ernst MACH und der Chemiker Wilhelm OSTWALD vertraten ernsthaft die These, daß die ganze Atomvorstellung nur ein gedanklicher Ballast der Naturforschung sei — daß sie anregend gewirkt hatte, wäre kein Grund, ihre irreführenden Auswirkungen zu übersehen und ihre nunmehrige Überwindung zu verzögern. Alles zugunsten der Atomhypothese Vorgebrachte enthalte nichts als Andeutungen verschiedener Art dafür, daß die Materie sich in mancher Hinsicht physikalisch und chemisch so verhalte, als ob sie aus Atomen bestünde; aber nichts könne uns zwingen, diese Deutung der Tatsachen als die notwendige und richtige anzusehen: In Wirklichkeit sei sie wohl eine zugleich allzu phantasievolle und allzu primitive Ausmalung der empirisch gefundenen Gesetzmäßigkeiten, die man lieber ganz *ohne* solche Ausmalung hinnehmen und analysieren sollte.

Es mag uns heute seltsam vorkommen, daß Mach und Ostwald noch um 1900 das wirkliche Vorhandensein, die reale Existenz der Atome bestreiten wollten; vom heutigen Wissen aus könnten wir dazu neigen, solche Zweifel als Ausdruck beschränkter Klugheit anzusehen. Aber in Wirklichkeit waren die Genannten keine Dummköpfe — und wenn sie auch unrecht hatten mit ihrer Meinung, es gäbe gar keine Atome, so hatten sie doch vollkommen recht mit der kritischen Hervorbebung, daß im damaligen Stande der Dinge *zwingende Beweise* für die Atomvorstellung noch nicht gelungen waren.

Da gab es von der Chemie aus die stöchiometrischen Gesetze, nach welchen jede chemische Verbindung die an ihr beteiligten Elemente in solchen Gewichtsanteilen enthält, welche ganzzahlige Vielfache von gewissen Grundgewichtseinheiten («Atomgewichte» der Elemente) sind. Diese Gesetzmäßigkeit wird von der Atomvorstellung gedeutet in dem Sinne, daß jedes beteiligte Element zum Molekül als kleinstem Stück einer chemischen Verbindung ein oder zwei oder drei ... Atome beisteuert, niemals jedoch nur ein halbes Atom. Aber was nützt uns diese Deutung, so fragten die Kritiker — alle aus den Gesetzen der Stöchiometrie zu ziehenden weiteren Folgerungen können auch *ohne* eine solche Deutung entwickelt werden, die ja erst dann Wert bekommen würde, wenn von ihr aus Beziehungen zu ganz anderen Tatsachen herzustellen wären.

Zwar könnte hier auf das Grundgesetz der Kristallographie, das

Gesetz der «rationalen Indizes» hingewiesen werden, welches aussagt, daß bei einem Kristall die Lagen der verschiedenen Grenzflächen gerade solche sind, als ob der Kristall eine dreifache periodische Zusammenlagerung gleicher Bausteine (Moleküle, oder bei kristallisierten Elementen unter Umständen nur Atome) wäre. Auch ergaben sich von der Stöchiometrie aus einfache, wiederum die Atomvorstellung begünstigende Beziehungen zur Physik idealer Gase. Alles das schien jedoch für Mach und Ostwald nicht ausreichend, die Atomvorstellung als notwendig zu erweisen. Auch die weitergehenden Erfolge von Chemikern wie *Kekulé* mit der Ausmalung räumlicher Modelle für bestimmte Moleküle haben die Skeptiker nicht überzeugt; und daß uns recht einfache Erfahrungen an Seifenhäutchen oder an Ölhäuten auf Wasser schon an die «monomolekulare» Schichtdecke heranführen können, ahnte man damals noch nicht, obwohl schon Newton Seifenhäutchen «letzter», geringster Dicke erzeugt hatte.

Jedoch waren aufgrund der Gasphysik Schätzungen für die Größe von Atomen ausgeführt (Loschmidt), die bereits die richtige Größenordnung trafen. Im ganzen darf man vielleicht sagen, daß die Mach-Ostwaldsche Kritik der «Atomhypothese» ein Beispiel hohen Scharfsinns und hoher geistiger Selbständigkeit gegenüber der Verführungskraft allgemein gehegter Überzeugungen war, aber kein Beispiel für sicheren wissenschaftlichen Instinkt – der schon damals die große Wahrscheinlichkeit eines tiefen Wahrheitsgehaltes der Atomvorstellung aus den um 1900 bekannt gewesenen Tatsachen hätte erspüren sollen.

Aber für die Entwicklung der Physik war das ein Vorteil. Denn der Schock, den diese Kritik den Anhängern der atomistischen Deutung verursachte, setzte sich um in ein mit verstärktem Eifer unternommenes Bemühen, nun wirklich *zwingende* Beweise zu erreichen – nun wirklich hinunterzubohren, mit neuen Gedanken und Experimenten, in die vermutete tiefste Schicht stofflichen Seins – in der dann tatsächlich die Atome entdeckt, erwiesen und erforscht werden konnten.

Ohne uns in fachlichen Einzelheiten zu verlieren, wollen wir dies Eindringen der Physik ins Reich der Atome in seinen Hauptschritten kurz betrachten – als einen Vorgang, der für die Geschichte dieses Jahrhunderts von bestimmender Bedeutung geworden ist.

Einstein hat 1905 aus längst bekannten Tatsachen den Beweis herausgelesen, daß die Grundvorstellung der kinetischen Wärmetheorie tatsächlich richtig ist. Der Botaniker Brown hatte schon im vorigen Jahrhundert eine eigentümliche Ruhelosigkeit kleiner beweglicher Strukturelemente in Pflanzenzellen beobachtet; er hielt sie für eine Lebenserscheinung. Aber sie ist auch an anorganischen kleinen Schwebeteilchen etwa in Wasser zu beobachten; und Einstein erkannte (gleichzeitig mit v. SMOLUCHOWSKI) ihren Sinn: Es handelt sich darum, daß diese Teilchen klein genug sind, um die Wärmebewegung in sichtbarer Weise mitzumachen. Man kann deshalb diese «Brownsche Bewegung» – die kinetische Wärmetheorie zugrunde legend – benutzen, um die Größe der Atome zu ermitteln – oder die berühmte «Loschmidtsche Zahl», d. h. die Anzahl der Atome in einem «Grammatom», z. B. 16 g Sauerstoff.

Der Franzose PERRIN hat aus der kinetischen Gastheorie heraus einen Weg gefunden, um durch neue (mühsame, aber glänzende) Experimente zur Ermittlung der Loschmidtschen Zahl zu kommen. In der Lufthülle der Erde, die sich infolge der Schwerkraft unten stärker zusammendrängt, nimmt der Anteil der etwas schwereren Sauerstoffmoleküle O_2 schneller nach oben ab, als derjenige der etwas leichteren Stickstoffmoleküle N_2: Man könnte, wenn es nicht bequemere Wege dazu gäbe, das Verhältnis der Molekulargewichte $O_2 : N_2$ geradezu entnehmen aus Messung des sich mit der Höhe der Luftschicht verändernden Anteilsverhältnisses beider Gase. Perrin hat sich nun durch mühsame Herstellung eines «künstlichen Gases», dessen zahlreiche (gleich schwere!) Teilchen aus Harz gebildet wurden, die Möglichkeit verschafft, die «barometrische Höhenformel» nachzuprüfen an einem «Gas», dessen (im Wasser schwimmende) «Moleküle» bekannte Masse hatten: Die in der Lufthülle im Maßstab von Kilometern erfolgende Dichteabnahme bei zunehmender Höhe erfolgte in Perrins künstlichem Gas entsprechend innerhalb von Millimetern des Höhenunterschieds. So konnte die Masse des O_2-Moleküls verglichen werden mit derjenigen der Harzkügelchen.

Schon 1900 – mitten im Streit um die Realität der Atome – hatte Plancks Entdeckung einen Weg gezeigt, zu einer Präzisionsbestimmung der Loschmidtschen Zahl zu kommen; streng genommen muß man sogar sagen, daß dieser Weg schon *vor* Planck von RAYLEIGH und JEANS gezeigt war. Er lieferte zwar gerade nicht das, was Mach und Ostwald verlangt hatten, nämlich einen *handgreiflichen*, von verwickelten Theorien unabhängigen Beweis der Atom-Existenz; sondern diese Ermittlung der Loschmidtschen Zahl beruhte auf starker Heranziehung der kinetischen Wärmetheorie. Jedoch ist das Ausmaß theoretischer Überlegung, die hier nötig war, vergleichbar demjenigen, das in Einsteins und Perrins Ermittlungen angewandt war — und die besondere Präzision dieser auf das «Gesetz der schwarzen Strahlung» gestützten Ermittlung machte sie zu einem Prüfstein für die auf anderen Wegen zu erzielende Genauigkeit. (Wir kommen auf diesen Punkt zurück.)

An Beweis grenzende Bestätigungen für die kinetische Gastheorie sind von KNUDSEN erzielt worden durch Untersuchung äußerst verdünnter Gase — bei denen die einzelnen Moleküle zwischen zwei Zusammenstößen mit anderen Molekülen geradezu «makroskopische» durchschnittliche Wege zurücklegen. Noch weitergehend hat die «Atomstrahl»-Methode, die vor allem durch STERN zu einer der wichtigsten, schärfsten Forschungsmethoden der modernen Physik gemacht wurde, die unabweisbare Richtigkeit der kinetischen Gastheorie und der ihr zugrunde liegenden Atomvorstellung gezeigt. Doch gehören Sterns bahnbrechende Arbeiten schon zu einer Zeit, in der sowieso niemand mehr an der Realität der Atome zweifeln konnte.

Die handgreiflichsten, schlagendsten Beweise für das wirkliche Vorhandensein der Atome — immer wieder in neuen Ermittlungen der Loschmidtschen Zahl die geschlossene Übereinstimmung des Ganzen erweisend — ergaben sich in folgenden fünf Experimenten (oder Typen experimenteller Erfahrungen, in vielen Variationen):

1. Der theoretische Physiker MAX v. LAUE erzielte zusammen mit den Experimentatoren FRIEDRICH und v. KNIPPING 1912 die Lösung zweier großer Probleme zugleich: Er gab einen Beweis für die Realität der Atome, und er zeigte, daß die *Röntgenstrahlen* wirklich Wellen von sehr kleinen Wellenlängen sind.

Wir haben schon oben diejenige Vorstellung angedeutet, die man sich aufgrund der Atomtheorie machen muß vom kristallinischen Zustand der Stoffe: Hier haben wir eine dreifach periodische Wiederholung einer molekularen Grundeinheit. Nun hatten die Physiker für die spektrale Zerlegung von sichtbarem Licht an Stelle von Prismen längst ein anderes Mittel eingeführt: Eine Glasplatte, auf der in großer Genauigkeit periodischer Wiederholung feine, eng aufeinanderfolgende Striche eingeritzt sind, bewirkt (wie aus der Wellentheorie des Lichtes verständlich wird) ebenfalls spektrale Zerlegung. Jedoch sind diese «optischen Strichgitter» viel zu grob, um auch an Röntgenlicht spektrale Zerlegung und Wellenlängenmessung zu ermöglichen.

Laue überlegte: Wenn es Atome gibt, dann sollten die Kristalle geeignet sein, für viel kleinere Wellenlängen als die des sichtbaren

Lichtes «Interferenzen» zu ergeben – ähnlich denen eines Strichgitters, wenn auch viel verwickelter wegen der dreifachen statt nur einfachen Periodizität. Sein hohes mathematisches Können erlaubte es ihm, die zu erwartenden «Interferenzerscheinungen» theoretisch zu übersehen.

Der positive Erfolg seines Experimentes ergab nicht nur die Beantwortung der beiden hervorgehobenen grundsätzlichen Fragen; er eröffnete und begründete auch ein neues, wunderbares Kapitel physikalischer Forschung – nämlich die Untersuchung der zahllosen kristallinischen Substanzen mit dem Ziel, die genaue Struktur jeder einzelnen zu ermitteln. Für die schwierige Aufgabe, die Gesamtheit der physikalischen Eigenschaften von kristallinischen Stoffen aus der atomistischen «Gittertheorie» heraus theoretisch zu begründen, sind Borns Forschungen bahnbrechend gewesen.

Eine Ermittlung der Loschmidtschen Zahl war nicht durch das Lauesche Experiment gegeben, solange die Wellenlängen der Röntgenstrahlen nicht anderweitig gemessen werden konnten. Hierfür sind später jedoch Wege gefunden worden, auch durch einen geistreichen Trick, der doch noch ein gewöhnliches Strichgitter hierfür nutzbar zu machen erlaubte.

2. In Untersuchungen Millikans gipfelnde Experimente haben den Beweis ermöglicht, daß es eine Grenze für die Teilung elektrischer Ladungen gibt. Die Ladung des «Elektrons», wie es in den Kathodenstrahlen auftritt, ist die kleinste überhaupt mögliche.

Das kann gezeigt werden, indem man durch Zerstäubung von Öl winzige Tröpfchen bildet, die zumeist elektrisch geladen sind – man beobachtet einen einzelnen davon mit einem Mikroskop, mißt sein Fallen unter Wirkung der Schwerkraft und dann sein Steigen unter Wirkung einer ihn nach oben ziehenden elektrischen Feldstärke – daraus kann man seine Ladung berechnen. Sie erweist sich stets als ganzzahliges Vielfaches der Elektronenladung.

Wir sehen hier – diese Bemerkung sei in Rücksicht auf Späteres eingefügt –, daß die Schwerkraft eine schwache Kraftwirkung ist im Vergleich mit den elektrischen Kräften, die in der Materie wirksam sind. Das Steigen des Tröpfchens wird bewirkt durch eine (oder zwei, drei, . . .) Elektronenladungen und andererseits die Kondensatorladung, welche das benutzte elektrische Feld hervorbringt. Das Fallen wird bewirkt durch die Gravitations-Anziehung des gegenüber einem Atom riesigen Tröpfchens und der gegenüber dem Kondensator riesigen Erdkugel. Trotzdem sind beide Kraftwirkungen von gleicher Größenordnung.

Längst bekannte Gesetze, die Elektrolyse betreffend, ermöglichen neue Herleitung der Loschmidtschen Zahl aus der im Millikan-Versuch ermittelten Ladung des Elektrons.

3. Zu den berühmtesten Instrumenten moderner Physik gehört die WILSONsche Nebelkammer. Sie hat später in Gestalt der «Blasenkammer» eine Schwester aus dem gleichen Grundgedanken bekommen.

Ein unserem Auge nicht mehr erkennbares Flugzeug am Himmel kann uns dadurch sichtbar werden, daß es einen Kondensstreifen erzeugt. Entsprechend können elektrisch geladene kleinste Teilchen – etwa Elektronen oder Alpha-Teilchen (= Kerne von Heliumatomen) – beim Hindurchfliegen durch übersättigten Wasserdampf Kondensstreifen erzeugen, die man mit freiem Auge erkennen kann. Hier ist wirklich der atomistische Feinbau der Materie sichtbar gemacht. Hier gibt es kein Ausweichen mehr, keine Möglichkeit, die Beweiskraft der Tatsachen in Zweifel zu ziehen. Denn dies sind nicht mehr solche Tatsachen, die eine Deutung durch atomistische Vorstellungen *nahelegen* – es ist gar keine «Deutung» mehr erforderlich, und kein Rückgriff auf eine Theorie – unmittelbar steht uns die Tatsächlichkeit der Atomistik vor Augen. Die Loschmidtsche Zahl kann durch Zählungen statt Messungen ermittelt werden.

Auf Schirmen, die mit Leuchtstoffen bestrichen sind, kann man auch Lichtblitze («Szintillationen») sehen, die zum Beispiel durch einzelne auftreffende Alpha-Teilchen erzeugt werden.

4. Statt einer Sichtbarmachung einzelner Elektronen oder Alpha-Teilchen, vermittels der von ihnen erzeugten Kondensstreifen oder Szintillationen, kann auch eine Hörbarmachung des Vorbeifliegens etwa eines schnellen Elektrons an einem gewissen Ort erzielt werden. Das geschieht durch die berühmten «Zählrohre», die so eingerichtet sind, daß ein nahe an einem dünnen Draht vorbeifliegendes schnelles Ladungsteilchen dort eine Lawine von Ionisierungen (= Abreißungen von Elektronen) auslöst – was zu einem hörbaren Knacken führt.

Solch ein Lawinenvorgang ist übrigens ein Modellfall eines wichtigen Typs von *Verstärkerwirkungen* – aus dem anfangs winzigen, durch ein einzelnes Elektron vollzogenen Vorgang erwächst in lawinenhaftem Anwachsen ein grober, unserer Sinneswahrnehmung (durch das Ohr) unmittelbar feststellbarer Vorgang. Ähnlich kann aus einem winzigen Funken die Explosion eines Pulverfasses entstehen.

5. Zu einer Zeit, da die Realität der Atome längst außer Zweifel stand, wurde der letzte der hier zu erwähnenden unmittelbaren Beweise erreicht. Wir wollen ja in diesen fünf Punkten diejenigen ganz schlagenden, zwingenden Beweisarten sammeln, welche ohne Umwege zum Beweisziel führen. Deshalb gehört es nicht hierher, auszuführen, was immerhin erwähnt werden muß: Daß die Quantentheorie der Atome es möglich gemacht hat, die Spektren der Elemente zu verstehen, das periodische System der Elemente theoretisch abzuleiten, die Chemie wenigstens hinsichtlich ihrer wichtigsten Ergebnisse verständlich zu machen – mit der Aussicht auf unbegrenzte Erweiterung dieser theoretischen Deduktion chemischer Gesetze bei fortschreitender Verbesserung unserer Recheninstrumente. Damit ist eine so überwältigende wissenschaftliche Kraft der Atomvorstellung zutage getreten, daß die unmittelbaren Realitätsbeweise dagegen blasser erscheinen. Aber es sei abschließend berichtet, daß die modernen Elektronenmikroskope mit ihrer über Lichtmikroskope weit hinausgehenden Leistungsfähigkeit der Sichtbarmachung schließlich auch die bildhafte Wiedergabe von einzelnen Molekülen ermöglicht haben – anfangend zunächst mit besonders großen Molekülarten (Virus-Molekülen), schließlich hinunterführend bis zu Molekülen, deren Atomzahl größenordnungsmäßig ein Dutzend nicht mehr übersteigt.

So haben wir heute Möglichkeiten, die Atome nicht nur aufgrund genauester theoretischer Analyse ihrer Spektren und ihrer sonstigen verwickelten Eigenschaften, sondern auch durch Nachweisverfahren von schlagender Einfachheit als wirklich vorhanden zu zeigen – und sie damit zu Gegenständen unserer geistigen und technischen Beherrschung zu machen.

Statistische Naturgesetzlichkeit

Das erste Kapitel versuchte zu verdeutlichen, daß die weltanschauliche Bedeutung der älteren naturwissenschaftlichen Vorstellungen wesentlich im Gedanken einer lückenlosen mechanischen Determinierung des Naturgeschehens begründet ist. Erst von da aus ergibt sich die Schärfe der weltanschaulichen Folgerungen. Die biologische Entwicklungslehre würde ohne Verknüpfung mit dem Determinismus nicht ausreichen für die von Haeckel vertretenen antireligiösen Folgerungen. So stand Wilhelm Bölsche, der für das Bekanntwerden der damals neuen naturwissenschaftlichen Erkenntnisse in weiteren Kreisen so verdienstvoll gewirkt hat, der materialistischen Zuspitzung Haeckelscher Lehren recht fern; seine Gedankenrichtung – und die der ihm nahestehenden Freunde – wies eher auf eine neue, an die Entwicklungslehre anknüpfende Form naturphilosophischer Religiosität hin, als auf den radikalen Atheismus Haeckels – welcher zwar gelegentlich gern von einer neuen Naturreligion sprach (und andererseits von einer Beseeltheit der Materie), aber in der Neigung zu polemischer Schärfe die materialistischen Vorstellungen entschiedener unterstützte, obwohl eine wirklich scharfe Erfassung der seit Lamettrie in endgültiger Klarheit festgelegten materialistischen Naturphilosophie ihm gar nicht lag.

Angesichts dieser entscheidenden Bedeutung des Gedankens der Determinierung für die weltanschauliche Stellungnahme der älteren Naturwissenschaft müssen wir es als ein Ereignis von umwälzender Bedeutung ansehen, daß die Physik unseres Jahrhunderts zu einer Verneinung lückenloser Determinierung gekommen ist. Ein amerikanischer Kritiker hat erklärt, ich sei geneigt, der in der Quantenphysik nachgewiesenen Indeterminiertheit eine «nahezu mystische Bedeutung» zuzuschreiben. Ein solches Mißverhältnis kann nicht entstehen, wenn man in geistesgeschichtlicher Betrachtung die Bedeutung würdigt, welche der Glaube an vollständige Determinierung tatsächlich in der geistigen Entwicklung abendländischer Neuzeit gehabt hat: Aus der historischen Bedeutung dieses Glaubens ergibt sich die Bedeutung seiner nunmehrigen Widerlegung.

Wir wissen heute, daß die tiefsten, ursprünglichsten physikalischen Gesetze, wie sie für das Spiel der Atome, Elektronen, Protonen und sonstiger Elementarteilchen unmittelbar maßgebend sind, nicht determinierende, sondern statistische Gesetze sind. Wenn man die Gesamtheit der naturwissenschaftlichen Erkenntnisse, die bis zu unserem Jahrhundert hin errungen wurden, mit gutem Recht unter die Gesamtüberschrift «Determinierung» stellen könnte (und auch die Entwicklungen der Relativitätstheorie gehören noch unter diese Überschrift), so kann man mit gleichem Recht als grundsätzliche Überschrift der neuen Physik, wie sie in unserem Jahrhundert aus der Planckschen Entdeckung erwachsen ist, das Wort *Statistik* benutzen. Während es durch mehr als zwei Jahrtausende ein unabänderlicher Tatbestand schien, daß Naturgesetzlichkeit – sofern sie in voller gedanklicher Schärfe verstanden und aufgefaßt wird – gleichbedeutend mit Determinierung sei, haben wir jetzt gelernt, daß Naturgesetzlichkeit auch in einer anderen Form gedacht werden kann und wirklich vorliegt: In Form statistischer Gesetzlichkeit.

Wie das gemeint ist, wollen wir uns an einem Beispiel verdeutlichen. Stellen wir uns vor, wir hätten ein Radium-Präparat, ein Milligramm Radium. Dieses Radium hat ja seinen Namen deshalb, weil es strahlt; und diese Strahlung kommt so zustande, daß Radium-Atome die Fähigkeit haben, sich zu zerteilen – ein Radium-Atom kann sich teilen in ein Atom Helium und ein Atom des Elementes Emanation. Genauer ist es der Kern des Radium-Atomes, welcher sich in die beiden neuen Atomkerne teilt, und die Elektronenhüllen stellen sich nachträglich ein. Für unsere jetzige Betrachtung aber ist folgendes das Wesentliche: Wenn wir unser Milligramm Radium einem Physiker zeigen, so weiß dieser Physiker, wie stark die davon ausgehende Strahlung ist; denn das ist naturgesetzlich festgelegt. Daher kann uns der Physiker eine Voraussage machen: Nach einer einfachen mathematischen Formel («Exponentialgesetz») vermag er den zeitlichen Verlauf des Dahinschwindens dieser Radiummenge infolge des fortgesetzten Zerfalls vorauszusehen. Er kann beispielsweise sagen, wann nur noch 90 Prozent oder 30 Prozent oder 10 Prozent davon übriggeblieben sein werden. Diese Voraussage greift hinaus in künftige Jahrtausende; aber sie kann mit der gleichen Zuversicht ausgesprochen werden, mit welcher Astronomen Sonnenfinsternisse und Mondfinsternisse vorausberechnen.

Also ein eindrucksvolles Beispiel für Determinierung, für zwangsläufige Vorausbestimmung künftiger Naturvorgänge durch den jetzt gegebenen Zustand – welcher in unserem Beispiel nichts anderes ist, als das Vorhandensein von einem Milligramm Radium.

Aber nun wollen wir die Verhältnisse mit einer schärferen Brille betrachten. Das eine Milligramm Radium enthält ja bereits eine ungeheure Anzahl von Atomen. Es ist – um dieses Wort einmal zu gebrauchen – ein riesiges Kollektiv von Radium-Atomen. Wir wollen jetzt ein Gedankenexperiment machen. Ohne daß wir seine technische Durchführung im einzelnen erörtern, sei betont, daß dies gedachte Experiment wirklich im Bereiche heutigen experimentellen Könnens der Physiker liegt. Das Experiment soll einfach darin bestehen, daß wir aus dem riesigen Kollektiv irgendein einzelnes Atom herauspicken. Wir trennen es von den übrigen, so daß es mit ihnen nicht mehr verwechselt werden kann; wir betrachten jetzt nur noch dies Einzelatom – das große Kollektiv der übrigen geht uns nichts mehr an. Dieses einzelne Radium-Atom zeigen wir wiederum dem

Physiker, der vorhin so klare Voraussagen machen konnte; und wir fragen ihn jetzt: Wann wird dieses Atom zerfallen? Vielleicht schon in den nächsten Sekunden? Oder wird es vielleicht – ganz im Gegenteil – nach 10000 Jahren noch immer als unzerfallenes Radium-Atom übriggeblieben sein? Es ist doch wohl eine berechtigte und vernünftige Frage, die wir hiermit dem Physiker vorlegen, um zu prüfen, wie weit sein Wissen und Können tatsächlich reicht.

Aber der Physiker weist unsere Frage zurück: «Darauf gibt es keine Antwort.» Vielleicht sind wir zunächst noch gar nicht verwundert: Wir wissen ja, daß sich um 1900 die Gelehrten noch darüber stritten, ob es überhaupt Atome gibt. Also haben wir wohl dem Physiker eine verfrühte, zu ungeduldige Frage gestellt: Wir müssen ihm Zeit geben zu weiteren Forschungen. Irgendwann wird er sicherlich sein Wissen von den Atomen so weit verfeinert und vervollständigt haben, daß er dann, wenn ihm wiederum ein einzelnes Radium-Atom vorgezeigt wird, es zuversichtlich entgegennimmt und in eine raffinierte Untersuchungsapparatur hineinsteckt, mit deren Hilfe er ihm «ansehen» kann, wann es einmal zerfallen wird.

So werden wir uns sicherlich die Sache vorstellen, wenn wir – noch aus den Denkgewohnheiten vergangener Jahrhunderte kommend – zum erstenmal an solche Experimente denken. Aber was wir uns soeben vorgestellt haben, ist vollkommen falsch. Der Physiker wollte mit seiner Zurückweisung unserer Frage keineswegs das Eingeständnis machen, daß seine Kenntnis der Atome noch zu lückenhaft, zu unfertig sei, um ein Eingehen auf diese Frage zu ermöglichen. Zwar sind sich die Physiker von heute viel deutlicher als ihre Fachgenossen in der zweiten Hälfte des vorigen Jahrhunderts bewußt, daß der von uns erforschte und damit durchsichtig gemachte Bereich der Naturwirklichkeit nur ein kleiner Ausschnitt ist – rings umgeben vom Dunkel des Unerforschten. Trotzdem ist der Physiker sicher, daß ihm für die Stellungnahme zu unserer jetzt an ihn gerichteten Frage nichts mehr in seinem Wissen fehlt – daß in *diesem* Punkte auch spätere Physiker nicht *mehr* wissen können, als er selbst. Auch künftige Physiker werden außerstande sein (trotz aller von uns noch nicht erahnten Erkenntnisse, die sie gewonnen haben werden), an einem einzelnen Radium-Atom im voraus festzustellen, wann es zerfallen wird. Denn das schon heute gesicherte Wissen der Physik zeigt uns, daß im objektiven Zustand eines Radium-Atomkerns gar nichts vorhanden ist, was als ursächliche Bedingung für einen bestimmten Zeitpunkt seines Zerfalls wirken könnte: Zwei jetzt vorhandene Radium-Atomkerne sind sich völlig gleich; trotzdem verhalten sie sich in Zukunft verschieden, indem der eine früher, der andere später zerfällt.

Die Absage der modernen Atomphysik an den Grundsatz lückenloser Determinierung — HEISENBERG hat den Satz geprägt, daß die Quantenphysik die definitive Widerlegung des Kausalitätsprinzips erbracht habe — ist von so revolutionärer Art, widerspricht so festen, für unverrückbar gehaltenen Überzeugungen und Denkgewohnheiten, daß jeder geistig wache Mensch, der das zum ersten Male hört, sofort erklärt: Das glaube ich nicht.

Es scheint unmöglich, derartiges zu behaupten; oder wenn man schon die Dreistigkeit besitzt, es zu behaupten, so scheint es doch unmöglich, es zu beweisen. Der Verdacht liegt nahe, daß die Physiker sich hier vergaloppiert haben, daß sie — berauscht von ihren Erfolgen — noch bestehende Lücken ihres Wissens fehlerhaft umgedeutet haben in angebliche Lücken objektiver Determinierung.

Doch bevor wir auf solche Zweifel eingehen, wollen wir uns zunächst den Inhalt dessen, was die Quantenphysik behauptet, noch etwas verdeutlichen durch einen Vergleich aus dem täglichen Leben. Dazu denken wir an den Leiter einer großen Lebensversicherung, welcher an Hand seiner «Absterbe-Tabelle» voraussehen kann, wie viele von seinen zahlreichen Versicherten im Laufe des nächsten Jahres sterben werden. (Unter Voraussetzung normaler Verhältnisse, also bei Ausbleiben von Katastrophen.) Diese Voraussage ist ja von großer Zuverlässigkeit: Darauf beruht die Möglichkeit, das Geschäft der Lebensversicherung als ehrliches und doch erfolgreiches Geschäft zu betreiben.

Würde aber ein einzelner Versicherter angstvoll in die Sprechstunde des Versicherungsdirektors laufen, um ihn zu fragen: «Herr Direktor, wie steht es denn mit mir? Werde ich das nächste Jahr noch überleben?», so würde der Direktor antworten: «Das steht nicht in meiner Tabelle.» Denn die Tabelle enthält ja keine Namen: Sie gibt uns keine Auskunft über einzelne Schicksalsfälle, sondern sie beschränkt sich darauf, den statistischen Prozentsatz der Absterbenden vorauszusagen.

Genau das gleiche, was diese Absterbetabelle für das große Kollektiv der Versicherten bedeutet, bedeutet die den Radiumzerfall regelnde Naturgesetzlichkeit für das Kollektiv der Atome im Radiumpräparat. Auch dies Naturgesetz beschränkt sich darauf, eine statistische Vorschrift zu geben — so daß also für das große Kollektiv mit Sicherheit vorausgesehen werden kann, welcher Bruchteil im Laufe eines Jahres zerfallen wird. Aber dies Naturgesetz macht keinerlei Vorschrift dafür, *welche* Atome des Kollektivs im Laufe des nächsten Jahres zerfallen werden.

Man darf nun freilich den Vergleich nicht weiterführen wollen. Natürlich war der gedachte Versicherte ein törichter Mensch: Statt den Versicherungsdirektor aufzusuchen, hätte er zu einem guten Arzt gehen sollen; der hätte ihm vielleicht etwas sehr Wesentliches zu sagen gehabt. Aber für die Radium-Atome gibt es keinen Arzt, und kann es keinen Arzt geben – weil sie gar nicht krank werden. Der Zerfall eines Radium-Atoms ist nämlich nicht, wie der Krankheitstod eines Menschen, das Endergebnis eines längeren, fortschreitenden Vorganges, den man vielleicht mit verfeinerten Instrumenten doch in seinem Verlauf beobachten könnte; sondern jedes Radium-Atom ist – noch einmal bildlich gesprochen – so lange gesund, bis es plötzlich zerfällt.

Der hier ausgeführte Vergleich kann uns auch helfen, gewisse Mißverständnisse auszuschalten, die sich häufig bei einer Erörterung dieses Themas ergeben. Es wäre irrig, aus der Gültigkeit des statistischen Gesetzes für den Zerfall dieser Atome irgendwie ableiten zu wollen, daß doch eine (noch nicht erkannte) gesetzliche Bedingtheit der einzelnen Zerfallsvorgänge bestehen (oder dahinter stecken) müsse – und zwar deshalb, weil zur Erfüllung des statistischen Gesetztes eine gewisse «Rücksichtnahme» der Atome aufeinander nötig sei. Man begegnet nicht selten der Meinung, daß dann, wenn ein schwaches radioaktives Präparat zufällig innerhalb einer halben Sekunde mehr Zerfallsvorgänge erlitten hat, als dem vorgeschriebenen Durchschnittswert entspricht, nun in der nächsten halben Sekunde die Zerfallsvorgänge etwas seltener werden müßten, damit für die ganze Sekunde wieder die richtige Gesamtzahl herauskäme. Dies ist der gleiche Gedankenfehler, der viele Roulette-Spieler glauben läßt, wenn zehnmal hintereinander Rot gewonnen hat, gäbe es nun eine erhöhte Aussicht eines Gewinnes für Schwarz. In Wirklichkeit bedeutet der statistische, «zufällige» Charakter des Zerfalls-Geschehens gerade die vollkommene Unabhängigkeit der verschiedenen Einzelreaktionen voneinander. Diese statistische Gesetzlichkeit, welche für das Durchschnittsgeschehen an einem sehr großen Kollektiv die Bedeutung einer strengen Vorausbestimmung gewinnt – also einer Determinierung innerhalb der größeren Maßstäbe des Grobgeschehens –, bedeutet für kleine Kollektive, für sehr schwache radioaktive Präparate, ausdrücklich auch das Auftreten von Unregelmäßigkeiten, Schwankungen innerhalb kleiner Zeitabschnitte, in denen nur kleinere Anzahlen von Atomen zerfallen. Auch ist für den Fall des großen Kollektivs die statistische Voraussage nicht etwa an die Voraussetzung gebunden, daß die Atome dieses Kollektivs in räumlicher Nachbarschaft vereinigt bleiben — eine Teilung oder Zerstreuung des ursprünglichen Milligramms Radium ändert nichts an der Zerfall-Statistik. Wir könnten sogar, statt an diejenigen Radium-Atome zu denken, welche in diesem Präparat vereinigt sind, irgendeine Auswahl jetzt vorhandener Radium-Atome, die sich an beliebigen Orten befinden, gedanklich zu einem Kollektiv zusammenfassen: Natürlich müssen wir in der Verfolgung dieses Gedankens beachten, daß wir auf keine Weise imstande sind, für die gedankliche Zusammenstellung dieses Kollektivs solche Radium-Atome auszuwählen, welche zu einer bestimmten Zeit zerfallen werden; keine wirklich mögliche Kenntnis kann uns eine solche Auswahl gestatten, sondern jede wirklich vollziehbare Auswahl liefert ein Kollektiv, für welches wiederum die statistischen Gesetze gelten, von denen wir gesprochen haben.

Damit erledigt sich auch die oft gestellte Frage, wo denn die «Grenze» liege zwischen der strengen Determinierung des Kollektivgeschehens und dem Fall eines einzigen Atomes, bei welchem keinerlei Voraussage für den Zeitpunkt des künftigen Zerfalls zu machen ist. Eine solche Grenze gibt es nicht. Die Frage danach erinnert an eine andere Frage, welche in der Blütezeit scholastischer Philosophie sehr ernsthaft und ausführlich erörtert worden ist: Wie viele Weizenkörner sind erforderlich, um einen *Haufen* zu bilden? Zwei oder drei Körner bilden noch keinen Haufen, zehntausend aber bestimmt. Man kann auf diese Frage natürlich nichts anderes antworten, als daß es zum Wesen des Begriffes «Haufen» gehört, nur ungenau definiert oder definierbar zu sein. Ebensowenig aber, wie es eine scharfe Grenze gibt zwischen Haufen von Radium-Atomen einerseits und kleineren, noch nicht als Haufen zu bezeichnenden Mengen solcher Atome, ebensowenig gibt es eine scharfe Grenze für die Anwendbarkeit statistischer Vorhersage. Streng genommen ist das genaue statistische Durchschnittsgesetz ein Grenzfall, der erst dann in mathematischer Vollkommenheit in Kraft treten würde, wenn wir ein unendlich großes Kollektiv hätten. Für jedes endliche Kollektiv ist das Durchschnittsgesetz nur bis auf Schwankungen gültig, die ihrerseits hinsichtlich ihrer Durchschnittsgröße wiederum bestimmten Gesetzen der mathematischen Statistik unterliegen, und zwar so, daß die Schwankungen relativ um so größer sind, je kleiner das Kollektiv ist.

Der Physiker sagt gern, ein Radium-Atomkern habe eine gewisse *Wahrscheinlichkeit,* in der nächsten Sekunde zu zerfallen. Diese Ausdrucksweise ist vorteilhaft: Wir können nun vom statistischen Zerfallsgesetz sprechen, so daß wir es auf jedes einzelne Radium-Atom als solches beziehen. Der Sache nach bleibt es jedoch dabei, daß erst bei Vorhandensein eines nicht zu kleinen Kollektivs die statistische Vorhersage überhaupt einen prüfbaren Inhalt gewinnt: Nur die sprachliche Formulierung gewinnt eine bequemere, leichter zu handhabende Form, wenn wir durch Benutzung des Wortes «Wahrscheinlichkeit» das Gesetz auf jedes einzelne Atom beziehen.

Allerdings können wir es nicht vermeiden, dem Begriff «wahrscheinlich» auch eine gewisse unmittelbare, selbständige Bedeutung zuzuschreiben, die dann freilich einer quantitativen Bewertung entzogen bleibt. Würde ein Physiker in die Gefangenschaft eines totalitären Tyrannen geraten, so könnte es vielleicht geschehen, daß dieser ihm zwei Atome verschiedener radioaktiver Stoffe vorzeigt, wobei das eine dieser Atome eine merklich größere Zerfallswahrscheinlichkeit hätte als das andere.

Würde nun der Tyrann seinem Gefangenen befehlen, zu raten, welches der beiden Atome eher zerfallen wird – mit dem Versprechen der Freilassung bei richtigem Raten und der Liquidierung bei falschem –, so würde sicherlich der Physiker es vorziehen, zu vermuten, daß das Atom der Substanz mit kürzerer durchschnittlicher Lebensdauer früher zerfällt. Diese Vermutung kann sich als falsch erweisen; aber immerhin hat sie mehr für sich, als die gegenteilige Vermutung. Meßbar kommt der Vorzug der wahrscheinlicheren Vermutung erst dann zur Geltung, wenn dies Experiment in zahlreichen Wiederholungen durchgeführt wird. Jedoch ist es für menschliches Handeln ganz allgemein eine Selbstverständlichkeit, daß wir unsere Entscheidungen aufbauen müssen auf Vermutungen, die wir für einigermaßen wahrscheinlich halten – obwohl die Tatsache nicht aus der Welt zu schaffen ist, daß diese Wahrscheinlichkeitsaussage erst dann einen quantitativen Inhalt gewinnt, wenn sie nicht auf den Einzelfall, sondern auf das Kollektiv gleichartiger Fälle bezogen wird.

Aus dem Gedankengut scholastischer Philosophie stammt ein berühmter Spruch: *Natura non facit saltus,* die Natur macht keine Sprünge. Dieser Spruch erhebt eine Eigentümlichkeit der Naturerscheinungen zum ausnahmslosen Gesetz, welche in der Tat von hervorragender Bedeutung ist – und deren gedanklich klare Erfassung durch die abendländische Mathematik Oswald SPENGLER wohl mit Recht als eine der tiefsten Denkleistungen unserer abendländischen Kultur gefeiert hat.

Es ist der Gedanke des Fließenden, des ohne Sprünge oder Plötzlichkeit Veränderlichen, der hier in die Klarheit der Mathematik gehoben wird: Zwei der größten Geister abendländischer Geschichte, NEWTON und LEIBNIZ, teilen sich in den Ruhm, durch Schaffung der Infinitesimalrechnung, also der Differential- und Integralrechnung, die dem Begriff des Fließenden angemessenen mathematischen Denkformen geschaffen zu haben – natürlich nicht aus dem Nichts heraus, sondern in kühner Weiterverfolgung der Gedanken von Vorläufern, deren Reihe bei ARCHIMEDES beginnt und bis zu KEPLER reicht. NEWTON hat seine «Fluxionsrechnung» als Hilfsmittel zur Aufstellung seiner Planetenmechanik entwickelt; doch hat er in der endgültigen Darstellung seiner Theorie in seinen «Prinzipien» von diesem Hilfsmittel keinen Gebrauch gemacht, sondern alle Beweise auf die damals schon bekannten mathematischen Methoden gestützt. Leibniz ist nicht von der Physik, sondern von der Geometrie, in Form der Descartesschen analytischen Geometrie, ausgegangen, die ebenfalls dem Gedanken der Stetigkeit – so nennt die nüchterne Sprache der Mathematik den Gedanken des Fließenden – mannigfache eindrucksvolle Beispiele liefert.

Nach GALILEI ist beim freien Fall der Fallweg proportional dem Quadrat der Fallzeit – schon hier wird es zu einer tiefgründigen Frage, wie man überhaupt die Geschwindigkeit des Fallens begrifflich fassen soll, wenn diese Geschwindigkeit offenbar fortlaufend veränderlich und schon im nächsten Augenblick wieder eine andere ist. Was uns heute durch die Gewohnheit von Jahrhunderten so selbstverständlich geworden ist, erforderte damals eine große Leistung Schwierigkeiten durchbrechenden Denkens: Auszugehen von der durchschnittlichen Geschwindigkeit während einer Zeitspanne, und durch «Grenzübergang» zu einer auf einen Zeitpunkt sich zusammenziehenden Zeitspanne die für diesen Zeitpunkt geltende genaue

Geschwindigkeit zu definieren – die dann (in wunderbarer Einfachheit) der Fallzeit proportional ist.

Wie weit dieser Gedanke des «Grenzüberganges» davon entfernt ist, selbstverständlich zu sein, zeigt eine wunderliche Kritik, welche ihm gewidmet wurde durch Ludwig KLAGES, also einen Mann, der zweifellos ein Kopf war. Wenn von zwei Biergläsern das eine doppelt soviel Bier enthält wie das andere; und wenn dann beide geleert werden, in solchem Tempo, daß gleichbleibend stets das eine noch doppelt soviel wie das andere enthält; dann behaupten die Mathematiker – meint Klages –, daß auch nach völliger Leerung zwar jedes Glas kein Bier, aber das eine doppelt soviel wie das andere enthält. Natürlich ist das völlig falsch – kein Mathematiker hat jemals eine so unsinnige Behauptung vertreten, wie sie hier von Klages den Mathematikern zugeschrieben wird. Klages rühmt den genialen Scharfsinn des «Tricks» der Infinitesimalrechnung, behauptet aber, daß trotz rechnerischer Richtigkeit das Ganze ein logischer Denkfehler sei.

Der Gedanke der Stetigkeit, bei Betrachtung des Fallgesetzes nur auf Größen bezogen, die sich im Laufe der Zeit stetig ändern, gewinnt weitere Anwendung, wenn wir etwa an strömendes Wasser denken, in welchem die Strömungsgeschwindigkeit nicht nur zeitlich, sondern auch räumlich in stetiger Weise veränderlich ist – daß wir auch solche Verhältnisse uns in voller mathematischer Gedankenklarheit vorstellen können, ist eine Gedankenleistung weit jenseits der Möglichkeiten antiker Zeit.

Der philosophische Spruch «Natura non facit saltus» erklärte die *Stetigkeit* zu einem *Grundgesetz aller Naturvorgänge:* Alles geschieht letzten Endes in stetiger Veränderung, in fließenden Übergängen – wo uns Plötzlichkeit, Sprunghaftigkeit, Bruchhaftigkeit vorzuliegen scheint, war unsere Beobachtung nur nicht genau genug, die stetigen Übergänge zu erkennen.

Die klassische Physik hat sich im Rahmen dieses Grundgesetzes der Stetigkeit bewegt – alle von ihr aufgestellten Naturgesetze sind unter der Voraussetzung stetigen Naturgeschehens ausgesprochen und halten sich in diesem Rahmen. So war es ein Bruch mit alten und «geheiligten» Denkweisen der Physik, als Max PLANCK 1900 aus der theoretischen Analyse des von ihm aufgestellten Gesetzes der «schwarzen Strahlung» das gesetzmäßige Vorkommen von sprunghaften Naturvorgängen – «Quanten-Sprüngen» – erschloß. Planck selbst hat damals sogleich gewußt, daß er mit dieser überraschenden Erkenntnis einen für die Geschichte der Physik wesentlichen, entscheidenden Schritt getan hatte: In der ihn auszeichnenden Bescheidenheit seines Wesens konnte er diese Gewißheit mit ruhiger Sachlichkeit im Gespräch mit seinem Sohne aussprechen, ohne die ihm deutlich bewußte Größe der ihm zuteil gewordenen Entdeckung zu verringern.

Wir denken uns ein Gefäß mit glühenden Wänden, die auf bestimmter, festbleibender Temperatur gehalten sind. Dann wird das Innere in gesetzmäßig bestimmter Weise von Strahlung (Wärmestrahlung, bei ausreichender Temperatur mit merklichen Anteilen von sichtbarer und ultravioletter Strahlung) angefüllt sein. Wie groß ist die Strahlungsenergie im Kubikzentimeter und wie ist sie spektral verteilt? Man nennt diese Strahlung «schwarz»; und wir haben soeben das Problem des Gesetzes der schwarzen Strahlung ausgesprochen.

Die kinetische Wärmetheorie nach Boltzmann und Gibbs ergab zwangsläufig eine Antwort, wonach die zu einer Frequenz ν gehörende spektrale Intensität proportional ν^2 sein sollte: Das ist das von Rayleigh und Jeans abgeleitete klassische Strahlungsgesetz. Für große Wellenlängen stimmt das auch; und da der Absolutwert der spektralen Strahlungsintensität durch die Theorie in Beziehung gesetzt wurde zur Energie eines einzelnen Gasmoleküls, so ergab sich die schon oben berührte Möglichkeit einer Präzisionsbestimmung der Loschmidtschen Zahl. Aber für kleine Wellenlängen, also große Frequenzen ν, konnte dieses Strahlungsgesetz nicht stimmen – es ergab ja starke Ultraviolettstrahlung auch für kalte Körper (oder Gefäßwände, um bei obiger Vorstellung zu bleiben); und neben dieser bereits aller Erfahrung widersprechenden Ultraviolettstrahlung forderte das klassische Gesetz noch stärkere Röntgenstrahlung als Anteil der Wärmestrahlung – insgesamt (für das ganze Spektrum) sogar eine unendlich starke Strahlung behauptend. So war erwiesen, was wir heute leicht aussprechen können, was damals aber nur Planck begriffen hat: *Die Annahme ausschließlich stetiger Naturvorgänge führt zu Widersprüchen in sich.*

Durch glückliches Raten hatte Wien das Spektralgesetz der schwarzen Strahlen für das Gebiet kleiner Wellenlängen gefunden; Planck fand dann (durch bereits tiefdringende Überlegungen) eine überbrückende Gesamtformel *(«Plancksches Gesetz»)*, welche für große, mittlere und kleine Wellenlängen einheitlich gültig ist: Ihre empirische Richtigkeit konnte an schon vorhandenen Messungen bestätigt werden. Aber Planck erkannte bald danach auch den Sinn seiner Formel – er öffnete uns damit das Tor zu einer unerwarteten

Erkenntnis: Natura facit saltus – die Verneinung «non» muß gestrichen werden, dann wird der Satz richtig.

Der rückwirkenden Betrachtung zeigt sich die Entwicklung der Planckschen Forschungen in einer großartigen Folgerichtigkeit: Seine früheren Bücher, davon eines über das Energiegesetz, ein anderes (den Gesamtertrag vieler eigener Forschungen und Abhandlungen sammelndes) über die Thermodynamik, die Wärmelehre – diese Bücher zeigen den werdenden Meister in geradlinigem Fortschreiten auf einem Wege, der ihn fast zwangsläufig an das größte physikalische Problem seiner Zeit heranführen mußte. Aber es gibt keine Hast, keine Ungeduld in der Verfolgung dieses Weges. Ruhig und sicher wird Schritt für Schritt vollzogen; behutsam und sorgfältig bis in die letzte Einzelheit werden die mannigfachen Fragen bearbeitet und geklärt, die in den Umkreis des großen physikalischen Begriffes der Energie und ihrer mannigfachen Umwandlungsmöglichkeiten gehören. Unausweichlich muß die Durchforschung der Wärmeerscheinungen und ihrer wunderbaren Gesetzmäßigkeiten schließlich einmünden in die Untersuchung des schwierigsten Gebietes der Wärmevorgänge – der Wärmestrahlung.

Es ist schwerlich ein vollkommeneres Zusammenpassen denkbar, als dasjenige zwischen den eigentümlichen Schwierigkeiten gerade dieses Gebietes und der Veranlagung des physikalischen Denkers Planck, dessen besondere Kraft darin liegt, im sorgfältigen, geduldigen Durchdenken feinster (oft unscheinbarster) Einzelheiten die entscheidendsten Ansatzpunkte großzügiger Problemlösungen aufzuspüren.

So besteht eine tiefe innere Notwendigkeit in einem Vorgang, der zunächst paradox erscheinen könnte: Ein Forscher, für dessen ganzes wissenschaftliches Denken eine äußere Bedachtsamkeit, eine auf schärfster, verantwortungsbewußter Selbstkritik beruhende Vorsicht und Behutsamkeit kennzeichnend ist, wird zum Urheber einer der revolutionärsten geistigen Taten in der Geschichte der Physik.

Gerade die Gründlichkeit, mit der er das ganze Vorfeld seines Problems erforscht und sich in jede seiner Einzelheiten nachdenklich vertieft hatte, machte es für Planck allmählich zur Gewißheit, daß mit den damaligen gewohnten und geläufigen Gedankengängen keine Lösung dieses Problems zu erreichen war. Durch den Zwang der Tatsachen geführt, gelangte er an die Stelle, wo ein Wagnis größten Stils notwendig war, und mit einem Gedanken von unerhörter

Kühnheit schlug er der Entwicklung der Physik eine Brücke, die in ungeahntes Neuland führte.

Dies Neuland, die Physiker bannend durch seine unerwartete Seltsamkeit, hat sie für ein Vierteljahrhundert oft schwindlig werden lassen vor damals unbegreiflich scheinenden Merkwürdigkeiten, die um so unbegreiflicher wurden, je deutlicher und reichhaltiger sie zutage traten — eine Entwicklung, die erst wesentlich später zu einer Lösung führen sollte.

Es ist ein Irrtum, wenn gelegentlich bei Fernerstehenden der (noch heute nachwirkende) Eindruck entstanden ist, als sei hier eine «Krise» ausgebrochen, die alle unsere physikalische Erkenntnis ins Wanken gebracht und eine Art Untergangsstimmung innerhalb der physikalischen Forschung hervorgerufen habe. H. DINGLER hat in einem ungewöhnlich törichten Buch über den «Zusammenbruch der Wissenschaft» gesagt: «Nichts an irgendwelcher Sicherheit ist mehr übriggeblieben ... Es ist ... das Chaos, ... die Sintflut, die wir vor uns haben.» Das Gegenteil ist richtig: Der Zeitraum, der auf die Plancksche Entdeckung folgte, hat der Physik eine Periode stürmischer Aufwärtsentwicklung geschenkt, mit einer Fülle neuer Erkenntnisse und Eroberungen, die uns in ungeahnte Tiefen der Natur eindringen ließen. Es gab Überraschungen und wieder Überraschungen, und man mußte Abschied nehmen von mancher gewohnten Denk- und Vorstellungsweise, die zwar für die älteren, geläufigeren Gebiete der Physik zutreffend war (und blieb!), die aber auf das Neue nicht mehr paßte. Es hat das ganze experimentelle Können und die ganze geistige Durchdringungskraft einer Generation von Physikern erfordert, die neu erschlossenen Gebiete der Atomphysik und die sie beherrschenden Naturgesetze so eindringlich zu erkunden und zu erfassen, daß schließlich ein geschlossenes Gesamtbild der Atomphysik entstand, in welchem die anfangs zusammenhanglos und deshalb überraschend erscheinenden Einzeltatsachen sich zu einem geschlossenen Ganzen verbanden. Jeder auf diesem Wege erzielte neue Schritt bedeutete aber eine neue Bestätigung der grundlegenden Erkenntnis Plancks (zu deren weiterer Vertiefung auch Planck selber später noch wegweisende Beiträge geliefert hat); wenn heute die Physiker dies ganze riesige Erkenntnisgebiet als «Quantenphysik» bezeichnen, so bringen sie dadurch nicht nur eine Dankbarkeit zum Ausdruck für den ersten Anstoß der Entwicklung, sondern sie stellen damit fest, daß die Plancksche Entdeckung den Schlüssel zum Verständnis der Atomphysik bedeutet hat und daß die Planckschen Gedankengänge für immer der Grundbau unserer atomphysikalischen Erkenntnis bleiben werden.

Die Erkenntnis, zu der uns Planck das Tor geöffnet hat, ist also die, daß im mikrophysikalischen Naturgeschehen ständig unstetige Vorgänge geschehen – *«Quantensprünge»* genannt. Planck hat – in der gewissenhaften Behutsamkeit seines Denkens – diesen Quantensprüngen zunächst nur eine ganz bestimmte, eng umgrenzte Rolle zugeschrieben. Dabei zweifelte er zwar keineswegs daran, daß die grundsätzliche Bedeutung dieses Befundes sich immer deutlicher herausstellen würde; aber in sorgfältiger Vermeidung jeder Voreiligkeit verzichtete er auf weitergehende hypothetische Ausmalung. Heute haben wir jedoch umfassend festzustellen, daß alles physikalische Feingeschehen nur in der Form von Quantensprüngen vor sich geht.

Ein wichtiges Beispiel von Quantensprüngen haben wir bereits besprochen: Der Zerfall eines Radium-Atomkerns ist ein solcher Quantensprung – die obige Aussage, daß er nicht etwa Endergebnis einer fortschreitenden «Erkrankung» ist, sondern das «gesunde» Atom in unvermittelter Plötzlichkeit betrifft, bedeutet ja, daß es sich um einen – mathematisch gesprochen – unstetigen Vorgang handelt.

Indeterminiertes Naturgeschehen

Die Quantenphysik behauptet also, daß es im Naturgeschehen echte Indeterminiertheit gibt – Spielräume eines naturgesetzlich nicht vorausbestimmten Geschehens, das auf keine Weise vorausberechnet werden kann: Auch der Laplacesche Geist – jetzt neu zu definieren als vollendeter Besitzer alles Wissens, welches bei Berücksichtigung der Quantengesetze noch als mögliches Wissen in Betracht kommt – würde für ein einzelnes radioaktives Atom den Zeitpunkt seines Zerfalls nicht voraussehen können: Wir könnten hierüber mit dem Laplaceschen Geist Wetten abschließen, und er wäre uns gegenüber nicht im Vorteil.

Dabei beschränkt sich diese Indeterminiertheit keineswegs auf die Vorgänge radioaktiven Zerfalls: Wir haben gesehen, daß alles physikalische Geschehen bei feinster Zergliederung nicht etwa fließende Übergänge erkennen läßt, sondern im Gegenteil sich als ein Konzert von «Quantensprüngen» erweist. *Jeder* Quantensprung stellt uns aber grundsätzlich vor die gleichen Verhältnisse, die wir uns am Beispiel der Radioaktivität klargemacht haben: Die Indeterminiertheit ist also das eigentlich Umfassende im physikalischen Geschehen, und nur dort, wo eine gröbere, sich auf die «makrophysikalischen» Vorgänge an großen Kollektiven beschränkende Betrachtung noch zurecht kommt, tritt Determinierung als Folgerung oder Grenzfall statistischer Gesetzlichkeit zutage.

Tatsächlich ist ja unsere Alltagswelt weitgehend die «makrophysikalische» Welt – und es könnte scheinen, als müßte die Bedeutung der Indeterminiertheit für unser Leben, sofern wir nicht mit atomphysikalischen Experimenten beschäftigt sind, doch in engen Grenzen bleiben. Wir werden später davon zu sprechen haben, daß die lebenden Organismen nicht restlos zum Bereich determinierter Makrophysik gehören. Aber auch im anorganischen Geschehen ist die Decke determinierten Verlaufs keineswegs so dicht geschlossen, wie man gewöhnlich glaubt.

Stellen wir uns vor, wir setzten Salzwasser der Verdunstung aus: Nach einiger Zeit bilden sich am Boden des austrocknenden Gefäßes Salzkristalle. Wir können das Experiment beliebig oft wiederholen – wir müssen anerkennen, daß zwangsläufig immer wieder dies Ergebnis zustande kommt. Dennoch bleiben wir weit davon entfernt, hier eine vollständige Determinierung nachweisen zu können. Denn die entstehenden Kristalle sind jedesmal andere. Zwar kehren in gesetzmäßiger Weise gewisse Formen immer wieder. Aber in den Einzelheiten ist der Teppich der sich abscheidenden Salzkristalle jedesmal anders als je zuvor.

Natürlich ist das noch keine Widerlegung der Determinierung – wir haben gute Entschuldigungsgründe dafür, daß wir sogar in diesem Falle – der im Vergleich zur früher erörterten Katze doch ein Fall von äußerster überhaupt denkbarer Einfachheit ist – außerstande sind, das Muster, welches die Salzkristalle beim nächsten Versuch bilden werden, theoretisch vorauszuberechnen. Es ist zu beachten, daß die Kristallbildung mit winzigen Anfängen, winzigen Kristallisationskeimen beginnt – natürlich wollen wir uns vorstellen, daß unser Salzwasser keinerlei Verunreinigungen, keinerlei submikroskopischen Schmutz enthält; es soll aus chemisch reinem Wasser und ebenso reinem Salz bestehen. Die als Beginn entstehenden winzigen Kristallkeime können also nur dadurch zustande kommen, daß die statistisch schwankenden örtlichen Abweichungen von der Gleichmäßigkeit der Salzverteilung im Wasser hier und dort zur Bildung kleinster Ansätze der Kristallbildung führen. Solch ein Kristallkeim, einmal vorhanden, ist dann Ausgangspunkt des Kristallwachstums in einem lawinenartig anschwellenden Vorgang – bis der wachsende Kristall auf andere Kristalle stößt und hierdurch Begrenzungen seines Wachstums erfährt. Daß die Bildung der entscheidenden Keime – von noch molekularer Größe –, von denen die Anstöße des ganzen Vorgangs ausgehen, für uns nicht im einzelnen vorausberechnet werden kann, ist aber verständlich: Wir müßten dazu die Bewegungen der einzelnen Na- und Cl-Ionen im Wasser (und auch die Bewegungen der Wassermoleküle) rechnerisch verfolgen können – schon dieses so ur-einfache Problem, eines der einfachsten, die in der Physik des Alltags zu finden sind, würde von uns ein gutes Stück von den Fähigkeiten des Laplaceschen Geistes verlangen, wenn wir den determinierten Verlauf der Geschehnisse wirklich durch Vorausberechnung (oder durch nachträgliche theoretische Berechnung, zwecks Vergleich) *beweisen* wollten; es ist gar nicht nötig, an lebende Organismen zu denken, wenn wir nach Beispielen von Naturvorgängen suchen, bei denen die tatsächliche Prüfung, ob Determinierung vorliegt oder nicht, völlig undurchführbar ist.

Diese Betrachtungen hätten im vorigen Jahrhundert keinen Naturwissenschaftler aufregen können: Sie enthalten ja keinerlei Veranlassung, an der Determinierung zu zweifeln, solange man aus anderweitigen Gründen an diese Determinierung glaubt. Aber heute packen uns solche Erwägungen, wenn wir ihnen nachdenklich folgen, mächtig an. Denn seitdem wir von der Indeterminiertheit der Quantensprünge wissen, ist uns klar, daß die Bildung jener ersten Kristallkeime – als ein noch im atomaren oder molekularen Größenbereich verlaufender Vorgang – keineswegs determiniert sein konnte: Auch der Laplacesche Geist könnte sie nicht vorausberechnen.

Vorgänge dieser Art gehören aber zu den häufigsten und weitest verbreiteten Vorgängen auf und in der Erde überhaupt: Die Bildung von Schnee- und Eiskristallen, die Austrocknung von Lösungen, die Erstarrung von Lava oder von metallischen Schmelzen, die Bildung mineralischer Kristalle, aber auch von Tropfgestein. Dazu kommt noch die Bildung von Schaum etwa am Meeresstrand – da die Hüllen der Schaumblasen von nur molekularer Dicke sind, sind auch hier die Einzelheiten nicht determiniert. In unheimlicher Vielgestaltigkeit und Übermacht wird uns das nur in den gröberen Zügen zwangsläufige, in der Fülle seiner Feinheiten aber indeterminierte, unberechenbare, nicht vorausbestimmte, ständig neue Entscheidungen vollziehende Naturgeschehen sichtbar.

Unser zweckhaftes, zielgerichtetes Handeln verlangt ja vorausberechenbares Geschehen in unserer Umwelt, hat solche Form des Geschehens zur Voraussetzung. Keine Beunruhigung: Diese Voraussetzung ist in ausreichendem Maße erfüllt — unser alltägliches Handeln benötigt sowieso nur eine grobe, ungefähre Voraus-Beurteilung des Umwelt-Geschehens, fast immer nur Schätzungen, nur im modernen technisierten Lebensbereich teilweise auch wirkliche Berechnungen. Trotzdem: Grundsätzlich liegt nur eine unerwartet dünne und lückenhafte Decke zuverlässiger Zwangsläufigkeit über dem Naturgeschehen — wir marschieren gleichsam auf einer dünnen Schicht von Eis, mit unbekannten Abgründen unter uns. Wenn uns diese unheimliche Wahrheit jetzt bewußt wird — nach dem beruhigenden Determinierungsglauben von Jahrhunderten — so können wir uns freilich vorkommen wie der Reiter über dem Bodensee.

Obwohl wir die Bedeutung der neuen Erkenntnisse für die naturwissenschaftliche Beurteilung der lebenden Organismen noch gar nicht geprüft haben, wird uns schon sichtbar, daß die Behauptung deterministischer Naturauffassung, Gott sei arbeitslos gegenüber dem gesetzmäßig verlaufenden Naturgetriebe, jetzt jeglichen Boden unter den Füßen verloren hat. Wohl verstanden: Es handelt sich *nicht* darum, daß uns jetzt Gottes Wirken im Naturgeschehen naturwissenschaftlich *sichtbar* oder *beweisbar* würde. *Nichts* ist uns sichtbar geworden außer der mathematischen Gesetzlichkeit der Wahrscheinlichkeiten von Quantensprüngen. Das ist eine Gesetzlichkeit von hoher mathematischer Schönheit und Harmonie — man *kann* in ihr, wie Kepler, einen Ausdruck göttlichen Schöpferwillens sehen, aber man *muß* es nicht — jedenfalls nicht im Sinne eines Müssens aus logischer, denkgesetzlicher Notwendigkeit. Ebenso *kann* man (ohne es logisch zu müssen) in der übermächtigen Fülle ständig neuer indeterminierter Entscheidungen göttliches Wirken, göttliche Fügung und Herrschaft sehen — *creatio continua.*

Der kristallinische Feinbau eines aus der glutflüssigen Schmelze erkalteten Metalls gehört zu den schon erwähnten Beispielen indeterminiert gebildeter Verhältnisse. Bricht oder zerreißt ein solches Stück Metall, so richtet sich der Verlauf des Bruch- und Zerreißvorgangs weitgehend nach diesem kristallinischen Feinbau, zum Teil aber auch nach weiteren, das mikrofeine Einsetzen der Bruchvorgänge bestimmenden Quantensprüngen, so daß insgesamt eine Fülle indeterminierter, nicht vorausbestimmter, aber schicksalhafter Ereignisse maßgebend dafür ist, daß ein bestimmter Soldat von einem Splitter einer platzenden Granate getroffen wird.

Aber auch die Deutung undeterminierter Ereignisse als fügungsgemäß *muß* man nicht annehmen – das heißt, naturwissenschaftliches Denken und Forschen liefert uns keinerlei Beweis, daß gerade diese Deutung die richtige wäre. Im Gegenteil könnte mit gleichem logischen Recht ein Skeptiker erklären – ohne daß wir ihn logisch widerlegen könnten –, der Sturz des Determinierungsglaubens zeige uns nunmehr das Weltgeschehen als beherrscht und überschwemmt von sinnlosem Zufall.

Daß ein solcher durch das neue Naturbild ebenfalls ermöglichter Nihilismus in der Tat verzweifelter wäre als der materialistische Atheismus (mit dem ja viele Millionen von Menschen erträglich zu leben vermochten), ist mir vor langen Jahren bestätigt worden durch eine eigentümliche Erfahrung eines klugen Arztes. Dieser, selber gläubiger Christ, hat beruflich viele Menschen derjenigen Kreise zu betreuen, denen die Verbindung marxistischer Gesellschaftsauffassung mit naturwissenschaftlichem Materialismus Haeckelschen Stils zur festen Grundlage des Denkens geworden ist. Er berichtete, es könne nach seiner Erfahrung für einen Menschen dieser Einstellung eine tiefe, kaum tragbare Erschütterung bedeuten, auf den Gedanken gebracht zu werden, daß der unheilbare Krebs, an dem er leidet, vielleicht nicht hätte entstehen müssen: Es bedeutet von diesen Denkgewohnheiten aus einen Trost und eine innere Stütze, überzeugt zu sein, daß ihm dieses qualvolle todbringende Leiden durch den unabänderlichen Gang eherner Notwendigkeit seit ewiger Zeit vorausbestimmt war.

Der Unterschied der neuen Vorstellungen gegen früher ist ausdrücklich nicht so zu beschreiben, daß der vom deterministischen Materialismus verneinte Gott jetzt von der neuen Physik bejaht oder als real erwiesen würde, sondern die neue Physik hat gegenüber dem religiösen Glauben eine doppelte Verneinung ausgesprochen: Sie hat jene Vorstellungen älterer Naturwissenschaft als irrig erwiesen, welche früher als Beweis gegen Gott angeführt wurden.

Die doppelte Verneinung bedeutet nicht eine Bejahung; aber sie läßt die logische Möglichkeit der Bejahung offen – während der alte Determinismus ausdrücklich jedes Tor der Bejahung zugeschlagen und abgeriegelt hatte. Die doppelte Verneinung erlaubt uns, ohne Verleugnung der sich in der naturwissenschaftlichen Forschung darstellenden menschlichen Erkenntnisfähigkeit dennoch religiös gläubig zu sein. Aber sie zwingt uns nicht dazu, mit logischem Zwang: Sie gibt uns die persönliche Glaubensentscheidung frei.

Das katholische Denken hat im Begriff der «natürlichen Offenbarung» Möglichkeiten, die gewandelte Naturerkenntnis des 20. Jahrhunderts in sich aufzunehmen. Das protestantisch-theologische Denken, inzwischen losgelöst aus der unnatürlichen Verbindung mit Kantscher Philosophie und «deutschem Idealismus», sucht großenteils noch mit der abgenutzten Irrelevanz-These die Bedeutung naturwissenschaftlicher Erkenntnis für den gläubigen Menschen (als Glaubensanfechtung oder aber als Glaubensbestätigung in Gestalt doppelter Verneinung) zu bestreiten — soweit es nicht im Bultmannschen Sinne überflüssige, nicht mehr zeitgemäße Zugeständnisse an «den» Naturwissenschaftler machen möchte, welcher dabei unabänderlich als ein noch überlebender oder ausgestopfter Haeckelianer vorgestellt wird. Außerdem scheinen folgende zwei Gründe eines gegenüber der neuen Wendung empfundenen Mißbehagens verbreitet wirksam zu sein:

Erstens vermag man noch nicht zu glauben, daß der physikalische Indeterminismus eine wirklich endgültige Erkenntnis bedeute, von der die Physiker nicht etwa kurz über lang aufgrund neuer Ergebnisse wieder abrücken könnten.

Diese Besorgnisse sollen uns veranlassen, der Behauptung der endgültigen Widerlegung der Determinierung eine eingehende Erörterung zu widmen.

Zweitens wird es mitunter als unbefriedigend oder als «unwürdig» empfunden, daß der durch die ältere Naturwissenschaft ausgetriebene Gott «durch die Hintertür» des Indeterminismus wieder in die Welt Einlaß finden solle.

Dazu ist zunächst zu sagen, daß Erkenntnis es mit Wahrheit zu tun hat; es gibt dazu die Urteile «richtig» oder «falsch», und «wahr» oder «unwahr»; aber nicht «befriedigend», «würdig» und so fort oder das Gegenteil. Eine auch für jeden Religiösen unbestreitbare Wahrheit ist es, daß Gott keineswegs durch fortgesetzte Durchbrechung der Naturgesetze — täglich und in jeder Stadt — seine Allmacht kund tut. Ob wir das verstehen oder nicht — jedenfalls ist es so. Die Naturvorgänge laufen in naturgesetzlichen Bahnen: Unabhängig von der noch zu prüfenden Frage, ob übernatürliche Wunder als seltene Ausnahmefälle vorkommen, ist sicher, daß das Alltagsgeschehen der Natur den Naturgesetzen unterworfen ist. Unter Anerkennung dieses Sachverhalts trotzdem alles Geschehen von göttlichem Wirken durchwaltet zu sehen — nicht nur im Sinne eines

Uhrmacher-Wirkens gegenüber einer dann sich selbst überlassenen Natur – ist erst jetzt logisch möglich geworden durch die Entdeckung nicht determinierender Naturgesetzlichkeit, die weitmaschig genug ist, um überall in feinstem Geschehen Spielräume offenzulassen, von denen bestimmende Einflüsse auch auf das Grobgeschehen ausgehen.

Und wer will Gott dafür tadeln, daß er aus der Verborgenheit wirkt?

Lichtquanten

Wir haben in dieser Darstellung frühzeitig die «Widerlegung des Kausalitätsprinzips durch die Quantenphysik» (Werner Heisenberg) zur Sprache gebracht, um dem Leser nicht erst nach einer langen Durststrecke fachwissenschaftlicher Erörterungen zu zeigen, was die neue Physik für die weltanschauliche Betrachtung bedeutet. Aber da wir uns zum Ziel gesetzt haben, auch die *Begründung* für die revolutionären Behauptungen der Quantenphysiker anzudeuten, so werden wir nicht darauf verzichten können, nun doch Ernst zu machen mit einer genaueren Betrachtung der Quantenphysik. In einer Zeit, da die für die Schulverhältnisse der Bundesrepublik Maßgebenden ihr Verständnis der modernen Weltentwicklung im Atom- und Raketen-Zeitalter bewiesen haben durch den Beschluß weitgehender Abschaffung des naturwissenschaftlichen Schulunterrichts, mag es als vermessene Zumutung erscheinen, einem erhofften weiteren Leserkreis Gedankengänge vorzutragen, von denen – ganz unter uns – gesagt werden muß, daß auch bei den fachlich Zuständigen manche Lücke des Verstehens offengeblieben ist: Wie die häufigen Versuche zur angeblichen «Rettung» der Kausalität zeigen, welche Heisenberg vor einigen Jahren zusammenfassend erörtert und als verfehlt erwiesen hat.[1] Trotzdem hoffe ich sogar, dem Leser etwas übertragen zu können von meiner Empfindung, daß die Entfaltung des neuen physikalischen Wirklichkeitsbildes, wie sie sich während meiner Lebenszeit vollzogen hat, spannender war, als alle Romane der Weltliteratur.

Einstein hat die Quantenphysik vor allem durch die Erkenntnis bereichert – und zwar schon seit 1905 –, daß ein Lichtstrahl, dessen

---

[1] W. Heisenberg, The development of the interpretation of the quantum theory. In: W. Pauli, L. Rosenfeld, V. Weißkopf. – «Niels Bohr and the development of physics.» London 1955.

Licht eine bestimmte Wellenlänge hat, also anders ausgedrückt, eine bestimmte Schwingungszahl ν, in gewissem Sinne eine *Geschoßgarbe* dahinfliegender Energiestücke ist – jedes dieser «Lichtquanten» enthält die Energie hν, wobei der Faktor h das von Planck entdeckte «Wirkungsquantum», $h = 6{,}626 \cdot 10^{-27}$ gcm^2/sec ist. Während also der große Fortschritt im Verständnis der Lichterscheinungen, den Fresnel erreicht hatte, gerade der war, das Licht als Wellenvorgang zu erkennen, wurde von Einstein gezeigt, daß trotzdem Newton in gewissem Sinne recht gehabt hat mit der von ihm bevorzugten «Emissionstheorie», nach welcher das Licht ein Schwarm dahinfliegender Licht-Teilchen sein sollte.

Einstein hat seine Behauptung begründet durch eine eingehende theoretische Durchdenkung des Planckschen Gesetzes der «schwarzen Strahlung». Obwohl heutige, rückblickende Betrachtung die lückenlose Richtigkeit und logische Zwangsläufigkeit dieser Einsteinschen Überlegungen anerkennen muß – manche sachkundige Beurteiler neigen dazu, sie für noch genialer zu halten, als seine ganze Relativitätstheorie –, so sind sie doch fast zwei Jahrzehnte lang (also während einer im Entwicklungstempo der Quantentheorie sehr langen Zeit) von fast allen anderen Physikern als ein viel zu weit gehender Radikalismus mit Zweifel und Ablehnung betrachtet worden – auch von den Größten unter den Quantentheoretikern, Max Planck und Niels Bohr. Die Kritiker sagten etwa: Durch die Quantentheorie sind so wesentliche Gesetze älterer Physik außer Kraft gesetzt worden, daß zunächst alles unsicher geworden ist – man kann also nicht wissen, ob gerade die von Einstein benutzten Beweisgründe noch als zuverlässig anzusehen sind – zumal, wenn sie zu so «wilden» Folgerungen führen. Einsteins Genie erwies sich aber gerade darin, daß für ihn *nicht* «alles unsicher geworden» war, sondern bestimmte feste Grundsätze als bestehenbleibend zu erkennen waren – die er für seine weitreichenden Folgerungen benutzte.

Wieso er dabei zu einem theoretischen Beweis der Existenz von Lichtquanten hν gelangen konnte, sei in Form einer Überlegung angedeutet, die er mir brieflich mitgeteilt, aber meines Wissens nicht veröffentlicht hat – sie gab seinen alten Überlegungen eine anschaulichere Gestalt: In dem «schwarzen» Strahlungsfelde in einem Ofen mit glühenden Wänden sei ein Spiegel aufgehängt; dieser muß dann ständig leicht erzittern in einer Brownschen Bewegung, deren Stärke der im Ofen herrschenden Temperatur entspricht. Die Wellentheorie des Lichtes läßt folgern, daß der Druck des Lichtes auf den Spiegel nicht ganz gleichmäßig ist, sondern gewisse unregelmäßige Schwankungen zeigt, welche den Spiegel in zitternder Bewegung halten. Jetzt aber ändern wir den Gedanken-Versuch, indem wir den Spiegel ersetzen durch einen «selektiven» Spiegel – dieser soll nur für einen schmalen spektralen Bereich spiegelnd wirken, alle anderen Wellenlängen hingegen ungehindert durchlassen. Es können also nur noch die auch jetzt gespiegelten Wellenlängen zur Brownschen Bewegung des Spiegels beitragen. Man darf aber nicht glauben, daß die Zitterbewegung des Spiegels daraufhin schwächer würde, sondern die Unregelmäßigkeit der Wärmebewegung bedingt gerade, daß die Stärke des Zitterns immer dieselbe ist, sobald überhaupt der Spiegel in Wärme-Kontakt mit einer Umgebung der fraglichen Temperatur kommt – ob dieser Kontakt durch einen nur schmalen Spektralbereich hergestellt wird oder aber im Zusammenwirken ganz verschiedener Wellenlängen, ist gleichgültig.

Ist nun der vom Spiegel «selektiv» gespiegelte Spektralbereich langwellig genug (so daß er für die fragliche Temperatur die «klassische», dem Gesetz von Rayleigh–Jeans entsprechende Strahlungsstärke zeigt), so ist alles in Ordnung: Man kann nachrechnen, daß die Energieschwankungen in den fraglichen Lichtwellen dem Spiegel gerade die richtige Stärke des Zitterns aufzwingen. Aber bei größeren Frequenzen ist ja nach Plancks Gesetz die Strahlungsstärke kleiner, als sie «klassisch» sein sollte – und deshalb würde eine nur für gewisse große Frequenzen selektiv spiegelnde Platte durch die Strahlung nicht stark genug in Brownsche Bewegung versetzt, wenn das Licht ein reiner Wellenvorgang wäre – es muß in der Strahlung also stärkere Energieschwankungen geben, als die Wellentheorie erwarten läßt; es müssen Schläge der Strahlung gegen den Spiegel erfolgen. Die Nachrechnung aufgrund des Planckschen Gesetzes ergibt, daß die Energie des Lichtes genau in Stücken $h\nu$ geballt sein muß.

Das ist, wie wir heute wissen, wirklich eine zwingende Beweisführung, vor der es kein Ausweichen und keine Ausrede gibt. Aber erst seit 1923, seit der Entdeckung des Compton-Effekts, ist die Einsteinsche Behauptung, daß es Lichtquanten $h\nu$ gebe, allmählich zu allgemeiner Anerkennung gelangt – Compton hatte zeigen können, daß bei der Beschießung von Elektronen mit kurzwelligem Licht (Röntgen-Strahlung) wirklich ein an Billardbälle erinnerndes Zusammenstoß-Spiel von Elektronen und Lichtquanten eintritt.

Wir müssen uns also damit abfinden, daß das Licht gewissermaßen zwei «Seiten» hat – die Notwendigkeit der Wellentheorie des Lichtes kann nicht bezweifelt werden; aber auch die Realität der Lichtquanten steht ebenso fest, wie die Realität der Atome. Wellenvorstellung und Teilchen- oder Korpuskular-Vorstellung haben beide ihren Wahrheitsgehalt – die eine wie die andere Vorstellung ist zu stützen durch Experimente, in welchen entweder Welleneigenschaften oder statt dessen Geschoß-Eigenschaften der Lichtenergie deutlich in Erscheinung treten.

Es ergab sich also die Frage: Was ist das Licht in Wirklichkeit? Ist es Geschoßgarbe oder ist es Wellenvorgang? Die Empfindungen der Physiker, wie ich sie in meiner Jugendzeit miterlebte, waren angesichts dieses scheinbar unlösbaren Widerspruchs gemischt aus Verzweiflung über die Unfähigkeit menschlichen Denkens, hier noch mitzukommen, und Bewunderung für die gerade deshalb zu weiterbohrendem Forschen anreizende hinreißende Merkwürdigkeit der Naturgeheimnisse – der Widerspruch der beiden Vorstellungen schien unlösbar angesichts des Umstands, daß Wellen eben etwas räumlich weit Ausgebreitetes sind, Teilchen hingegen örtlich geballte Energie.

Die seit 1925 gelungene vollständige Aufklärung der Schwierigkeit zeigte, daß es in Wahrheit ein Scheinproblem war, zu fragen, ob nun das Licht Welle oder Teilchen ist. Das Wort «ist» hielt uns hier lange an einem Scheinproblem fest; und Scheinprobleme können nicht gelöst, sondern sie müssen als solche erkannt und damit ausgemerzt werden. Das Licht «ist» nicht entweder Welle oder Korpuskel; sondern gewisse Arten von Experimenten lassen naturgesetzlich solche Eigenschaften des Lichtes hervortreten, welche mit Hilfe des Wellenbegriffs zu beschreiben sind; aber andere Arten von Experimenten lassen den Lichtstrahl als Garbe dahinfliegender Energiestücke erkennen. Der scheinbare Widerspruch löst sich dadurch auf, daß man klarstellen kann: Die gemeinten Experimente der ersten Art und diejenigen der zweiten Art können nie zur gleichen Zeit am gleichen Ort am gleichen Lichtstrahl ausgeführt werden – die dazu nötigen experimentellen Anordnungen sind so verschieden, so gegensätzlich, daß sie nicht gleichzeitig am gleichen Orte aufgebaut werden können.

Das soeben Gesagte war der Versuch einer sehr schlichten Erläuterung dessen, was wir nach Niels Bohr als «Komplementarität» bezeichnen, und was wohl die tiefgründigste Erkenntnis der Physik seit ihren geschichtlichen Ursprüngen bedeutet. Um aber zunächst fortzufahren: Mit der Entlarvung des Scheinproblems, das in der Frage nach dem «Sein» des Lichtes steckte, wird für große Mannigfaltigkeiten möglicher Experimente die Lage bereits geklärt – derart nämlich, daß man ohne Unsicherheit angeben kann: Für Experiment A ist die Wellentheorie zuständig, und für Experiment B die Korpuskulartheorie. Aber man kann auch viele andere Experimente machen, in denen weder der eine noch der andere dieser gegensätzlichen Fälle rein verwirklicht ist – das sind gerade die besonders aufschlußreichen Experimente, welche an uns die Anforderung stellen, eine einheitliche, zusammenhängende Theorie zu schaffen, welche für alle Fälle optischer Experimente die zuständigen Gesetze enthält. Diese Anforderung ist natürlich noch keineswegs erfüllt allein durch Ausmerzung des erörterten Scheinproblems; sie konnte vielmehr nur dadurch erfüllt werden, daß eine neuartige mathematische Theorie des Lichtes geschaffen wurde, welche die alte Wellentheorie und die alte Korpuskulartheorie als Sonderfälle in sich enthält, und welche die Gesetzmäßigkeiten der hier bestehenden Komplementarität in mathematischer Klarheit zum Ausdruck bringt. Diese neue Theorie des Lichtes ist 1925 begründet worden;[1] sie wurde aufgebaut auf der sogenannten Quantenmechanik.

Die Energiestufen der Atome

Während die Einsteinschen Lichtquanten noch von fast allen Physikern angezweifelt wurden, erwuchs doch eine bestimmte Folgerung daraus in rascher Entwicklung zu einem anerkannten Grundgesetz der Quantenphysik: Die Lichtaussendung und die Lichtaufschluckung durch Atome verläuft in Quantensprüngen. Wird dabei von einem Atom ein gewisser Energiebetrag abgegeben oder aufgenommen, so hat die dafür verantwortliche Strahlung gerade eine solche Frequenz ν, daß hν gleich dem fraglichen Energiebetrag ist. In dieser Form, unter Beiseitelassung der Frage, ob die Energie hν tatsächlich hernach in der Strahlung als Teilchen, als Korpuskel hν zutage tritt, ist lange Zeit das Grundgesetz der Quantentheorie gefaßt worden; eine reiche, spannende Forschungsentwicklung, die für längere Zeit die Spektren der verschiedenen Elemente zum Hauptgegenstande quantenphysikalischer Untersuchung machte, hat sich daraus entfaltet.

Man hatte von Rutherford gelernt, sich das Atom vorzustellen als

[1] Mitgeteilt im Rahmen der Abhandlung: M. Born, W. Heisenberg, P. Jordan, Zur Quantenmechanik II. Z. Physik 35, 557 (1925). — Vgl. auch «Dokumente der Naturwissenschaft, Abt. Pysik», Bd. 2 (Stuttgart 1962).

einen positiv elektrischen Kern, der von einer Hülle von (negativen) Elektronen umgeben ist. Niels Bohr wies seit 1913 den Weg, durch Verbindung dieser Vorstellung mit der Quantentheorie in die Geheimnisse der Spektren einzudringen.

Nach klassischer Vorstellung sollte jedes Atom wegen der beweglichen Ladung in seiner Elektronenhülle eine winzige Antenne sein, die sowohl als Sendeantenne (Lichtenergie abgebend), als auch als Empfangsantenne (Lichtenergie aufschluckend) wirken könnte. Tatsächlich stimmt das auch – aber die feineren Gesetze dieses Geschehens sind wesentlich vom Planckschen Wirkungsquantum beherrscht; Aussendung und Aufschluckung von Lichtenergie durch Atome verlaufen nicht stetig, sondern in Quantensprüngen.

Ein unmittelbarer Zugang zu diesen Unstetigkeiten wurde – zu einer Zeit, als die Einsteinschen Lichtquanten noch zumeist abgelehnt wurden– von Franck und Hertz in ihren berühmt gewordenen Elektronenstoß-Experimenten eröffnet. Bei Beschießung von Atomen mit Elektronen zeigt sich, daß der Energiegehalt eines Atoms keineswegs *stetig* veränderlich ist. Vielmehr gibt es für jede Atomart (z. B. das Helium- oder das Natrium-Atom) ganz bestimmte «Energiestufen», *mögliche* Werte des Energiegehalts. Kennt man diese Energiestufen, so kann man berechnen, welche Spektrallinien das fragliche Atom in Emission oder Absorption zeigen muß – die Untersuchung des Spektrums eines Elementes erlaubt also unmittelbaren Vergleich mit den Ergebnissen von Elektronenstoß-Experimenten.

Niels Bohr hatte 1913 zunächst für das Wasserstoff-Atom (mit nur einem Elektron) eine theoretische Deutung und Berechnung durchgeführt, die zur Ermittlung der Energiestufen und damit zum Verständnis des Spektrums führte – Balmer hatte seinerzeit (1885) eine der damaligen Physik unverständliche mathematische Gesetzlichkeit im Wasserstoffspektrum entdeckt, deren Deutung Bohr zu geben vermochte. Diese Bohrsche Quantentheorie des Wasserstoffatoms wurde zum Ausgangspunkt einer unerhört reichen Forschungstätigkeit, an der sich zeitweise fast alle damaligen Physiker beteiligt haben, in theoretischer und experimenteller Arbeit. Ohne die oben schon genannten Namen zu wiederholen, wollen wir Arnold Sommerfeld erwähnen, den großen Meister theoretischer Physik, der neben bedeutenden Problemen klassischer mathematisch-physikalischer Forschung auch die damals junge Quantentheorie zu seinem Arbeitsfelde gemacht und durch sein Buch «Atombau und Spektrallinien» viele junge Physiker für Atomphysik und Quantentheorie begeistert hat.

München, wo er wirkte, wurde neben Kopenhagen und Göttingen einer der damaligen Brennpunkte der Quantenforschung. Zahlreich sind – ganz abgesehen von der Fülle der von ihm geförderten Arbeiten bedeutender Schüler – die bahnbrechenden Beiträge, die Sommerfeld zur Quantentheorie der optischen Spektren, der Röntgenspektren und des Atombaus geliefert hat. Daß ihm der Nobelpreis versagt blieb, vermag nicht *seinen* Ruhm zu mindern, sondern nur den des Nobelpreises.

In der Theorie der Spektren, für welche damals durch viele neue empirische Untersuchungen auch ungeheuer vermehrte Unterlagen erarbeitet wurden, betätigten sich auch die damals jugendlichen Genies PAULI und HEISENBERG. In der 1922 erschienenen dritten Auflage seines erwähnten Buches hatte Sommerfeld am Ende eines Paragraphen über das damals besonders aktuelle und besonders rätselhafte Thema des «anomalen Zeeman-Effektes» geschrieben: «Bei der vorstehenden Bearbeitung hat Herr stud. W. Heisenberg freundlichst mitgewirkt.»

Mit diesen Worten wurde der wissenschaftlichen Welt ein junger Physiker vorgestellt, der schon als Student sich in die vorderste Front wissenschaftlicher Forschungsarbeit zu stellen vermochte, in einem Problemkreis, der damals die gespannteste Anteilnahme der Physiker aller Länder fand. Es kommt ja vor, daß ein Wunderkind oder ein vielversprechender junger Mann später doch nicht die Hoffnungen zu erfüllen vermag, die sein erstes Auftreten auslöste. Aber jener Student der Physik, den Sommerfeld mit obigen Worten einführte, hat in einer glänzenden Forscherlaufbahn die Zuversicht seines großen Lehrers gerechtfertigt.

W. Pauli war schon als Zwölfjähriger dem Meister Sommerfeld bekannt geworden, den Paulis Vater gebeten hatte, seinem Sohn einmal das Mithören einer Vorlesung über mathematische Physik zu gestatten. «Hast du denn die Vorlesung verstehen können?» fragte ihn Sommerfeld, wahrscheinlich mit innerem Zweifel. «Ja», sagte der kleine Pauli, «nur das nicht, was Sie in den Formeln rechts oben auf der Tafel angeschrieben haben.» Sinnend betrachtete Sommerfeld noch einmal die Tafel und sagte dann: «Da habe ich tatsächlich einen Fehler gemacht!»

Von den vielen anderen Physikern, die mit glänzenden Leistungen an der Erforschung der Spektren beteiligt waren, seien nur noch BACK und LANDÉ erwähnt als zwei Forscher, deren hohe Verdienste, wie mir scheint, nie ausreichend anerkannt worden sind.

Die theoretische Methode, welche im Anschluß an Bohrs Untersuchungen von 1913 angewandt wurde, um den Quantengesetzen des Atombaus in mathematischer Präzisierung auf die Spur zu kommen – mit Einschluß einer Erklärung des «periodischen Systems der Elemente», die von Bohr angebahnt und durch Pauli entscheidend vertieft wurde –, bestand darin, zunächst einmal mit klassischer Mechanik eine Berechnung der in den Elektronenhüllen vor sich gehenden Bewegungen zu versuchen, aber dann nachträglich die Ergebnisse dieser rein klassischen Berechnungen für ein *Erraten* der wahren quantentheoretischen Gesetzlichkeiten zu benutzen. Mit dieser Formulierung ist jedoch das, was man damals tat, bereits aus der späteren Sicht dargestellt, wie sie von Bohr in seinem «Korrespondenzprinzip» angebahnt, aber erst durch Aufstellung der «Quantenmechanik» endgültig gewonnen wurde: Damals empfand man noch nicht so deutlich wie heute die Mängel an Folgerichtigkeit, die in den damaligen «halbklassischen» Ansätzen der Quantentheorie steckten. Trotz dieser Mängel erwiesen sich diese Ansätze als erstaunlich fruchtbar und erfolgreich – obwohl andererseits immer wieder auch die Grenzen ihrer Leistungsfähigkeit enttäuschend und erschreckend zutage traten.

Vom Korrespondenzprinzip zur Quantenmechanik

Die Quantentheorie der Atomspektren, wie sie 1913 durch Bohrs Theorie des Wasserstoffatoms eingeleitet und dann bis zur endgültigen Aufstellung der Quantenmechanik fortgesetzt wurde, kann passend als die *vorläufige* Quantentheorie bezeichnet werden. Sie erstrebte vor allem eine theoretische Ermittlung der Energiestufen der verschiedenen Atome – durch diese Energiestufen sind ja auch die Wellenlängen der zugehörigen Spektrallinien bestimmt. Darüber hinaus suchte sie für die Intensitätsverhältnisse der Spektrallinien ein theoretisches Verständnis anzubahnen.

Die Frage der Energiestufen suchte man – nach dem Vorbild der Bohrschen Theorie des H-Atoms – so anzugreifen, daß man ein Atommodell zunächst nach klassischer Mechanik berechnete und dann aus der stetigen Mannigfaltigkeit der so berechneten Bahnen eine Auswahl traf, nach gewissen mathematischen Regeln («Quantelung»), um deren von Plancks und Bohrs Ansätzen ausgehende Weiterentwicklung sich Sommerfeld und andere Verfasser verdient gemacht haben. Dieses nachträgliche Hineinbringen von Unstetigkeit in ein ursprünglich in klassischer Stetigkeit vorgestelltes Bewegungsproblem bedeutete zweifellos einen schweren Mangel an geschlossener Folgerichtigkeit. Doch ist dieser Mangel wohl zunächst kaum von anderen Physikern so deutlich gesehen worden wie von Bohr selbst — dessen im Laufe der Jahre in zunehmender Entschiedenheit herausgebildete Auffassung dahin ging, daß diese Unfolgerichtigkeit dann, und nur dann, in Kauf genommen werden konnte, wenn man diese ganze Theorie bewußt als eine Vorläufigkeit betrachtete, als einen behelfsmäßigen Weg, aus Ergebnissen der klassischen Theorie zum Erraten dessen zu kommen, was eine noch unbekannte künftige exakte Quantentheorie zum fraglichen Falle sagen würde.

Aber zu diesem Grade der Klarheit und der Einsicht in die Sachlage und Aufgabenstellung war man erst ganz kurz vor 1924 gekommen — unter Führung Bohrs, der in seinem berühmten «Korrespondenzprinzip» diese Auffassungsweise angebahnt hatte. Zunächst neigte man allgemein dazu, die unfolgerichtige Vorläufigkeit dieser älteren Theorie der Spektren zu verkennen und ihren Berechnungen von Elektronenbahnen im Atom sowie der Auswahl von «erlaubten» Bahnen durch Quantelungsvorschriften eine weit übertriebene Bedeutung zuzuschreiben. Spekulationen, die tiefer bohren wollten, nahmen deshalb oft die Form an, daß nach Gründen für diese Quantelungsregeln gesucht oder ein näher ausgeführtes Bild vom «Verlauf» eines Quantensprunges ausgemalt wurde. Diese — abwegigen — damaligen Spekulationen waren die Vorläufer heutiger — ebenso abwegiger — Versuche, für die nunmehr fertige, nicht mehr nur vorläufige Quantentheorie klassisch-stetige Kausalzusammenhänge «hinter» der empirischen Quantenwirklichkeit zu konstruieren.

Sommerfeld hat einmal Bohrs Korrespondenzprinzip als einen «Zauberstab» bezeichnet, mit welchem Bohr zur Ableitung so vieler wichtiger Ergebnisse gekommen sei. Deutlich drückt dieses Wort «Zauberstab» zugleich bewundernde Anerkennung und kritisches Unbehagen aus — vom Zauberer erwartet man einerseits besondere Leistungen, sieht in diesen aber andererseits eine nicht zuverlässige Gaukelei. So empfanden damals wohl viele Physiker Bohrs aus dem Korrespondenzprinzip abgeleitete Ergebnisse als nicht wirklich theoretisch begründet — als nur gezaubert. Erst die Weiterentwicklung hat ganz deutlich gemacht, um was es sich wirklich handelte: Eben um ein Erraten einzelner Ergebnisse einer Theorie, die man zunächst noch gar nicht kannte, aber gerade hierdurch allmählich zu erfassen begann.

Eine durchaus der Gedankenrichtung des Korrespondenzprinzips entsprechende, aber trotzdem auch von Bohr noch lange Jahre skeptisch betrachtete Überlegung hatte Einstein schon 1912 durchgeführt. Eine Antenne, die auf eine bestimmte Schwingungszahl eingerichtet ist, kann dreierlei Strahlungsreaktionen zeigen: 1. Die schwingende Antenne sendet Strahlung ihrer Schwingungszahl aus – unabhängig davon, ob Wellen dieser Schwingungszahl auch sonst von anderen Strahlungsquellen her am Orte der Antenne vorhanden sind. 2. Die Antenne kann aus vorhandenen Wellen dieser Schwingungszahl Energie aufschlucken. 3. Sie kann durch das Vorhandensein solcher Wellen zeitweise im Gegenteil zu verstärkter Energieabgabe veranlaßt werden.

Also wird, so schloß Einstein, ein Atom ein Lichtquant passender Energie aufschlucken können (positive Absorption); und es wird ein solches Lichtquant abgeben können durch Übergang in einen energieärmeren Zustand; aber dabei gibt es nicht nur die – vom umgebenden «Strahlungsfelde» unabhängige – «spontane Emission», sondern zusätzlich noch eine «negative Absorption». Einstein hat für die Verhältniswerte dieser drei Effekte ein allgemein gültiges Gesetz aufgestellt.

Auch diese Überlegung Einsteins gehört zu den nicht wenigen Beispielen bedeutungsvoller quantentheoretischer Erkenntnisse, welche zunächst (und für beträchtliche Zeit) auf Skepsis und Ablehnung (auch seitens maßgeblichster Forscher) gestoßen sind. Erst kurz vor der Aufstellung der Quantenmechanik wurde klargestellt, daß das fragliche Einsteinsche Gesetz genau dem Korrespondenzprinzip entsprach. Neuerdings ist übrigens die Einsteinsche «negative Absorption» zur Grundlage der Technik der «Lichtkanonen» Laser und Maser geworden.

Etwa von 1922 an mehrten sich die Beispiele für quantentheoretische Gesetzmäßigkeiten, deren exakte Form aufgrund korrespondenzmäßiger Betrachtung ermittelt werden konnte. So wurde die Zeit reif für den grundsätzlichen Vorstoß, durch welchen Heisenberg nicht nur Einzelgesetze irgendwelcher Sonderprobleme, sondern allgemeine Gesetze einer echten «Quantenmechanik» zu erkennen suchte, welche sich unabhängig machte von klassischen, erst nachträglich für die Quantentheorie umzudeutenden Rechnungen – und damit die Vorläufigkeit aller älteren Ansätze überwand.

Die großen mathematischen Schwierigkeiten dieses Unternehmens beschränkten Heisenbergs Untersuchung zunächst auf einen sehr skizzenhaften Entwurf. Daß er jedoch gedanklich das Entscheidende enthielt, zeigte sich darin, daß von zwei Seiten her seine Gedanken aufgegriffen und zur Formulierung einer mathematisch klaren Theorie fortgeführt werden konnten: Einerseits durch Born und Jordan in Göttingen, andererseits durch Dirac in Cambridge. Eine nochmals weiterführende «Dreimännerarbeit» Born-Heisenberg-Jordan gab der begonnenen Theorie bereits weitgehend eine systematische Abrundung ihrer Grundlagen.

Der entscheidende Gedanke Heisenbergs war der, daß man grundsätzlich darauf verzichten sollte, sich vorzustellen, daß sich die Elektronen in der Elektronenhülle in bestimmten Bahnen um den Kern bewegen. Diese Vorstellung — auf der die ganze vorläufige Quantentheorie aufbaute — ist wirklichkeitsfremd, da wir ja gar keine Instrumente besitzen, inneratomare Elektronen hinsichtlich ihrer (angeblichen) Bewegung in bestimmten Bahnkurven zu beobachten. Sondern wir beobachten Wellenlängen und Intensitäten von Spektrallinien. So erfaßte Heisenbergs Kühnheit das zum Durchbruch führende Programm als dasjenige einer Theorie, die sich auf die Behauptung mathematischer Beziehungen zwischen beobachteten Größen beschränkt, ohne in ihre Überlegungen und Berechnungen auch grundsätzlich Unbeobachtetes, wie inneratomare Elektronenbewegungen, einzubeziehen. Die neuen, sich auf beobachtbare Größen beschränkenden mathematischen Beziehungen sollten aber im Sinne des Korrespondenzprinzips so beschaffen sein, daß sie trotz vollkommener, folgerichtiger Anpassung an die quantenphysikalischen Unstetigkeiten eine mathematische Ähnlichkeit wahrten mit denjenigen Formeln der klassischen Theorie, welche gelten würden, wenn die Hüllen-Elektronen tatsächlich Bewegungen machen würden, wie die vorläufige Quantentheorie sich vorgestellt hatte: Die ältere Theorie wurde nicht als wertlos erklärt, sondern fortentwickelt. Aber die dabei vollzogene Abänderung betraf gerade die grundsätzliche Vorstellung von «Bewegung» überhaupt.

Als einfaches Modell einer Antenne denken wir uns ein Pendel — wenn es an seiner Spitze eine elektrische Ladung trägt, so wirkt es durch seine Schwingungen ja als Sendeantenne. Diese Schwingungen sind dann, wie der Physiker sagt, harmonische Schwingungen, d. h. das Spektrum der von der Antenne ausgesandten Strahlung enthält nur eine einzige Spektrallinie.

Ein berühmter mathematischer Satz des Franzosen FOURIER besagt, daß jede periodische Bewegung beschrieben werden kann als gleichzeitige Ausführung von harmonischen Bewegungen – einer sog. Grundschwingung (Frequenz ν) und den Oberschwingungen (Frequenzen 2ν, 3ν, ...). Eine periodisch bewegte elektrische Ladung wird nach der klassischen Theorie stets die entsprechenden Frequenzen ν, 2ν, 3ν ... im Spektrum der von ihr erzeugten elektromagnetischen Strahlung zeigen. Die Stärkeverhältnisse der Grundschwingung und der Oberschwingungen in der Gesamtbewegung werden mathematisch durch die «Fourier-Koeffizienten» ausgedrückt – kennt man sie, so kann man daraus auch die Gesamtbewegung zusammensetzen.

Diese Fourier-Koeffizienten stehen nun im Sinne des Korrespondenzprinzips in Analogie zu beobachtbaren quantenphysikalischen Größen. Sie sind klassisch maßgebend für die Intensitäten der Spektrallinien; es sollte also in der gesuchten exakten Quantentheorie analoge Größen geben, die dann für die Wahrscheinlichkeit von Quantensprüngen maßgebend sind.

Folglich kann das Problem, eine endgültige «Quantenmechanik» aufzustellen, so präzisiert werden: 1. Man formuliere die mathematischen Gesetze der klassischen Mechanik derart, daß nicht mehr unmittelbar von der Gesamtbewegung (etwa eines Elektrons) gesprochen wird, sondern nur von den zugehörigen Fourier-Koeffizienten. Das ist mathematisch möglich, wenn es auch umständlich ist – man kommt auf Systeme von unendlich vielen Gleichungen für unendlich viele Unbekannte. 2. Die in dieser Weise ausgedrückten Grundgleichungen der Mechanik sollen dann korrespondenzmäßig übersetzt werden in ähnliche Beziehungen zwischen den entsprechenden beobachtbaren Größen der Quantenphysik.

Diese Übersetzung war von Heisenberg angebahnt und dann von BORN-JORDAN und DIRAC ausgeführt worden. Natürlich ergab auch sie Systeme von unendlich vielen Gleichungen für unendlich viele Unbekannte – eben die «quantenphysikalischen Fourier-Koeffizienten», aus denen sich jedoch nicht mehr «Bewegungen» der Elektronen zusammensetzen lassen.

«Die Fourier-Koeffizienten haben sich selbständig gemacht», so hat Einstein die Sache treffend beschrieben – aber dies war von seiner Sicht aus eine etwas ironische Kennzeichnung. Er hat diese neuartige Quantenmechanik mit einigem Kopfschütteln betrachtet – sie trotz Anerkennung des erreichten Fortschritts doch nur für eine neue Vorläufigkeit haltend.

Es war also eine höchst abstrakte, oft als «unanschaulich» getadelte Theorie, die hier vorgestellt wurde. Aber der durch Verzicht auf altgewohnte, liebgewordene klassische Begriffe bedingten «Unanschaulichkeit» stand als Gewinn die Tatsache gegenüber, daß hier in realistischer Weise nur von beobachtbaren Größen geredet wurde – die in ihrer unmittelbaren Beziehung zur experimentellen Erfahrung eine andere und bessere Art von «Anschaulichkeit» besaßen. Auch ergaben die Gleichungssysteme dieser neuen Quantenmechanik überraschende, wunderbare Beziehungen zu reichen, großartigen Kapiteln der Mathematik – zur Mathematik der «Matrizen» und der «Eigenwerte» vom quadratischen Formen. –

In der Geschichte der Physik gehört jenes Jahrzehnt von 1920 bis 1930 wohl zu den merkwürdigsten und ereignisreichsten; und die besondere Atmosphäre Göttingens in jenen Jahren wird jedem unvergeßlich bleiben, der das Glück hatte, sie zu erleben. Mitten zwischen den düsteren Katastrophen des ersten Weltkrieges und des späteren Hitlerreiches blühte hier ein geistiges Leben, das sich an der Einmaligkeit einer überragenden wissenschaftlichen Aufgabe zu unüberbietbarer Intensität steigerte.

Das damalige Göttingen mußte auch für den jungen Physikstudenten Werner HEISENBERG, der mit sicheren Schritten seinem Forscherberuf entgegenging, von stärkster Anziehungskraft sein, so daß er seinem Studium in München, bei Sommerfeld, eine in Göttingen verlebte Zeitspanne einfügte. Göttingens Ruf als eines Weltzentrums mathematischer Forschung war unbestritten – der Geist des großen GAUSS, den man neben ARCHIMEDES als den größten Mathematiker aller Zeiten ansieht, wirkte hier lebendig nach. Und obwohl auch die «reinste», aller Anwendung in anderen Wissenschaftsgebieten gewissermaßen hochmütig fernstehende Mathematik – gruppiert um die Primzahlforschung – hier in Persönlichkeiten wie LANDAU, SIEGEL, EMMY NOETHER glänzende Vertreter hatte, lag in der Göttinger Mathematik der beginnenden zwanziger Jahre ein starker Zug zur Verbindung mit der Physik: Felix KLEIN, der damals noch lebte (freilich keine Vorlesungen mehr hielt), hatte in seinem groß angelegten Wirken diese enge Verbindung zu einem bleibenden Kennzeichen der Göttinger Mathematik gemacht. Kleins Nachfolger COURANT, der die Mathematik der Differentialgleichungen gedankenreich vertiefte, hat in einem berühmten, damals entstandenen Buche über die Methoden der mathematischen Physik treffsicher gerade diejenigen Probleme in den Vordergrund gestellt, die hernach, als

SCHRÖDINGERS «Wellenmechanik» entstanden war, zum täglichen Brot der theoretisch arbeitenden Atomphysiker wurden – eine ganze Generation von theoretischen Physikern hat aus diesem Buche wichtigste Teile ihres Handwerkszeuges bezogen. HILBERT, der große Axiomatiker, Geometer und Zahlentheoretiker, neben Klein (und diesen wohl noch überragend) unstreitig die mächtigste Denkerpersönlichkeit in der Mathematik der modernen Zeit, hielt damals regelmäßig auch physikalische Vorlesungen. Er hatte übrigens in bedeutenden Abhandlungen auch an der Gestaltung der Allgemeinen Relativitätstheorie entscheidend mitgewirkt. RUNGE, der berühmteste damalige Vertreter der «angewandten Mathematik», stand nicht nur in seiner gesamten Arbeitsrichtung physikalischen und technischen Gebieten nahe, sondern war zugleich auch einer der alten Pioniere der Spektroskopie, die nun zur Grundwissenschaft der Quantentheoretiker und Atomforscher wurde. WEYL, der später Hilberts Nachfolger wurde, hat ebenfalls an der Quantenphysik wesentlich mitgewirkt.

Diesem erstaunlichen Aufgebot bedeutender Mathematiker stand auf der physikalischen Seite eine Reihe nicht weniger glänzender Namen gegenüber, die unter Max BORNS und James FRANCKS Führung das Ringen um die Quantenrätsel zu ihrem Hauptthema machten. Das «Seminar über Struktur der Materie», geleitet von Born, Franck und Hilbert, war der Sammelpunkt dieser Bestrebungen. Und ebenso, wie das mathematische Zentrum Göttingens junge und alte Mathematiker aus aller Welt zu kürzeren oder längeren Besuchen, Vorträgen und Studienaufenthalten an sich zog, sammelten sich in diesem Seminar und sonst im Kreise der Göttinger Physiker damals die Quantenphysiker aus aller Welt. Neben Schrödinger, der, wenn ich mich recht erinnere, in jenen Jahren nie in Göttingen gewesen ist, wüßte ich von den damals schon international bekannten oder bald danach bekannt gewordenen Quantenforschern nur ganz wenige zu nennen, die in jenen Jahren nicht irgendwann Göttingen besuchten. Man konnte sogar, als später die «Quantenmechanik» Göttingens Anziehungskraft für alle Wissensdurstigen noch erhöhte, mitunter fast von einer Überbürdung der Göttinger Physiker infolge der Inanspruchnahme durch inländische und ausländische Besucher sprechen; der geistvolle Leydener Physiker EHRENFEST hat damals in der zu Borns fünfzigsten Geburtstag erschienenen scherzhaften Festschrift angeregt, die Göttinger Physiker möchten sich in der «Hochsaison» dieser Besuche durch ihrerseitige «Besuchsfluchtbesuche» nach anderen Orten dem Andrang zu vieler Gäste entziehen.

Der Kreis der Quantentheoretiker, die sich in Göttingen nach 1921 zusammengefunden hatten, eine eigene «Bornsche Schule» bildend, war – wie überhaupt damals die Physiker der ganzen Welt – erfüllt von fast atemraubender Spannung. Das Eis war nun gebrochen – ständig wurden neue Fortschritte im Eindringen in die Quantenrätsel erzielt; aber in höchst eigentümlicher und erregender Weise wurden die Probleme trotz der sich häufenden, ja überstürzenden Einzelerfolge grundsätzlich nicht durchsichtiger, sondern nur immer noch rätselhafter. Immer deutlicher trat zutage, daß man hier auf eine ganz unerahnte tiefere Schicht der Naturgeheimnisse gestoßen war; daß ganz neue, über alle bisherigen physikalischen Vorstellungen hinausgehende Gedankengänge erfordert wurden, wenn man die hier sich zuspitzenden scheinbaren Widersprüche (die erst nach der endgültigen Aufstellung der Quantenmechanik als nur scheinbare Widersprüche erkannt werden konnten) auflösen wollte. Born, persönlicher Freund Einsteins und berufenster Deuter der wegweisenden Ideen, die dieser tiefe Denker uns geschenkt hat, war bereit, auch kühnsten neuartigen Gedanken Beachtung zu schenken, die einen Ausweg aus dem sich versteifenden Wirrwarr von Schwierigkeiten versprachen. Er war der Gedankenrichtung des Bohrschen Korrespondenzprinzips aufgeschlossen, der Sommerfeld nur zögernd folgte.

Heisenberg fand in dem in Göttingen verbrachten Teil seiner Studienzeit (und bei späterer Rückkehr nach dort) nicht nur wertvolle Quellen neuer Anregung und fruchtbaren Gedankenaustausches, sondern auch eine menschliche Atmosphäre, die wohl ähnlich beglückend war, wie im Sommerfeldschen Kreise. Als Musikfreund von hohen Gaben fand er in Borns gastfreundlichem Hause Gelegenheit, mit Born vierhändig Klavier zu spielen – Born hatte in seinem großen Arbeitszimmer zwei Flügel. Die Kleinheit der Stadt, die man zu Fuß leicht von einem Ende zum anderen durchqueren konnte, machte nicht nur die Universität zum alles beherrschenden Mittelpunkt des dortigen Lebens, sondern verengerte auch in zwangloser Selbstverständlichkeit die menschliche Gemeinschaft der Göttinger Wissenschaftler. Die landschaftlich freundliche Umgebung, von jedem Orte der Stadt in wenigen Minuten erreichbar, erlaubte es jederzeit, das Nachdenken im Spazierengehen zu pflegen; die weitere Umgebung lockte den von der Jugendbewegung her Beeinflußten zu Sonntagswanderungen; der nahe Harz als Skigelände war dem Sportbegeisterten fördernde Erholung; und dem vom Heuschnupfen Geplagten bot das nicht allzu weit entfernte Helgoland Zuflucht in Fällen der Not.

Vor allem aber war das Göttingen jener Tage ausgezeichnet durch eine seltene Art menschlicher Großzügigkeit: durch die vollkommene Abwesenheit von «Bonzen»-Kult und «Bonzen»-Haltung, wie man es gern nannte. Das war nicht immer so gewesen. Es gab einmal eine Zeit, da bestand in Göttingen ein erheblicher Stufenunterschied noch innerhalb des Kreises der ordentlichen Professoren: Nur ein Teil von diesen war «dekanabel», das heißt berechtigt, zum Dekan gewählt zu werden. In jener Zeit soll einmal eine Professorengattin im Kränzchen gesagt haben: «Da wird behauptet, daß wir Göttinger Professorenfrauen so hochmütig wären – das kann man von uns aber wirklich nicht sagen! Ich verkehre sogar mit Frau X., und deren Mann ist doch gar nicht dekanabel.»

Dieser Stil der «Dekanabelzeit» gehörte im Göttingen der zwanziger Jahre der Vergessenheit an. Es hat damals mit zu meinen eindrucksvollsten Erlebnissen gehört, zu sehen, wie James Franck – der nicht nur ein ordentlicher Professor war (das ist ja schließlich keine Seltenheit), sondern auch ein weltbekannter Physiker (späterer Nobelpreisträger) – sich einmal an den Studenten Heisenberg wandte, um dessen Urteil zu erfragen über ein physikalisches Problem: Unterschiede des Alters oder der äußeren Stellung galten hier nichts, wenn man die sachliche Meinung eines zum sachlichen Urteil Befähigten hören wollte.

Bald nach Abschluß des Studiums war Heisenberg außer in Göttingen auch zeitweise in Kopenhagen. Der erste dortige Aufenthalt – noch in die Zeit der schweren wirtschaftlichen Krisen fallend, die in den Nachkriegsjahren Deutschland heimsuchten und in unheilvoller Weise für die späteren verzweifelten Entwicklungen vorbereiteten – führte ihn erstmalig auch in die beglückende Selbstverständlichkeit freien europäischen Lebens: Daß man in Kopenhagen im Bahnhof einen Koffer ohne Aufsicht stehenlassen und nach einer Weile ungestohlen wiederfinden konnte, gehörte mit zu den überraschendsten Beobachtungen. Von bezwingender Großartigkeit aber war der persönliche Eindruck Niels Bohrs, den Heisenberg schon in Göttingen kennengelernt hatte. Der «Kopenhagener Geist», charakteristisch ausgedrückt im Bohrschen Korrespondenzprinzip, strahlte auch nach Göttingen hinüber. Aber daß Heisenberg jetzt Gelegenheit hatte, den philosophisch tiefsten Denker zeitgenössischer Physik noch näher kennenzulernen – im Rahmen seines von ihm höchstpersönlich und intim gestalteten Instituts, dem die wunderlich schöne Stadt Kopenhagen einen stimmungsvollen Hintergrund gab –, das wurde für die Geschichte der Quantentheorie von entscheidender Bedeutung.

Bohrs Korrespondenzprinzip enthielt den Schlüssel zum Geheimnis der Quanten. Aber es bedurfte eines weiteren Genies, um diesen Schlüssel auch endgültig ins Schloß zu bringen: Was Bohr nur in verschleierter, nebelhafter, undeutlicher Form anzudeuten vermochte, mußte erst zu klarer, scharf umrissener Gestalt gebildet werden, bevor es aus dem Stadium einer halb «esoterischen», nur intuitiv formulierbaren und verstehbaren Geheimlehre in das Stadium fest begründeter, abgeschlossener wissenschaftlicher Erkenntnis kommen konnte. Hier fand Heisenberg seine große Aufgabe.

Materiewellen

Während so viele Physiker nach erwägbaren Antworten auf die Frage nach dem Verhältnis von Wellen und Korpuskeln im Lichtstrahl suchten, gab Louis de Broglie der Sache eine überraschende Wendung. Trotz aller Schwierigkeiten, die in diesem Verhältnis liegen, ist es jedenfalls Tatsache, daß es beim Licht diesen rätselhaften «Dualismus» gibt. Sollte man nicht danach vermuten, daß es ähnliches auch bei anderen Arten von Strahlen gibt, etwa bei Kathoden- oder Atomstrahlen?

Im Fall des Lichtes hatte man ja *vor* der Quantentheorie an eine reine, klassisch verstandene Wellentheorie geglaubt – man mußte dann, als man die Licht-Teilchen entdeckte, die dualistische Natur des Lichtes anerkennen. Beim Kathodenstrahl und erst recht beim Atomstrahl waren es umgekehrt die Teilchen, die als unbestreitbare Realität bekannt waren (also die Elektronen im Falle des Kathodenstrahls). Hier ebenfalls einen Dualismus in Erwägung zu ziehen, bedeutete, an das Vorhandensein von Welleneigenschaften im Kathodenstahl (oder Atomstrahl) zu denken. Es ist ein wunderbares Beispiel für die Kraft des theoretischen Denkens in der Naturforschung, daß eine so grundlegende Tatsache, wie die Welleneigenschaft der Elektronen – denn als Tatsache wurde sie dann tatsächlich erwiesen – aus theoretischer Erwägung heraus vermutet und hinsichtlich der quantitativen Verhältnisse genau erraten werden konnte, bevor irgendeine experimentelle Erfahrung etwas von diesen Wellen gezeigt hatte und bevor irgendein Experimentator einen diesbezüglichen Versuch unternommen hatte. Zwar ist von STERN im Gespräch mit seinen Mitarbeitern der Gedanke erwogen worden, ob wohl auch ein Atomstrahl «Beugungserscheinungen» zeigen könne – also solche Erscheinungen, wie sie beim Lichtstrahl vorhanden sind und die Wellennatur des Lichtes anzeigen. Aber de Broglie war der einzige, der zu einer klaren Vorhersage der Wellenlängen von «Materiewellen» kam. Bewegt sich ein Teilchen – zum Beispiel Elektron oder Alphateilchen (Heliumatomkern), oder ein Lichtquant oder was sonst – mit bestimmter Geschwindigkeit in gradliniger Trägheitsbewegung, so hat es nach de Broglie Eigenschaften einer ebenen Welle von bestimmter Frequenz ν und bestimmter Wellenlänge λ. Die Frequenz ν ist dadurch festgelegt, daß $h\nu$ der Energie des bewegten Teilchens entspricht; dabei ist aber im Falle materieller Teilchen nicht nur an ihre kinetische Energie zu denken, sondern an ihre Gesamtenergie – im Sinne der Relativitätstheorie, nach dem Gesetz der Äquivalenz von Masse und Energie. Die Wellenlänge λ ist dann zu berechnen aus $\lambda\nu v = c^2$, wo v die Geschwindigkeit des Teilchens ist und c wieder die Lichtgeschwindigkeit – die wegen ihrer grundsätzlichen Bedeutung für die Relativitäts-Mechanik auch bei den Materiewellen eine Rolle spielt.

De Broglie hat die in dieser Weise gefaßte Hypothese der Materiewellen (heute ist es keine Hypothese mehr, sondern gesicherte Erkenntnis; aber damals war es eine Vorhersage von außerordentlicher Kühnheit) nicht nur darauf gestützt, daß auf diese Weise Einklang mit den Forderungen der Relativitätstheorie gewahrt wurde (während grundsätzlich die Anerkennug des Dualismus als eine bei *allen* Strahlungen auftretende Erscheinung ihm sinnvoller schien, als die Vorstellung einer diesbezüglichen Sonderstellung nur des Lichtes); sondern er hat auch die sogenannte Hamilton-Jacobische Theorie der klassischen Mechanik als Stütze seiner Hypothese angeführt. HAMILTON hatte im vorigen Jahrhundert erkannt, daß die Gesetze der Newtonschen Mechanik hinsichtlich ihrer mathematischen Form dann besonders übersichtlich werden (und die Durchrechnung schwieriger Beispiele erleichtern), wenn man die Bahnen der betrachteten Massenpunkte nach ähnlicher mathematischer Methode berechnet, wie in der Optik Lichtstrahlen berechnet werden (die ja in durchsichtigen Medien mit örtlich verschiedenem Brechungsvermögen ebenfalls im allgemeinen gekrümmt sind). Diese Analogie von Teilchen-Bahnen mit Lichtstrahlen, von HAMILTON und JACOBI nur als mathematische Analogie aufgefaßt, hat nach de Broglie eine tiefere physikalische Bedeutung: In der Optik sind ja die Lichtstrahlen keineswegs der *Grundbegriff* – sondern das sind die *Wellen*. Nur unter gewissen Bedingungen vereinfachen sich die Gesetze der Wellenoptik derart, daß man mit dem Begriff der Lichtstrahlen auskommen und sich mit «geometrischer Optik» begnügen kann. Diese geometrische Optik ist also ungenau – sie hört auf, anwendbar zu sein, sobald «Beugungserscheinungen» eine merkliche Rolle spielen und die Wellennatur des Lichtes verraten. Nach de Broglie stützt nun die Analogie der klassischen Mechanik (mit ihren Teilchenbahnen) zur geometrischen Optik (mit ihren Lichtstrahlen) den Verdacht, daß auch die klassische Mechanik ungenau ist – daß ihre Gültigkeit begrenzt wird durch das Vorkommen von Beugungserscheinungen, die uns Materiewellen erkennen lassen.

Die vorläufige Quantentheorie, von der wir oben sprachen, arbeitete stark mit der Hamilton-Jacobischen Theorie der klassischen Mechanik und formulierte gerade mit ihrer Hilfe diejenigen Veränderungen («Quantelung»), durch welche sie die quantenphysikalischen Unstetigkeiten in die Atom-Mechanik einführte. De Broglie konnte nun zeigen, daß dieses recht gewaltsame, im letzten unbefriedigende Verfahren der nachträglichen «Quantelung» eines klassisch berechneten mechanischen Systems gerade als erster Schritt in der Richtung zu einer Wellentheorie der Atom-Elektronen gedeutet werden konnte – und offenbar deshalb trotz seines Mangels an geschlossener Folgerichtigkeit vielfältige Erfolge erbracht hatte.

Wie schon gesagt: Diese de Broglieschen Materiewellen sind heute nichts Hypothetisches mehr – sie gehören zu den bestbewiesenen Tatsachen der Physik. Nachdem der (zunächst unbeachtet gebliebene) Gedanke de Broglies durch Einsteins Zustimmung der Aufmerksamkeit der Physiker empfohlen worden war, gelang es den Experimentatoren, in schlagenden Bestätigungen diese Wellen als real zu erweisen.

Schon bei den Elektronen – erst recht aber bei noch schwereren Teilchen – sind für Teilchengeschwindigkeiten, welche der experimentellen Arbeit günstig sind, die de Broglieschen Wellenlängen recht klein. Der empirische Nachweis arbeitet deshalb mit ähnlichen (aber aufgrund technischer Erfordernisse etwas anders angelegten) Experimenten, wie bei den von Laue angebahnten Röntgenlicht-Experimenten an Kristallen.

Nach der noch zu besprechenden Fortentwicklung der Vorstellung von Materiewellen durch SCHRÖDINGER ist dem soeben erwähnten unmittelbaren Nachweis eine erdrückende Fülle weiterer Bestätigungen hinzugefügt – man kann sagen, daß unser gesamtes quantenphysikalisches Wissen mit allen seinen Einzelheiten eine einzige große Bestätigung für den Dualismus von Wellen und Korpuskeln als Grunderscheinung der Mikrophysik ist.

Die Merkwürdigkeit dieser Erkenntnis – und die Schwierigkeit, die sie unserem von der klassischen Physik geprägten Vorstellungsvermögen macht – kommt übrigens in einer nur nebenbei zu erwähnenden Tatsache zum Ausdruck: In vielen Abhandlungen, zum Beispiel über die Sonnenphysik, findet sich heute noch die Versicherung, die Sonne sende sowohl korpuskulare als auch Wellenstrahlung aus. Gemeint ist dabei, daß sie sowohl materielle als auch elektromagnetische Strahlung abgibt; und man könnte diese schlampige Ausdrucksweise als zulässig ansehen, wäre es sicher, daß die Verfasser jedenfalls *wissen*, daß *jede* Strahlung – ob nun materiell oder elektromagnetisch – sowohl Korpuskelstrahlung als auch Wellenstrahlung ist. Daß das aber keineswegs immer bewußt bleibt, zeigte sich darin, daß in den Anfängen der Erforschung der «kosmischen Strahlung» ausdrücklich versucht worden ist, experimentell zu entscheiden, ob es sich um Korpuskeln oder Wellen handele. Das Experiment war nicht etwa geeignet, zwischen (harten, kurzwelligen) Lichtquanten einerseits und materiellen Teilchen andererseits zu unterscheiden, sondern zielte ausdrücklich auf Entdeckung eines Unterschieds, den es nach der Grunderkenntnis aller Quantenphysik überhaupt nicht gibt.

WELLENMECHANIK

Wenn de Broglie mit seiner Vorstellung von Materiewellen recht hat, so muß es für diese Materiewellen ein mathematisches Gesetz geben – eine «Wellengleichung» –, welches für die de Broglieschen Wellen Entsprechendes bedeutet, wie die Maxwellschen Gleichungen für die elektromagnetischen Wellen.

Mit etwa dieser Erwägung stellte sich SCHRÖDINGER sein Problem, durch dessen Lösung er die Entwicklung der Quantentheorie in so entscheidender Weise gefördert hat. Die von ihm aufgestellte Differentialgleichung des Materie-Wellenfeldes wird heute allgemein die «Schrödingergleichung» genannt.

Schrödinger hat nicht nur diese Gleichung formuliert – schon das wäre eine bedeutungsvolle Leistung größter Tragweite gewesen –, sondern er hat auch sogleich Anwendungen davon gemacht, vor allem auf das Wasserstoffatom: Wenn das Materie-Wellenfeld eines Elektrons unter dem Einfluß eines Protons steht – was ergibt sich dann? Schrödinger hat die großen mathematischen Schwierigkeiten, die einer Klärung dieser Frage zunächst entgegenstanden, erfolgreich überwunden. Das Materie-Wellenfeld des Elektrons kann – nach allgemeinen mathematischen Gesichtspunkten – als Überlagerung von «Eigenschwingungen» betrachtet werden, deren jede einzelne eine bestimmte Frequenz besitzt. Es gelang Schrödinger, diese Eigenschwingungen zu ermitteln und die zugehörigen Frequenzen zu erkennen. Das Ergebnis war ein überzeugender Erfolg: Die Frequenzwerte dieser Eigenschwingungen liefern nach Multiplikation mit dem Wirkungsquantum h die richtigen Energiestufen für das H-Atom. So konnte Schrödinger kurz nach dem Erscheinen der Arbeit Born-Jordan eine neue, völlig anders angelegte Quantentheorie des Wasserstoffatoms veröffentlichen, die ebenfalls jene folgerichtige Geschlossenheit besaß, welche in der alten, vorläufigen Theorie gefehlt hatte. Das mit der neuen «Wellenmechanik» für das Beispiel des H-Atoms erzielte Ergebnis erlaubte zudem keinen Zweifel mehr, daß hier ein richtiger Weg gefunden war, daß der Wahrheitsanspruch der Schrödingerschen Wellengleichung nicht zurückstand gegenüber dem der gerade vorher ans Licht getretenen «Matrizenmechanik». Ebenso, wie die letztere, verzichtete Schrödingers Theorie auf die alte Vorstellung von Bahnen des Elektrons im Atom; sie ersetzte aber dieses überholte Bild durch die nicht weniger anschauliche Wellenvorstellung – und sie arbeitete mit gewohnten, klassischen Hilfsmitteln der Mathematik.

Diese wunderbaren Erfolge haben Schrödinger zeitweise daran glauben lassen, hier einen Weg gefunden zu haben, der zur weitgehenden Rückgängigmachung der Quantentheorie führen könnte. Trotz des begeisterten Beifalls, den Schrödinger damals bei manchen Physikern gefunden hat, ist diese Episode heute fast vergessen, und vielleicht könnte es als respektlos aufgefaßt werden, wenn ich hier noch einmal an diese merkwürdige Eigenwilligkeit eines genial begabten Älteren erinnere, der inzwischen in die Ewigkeit eingegangen ist. Dies um so mehr, als Schrödinger damals meine Kritik (ich war 22jährig) wohl doch als etwas ärgerlich und jugendfrech empfunden hat; die Matrizen kamen ihm zwar imponierend, aber doch abscheulich vor. Jedoch können die damaligen zweifellos mißglückten Überlegungen Schrödingers uns bewußt machen, auf wie dünnem Eis damals der Vortrupp der Quantenforscher marschierte, und wie groß und vielseitig die Versuchungen waren, schon errungene Erkenntnisse wieder aufzugeben, schon gewonnenes Verständnis wieder zu verlieren.

Bedeutende Köpfe bleiben auch in ihren Irrtümern beachtenswert: In diesem Sinne mag es erlaubt sein, den von Schrödinger damals gefaßten (und zwar leidenschaftlich erfaßten) Gedanken hier anzudeuten, obwohl es mir schwerfällt, anders als mit etwas Humor an den geistigen Seitensprung zurückzudenken, durch welchen dieser bedeutende Physiker die Quantensprünge aus der Physik zu vertreiben hoffte. Natürlich hat Schrödinger selber sich von diesem Gedanken später wieder getrennt – aber wohl ein diesbezügliches Bedauern nie ganz überwunden.

Die Hoffnung, welche ihm damals entstanden war, kann etwa so ausgedrückt werden: Könnte nicht vielleicht die Wurzel der Quantenschwierigkeiten einfach darin liegen, daß wir zuviel von den korpuskularen Elektronen gehalten haben – oder überhaupt von den materiellen Teilchen Demokrits? Sollen wir nicht aus der wellenmechanischen Theorie des H-Atoms schließen, daß das korpuskulare Elektron gar nicht existiert – daß vielmehr der Atomkern von einer Ladungswolke umgeben ist, deren Gestalt und Dichteverteilung wir aus den nun errechneten «Eigenschwingungen» genau zu erkennen vermögen? Darf man nicht hoffen, daß die weitere Verfolgung dieses Gedankens uns die Überwindung aller Vorstellungen von quantenphysikalischer Unstetigkeit (etwa auch bei den Franck-Hertzschen Elektronenstößen, oder beim Compton-Effekt) und von korpuskularer Atomistik erlauben könnte – in einer universellen Wellentheorie?

Das Merkwürdige hieran ist, wie dieser große quantentheoretische Entdecker in der leidenschaftlichen Konzentration seines Denkens auf seine Entdeckung gewissermaßen die gesamte sonstige Quanten-Erfahrung zeitweilig vergessen konnte. Rückkehr zu einer klassischen Wellentheorie – deren Verschiedenheit von den Vorstellungen vor 1900 nur darin liegen würde, daß auf alle Korpuskeln verzichtet wird – würde ja auch die Wiederaufgabe des Planckschen Strahlungsgesetzes ergeben haben, unter Erneuerung des Rayleigh-Jeansschen Gesetzes mit seinen in sich widerspruchsvollen Folgerungen. Anders ausgedrückt: Die gesamte geistige Entwicklung, die sich eben daraus ergeben hatte, daß man die klassische Wellentheorie des Lichtes als unzulänglich erkannte – diese gesamte Erkenntnisentwicklung wurde von Schrödinger beiseite geschoben, als er sich mit aller Kraft seines

Denkens für die Vorstellung einer von Quanten und Korpuskeln befreiten universellen Wellentheorie begeisterte.

Zudem führte sein Vorschlag auch bei den Elektronen selber sofort in eine Sackgasse. Denn er mußte völlig falsche Erwartungen ergeben für Atome mit mehr als einem Elektron. Schon das Helium-Atom mit seinen zwei Elektronen zeigt klar, daß hier nicht mehr durchzukommen ist mit der Vorstellung der «Ladungswolke», in welche das Elektron aufgelöst werden sollte. Denn man kann das Helium-Spektrum *nicht* so berechnen, daß man klassisch vorgestellte Wellen oder stetige Ladungsverteilungen im dreidimensionalen Raum als Modell benutzt, sondern man muß hier eine «Ladungswolke» (sofern man diese Bezeichnung beibehalten will) *in einem abstrakten sechsdimensionalen Raum* mathematisch untersuchen. Diese radikale Abkehr von der Anschaulichkeit (sagen wir lieber: von der scheinbaren oder irreführenden Anschaulichkeit) der Ladungswolke im H-Atom wird um so schlimmer, je größer die Anzahl der in der Berechnung zu berücksichtigenden Elektronen ist – beim Uranatom mit seinen 92 Elektronen haben wir der Rechnung einen abstrakten mathematischen Raum von 276 Dimensionen zugrunde zu legen.

Die wellenmechanischen Ansätze ergeben also in Wahrheit keineswegs eine Rückkehr zur Anschaulichkeit klassischer Physik – das war eine falsche Hoffnung. Aber Schrödinger hat, wie schon gesagt, diese Hoffnung zeitweise als beglückend empfunden. Erfüllt von der Mission, diese Rückwärts-Revolution in die Quantentheorie einzuführen, nahm Schrödinger eine Einladung Niels Bohrs nach Kopenhagen an. Dieser verband mit aller Feinheit seines grüblerischen Geistes und aller Zartheit seiner Menschlichkeit eine unbeugsame Kraft und Zähigkeit im Vertreten des als wahr Erkannten – mit der gleichen Unermüdlichkeit, die ihn in einem sportlichen Spiel fast zum Alleinbeherrscher des Balles werden ließ. Es wird erzählt, daß Schrödinger nach drei Tagen pausenloser Diskussion mit Fieber im Bette lag: Während Frau Bohr dem Erschöpften eine stärkende Fleischbrühe reichte, saß Bohr neben dem Bett und sprach weiter: «Aber Sie müssen doch zugeben, Herr Schrödinger, . . .»

Der richtige Weg der Schrödinger-Theorie vom H-Atom mit einem Elektron zu höheren Atomen mit mindestens zwei Elektronen wurde dadurch eindeutig erkennbar, daß man zum Verständnis des Zusammenhanges von Matrizenmechanik und Wellenmechanik kam. Zunächst hatte sich ja die verblüffende Sachlage eingestellt, daß es jetzt *zwei* Theorien gab – und zwar vollkommen verschiedenartige –, welche die ältere, vorläufige Theorie des H-Atoms ersetzen konnten: Wie war es möglich, daß zwei so völlig verschiedene Theorien unabhängig voneinander anscheinend zu gleichen Endergebnissen (betreffs der Energiestufen) führten?

Die Antwort auf diese drängende Frage wurde fast gleichzeitig von Schrödinger selber und auch von PAULI gefunden. Jedoch hat Pauli von einer Veröffentlichung abgesehen, da Schrödingers diesbezügliche Arbeit dann schon erschien; Paulis Überlegungen sind in einem – unter den Quantentheoretikern berühmt gewordenen – Briefe niedergelegt, den er an den Verfasser dieses Buches noch vor der Schrödingerschen Veröffentlichung richtete.

Matrizenmechanik und Wellenmechanik liefern in jedem Beispiel (z. B. H-Atom) die gleichen Energiestufen; man kann aber auch die quantenmechanischen Fourier-Koeffizienten (oder «Matrixelemente») leicht ausrechnen, wenn man die dem Problem zugehörigen Eigenschwingungen (oder «Eigenfunktionen», wie man gewöhnlich sagt) schon kennt. Umgekehrt könnte man grundsätzlich aus Kenntnis der «Matrixelemente» rückwärts die Eigenfunktionen ermitteln; doch wäre das ein unvorteilhafter, mathematisch sehr unbequemer Weg. Viel leichter kommt man in den meisten Fällen zum Ziel, wenn man zuerst die Schrödinger-Gleichung löst, also die wellenmechanische Rechnung durchführt, und aus ihr nachträglich auch die erfragten Matrixelemente ableitet. Trotz grundsätzlicher Gleichberechtigung – mathematischer Äquivalenz – beider Methoden hat die Schrödingersche einen gewaltigen Vorteil in praktischer Beziehung: Die explosive Entwicklung in den Anwendungen der Quantenmechanik, die sich nach diesen Entdeckungen ergab, wäre nicht möglich gewesen, wenn die ungewohnte und teilweise schwerfällige mathematische Methode der Matrizenrechnung *allein* zur Verfügung gestanden hätte.

Natürlich ist diese Äquivalenz der beiden Methoden aber davon abhängig, daß man es in beiden Fällen richtig macht; und so ergab sich gerade von hier aus zwangsläufig, daß die Wellenmechanik, sobald sie es mit mehr als einem Teilchen zu tun hat, in abstrakte Räume höherer Dimensionszahl gehen muß – nur so konnte die Übereinstimmung mit dem Matrizen-Ansatz gewahrt werden.

Während in diesem Punkte die wellenmechanische Schrödingersche Methode von der Matrizenmethode aus eine vor Fehldeutungen bewahrende Hilfe erhielt, leisteten umgekehrt die Schrödingerschen Eigenfunktionen einen grundsätzlichen (nicht nur die Frage praktischrechnerischer Bewältigung der Anwendung betreffenden) Dienst bei der Klärung des berühmten Paulischen «Äquivalenzverbots», auf welchem das periodische System der Elemente beruht. Im Helium-Atom sind (sofern sich das Atom in seiner untersten Energiestufe, im «Grundzustand» befindet) die beiden Elektronen gleich fest gebunden. Aber im Lithium-Atom, mit drei Elektronen, haben wir (für den Grundzustand) neben zwei recht fest gebundenen Elektronen ein drittes vergleichsweise locker gebundenes Elektron. Das setzt sich dann fort zu den noch elektronenreicheren Atomen hin: Sie alle besitzen genau ein Paar besonders fest (und gleich fest) gebundener Elektronen, während die anderen weniger fest gebunden sind — aber unter sich teilweise auch noch verschieden fest, so daß bei einem Atom mit hinreichend vielen Elektronen noch eine Reihe von weiteren Gruppen (oder «Schalen») von Elektronen gleicher Bindungsfestigkeit auftritt. Nach Pauli kann man diese sonderbare Gesetzmäßigkeit folgendermaßen präzisieren: Wenn wir in Gedanken einmal ganz absehen von der wechselseitigen Abstoßung der Elektronen und nur an ihre Anziehung durch den Atomkern denken, so stellt uns jedes dieser Elektronen einen Zustand des Wasserstoffatoms dar (mit größerer Kernladung allerdings als beim H-Atom). Dabei ist jeder vorkommende Zustand des Wasserstoffatoms nur einmal (nicht mehrfach) vertreten.

Diese von Pauli erkannte Gesetzlichkeit ist das einzige Beispiel eines Quantengesetzes, das völlig selbständig der klassischen Theorie gegenübersteht — mit keinerlei klassischem Gesetz zu vergleichen oder korrespondenzmäßig verwandt. Sie gehört zu den bedeutungsvollsten Gesetzmäßigkeiten der Quantenphysik, und Pauli hat durch ihre Klarstellung Bohrs Überlegungen betreffs des periodischen Systems der Elemente in ähnlicher Weise abschließend verschärft, wie Heisenberg und die an ihn anknüpfenden Verfasser Bohrs Korrespondenzprinzip zur vollen Klarheit geführt haben. Man kann von der Quantenmechanik-Wellenmechanik nicht verlangen, daß sie eine Erklärung oder Begründung dafür gibt, aber man muß wissen, wie dieses Gesetz im Zusammenhang der Quantenmechanik zu formulieren ist. Der Begriff der Schrödingerschen Eigenfunktionen erlaubt diese Formulierung in schönster mathematischer Eleganz (Heisenberg, Dirac). Es kommt darauf hinaus, daß in einem System mit mehreren Elektronen nur solche Eigenfunktionen in Betracht zu ziehen sind, die eine bestimmte Symmetrieeigenschaft haben («Antisymmetrie»); alle anderen Eigenfunktionen (die es mathematisch ebenfalls gibt) haben keine physikalische Bedeutung. In der Tat ist mathematisch zu beweisen, daß ein Atom, dessen Elektronenhülle einmal antisymmetrische Eigenfunktionen hat, niemals einen Quantensprung macht zu einem anderen mathematisch denkbaren Zustand, welcher Eigenfunktionen hätte, die nicht antisymmetrisch sind.

Der diesbezügliche Beweis macht Gebrauch von einer fundamentalen Gesetzlichkeit aller Atom- und Quantenphysik: Die Elektronen zeigen keinerlei individuelle Verschiedenheiten. Das ist eine so merkwürdige – und, wenn man sich hineindenkt, so atemberaubende – Tatsache, daß wir uns etwas Zeit nehmen wollen, sie zu betrachten.

Der große Leibniz hat nachdrücklich betont, daß es in der Natur jedes Individuum nur einmal gebe, als unwiederholbare Einmaligkeit. Kein Blatt gleicht dem anderen – und wie viele Milliarden von Buchenblättern hat es schon gegeben, seit die Buchen entstanden sind! Kein Bakterium (davon wußte Leibniz noch nichts) gleicht dem anderen, keine Amöbe gleicht der anderen; und kein Stern ist dem anderen gleich, obwohl es in der Milchstraße hundert Milliarden Sonnen gibt – während das Weltall bestimmt Milliarden von Milchstraßen enthält.

Muß man nicht auf den Verdacht kommen, daß auch die Elektronen ihre individuellen Verschiedenheiten haben, die wir nur noch nicht erkennen können? Liegt es nicht nahe, zu vermuten, daß gerade in diesen individuellen Verschiedenheiten Ursachen liegen könnten für das uns als indeterminiert erscheinende Verhalten der mikrophysikalischen Gebilde bei ihren Quantensprüngen? Ist nicht die Meinung, alle Elektronen seien völlig gleich, nur eine Annahme statt einer Gewißheit? Ist es vielleicht diese Annahme, die uns in die «Akausalität» hinein geführt hat – und zwar unberechtigterweise, indem es eine falsche, eine vergröbernde Annahme ist?

Dazu ist zu sagen, daß die Gleichheit der Elektronen – die vollkommene Abwesenheit individueller Verschiedenheit – schärfer, viel schärfer gesichert ist, als unmittelbare Nachmessung es uns jemals zeigen könnte; und zwar durch die Tatsache, daß das Paulische Äquivalenzverbot in aller Materie zu bestätigen ist. Gäbe es winzige Ungleichheiten der Elektronen, so würden diese bedingen, daß es auch winzige Wahrscheinlichkeiten gäbe für solche Quantensprünge, durch welche ein Atom seinen dem Pauli-Prinzip entsprechenden Zustand verläßt – beispielsweise so, daß ein Lithiumatom entstünde, das drei gleich fest gebundene Elektronen besitzt. Solche Vorgänge könnten ungeheuer selten sein – sie würden sich dennoch unserer Erfahrung nicht ganz entziehen. Denn auch die Rückverwandlung solcher Atome, die falsche Eigenfunktionen-Symmetrie hätten, in normale Atome wäre dann hochgradig unwahrscheinlich, so daß es im Laufe der Zeit zur Ansammlung «falscher» Atome kommen müßte. Nun ist aber die uns bekannte Materie – auf der Erde und in vielen spektroskopisch untersuchten Sternen – schon Milliarden von Jahren alt: Dennoch finden wir darin keine Spur von «falscher» Materie, die das Pauli-Prinzip verletzen würde.

Ein weiterer Vorzug der von Schrödinger angebahnten Methode war der, daß sie auch für die quantenphysikalische Analogisierung ausgesprochen aperiodischer Bewegungen bequem verwendbar war – deren Behandlung mit der Matrizenmethode aus mathematischen Gründen sehr schwierig und künstlich gewesen wäre. Eine grundsätzlich bedeutsame Anwendung machte Born, indem er eine wellenmechanische Behandlung von Stoßvorgängen einleitete. In diesem Zusammenhange klärte er auch den wahren physikalischen Sinn der Schrödingerschen «Ladungswolke» z. B. im H-Atom: Sie bedeutet *nicht,* daß das Elektron gar kein Teilchen mehr ist, daß also statt dessen seine Ladung im Raume stetig ausgebreitet ist. Sondern sie gibt Aufschluß über die statistische Wahrscheinlichkeit für das Auftreten des korpuskularen Elektrons an diesem oder jenem Ort – wir wollen in Rücksicht auf späteres gleich hinzufügen: «In Experimenten, welche eine Ortsbestimmung des Elektrons durchführen.»

Die Theorie der Spektren hatte durch die Schaffung der Quantenmechanik (= Matrizenmechanik plus Wellenmechanik) ihre feste, klare Unterlage erhalten. Wenn wir aber darüber hinaus auch behaupten, daß alles, was zur Physik der Elektronenhüllen der Atome gehört, ebenfalls durch die Quantenmechanik-Wellenmechanik seine umfassende Aufklärung erhält, so sind in diese Behauptung auch die riesigen Gebiete der Chemie und der Festkörperphysik eingeschlossen.

Kein Zweifel: Grundsätzlich müßten auch für alle Moleküle ihre Zustandsmöglichkeiten, ihre Spektren, ihre Bindungsenergien theoretisch berechenbar sein. Praktisch jedoch steht es viel ungünstiger. Obwohl allgemeine Gesetzlichkeiten der Chemie, soweit vorhanden – etwa die Gesetze der Valenzen –, nach der Pionierarbeit von London, Heitler, Weyl gut zu verstehen sind, so ist doch die einigermaßen erschöpfende Durchrechnung eines bestimmten Moleküls, abgesehen vom Wasserstoffmolekül H_2 als einfachstem Fall, eine bereits so ungeheuer verwickelte Aufgabe, daß an ihre wirkliche Bewältigung gar nicht zu denken ist. Obwohl es also grundsätzlich möglich sein müßte, die der Synthetisierung neuer Verbindungen geltende Laboratoriumsarbeit des Chemikers zu ersetzen durch theoretische Vorausberechnung alles dessen, was sich in bestimmten Experimenten ergeben muß, so bleiben wir doch praktisch ganz weit entfernt von der Hoffnung, so weitgehende theoretische Hilfe für die Chemie in absehbarer Zukunft verwirklichen zu können.

Auch für die Festkörperchemie ist die Mitwirkung der theoretischen Rechnung zwar unentbehrlich geworden, aber doch weit davon entfernt, das Experiment überflüssig zu machen. Die vielen reizvollen Sonderprobleme dieses bedeutsamen Kapitels der Physik, mit alten und neuen Erkenntnissen, bestätigen aber ebenfalls, daß die Quantenmechanik, soweit ihre Zuständigkeit reicht, eine abschließende Aufklärung der physikalischen Naturgesetze erzielt hat.

Elementarteilchen

Die Vollendung der Theorie der Elektronenhüllen der Atome, wie sie sich in der Vereinigung von Quantenmechanik und Wellenmechanik ergeben hatte, ließ den Physikern keineswegs eine Ruhepause. Der schon eingeleitete, oben erwähnte Vorstoß zu einer das Lichtquantenproblem mit der Methode der Quantenmechanik bezwingenden «Quantenelektrodynamik» hatte eine Wegrichtung eröffnet, die noch jahrzehntelang eine immer größer werdende Zahl von Physikern zu neuen, schwierigen Fragen führen sollte.

Ein von dem Engländer Dirac gegebener Ansatz einer den Forderungen der Relativitätstheorie entsprechenden neuen Wellengleichung des Elektrons ließ weitere (sich mit der Quantenelektrodynamik verkoppelnde) Fragen entstehen, aus deren Durchdenkung Dirac und Oppenheimer zur theoretischen Vorwegnahme der danach geschehenen experimentellen Entdeckung des positiven Elektrons («Positrons») kamen. Die Entdeckung des Neutrons andererseits (Chadwick 1932) lieferte den Schlüssel zum quantenmechanischen Verständnis der Atomkerne.

Die Atomkerne sind nicht aus Protonen und Elektronen zusammengesetzt – wie man vorher geglaubt hatte, obwohl sich daraus gewisse grundsätzliche Schwierigkeiten ergaben, denen nachzugehen aber noch nicht möglich schien, da man ohnehin von den Kernen noch allzu wenig wußte; sondern ihre Bausteine sind, so schlossen Heisenberg sowie auch Iwanenko, das Proton und das Neutron. Letzteres ist ein Elementarteilchen, das ähnliche (etwas größere) Masse besitzt wie das Proton, aber *keine* elektrische Ladung. (Beide Teilchen haben, wie das Elektron, auch einen «Spin»). Als freies Teilchen ist das Neutron unstabil – es kann sich in einem Vorgang radioaktiven Zerfalls in drei andere Teilchen zerlegen: Ein Proton, ein Elektron, ein Neutrino. Das Letztgenannte ist wiederum ein Elementarteilchen einer hier bislang noch nicht erwähnten Art – PAULI hatte schon früher seine Existenz theoretisch erschlossen aus damals unverständlich erscheinenden Gesetzlichkeiten des Beta-Zerfalls, d. h. derjenigen Form radioaktiven Zerfalls, die sich dadurch ergibt, daß ein in einem Atomkern gebundenes Neutron in der besprochenen Weise zerfällt: In vielen Arten von Atomkernen jedoch wird jedes Neutron durch die gerade für ein solches (nicht auch für ein aus ihm entstehendes Proton) gegebene starke Bindungsenergie am Zerfall gehindert.

Daß die Vorstellung vom Kernaufbau aus Protonen und Neutronen nicht nur die vorher vorhanden gewesenen Schwierigkeiten behob, sondern darüber hinaus auch den Zugang zu einer eindringenden quantenmechanischen Theorie der Atomkerne frei machte, ist von Heisenberg und anschließend von zahlreichen daran weiterarbeitenden Physikern gezeigt worden.

Die Entdeckung des Neutrons ermöglichte aber auch zahllose neue experimentelle Forschungen; andererseits bereicherten die «Massenspektrographen» sowie neue Methoden der «Isotopentrennung» die experimentellen Möglichkeiten der Kernphysik. Zudem aber hat LAWRENCE 1932 durch die Schaffung des ersten «Zyklotrons» – dem hernach eine ganze Reihe verschiedener Arten großer (und kostspieliger) «Beschleunigungsanlagen» für die Zwecke der Kernphysik und Elementarteilchenphysik gefolgt ist – eine der bedeutungsvollsten Entwicklungen moderner Physik eingeleitet.

Es ist zu bekannt, um hier nochmals ausführlicher berichtet zu werden, daß aus den neuen experimentellen Möglichkeiten der Neutronenstrahlung auch Otto HAHNS berühmte Entdeckung der Uran-Spaltung hervorgegangen ist – mit allen den durch sie in Gang gesetzten Folge-Entwicklungen, welche diese Entdeckung als ein Ereignis von *geschichtlichem* – menschheitsgeschichtlichem – Rang erwiesen haben. Aus ihr sind aber auch riesige Bereiche neuartiger physikalischer Experimentiermethoden hervorgegangen, die durch das Schlagwort «Reaktorphysik» bezeichnet werden können und welche modernste Physik und modernste Technik in innigste Verbindung und Wechselwirkung gebracht haben.

Aus den Ergebnissen dieser stürmischen Entwicklungen sind wiederum neue, kräftige Antriebe für verschiedenste Zweige der Naturforschung entstanden. Erst die moderne Kernphysik konnte die Frage nach der Energiequelle der Sonne beantworten; sie hat darüber hinaus in reichster Mannigfaltigkeit die Astrophysik befruchtet – und hinsichtlich großer Teile ihrer modernen Ergebnisse erst möglich gemacht. Die gewonnene gründliche Kenntnis der Radioaktivität ist heute eine der tragenden Stützen aller historischen Wissenschaften, welche um mehr als ein paar Jahrhunderte zurückgreifen in die ungeheuren Spannen der Vergangenheit – die sich für die uns erforschbar gewordene Umgebung zu Milliarden von Jahren erdehnen.

Die «Isotopenanalyse» mit ihrer an die Erforschung von Wanderwegen der Zugvögel durch Beringung erinnernden Methode ist zu einem Hauptforschungsmittel in allen Gebieten verwickelter Vorgänge geworden, insbesondere in der Biologie. Aber wir wollen nicht vergessen, uns von den Atomkernphysikern belehren zu lassen, was sie in ihrem eigenen Gebiet festgestellt haben – abgesehen jetzt von den vielfältigen Strömen fruchtbarer Auswirkungen in anderen Feldern der Forschung, Technik, Medizin.

Das Zusammenwirken neuer experimenteller Methoden mit den theoretischen Gesichtspunkten der Quanten- oder Wellenmechanik hat es erlaubt, in raschem Vollzug die Kernphysik zu einer Entwicklung zu führen, welche der vorherigen triumphalen Entwicklung der Physik der Spektren und der Elektronenhüllen der Atome ähnlich war. Als Ergebnis können wir aussprechen: Auch in der Physik der Atomkerne bewährt sich die quantenmechanisch-wellenmechanische Theorie.

Es ist also *nicht* etwa so, daß die Bewährung der Quantenmechanik – deren Gesetze ja ganz aus der Erforschung der Elektronenhüllen abgeleitet waren – sich nun beschränken würde auf die Physik der Elektronenhüllen. Es ist nicht so, daß die Kernphysik noch einmal ganz neue Naturgesetze außerhalb des Rahmens der Quantenmechanik zu offenbaren hätte, sondern die mit der eindringlichen Bearbeitung der Kerntheorie beschäftigten Forscher, welche den von Heisenberg gewiesenen Weg weiterverfolgt haben – auch Niels Bohr hat diesem Kapitel moderner Physik bedeutungsvolle grundsätzliche Erkenntnisse geschenkt –, konnten klarstellen, daß ein lückenloses Verständnis aller Gesetzmäßigkeiten der Kerntheorie auf der Grundlage der Quantenmechanik möglich wird in genau demjenigen Umfang, den man in optimistischer Betrachtung erwarten konnte: Die genaue Erfassung der Wechselwirkungskräfte zwischen den Kernbausteinen stößt nur auf diejenigen Grenzen, welche dadurch gezogen sind, daß wir hier – bei verfeinerter Betrachtung – in die schwierigen Probleme der Quantenelektrodynamik oder (wie wir es heute lieber nennen) der *Quantentheorie der Wellenfelder* eintreten.

Das ist eine sehr wesentliche Feststellung – es hätte ja ganz anders auslaufen können. Es wäre denkbar gewesen, daß schon die Kernphysik uns noch einmal zu einer neuen revolutionären Umstellung des physikalischen Denkens genötigt hätte, vergleichbar dem Übergang von der klassischen zur Quantentheorie. Der scharfsinnige russische Physiker LANDAU beispielsweise hatte aufgrund der Erscheinungen der Beta-Radioaktivität sogar die Gültigkeit des Energiegesetzes für die Kernphysik bezweifelt – bis dann Pauli die richtige Lösung fand, durch Schaffung der Neutrino-Vorstellung. –

ANDERSONS Entdeckung des Positrons (1932), eine aus der Diracschen relativistischen Wellengleichung des Elektrons abgeleitete theoretische Vorhersage bestätigend, erbrachte das erste Beispiel dessen, was wir heute viel umfassender kennen, es als *«Antimaterie»* bezeichnend. Die zahlreichen Arten verschiedener Elementarteilchen, die wir heute kennen, treten in zwei verschiedenen Ausgaben auf, als Teilchen und Antiteilchen; nur recht wenige von ihnen haben – wie insbesondere die Lichtquanten – die Eigenschaft, daß es nur eine Ausgabe gibt, die sowohl zur «Materie-Welt», als auch zur «Antimaterie-Welt» gehört. Zum Elektron, Proton, Neutron hingegen gibt es auch entsprechende Antiteilchen (Positron, Antiproton, Antineutron). Teilchen und Antiteilchen sind hinsichtlich ihrer elektrischen und magnetischen Eigenschaften entgegengesetzt, haben aber sonst die gleichen Eigenschaften, zum Beispiel gleiche Masse. Begegnet ein Teilchen dem entsprechenden Antiteilchen, so können sie sich paarweise vernichten, paarweise verschwinden, während die in ihnen enthalten gewesene Energie in eine andere Form (z. B. in Gamma-Strahlung, d. h. außerordentlich kurzwellige Lichtquanten) übergeht. Umgekehrt kann eine hochgradige Energiekonzentration zu einer «Paarerzeugung» von Teilchen und Antiteilchen führen.

Die mathematische Fassung der diesbezüglichen Gesetze erforderte Anwendung derjenigen Gesichtspunkte und Methoden, die schon vorher in der Quanten-Feldtheorie geschaffen waren. Der Anfang dazu war, wie bereits erwähnt, der Gedanke, die für die Atom-Elektronen aufgestellte Quantenmechanik nun auch auf das elektromagnetische Feld als solches anzuwenden, um auf diese Weise zur lückenlos schließenden Vereinigung von Wellentheorie und Teilchentheorie des Lichtes zu kommen.

Dieser Gedanke wurde freilich noch mehrere Jahre lang von den mitstrebenden Freunden fast einmütig als allzu radikal angesehen — ebenso, wie seinerzeit die alten Einsteinschen Lichtquanten-Überlegungen, an die ich anknüpfte. Jedoch haben dann Arbeiten einerseits von DIRAC, anderseits von JORDAN-KLEIN, JORDAN-PAULI, JORDAN-WIGNER der werdenden Quantentheorie der Wellenfelder sichere Unterlagen gegeben, auf denen Heisenberg und Pauli einen für den damaligen Stand der Dinge zunächst abschließenden Aufbau der Quantenelektrodynamik vollziehen konnten, der allerdings vor gewissen tiefliegenden Schwierigkeiten noch haltmachen mußte. Erst nach längerer Pause kam allmählich wieder neues Leben in diese Entwicklung, die seither unter Anteilnahme zahlreicher scharfsinniger Köpfe zu einem breiten Strom angeschwollen ist.

Die mathematischen Begriffsbildungen der «Feld-Quantelung» sollen hier nicht erörtert werden. Wohl aber wollen wir ihren Sinn, ihren Gedankeninhalt noch etwas genauer betrachten — und ihren Ort in der Physikgeschichte und Geistesgeschichte. Es handelt sich nämlich um nichts Geringeres, als um eine Einordnung oder Unterordnung des Grundgedankens Demokrits — Atomistik — unter den allgemeineren, abstrakteren, aber auch tieferen Gedanken Plancks, den Gedanken der Quantensprünge, der Unstetigkeit.

Derartiges war vor 1925 gar nicht in Betracht gezogen worden. PLANCK selber, der 1900 trotz der Kritik MACHS und OSTWALDS von der Realität der Atome überzeugt war, betrachtete die Quantensprünge als etwas zu der sowieso gegebenen (und hingenommenen) Atomistik der Materie zusätzlich Hinzukommendes — eine *andere* Grundgesetzlichkeit der Physik *neben* der Atomistik von Materie und Elektrizität. Diese Auffassung wurde weiterhin von den Quantentheoretikern beibehalten — und als eine so selbstverständliche Auffassung empfunden, daß man sie niemals als ausdrücklicher Betonung bedürftig angesehen hat.

Erst 1925 waren die Dinge reif geworden für eine das bis dahin angenommene Verhältnis von Atomistik und Quantengesetzen umkehrende Betrachtungsweise. Nachdem die Mathematik der Quantenmechanik dem Planckschen Gedanken der an das Wirkungsquantum h gebundenen Unstetigkeiten seine endgültige Fassung — in der klaren mathematischen Gesetzlichkeit der Matrizen — gegeben und ihn somit zu einem zwar abstrakten, aber zwingenden Gedankensystem verschärft hatte, erwies sich dieser Gedanke als stark genug, als tragfähig genug, um auch die Atomistik als eine seiner Folgerungen zu ergeben; und zwar in zwei Schritten.

Der eine dieser beiden Schritte war durch Einsteins Lichtquanten vorgezeichnet: Auch sie sind ja wirkliche Teilchen – in gleicher Greifbarkeit wie die Elektronen oder Protonen oder sonstige materielle Teilchen. Aber daß sie vorhanden sind, daß sie existieren, ist nicht – wie bei den Demokritischen materiellen Atomen – eine auf sich selbst beruhende physikalische Grundgesetzlichkeit, sondern ein Folgeergebnis der Existenz des Wirkungsquantums h. Aus diesem Grunde schien es mir 1925 so wichtig, zeigen zu können, daß die von Einstein als Beweisgründe für seine Lichtquanten herangezogenen Tatsachen *vollständig* dadurch erklärt werden konnten, daß man auf das elektromagnetische Wellenfeld den Formalismus der Quantenmechanik anwandte – dieser Schritt führte hinaus über die anfängliche Zielsetzung der Quantenmechanik, die zunächst ebenfalls nur darauf angelegt war, die Mechanik der Elektronenhüllen quantenphysikalisch zu präzisieren und dann die Probleme des Strahlungsfeldes vorläufig sich selbst zu überlassen – man hätte also befürchten können, daß für eine endgültige Theorie des Lichtes noch einmal ganz neue, noch unbekannte Ansätze nötig sein würden. Aber sie waren *nicht* nötig – es genügte der Entschluß, den an den Atomen erprobten quantenmechanischen Formalismus nun auch auf das elektromagnetische Feld anzuwenden, um eine Theorie zu erhalten, welche in widerspruchsfreier Weise die Welleneigenschaften *und* die Korpuskulareigenschaften des Lichtes ergab: Das elektromagnetische Wellenfeld gebiert aus sich selber heraus – ohne zusätzliche Hypothesen – die Lichtquanten, sobald wir in folgerichtiger Weise nicht nur ein System von Elektronen, sondern auch ein elektromagnetisches Feld nach den Vorschriften der Quantenmechanik behandeln.

Der zweite Schritt, der dann auch die materiellen Elementarteilchen als Folgeergebnisse der Quantengesetze zu verstehen lehrte, lag jetzt auf der Hand: Da ja nach de Broglie auch eine Geschoßgarbe materieller Teilchen in ähnlicher Weise wie ein Lichtstrahl Welleneigenschaften besitzt, so genügte es, das Feld der Materiewellen als physikalische Grundrealität anzuerkennen und auch dieses Feld dann (wie das elektromagnetische) als «gequanteltes», das heißt den Gesetzen der Quantenmechanik unterliegendes Feld zu behandeln, um als Folgeergebnis das Auftreten von – diesmal materiellen – Teilchen zu bekommen: Eine endgültige Einbeziehung der zweitausendjährigen Erkenntnisse Demokrits in die neue, viel tiefer bohrende Erkenntnis Plancks. Das Wort «genügte» übergeht natürlich einige Schwierigkeiten, die hierbei überwunden werden mußten – aber auch überwunden werden konnten.

Obwohl die Ansätze der Quanten-Feldtheorie dazu führten, daß wir die Existenz materieller Teilchen als notwendige Folge der Quantengesetzlichkeit erkannten, so gaben sie doch zunächst noch keinerlei Hilfe für eine Beantwortung der Frage, *welche* Arten von Elementarteilchen wir im physikalischen Experiment anzutreffen erwarten sollen. Diese Frage wurde aber allmählich immer dringender. Solange es nur Elektron und Proton als materielle Elementarteilchen zu geben schien, konnte diese Frage kaum auftauchen. Aber die von KOHLHÖRSTER entdeckte *Höhenstrahlung* oder *kosmische Strahlung*, die aus dem Weltall zu uns kommt – bei ihrem Eindringen in unsere Lufthülle mannigfache Teilchen-Umwandlungen hervorrufend –, hat außer dem Positron auch weitere, damals ganz unerwartete Elementarteilchen entdecken lassen. Die großen modernen Beschleunigungsanlagen haben ausführliche Untersuchung der neuen Elementarteilchen – und Entdeckung vieler weiterer – erlaubt. Schon seit längeren Jahren weiß man, daß sich *Energie* in mannigfach verschiedenen Arten von Elementarteilchen darstellen kann – die meisten von ihnen sind freilich unstabil, neigen (dem Neutron oder den radioaktiven Kernen ähnlich) zu Umwandlungen, in denen sie wieder verschwinden, anderen Teilchenarten ihre Energie überlassend. Zumeist beträgt die durchschnittliche «Lebensdauer» dieser Teilchenarten, von ihrer Erzeugung an, nur winzige Bruchteile einer Sekunde. Das aus einer eindringlichen (und aufwendigen) experimentellen und theoretischen Forschungsarbeit erwachsene Bild ließ bereits vermuten, daß es geradezu unendlich viele verschiedene Arten von Elementarteilchen geben würde.

Diese Vermutung ist in den letzten Jahren gestützt worden durch die Erzielung immer besserer experimenteller Hilfsmittel, die es heute erlauben, sogar solche Teilchenarten zu erfassen, deren durchschnittliche Lebensdauer nur 10^{-22} sec beträgt – noch viel weniger, als die winzigen Lebensdauern der früher untersuchten Teilchen, welche man damals als «äußerst kurzlebig» betrachtete, jetzt aber noch geradezu als vergleichsweise langlebig («metastabil») bezeichnen muß. Die ganz kurzlebigen, ganz instabilen Teilchenarten gibt es nun anscheinend wirklich in unerschöpflicher Fülle.

So entsteht die neue Aufgabe, die zunächst erarbeitete Aufzählung der verschiedenen Arten entdeckter Elementarteilchen und ihrer Eigenschaften zu ersetzen durch eine mathematische Theorie, welche uns befähigt, das gesamte «Spektrum» aller dieser Teilchenarten deduktiv zu ermitteln – so, wie die Quantenmechanik seinerzeit die Möglichkeit ergab, zum Beispiel das Spektrum des Eisens theoretisch zu errechnen und die Ergebnisse mit der Erfahrung zu vergleichen.

Diese Aufgabenstellung ist von HEISENBERG erkannt und erläutert und von ihm in einem kühnen Unternehmen angegriffen worden. Mehrere der hervorragendsten Spezialisten in der Forschungsrichtung der Quanten-Feldtheorie haben Heisenbergs Unternehmen für doch noch verfrüht angesehen und seine Ansätze mit entschiedener Skepsis betrachtet. Die diesbezügliche Kritik hat teils behauptet, daß der Heisenbergsche Ansatz doch noch zu eng gefaßt sei, um allen Tatsachen gerecht zu werden; andererseits wurde erklärt, daß die großen Schwierigkeiten, die sich der wirklich bis ins einzelne gehenden Durchführung des Heisenbergschen Programms entgegenstellen (wir sprechen davon noch), es als fruchtbarer erscheinen lassen, zunächst begrenzte Teilprobleme aus dem Ganzen herauszuschneiden, die wirklich lösbar sind.

In Heisenbergscher Sicht erfordert die Elementarteilchen-Theorie einen über die Quantenmechanik der Elektronenhüllen noch hinausgehenden Schritt des Verzichts auf Grundvorstellungen klassischer Physik. Die Quantenmechanik hat uns ja losgelöst von dem Gedanken, daß z. B. das Elektron eines Wasserstoff-Atoms sich in einer bestimmten «Bahn» um den Kern bewegen müsse. Aber sie beließ uns noch die Vorstellung, daß das H-Atom ein *zusammengesetztes* Teilchen ist, hingegen seine zwei Bausteine Proton und Elektron einfach, nicht zusammengesetzt, seien.

Dieser Unterscheidung von einfachen und zusammengesetzten Teilchen spricht Heisenberg nun ebenfalls die grundsätzliche, letztgültige Berechtigung ab. Wenn es auch natürlich dabei bleibt, daß wir uns die Atome und ihre Kerne aus Protonen, Neutronen, Elektronen «zusammengesetzt» vorzustellen haben, so verlieren doch in der noch tieferen Schicht der Elementarteilchen-Gesetze die Begriffe «einfach» und «zusammengesetzt» ihre Anwendbarkeit.

Gerade die große Leistung, welche die neue Heisenbergsche Theorie vollbringen möchte – die unendlich vielfältigen Arten möglicher Elementarteilchen in ihrer Gesamtheit theoretisch voraussagbar zu machen, dabei alles mit jedem mathematisch verknüpfend –, bedingt freilich auch, daß es ungeheuer schwierig ist, für eine bestimmte Einzelfrage die durch diese Theorie vorgeschriebene Antwort mathematisch zu ermitteln, dabei gewissermaßen diese Einzelantwort herauszuziehen aus dem ungeheuren Gesamtzusammenhang.

Obwohl diese Schwierigkeit (welche auch durch die bis heute verwirklichten Formen von «elektrischen Gehirnen» noch keineswegs behoben werden kann) die bis heute zu greifbarer Gestalt ausgearbeiteten Ergebnisse der Theorie noch in engen Grenzen hält und somit auch einer abschließenden Entscheidung über ihre Richtigkeit, durch Vergleich mit der Erfahrung, im Wege steht, so darf sie doch sicherlich nicht etwa als ein wesentlicher Einwand bewertet werden. Wir haben oben davon gesprochen, daß schon in der Physik der Moleküle – die zum ureigensten Anwendungsbereich der gesicherten Gesetze der Quantenmechanik gehört – die mathematisch-rechnerischen Schwierigkeiten bislang eine ins einzelne gehende theoretische Durchrechnung (obwohl sie grundsätzlich möglich sein sollte) verhindert haben. Fassen wir aber das Problem der Elementarteilchen im Geiste Heisenbergs auf, so wird man es als ganz natürlich ansehen müssen, daß im Reiche der Elementarteilchen ähnliche Mannigfaltigkeit, also auch ähnliche Kompliziertheit herrscht, wie im Reich der Moleküle, trotz Einfachheit der Grundgesetze.

Die Quantenmechanik – ihrem Wesen nach nichts anderes, als die über das Bohrsche Korrespondenzprinzip erreichte kristallklare mathematische Fassung des Planckschen Gedankens der Quantensprünge – könnte also in Heisenbergs Händen auf dem Wege sein, gegen Ende dieses durch Plancks Entdeckung eröffneten Jahrhunderts eine in weitem Ausmaß abschließende gedankliche Erfassung der physikalischen Wirklichkeit zu erreichen.

Ist die Determinierung endgültig widerlegt?

Wir haben in den letzten sechs Abschnitten die moderne Physik der Atome, Quanten, Elementarteilchen durchwandert, ohne uns vor unwegsamem oder gebirgigem Gelände zu scheuen: Dem Leser dieses Buches sollte Gelegenheit gegeben werden, in eigener Urteilsbildung zu prüfen, ob die naturwissenschaftlich umwälzenden Behauptungen der heutigen Physiker – nach dem Tode des Dreigestirns Planck, Einstein, Bohr vor allem durch Heisenberg repräsentiert – Vertrauen verdienen.

Unsere Betrachtung der modernen Physik in diesem Buche sollte aber (dadurch waren in der Berührung mancher reizvoller Einzelheiten enge Grenzen gezogen) nicht Selbstzweck sein. Es kommt darauf an, ob wir die Widerlegung der vom materialistischen Atheismus gepredigten lückenlosen Determinierung als eine *endgültige* Widerlegung ansehen dürfen — daraufhin sie zur Grundlage unserer Stellungnahme zur materialistischen Naturphilosophie machend, statt uns ängstlich in die Rückzugsposition einer Irrelevanz-Behauptung zu verkriechen, welche in einem so unvorteilhaften Verhältnis zur Wahrheit steht. (Obwohl schon im vorigen Jahrhundert ein Verfasser namens Wagner unter der komischen Bezeichnung «doppelte Buchführung» als Ausweg aus den Widersprüchen zwischen Religion und Naturwissenschaft empfohlen hat, beides in zwei getrennte Gehirnfächer zu legen — oder etwa zwischen Sonntag und Wochentagen aufzuteilen — und eine Berührung zwischen diesen feindlichen Gehirninhalten sorgfältig zu unterdrücken.)

Die oft vorgebrachte Besorgnis Fernerstehender, die sich noch nicht entschließen möchten, das ihnen noch verhältnismäßig sicher scheinende Bollwerk der Irrelevanzthese zu verlassen, kann etwa so ausgedrückt werden: «Kann man wirklich glauben, daß die heutige Ablehnung kausaler Determinierung mehr ist als eine wissenschaftliche Tagesmode? Ist es nicht denkbar, daß die Physiker der übernächsten Generation, indem sie wiederum zu neuen, tieferen Erkenntnissen gelangen, eine Wiederherstellung vollständiger Determinierung in ihrem physikalischen Naturbild vollziehen und alle diejenigen widerlegen werden, die den Indeterminismus als weltanschaulich bedeutsam anerkennen wollten?»

Dazu ist zunächst einmal zu sagen, daß die Sache genau umgekehrt liegt. Selbst wenn wir einmal die Denkmöglichkeit in Betracht ziehen wollen, daß die übernächste Generation in einer tieferen physikalischen Schicht eine kausale Bedingtheit der uns heute als indeterminiert erscheinenden Vorgänge entdecken würde (daß das in Wahrheit gar nicht in Frage kommt, wird noch begründet werden; aber zunächst fahre ich fort) — selbst in einem solchen Fall könnte das einmal gestürzte Dogma allumfassender Determinierung nicht wieder aufgerichtet werden. Denn dann müßte man sagen: «Wenn schon! Wer garantiert uns, daß die jetzt gefundene Kausalität endgültige Wahrheit sei? Wer will ausschließen, daß die wiederum übernächste Generation Vorgänge entdecken könnte, die wirklich indeterminiert sind?» Absolute, ausnahmlose Determinierung kann überhaupt nicht mehr bewiesen werden, nachdem einmal begrifflich-mathematisch klargestellt ist, daß eine Naturgesetzlichkeit ohne Determinierung widerspruchsfrei denkmöglich ist: Diese Erkenntnis, eine Erkenntnis nicht empirischer, sondern logisch-mathematischer Art, kann auf keine Weise rückgängig gemacht werden, nachdem sie einmal gewonnen wurde. Für alle Zukunft muß die Vorstellung vollständiger Determinierung mindestens als hypothetisch und als unbeweisbar angesehen werden: Die Quantenphysik behauptet aber darüber hinaus, daß diese Hypothese auch falsch ist — und endgültig als falsch erwiesen.

Man hört zwar hierzu oft die bedenkliche Frage: «Haben nicht aber Planck und Einstein an der Überzeugung festgehalten, es gäbe doch lückenlose Kausalität?»

Sie haben es in der Tat getan. Einstein hat die letzten drei Jahrzehnte seines Lebens einem heroischen Ringen gewidmet, in welchem er Unterlagen zu gewinnen hoffte für eine Zurückführung auch der Quantengesetze auf eine streng deterministische Physik. Planck hat zwar keinen ähnlichen Versuch unternommen, aber sich doch gesträubt, die statistische Auflockerung der Kausalität für endgültig zu halten. In unserem letzten Gespräch, nicht lange vor seinem Tode, schien er mir zwar stärker als früher geneigt, diese Folgerungen immerhin als eine in Betracht zu ziehende Möglichkeit anzusehen. Aber vielleicht entsprang dies mehr der persönlichen Güte eines alten Mannes gegenüber einem Jüngeren, dessen wissenschaftliche Bestrebungen er mit rührender Freundlichkeit beurteilte.

Man kann aber den Zeitgenossen, die unter Berufung auf Planck und Einstein der «Akausalität» mißtrauen, nichts anderes sagen als dies: In der Physik gelten keine Autoritäten. Es gilt nur die Wahrheit.

Auch Bewunderung und Verehrung, die wir den Großen der Forschung gegenüber empfinden, dürfen uns nicht dazu verführen, autoritätsgläubig zu werden. Von der Begrenztheit alles Menschlichen sind auch sie nicht ausgenommen; und die in diesem Buch betonte Bedeutung der Tradition als Lebenselement der Wissenschaft widerspricht durchaus nicht der Feststellung, daß es keinerlei Respektlosigkeit gegenüber Max Planck und Albert Einstein — als den Grundsteinlegern unseres Zeitalters — bedeutet, wenn wir auch ihnen nur das glauben, was sie uns beweisen konnten; nicht unbedingt auch das, was sie für wahrscheinlich gehalten haben. Gerade deshalb, weil wir in wissenschaftlicher Arbeit fortwirken am Werk der früheren Generationen, fortweben am Teppich der Wahrheit, sind wir verpflichtet, zu unterscheiden zwischen Bewiesenem und Vermutetem, auch im Gedankenwerk der Größten.

Möchten wir aber, wenn uns die eigene Stellungnahme zu dieser Grundentscheidung moderner Physik schwerfallen sollte, doch Autoritäten als Richtweiser oder Leuchttürme wünschen, so ist wohl Autorität genug gesammelt in der «akausalen» Phalanx der Bohr, Born, Dirac, Heisenberg, Heitler, Hund, v. Neumann, Oppenheimer, Pauli, Rosenfeld, Stern, Weißkopf, Weyl, Wigner – ganz abgesehen von vielen glänzenden Namen der jüngeren Generation.

Auch Kants Autorität darf uns nicht hindern, das Kausalitätsproblem unter Berücksichtigung jener modernen Erkenntnisse zu sehen, die zu seiner Zeit niemand voraussehen konnte. Von ihm stammt ja die scharfsinnige Erläuterung der Kausalität als einer Voraussetzung wissenschaftlichen Erkennens: Unsere Erkenntniswerkzeuge – einschließlich unserer eigenen Sinnesorgane, aber auch einschließlich unserer Meßwerkzeuge, Beobachtungsexperimente und experimentellen Apparaturen – würden uns gar keine Rückschlüsse auf die untersuchten Objekte erlauben, wenn sie nicht in ihrer Arbeitsweise streng kausal bestimmt wären. Daraus schloß Kant, daß es sinnwidrig und unmöglich wäre, Kausalität jemals empirisch prüfen zu wollen – da ja für jeden solchen Prüfungsversuch die Kausalität schon als Voraussetzung zugrunde gelegt werden müßte. Folglich sei Kausalität als eine nicht aus der Erfahrung abgeleitete, sondern a priori gegebene Gewißheit anzusehen.

Unserer durch die Atom- und Quantenphysik zwangsläufig geschärften Kritik kann die Lückenhaftigkeit dieser Beweisführung wohl nicht entgehen. Aus der Unmöglichkeit einer empirischen Prüfung der Kausalität (*wenn* eine solche Unmöglichkeit wirklich bestände) folgern zu wollen, daß das Kausalitätsprinzip eine *ohne* empirische Prüfung gesicherte Wahrheit sei, wäre ja erst dann möglich, wenn eine sichere Gewähr dafür gegeben wäre, daß die Naturwirklichkeit die für unser Erkennen nötigen Voraussetzungen erfüllen muß: Eine solche Garantie kann uns niemand verschaffen – sie mochte freilich zu Kants Zeiten, in einer überschwenglichen Überschätzung der «Vernunft», als ein Axiom angesehen werden, das tragfähig genug war, schwerwiegende Folgerungen daraus zu ziehen. Tatsächlich schließt aber die Unentbehrlichkeit kausalen Funktionierens der Beobachtungsmittel (als Voraussetzung für sicheres Erkennen der Objekte) keineswegs aus, empirisch zu erproben, ob oder wieweit die Annahme fester Kausalität sich bestätigt oder nicht bestätigt:

Bewährt sich die Kausalitäts-Annahme in einem gewissen Erfahrungsbereich, so ist dort nicht nur betreffs der Objekte, sondern auch betreffs der Instrumente die Kausalität empirisch bestätigt – während bei Nichtbewährung zunächst ungewiß bleibt, ob die Objekte oder aber die Beobachtungsmittel (oder sogar beide) akausal arbeiten.

In dieser Weise kann der (sehr bedeutsame) Wahrheitskern der Kantschen Zergliederung des Kausalproblems erläutert werden – aber mehr ist wirklich nicht herauszuholen.

Die Quantenphysik ist nun trotz ihrer «definitiven Widerlegung des Kausalitätsprinzips» (Heisenberg) durchaus im Einklang mit dem, was an Kants Überlegung richtig und bleibend war, und zwar in folgender Weise:

Wir müssen beachten, daß die Gesamtphysik sich in zwei Schichten teilt: Makrophysik und Mikrophysik. Die Naturgesetze der Mikrophysik sind die ursprünglichen, der Gesamtnatur zugrunde liegenden – die der Makrophysik sind Folgerungen daraus. Jedoch ist die Mikrophysik andererseits nur von der Makrophysik aus erkennbar: Erst die zuverlässige Kausalität der Makrophysik gibt uns Unterlagen, auf denen wir stehen können und von denen aus wir hinunterzugreifen vermögen in die Bereiche der Mikrophysik, in welchen wir niemals unmittelbar Fuß fassen können. Unsere Beobachtungsmittel sind stets makrophysikalisch – sie arbeiten also in kausaler Zuverlässigkeit, die von Kant bezeichnete notwendige Voraussetzung erfüllend. Das verhindert uns nicht, auch mikrophysikalische, nicht mehr kausal gebundene Objekte in die Zangen dieser Beobachtungsmittel zu nehmen.

Es sei aber noch einmal daran erinnert, daß die Schicht der Makrophysik nicht als eine feste, dicke, lückenlose Schicht über der mikrophysikalischen Unterwelt liegt, sondern nur als Grenzfall der Mikrophysik verwirklicht ist – und nur lückenhaft die Schicht der Mikrophysik überdeckt, wie Eisschollen über einem tiefen See.

Die kausale Determinierung, die wir in geschlossenen makrophysikalischen Systemen finden, ist unlösbar verknüpft mit der *Stetigkeit* makrophysikalischer Größen. Mathematisch gesprochen sind die determinierenden Naturgesetze stets durch Differentialgleichungen auszudrücken; und das bedeutet, daß es sich um gesetzmäßige Verknüpfung stetig abstufbarer Folgewirkungen mit stetig abstufbaren Ursachen handelt. Unstetigkeiten können nicht auftreten, wo bindende kausale Gesetze herrschen; unstetiges Geschehen – wie es in der Quantenphysik als Tatsache vorliegt – läßt eine Formulierung kausaler Gesetze gar nicht zu. Die Mathematik der Quantenmechanik oder Wellenmechanik arbeitet zwar ebenfalls mit Differentialgleichungen; aber diese beziehen sich auf Wahrscheinlichkeitsgrößen – die Wahrscheinlichkeiten sind ihrerseits wieder stetig veränderliche Größen. Aber ihre Bedeutung bezieht sich auf unstetige Ereignisse.

Man müßte also, um die Vermutung zu vertreten, daß in einer noch tieferen Schicht Determinierung wiederzufinden wäre, gleichzeitig vermuten, daß dort Stetigkeit wiederentdeckt werden könnte – daß die ganzen quantenphysikalischen Unstetigkeiten nur scheinbare oder vorgetäuschte Unstetigkeiten wären, die bei genauerer Untersuchung doch wieder dem alten «natura *non* facit saltus» weichen würden.

Vielleicht noch schlagender ist aber die Erwägung, daß eine Wiederherstelung kausal-deterministischer Physik aufgrund neuer, tiefer bohrender physikalischer Entdeckungen deshalb nicht in Betracht kommen kann, weil die Geschlossenheit unserer heutigen, in der Quantenmechanik zusammengefaßten physikalischen Naturerkenntnis gar keinen Raum mehr offenläßt für neue Entdeckungen solcher Art, wie sie für eine «Restauration» der Determinierung nötig wären. Diese Erwägung wollen wir ihrer grundsätzlichen Wichtigkeit wegen etwas genauer ausführen, ohne Scheu vor einer gewissen Ausführlichkeit.

Stellen wir uns also vor, im Jahre Zweitausendund-X wäre durch neue physikalische Entdeckungen bewiesen worden, daß es doch eine den Quantensprüngen zugrunde liegende Kausalität gibt. Die Physiker sind nun (wir versetzen uns im Geiste in die Zeit nach Zweitausendund-X) imstande, an einem einzelnen Radiumatom zu erkennen, wann es einmal zerfallen wird – sofern es sich selber überlassen bleibt. Sie haben vielleicht auch schon Möglichkeiten gefunden, das einzelne Radiumatom so zu beeinflussen, daß der Zeitpunkt seines Zerfalls verzögert oder vorverlegt werden kann; aber von dieser Möglichkeit, sofern sie schon erreicht ist, wollen wir nicht einmal Gebrauch machen – es genügt uns, daß der Zeitpunkt des Zerfalls für jedes Radiumatom im voraus ermittelt werden kann. Dann müßte es also auch möglich sein, eine Sortiermaschine zu konstruieren, welche selbsttätig ein in sie hineingestecktes Radiumpräparat so zerteilt, daß wir eine Reihe getrennter Radiummengen in einzelnen Behältern bekommen: Die in einem bestimmten Behälter gesammelten Atome werden im Laufe des Jahres 3000 zerfallen; die in einem anderen Behälter befindlichen im Jahr 3001; die in einem dritten befindlichen 3002 – und so fort.

Obwohl wir noch nicht wissen, wie diese Sortiermaschine im einzelnen aussehen wird – die Entdeckungen, die ihre Konstruktion ermöglichen könnten, sollen ja erst noch gemacht werden –, so können wir doch heute schon folgendes sagen: Ihre verschiedenen Teile müssen aus Materie bestehen, vielleicht unter Mitbenutzung von Antimaterie. In ihrer Arbeitsweise können elektromagnetische Kräfte mitwirken (Funkanlagen, und überhaupt elektronische Anlagen irgendwelcher Art), ferner auch Schwerkraft. Es können chemische Vorgänge mitspielen, und die Metallurgie kann ebenso wie die Keramik oder die Festkörperphysik ihre Beiträge leisten. Nicht nur Schmelzen und Erstarren irgendwelcher Stoffe ist in Betracht zu ziehen, sondern auch beliebige Vorgänge der Isotopenanalyse, ferner Hitze in höchsten technisch erreichbaren Graden, ferner Tieftemperatur, die etwa auch Mitbenutzung von Supraleitung erlauben kann. Da wir die Errichtung dieser Sortiermaschine jetzt als ein Gedankenexperiment betreiben, so spielt die Kostenfrage keine Rolle. Das Gebäude, in dem sie steht, mag beliebige Größe haben – es kann sich beispielsweise auswachsen zur Größe jener Geheimstadt von 100 000 Einwohnern, die im zweiten Weltkrieg in den USA errichtet wurde zur Durchführung eines Teils der Arbeit für die Herstellung der ersten Atombomben. In den Arbeitsgang der Sortiermaschine können, sofern Bedarf dafür besteht, sämtliche bislang in physikalischen und chemischen Laboratorien sowie in den Fabrikanlagen der mit Chemie und Physik arbeitenden Industrie verwirklichten Maschinen oder Arbeitsgänge eingebaut sein – natürlich alles in vollautomatisiertem Betrieb. Aber auch jede von einem künftigen Erfinder zu schaffende Maschinenkonstruktion oder chemische Verbindung oder elektronische Anordnung und Schaltung darf dabei im voraus mitverwendet sein. Es hilft alles nichts: Die Sortiermaschine kann ihre Aufgabe nicht erfüllen.

Denn sobald uns der Erfinder dieser Maschine seinen vollständigen Konstruktionsplan vorgelegt hat, ist die moderne Physik *grundsätzlich* imstande, ihm vorzurechnen, was das Ergebnis der Sortiermaschine sein wird – und die Vorausberechnung der Funktionsweise der Maschine liefert, da sie letzten Endes aufgrund der Quantenmechanik vollzogen wird, ein Ergebnis, das sich im Rahmen der quantenmechanischen Gesetze hält.

Wir müssen hier freilich das Wort «grundsätzlich» dick unterstreichen, aus mehrfachem Grunde. Wir haben ja früher davon gesprochen, daß die praktische Durchführung von theoretischen Berechnungen, welche die Forschungsarbeit des Chemikers überflüssig machen könnten, heute noch keineswegs möglich ist – die Moleküle sind für unsere heutigen mathematischen Möglichkeiten noch viel zu kompliziert. Aber wir können jedes Problem der Chemie aufgrund der Quantenmechanik-Wellenmechanik *formulieren* als eine völlig klare mathematische Fragestellung. Obwohl die vollständige Lösung solcher hochkomplizierten Fragestellungen heute noch in keiner Weise zu erreichen ist, so sind doch bestimmte Eigenschaften der fraglichen Lösung mit mathematischer Sicherheit zu erkennen. (Das ist nichts Wunderbares: Sehr oft kann die Mathematik für irgendein Problem ohne vollständige Kenntnis seiner Lösung doch bestimmte Eigenschaften seiner Lösung beweisen.) Dies genügt aber zur Rechtfertigung unserer These, daß chemische Vorgänge irgendwelcher Art (auch wenn es sich um heute noch unentdeckte Verbindungen oder Reaktionen handelt) keine Hilfe für die Konstruktion der vorgestellten Sortiermaschine leisten können. Diese These ist nicht eine mehr oder weniger wahrscheinliche Vermutung, sondern eine mathematisch beweisbare Wahrheit.

Ähnliches gilt, unseren früheren Betrachtungen entsprechend, wenn wir in der gedachten Maschine auch Anlagen in der Art der heutigen Beschleuniger darin haben, so daß im Arbeitsgang der Maschine auch die Erzeugung (und Weiterverwendung) von Antimaterie oder von unstabilen Elementarteilchen vorkommen kann. Hierbei geraten wir ja in den Zuständigkeitsbereich der Heisenbergschen Elementarteilchentheorie, deren zum Teil noch unbehobene Schwierigkeiten wir oben berührt haben. Es wäre verfrüht, zu sagen, daß auch unter den jetzt betrachteten Voraussetzungen die Arbeit der Sortiermaschine vollständig zu übersehen wäre. Trotzdem wird kein Sachkundiger bereit sein, zu meinen, daß hierein eine Lücke unserer Überlegung liege, die der Konstruktion der Sortiermaschine doch noch Aussichten geben könnte: Sie auf dem Umweg über die unstabilen Elementarteilchen konstruieren zu wollen, nachdem klargeworden ist, daß es anders bestimmt nicht geht, wäre absurd.

Es gibt Leute, welche heute von der «Aufhebung der Schwerkraft» träumen oder von der Erfindung metallischer Legierungen, welche die Schwerkraft «abschirmen» könnten. Man wird ihre Hoffnungen keineswegs erschüttern können durch die Erläuterung, daß eine solche Erfindung auch das Energieprinzip aufheben und das Perpetuum mobile verwirklichen würde – im Gegenteil werden dann ihre Hoffnungen noch freudiger.

Man kann auch nicht diskutieren gegenüber dem Argument: «Aber trotzdem könnte es doch sein, daß ...», denn: «Wie oft haben die Gelehrten sich schon geirrt!» Das Ergebnis unserer soeben durchgeführten Betrachtung wollen wir deshalb so aussprechen, daß wir ganz darauf verzichten, etwas zu sagen, was durch Torheit angefochten oder angezweifelt werden könnte. Die künftige Entdeckung einer «tieferen Schicht» von Kausalität unter der statistischen Naturgesetzlichkeit der Quantenmechanik kann nicht in der Form einer Ergänzung der heutigen Theorie – einer «Vervollständigung» – geschehen, sondern nur so, daß die bisher bekannten physikalischen Gesetze als ausdrücklich falsch erwiesen würden – nicht im vollen Umfang ihrer Aussagen, aber zu einem erheblichen Teil. Eine solche Widerlegung bereits sorgfältig erprobter und bewiesener Gesetze in ihrem eigenen Zuständigkeitsbereich ist aber in der Gesamtgeschichte der Physik noch niemals vorgekommen.

Die Konstruktion der Sortiermaschine – deren künftige Konstruierbarkeit zu behaupten der Sinn und Inhalt einer Behauptung existierender, noch unentdeckter Determinierung ist – ist bestimmt nicht möglich ohne den Umweg über die Elementarteilchen-Erzeugung; und fast ebenso sicher unmöglich mit diesem Umweg.

Eine kausale «Ergänzung» oder «Vervollständigung» der heutigen physikalischen Theorie ist deshalb ausgeschlossen, weil diese Theorie bereits vollständig ist – in dem Sinne, daß sie zuständig ist auch für jedes zukünftige Experiment, welches in der Absicht einer Wiederentdeckung von Kausalität unternommen werden könnte.

Wir werden im nächsten, letzten Abschnitt dieses Kapitels noch auf einem anderen Weg zu der gleichen Endfeststellung kommen.

Komplementarität

Dieses Kapitel zu vervollständigen mit einer Besprechung des – oben nur in vorläufiger Weise berührten – Themas «Komplementarität», entspricht einer Notwendigkeit, die sich aus Absicht und Plan des Buches ergibt: Das indeterministische Naturbild moderner Physik, Biologie, Astronomie erhält im Begriff der Komplementarität seine Vollendung. Bohr selber hat wiederholt der Überzeugung Ausdruck gegeben, daß dieser Begriff für unsere geistige Welterfassung eine weit über die Fachgrenzen der Physik hinausreichende Bedeutung habe – wir werden darüber später noch etwas zu sprechen haben, während es hier zunächst darauf ankommt, den Begriff in seiner rein physikalischen Bedeutung zu erfassen.

Indem ich aber den Begriff der Komplementarität am Schluß dieses Kapitels behandele, hiermit auch äußerlich anzeigend, daß ich in ihm den Höhepunkt quantenphysikalischen Denkens sehe, suche ich zugleich meine Ehrfurcht vor einem überragenden Forscher und einem großen Menschen auszudrücken – der uns unerwartet verlassen hat, während ich an diesem Buch arbeitete. Viele derjenigen, von deren Erkenntnissen dieses Kapitel handelte, deren Leistungen und deren Menschlichkeit auch mir den Lebensraum aufgespannt haben, sind inzwischen von uns gegangen – unüberhörbare Mahnung, dieses Buch zu Ende zu bringen, obwohl ich ihm lieber noch einige Jahre ruhiger Arbeit gewidmet hätte.

Im Sinne der Bornschen Deutung der Schrödingerschen Eigenfunktionen konnte man sagen: Wenn sich ein H-Atom zunächst in einem Zustand bestimmter Energie befindet und dann untersucht wird, an welchem Ort sich das Elektron befindet, so gibt die «Ladungsdichte» (in Schrödingers Benennung) uns die Wahrscheinlichkeit dafür, es an diesem oder statt dessen an einem anderen Ort zu finden.

Hieran knüpft eine weiterführende Überlegung an: Statt nur nach dem Ort des Elektrons unter Voraussetzung bekannter Energie zu fragen, könnte man analoge, aber sehr viel allgemeinere Fragen stellen. Die Geschwindigkeit des Elektrons – bei Multiplikation mit der Masse des Elektrons liefert sie das, was die Physiker den «Impuls» nennen – ist eine physikalisch ebenso wichtige Größe, wie sein Ort. Vom Standpunkt der klassischen Mechanik hatte aber die Hamilton-Jacobische Theorie ganz allgemein auch Funktionen von «Ortskoordinaten» und Impulsen hinsichtlich ihres mechanischen Verhaltens untersucht; man bezeichnet die diesbezüglichen Überlegungen als «Theorie der kanonischen Transformationen». Es galt nun, diese (recht abstrakten und deshalb hier nicht ausführlicher zu besprechenden) klassischen Überlegungen in ihrem vollen Umfang in die Quantenmechanik zu übertragen, wobei Wahrscheinlichkeitsbeziehungen zwischen verschiedenen meßbaren Größen herauskommen mußten. Die Lösung dieser Aufgabe ist von Jordan und von Dirac gefunden worden; man nennt die damit in allgemeinster Form gegebene Formulierung der quantenmechanischen Wahrscheinlichkeitsgesetze die «statistische Transformationstheorie». Wertvolle abschließende Vertiefungen dazu erreichte der Mathematiker J. v. Neumann, auf den wir noch zurückkommen werden.

Heisenberg hat aus diesen Gedankengängen heraus seine berühmten «Ungenauigkeits-Beziehungen» abgeleitet, deren Erläuterung und nachdenkliche Betrachtung wir jetzt sogleich verbinden wollen mit der Berücksichtigung der daran anknüpfenden, weiterführenden Erwägungen Bohrs. Wenn wir den Ort eines Elektrons ermitteln (oder «messen») wollen, so benötigen wir dazu ein passendes Instrument – wir werden ein «Gammastrahl-Mikroskop» benutzen müssen: Ein solches ist technisch heute noch nicht zu verwirklichen; aber da seine Existenz nicht in Widerspruch zu den physikalischen Gesetzen steht, dürfen wir es als erlaubtes Instrument für Gedanken-Experimente ansehen. Wir benötigen es, um uns eine sehr genaue Ermittlung des Ortes des Elektrons (innerhalb des H-Atoms!) vorstellen zu können – die gewünschte sehr scharfe Erkennung des Ortes erfordert ein Mikroskop, das auf äußerst kurze Wellenlängen anspricht, welche noch kürzer als diejenigen von Röntgenstrahlen sind; erst Gammastrahlen würden den gestellten Anforderungen genügen.

Wollen wir andererseits eine Messung des Impulses (oder der Geschwindigkeit) des Elektrons durchführen, so wäre das beste Instrument dafür ein «Beugungsgitter», also ein spektroskopisches Strichgitter (davon sprachen wir ja schon), mit möglichst enger Folge der Striche. Denn die Impulsmessung an einem Elektron ist nach de Broglie gar nichts anderes als Messung seiner Wellenlänge.

Es ist aber nicht möglich, die «komplementären» Größen Ort und Impuls *zugleich* mit großer Genauigkeit zu messen: Genaue Ortsmessung heißt ja, daß das Vorhandensein des Elektrons innerhalb eines sehr kleinen Raumbereiches sichergestellt wird. Scharfe Messung der Wellenlänge des Elektrons bedeutet andererseits, daß dem Elektron Gelegenheit gegeben wird, sich auszubreiten, sich räumlich zu entfalten in einem Ausmaß, das viele der fraglichen Wellenlängen umfaßt. Denn eine Wellenlänge ist mathematisch nur dann überhaupt scharf definiert, wenn sie verwirklicht ist in einem Wellenzug, der viele Wellenberge und Wellentäler in periodischer Wiederholung enthält. Es kann nur ein Kompromiß in Frage kommen, wenn man den Wunsch hat, beides – Ort *und* Impuls – zugleich zu messen. Aber man hat die Auswahl zwischen *verschiedenen* möglichen Kompromissen: Je genauer man die Wellenlänge zu messen wünscht, ein desto größeres Mindestmaß von Verschwommenheit des Ortes muß man in Kauf nehmen; und umgekehrt.

Man kann danach die von Heisenberg hervorgehobene «definitive Widerlegung des Kausalitätsprinzips» auch so erläutern. Die Vorausberechnung etwa der Planetenbahnen ist abhängig von der ausreichend genauen Kenntnis eines Anfangszustands – für irgendeinen Zeitpunkt müssen Örter und Geschwindigkeiten der Planeten bekannt sein, dann sind ihre weiteren zukünftigen Bewegungen berechenbar. Die quantenphysikalische Widerlegung der Kausalität verfährt nun nicht etwa so, daß sie sagt: «Auch bei vollständiger Kenntnis des Anfangszustands sind die daraus hervorgehenden Bewegungen nicht determiniert.» Sondern sie verfährt – einerseits feiner, andererseits radikaler – so, daß sie die physikalische Unmöglichkeit feststellt, einen in bezug auf Ort und Geschwindigkeit zugleich scharf definierten Anfangszustand überhaupt zu verwirklichen.

In einem Buche von A. HÜBSCHER über «Denker unserer Zeit»[1] heißt es in einem Abschnitt über Heisenberg: «Heute ist der Streit, der zu Ende der zwanziger und zu Anfang der dreißiger Jahre um die allgemeine Gültigkeit des Kausalgesetzes geführt wurde, entschieden. Nicht die Gültigkeit des Kausalgesetzes scheint erschüttert, sondern die Zulänglichkeit menschlicher Kausalforschung. Unbestimmbarkeit ist nicht dasselbe wie reale Unbestimmtheit.»

Das hierin ausgedrückte Mißverständnis des Sachverhalts ist genau ein hundertprozentiges Mißverständnis; nicht nur deshalb, weil die Aussage «Kausalität unerschüttert» wirklich nicht eine referierende Wiedergabe von «definitiver Widerlegung des Kausalitätsprinzips» ist – der Verfasser des genannten Buches wollte also wohl nicht eine Wiedergabe der Auffassung Heisenbergs bringen, sondern eine korrigierende Abänderung. Sondern der Sache nach kann man nur die Auffassung Heisenbergs als vertretbar ansehen; nicht aber eine gegenteilige. Es lohnt sich, etwas genauer zu sagen, warum. Denn es handelt sich hier um ein oft vertretenes Mißverständnis, das immer dann auftaucht, wenn mit Gewalt versucht wird, die neuen Erkenntnisse durch Beseitigung ihres eigentlichen Inhalts in den zu engen Rahmen überholter philosophischer Lehren einzuspannen.

Wenn die Wellenlänge eines Elektrons gemessen wird (mit Anwendung eines Beugungsgitters), so ist die dabei erforderliche Materiewelle ebenso real, wie im Falle der Ortsmessung das korpuskulare Teilchen real ist: Das Elektron mit gemessener Wellenlänge ist wirklich in einem Raumbereich entsprechender Größe ausgebreitet

---

[1] München 1956.

– es ist unmöglich, ihm jetzt einen bestimmten (nur nicht erkennbaren oder bestimmbaren) Ort zuzuschreiben, da es ja in dem ganzen für die Wellenlängenmessung erforderlichen Raumbereich reale physikalische Wirkung ausübt. Umgekehrt wäre es unsinnig, einem räumlich eng eingegrenzten, also «korpuskularen» Elektron in diesem Zustand eine scharf definierte (wiederum nur unbestimmbare, nicht unbestimmte) Wellenlänge zuzuschreiben. Die Aussage der Quantenmechanik ist genau die, daß das mit scharf bestimmter Wellenlänge auftretende Elektron in diesem Zustand *keinen* scharfen Ort hat und haben kann, weil das ein Widerspruch in sich wäre; sondern wenn wir jetzt mit Hilfe eines Gamma-Mikroskops eine Ortsbestimmung durchführen, so bedeutet das, daß wir das Elektron zwingen, sich für einen bestimmten Ort zu *entscheiden*. Dabei können wir nicht auch einen Einfluß darauf ausüben, für welchen Ort es sich entscheiden wird – die diesbezüglichen Wahrscheinlichkeiten sind durch die Gesetze der Quantenmechanik vorgeschrieben.

Bohr und Heisenberg haben näher ausgeführt, daß das Elektron, dem wir mit dem Gamma-Mikroskop das Auftauchen an bestimmtem Orte aufzwingen, dabei unter die Wirkung eines sehr kurzwelligen, also sehr energiereichen (und impulsreichen, zu kräftiger Stoßwirkung befähigten) Lichtquants gerät, so daß sein eigener Impuls, der vor der Ortsbestimmung vielleicht seinerseits recht scharf bestimmt war, nun völlig verändert, und zwar unkontrollierbar geändert wird. Dies legt folgende Betrachtung nahe:

Beobachtung oder Messung einer physikalischen Größe bedeutet ja in jedem Falle, daß ein Objekt einwirkt auf das Instrument, auf den «Fühler», mit dem wir es «betasten». Nun gibt es aber ein Grundgesetz aller Physik, dessen Gültigkeit in allen «revolutionären» Umgestaltungen durch Relativitäts- und Quantentheorie nicht angefochten, sondern im Gegenteil nur noch deutlicher unterstrichen worden ist, nämlich das Gesetz der Wechselwirkung: Einwirkung eines Objektes auf ein Meßinstrument kann nicht stattfinden, ohne daß umgekehrt das Meßinstrument auch eine Rückwirkung auf das Objekt ausübt – der Fühler muß das Objekt betasten, um es seinerseits wahrnehmen zu können.

Denken wir zum Beispiel an die Temperaturmessung mit einem Thermometer: Die Angleichung der eigenen Temperatur des Thermometers an diejenige des Körpers, dessen Temperatur wir wissen wollen, erfordert ja, daß dieser Körper einen Teil seines Wärmeinhaltes in das Thermometer hineinfließen läßt; grundsätzlich ist es also so, daß die Temperatur dieses Körpers etwas verändert, etwas gefälscht wird durch den Meßvorgang selber.

Diese Fälschung ist jedoch nicht von ernstlich störender Bedeutung, solange wir es zu tun haben mit Makrophysik, klassischer Physik. Es gibt einen Ausweg, und zwar ist er — wollen wir uns auch dies bewußt machen! — ermöglicht durch die *Stetigkeit* aller Größen in der klassischen Physik: Diese Stetigkeit, soweit sie gegeben ist, erlaubt es uns, so feine Meßinstrumente herzustellen und zu benutzen, daß eine ganz geringfügige Wechselwirkung mit dem Objekt — zu geringfügig, um eine ins Gewicht fallende Veränderung am Objekt hervorzubringen — ausreicht, das Meßinstrument in einer unseren Sinnen erkennbar werdenden Weise zu beeinflussen. (Man kann unter Umständen die durch den Meßvorgang verursachte Fälschung der gemessenen Größe auch rechnerisch aus dem Ergebnis herauskorrigieren, statt eine Verkleinerung des Instruments durchzuführen — daß man das kann, beruht offenbar ebenfalls auf der *Stetigkeit* der klassischen Physik.)

Der Verfeinerung unserer Instrumente sind nun aber grundsätzliche Schranken gesezt durch Atomistik und sonstige Quantenerscheinungen. Wenn wir ein einzelnes Elektron untersuchen wollen, so können wir nicht Instrumente bauen, welche viel feiner und kleiner sind als dieses Untersuchungsobjekt — die Materie, wie sie ist, stellt uns kein Material für den Bau solcher Instrumente zur Verfügung. Hier verläßt uns also ganz grundsätzlich — nicht aufgrund des derzeitigen Standes der Technik, sondern aufgrund der physikalischen Naturgesetze — die Möglichkeit, Fälschung des Objektes im Messungsvorgang zu vermeiden. Wir müssen im Gegenteil jetzt die Veränderung des Objektes durch den Beobachtungs- und Messungsvorgang als etwas zu der Beobachtung so unvermeidbar Hinzugehöriges betrachten, daß es schon gar nicht mehr sinngemäß ist, von einer «Fälschung» zu sprechen. Denn dies Wort «Fälschung» ist ja nur dann angebracht, wenn ein «echter», ungefälschter Zustand wenigstens in einwandfreier Weise denkbar und definierbar ist — aber auch das wird jetzt unmöglich. Wir müssen vielmehr anerkennen, daß wir jetzt überhaupt nicht mehr von Beobachtung sprechen können in dem Sinne, den dies Wort sonst eigentlich für uns (gewohnheitsmäßig, das heißt aus klassischer Gewohnheit) hat — nämlich im Sinne bloßer *Kenntnisnahme* eines Sachverhalts, der auch unabhängig von der Durchführung dieser Kenntnisnahme vorhanden ist, und als vorhandener Zustand widerspruchsfrei vorgestellt werden kann. Sondern unsere Beobachtungsakte sind jetzt als tätige Eingriffe in das Objekt zu verstehen – als Auseinandersetzung mit dem Objekt.

M. Hartmann hat in seiner Polemik gegen die moderne Physik behauptet, die soeben angedeutete Erwägung enthalte einen Widerspruch in sich – und durch den Nachweis dieses Widerspruchs werde klar, daß nur lückenlose Kausalität als eine mögliche, zulässige naturwissenschaftliche Vorstellungsweise betrachtet werden könne. Denn, so etwa sagte er, indem die Wechselwirkung von Objekt und Instrument in dieser Überlegung als wesentlich bewertet wird, ist ja der Kausalitätsbegriff schon wieder verwendet – er bleibt also unentbehrlich sogar für die Beweisversuche der Indeterministen.

Dieses Mißverständnis Hartmanns ist eigentlich zu oberflächlich, um lehrreich zu sein; dennoch seien ihm einige aufklärende Worte gewidmet. Zunächst ist es logisch völlig in Ordnung, wenn wir die Unmöglichkeit, den alten Kausalitätsbegriff aufrechtzuerhalten, dadurch nachweisen, daß wir ihn versuchsweise als richtig voraussetzen, und dann aus ihm Folgerungen ziehen, die in sich widerspruchsvoll sind, wodurch die Voraussetzung lückenloser Kausalität dann als unhaltbar erwiesen wird. Das ist genau die alte berühmte Methode des «indirekten Beweises», die schon in antiker Zeit, insbesondere in Euklids großem Werke, virtuos gehandhabt worden ist. Aber auch dann, wenn wir uns bereits entschlossen haben, die Grundbegriffe der Quantenmechanik anzunehmen, bleibt die obige Erörterung mikrophysikalischer Beobachtungsvorgänge durchaus in Kraft; und zwar deshalb, weil sie gar nicht darauf angewiesen ist, daß die dabei entscheidende Wechselwirkung im Sinne vollständiger Determinierung, lückenloser Kausalität vorgestellt wird. Selbstverständlich ist es nicht der Sinn des quantenphysikalischen Indeterminismus, das Vorhandensein von Wirkungen (und Wechselwirkungen) zu leugnen. Täte man das, so würde man ja die gesamte Physik verleugnen, klassische und quantenhafte zugleich. Es bleibt dabei, daß es physikalische Wirkungen gibt – aber ob es vollständige Determinierung gibt, ist eine ganz andere Frage.

Unsere Überlegung, daß wir außerstande sind, mikrophysikalischen Objekten solche Meßinstrumente gegenüberzustellen, die noch viel feiner wären, erfährt noch eine Verschärfung, wenn wir jetzt an Kants Erwägungen denken, in der oben erläuterten modernisierten Form, wonach Meßinstumente kausal funktionieren müssen, um ihrem Zweck zu entsprechen. Nehmen wir hinzu die moderne Erkenntnis, daß volle Kausalität nur im makrophysikalischen Bereich zu finden ist, so kommen wir zu der Feststellung, daß die einzigen naturgesetzlich möglichen Meßinstrumente für Mikroobjekte nicht nur nicht feiner als diese sein können, sondern im Gegenteil sogar ungeheuer viel schwerer und mächtiger sein müssen – denn sie müssen geradezu makrophysikalische Gebilde sein.

Um so mehr gilt die Folgerung, daß unsere Beobachtungsakte an mikrophysikalischen Gegenständen nicht mehr als Kenntnisnahme eines sowieso vorhandenen Seins aufzufassen sind, sondern als Eingriffe in das Beobachtete, als Auseinandersetzung mit ihm. Man hat das auch so ausgedrückt, daß die Mikroobjekte der Physik keine volle «Objektivierung» mehr gestatten. Der Planet Jupiter merkt nichts davon, daß ein Astronom sein Fernrohr auf ihn richtet – hier handelt es sich wirklich um Kenntnisnahme und sonst nichts. Wir können deshalb – und wir tun es, ohne dies für etwas anderes als eine Selbstverständlichkeit zu halten – die Gesamtheit der an Jupiter vorgenommenen und für ihn vorauszusagenden Beobachtungen so beschreiben, daß wir ihm eine objektive Bewegung zuschreiben, in deren Beschreibung von den einzelnen Beobachtungsvorgängen (Akten bloßer Kenntnisnahme) überhaupt nicht mehr gesprochen wird. Eine solche Objektivierung ist aber nicht möglich im Falle eines Elektrons, das von jedem daran ausgeführten Meßvorgang einschneidend beeinflußt und zustandsmäßig verändert wird.

Man könnte nun befürchten, daß in dieser Sachlache die Mikrophysik unserem Verstehen völlig entzogen bleiben müßte – wie ein gesetzloses Chaos. Daß wir trotzdem durchaus scharfe Messungen – und darauf gegründete statistische Vorhersagen – betreffs mikrophysikalischer Gebilde machen können, wird ermöglicht durch den Tatsachenzusammenhang, den wir nach Bohr als Komplementarität bezeichnen und den wir uns folgendermaßen noch einmal verdeutlichen wollen.

Das Elektron hat gewissermaßen *zwei Seiten,* die Wellenseite und die Teilchenseite; und das Entscheidende ist, daß diese beiden – in bestimmtem Sinne entgegengesetzten – Seiten *niemals zugleich in Erscheinung treten können.*

Wenn wir einen Stein besehen, so sind wir ja ebenfalls in der Lage, daß wir ihn nicht gleichzeitig von vorn und von hinten ansehen können. Wobei hinzuzufügen ist, daß es nicht etwa nur *ein* Paar entgegengesetzter Seiten gibt – es gibt unendlich viele verschiedene Möglichkeiten (entsprechend der Gesamtheit räumlicher Richtungen), eine bestimmte Seite auszuwählen, die wir zur Vorderseite machen und betrachten wollen – während eine bestimmte zugehörige Rückseite unserer Wahrnehmung entzogen ist. Bis hierher ist der alltägliche Sachverhalt, mit dem wir es bei Betrachtung eines Steines zu tun haben, ganz analog dem Verhalten des Elektrons und seiner verschiedenen Seiten. Es gibt nämlich auch beim Elektron nicht nur jene zwei Seiten (Wellen, Teilchen – oder Impuls, Ort), welche wir wechselweise zur «Vorderseite» und «Rückseite» machen können, sondern es gibt auch eine unendliche Mannigfaltigkeit anderer Gegensatzpaare von «komplementären Seiten»; es gehört zum Hauptergebnis der erwähnten statistischen Transformationstheorie, eine vollständige Übersicht der diesbezüglichen Möglichkeiten gegeben zu haben.

Nun aber kommt der Unterschied von makrophysikalischem Stein und mikrophysikalischem Elektron. Beim Stein können wir es durch einfache Hilfsmittel doch möglich machen, auch die Rückseite zugleich mit der Vorderseite zu sehen – wir brauchen nur einen Spiegel anzuwenden; oder wir können zwei Beobachter statt nur eines Beobachters mit der Besichtigung beauftragen. Es ist daher trotz der für den einzelnen Beobachter bestehenden Unmöglichkeit, die jeweilige Rückseite unmittelbar (ohne Spiegel) zu sehen, widerspruchsfrei möglich, den Stein im ganzen zu objektivieren, also uns vorzustellen, daß seine Gestalt in bestimmter Gesamtform ständig vorhanden ist, unabhängig davon, welche Seite gerade besehen wird. Dies eben ist beim Elektron anders – bei diesem mikrophysikalischen Gebilde sind die zwei «Seiten» Ort und Wellenlänge wegen ihres Widerspruchs miteinander unfähig, zugleich zu existieren – die eine, wenn existierend, schließt die Existenz der anderen aus. Denn es wäre wirklich – dem können wir auf keine Weise entgehen – ein vollendeter Widerspruch, wenn wir uns zugleich das Elektron als auf einen ganz kleinen Raumbereich beschränkt und andererseits über einen ganz großen Raumbereich ausgedehnt vorstellen wollen. Wohl aber ist es logisch einwandfrei möglich, zuzugeben, daß wechselweise einmal die eine und einmal die andere Seite sichtbar werden kann – wobei die Vorgänge dieses Wechsels (unter dem Einfluß von Beobachtungsexperimenten) freilich nicht mehr kausal-deterministisch vorstellbar sind, sondern nur im Rahmen statistischer Gesetzlichkeit.

Wir sehen hier also die Komplementarität in einer sehr eigentümlichen Rolle: Sie ermöglicht es, am gleichen Objekt Eigenschaften zu verknüpfen, die durchaus widerspruchsvoll wären, wenn sie zugleich in Erscheinung treten könnten.

Während man andererseits sagen kann, daß die Komplementarität die sozusagen negative Folge ergibt, daß vollständige Objektivierbarkeit (oder gar volle Determinierung) aufhört, so rettet doch die Komplementarität die Möglichkeit, im Chaos oder Triebsand und Schlick der mikrophysikalischen Unterwelt immer noch klare Feststellungen zu machen und sie in Gesetzen zusammenzufassen, die wunderbare Architekturen mathematischer Zusammenhänge offenbaren. Das gedachte Gamma-Mikroskop ergibt in Anwendung auf ein Elektron zwar eine hochgradige Unbestimmtheit des Impulses dieses Elektrons; aber es zwingt andererseits das Elektron zum klaren Herausbringen seiner anderen, komplementären Seite: Das Elektron muß sich für einen bestimmten Ort entscheiden. (Diese Ausdrucksweise richtig verstanden, enthält keineswegs einen unzulässigen «Anthropomorphismus».)

Diese Verhältnisse beleuchten die menschliche Erkenntnisfähigkeit in einer von keinem früheren Denker vorausgeahnten Weise. Sie machen uns bewußt, wie seltsam und merkwürdig es überhaupt ist, daß die Naturwirklichkeit im makrophysikalischen Gebiet diejenigen Eigenschaften hat, die ihre Erkennbarkeit im klassischen Sinne gewährleisten. Sie machen uns deutlich, daß wir gar nicht erwarten können, uns im Halbdunkel der mikrophysikalischen Unterwelt, in der gleichsam abgeschwächten Realität nicht mehr objektivierbarer Verhältnisse zurechtzufinden mit Beibehaltung der Vorurteile, die wir aus der klassischen Denkschulung mitbringen. Aber sie geben uns auch die ermutigende Gewißheit, daß wir trotz des unvermeidbaren Verzichtes auf gewohnte klassische Formen des Erkennens noch etwas behalten, was würdig ist, als Erkenntnis gewertet zu werden: Erkenntnis in einer Eindringtiefe, die früher nicht einmal erahnt werden konnte; und mit dem Ergebnis, daß uns unermeßliche tiefere Gewölbe verborgener mathematischer Schönheit zugänglich werden.

Aus der Entfernung gegenüber alten Vorstellungsweisen, die wir jetzt gewonnen haben, kann es schon geradezu als selbstverständlich erscheinen, daß klassische Kausalität sich beschränken muß auf die Gebiete klassischer Makrophysik. Die schon kurz erwähnten Untersuchungen J. v. NEUMANNS haben dieser Sachlage jedoch auch folgende bemerkenswerte Feststellung hinzugefügt. Man kann die Frage stellen: Ist es überhaupt möglich, die jetzige Quantentheorie unter Aufrechterhaltung aller ihrer positiven Aussagen eingebettet zu denken in eine umfassendere deterministische Theorie – die also alle heute bekannten Wahrscheinlichkeitsgesetze bestätigen würde, darüber hinaus (oder ergänzend dazu) aber auch kausale Festlegung der einzelnen Quantensprünge zu liefern hätte? Neumann entdeckte, daß man dies als eine klare mathematische Frage formulieren und untersuchen kann; und er begründete eine bestimmte Antwort: Sie lautet nein. Gegenüber dem denkbaren Einwand, v. Neumann habe zu scharfe oder enge Voraussetzungen in seinen Beweis eingeführt, hat Komar später gezeigt, daß die Voraussetzungen noch gelockert werden können, ohne daß das Ergebnis sich ändert.

So führte auch diese Überlegung (schon früher) zu dem gleichen Ergebnis, zu welchem wir oben auf einem anderen Wege gelangt sind: Wenn man den Glauben an eine verborgene, nur noch nicht entdeckte Kausalität aufrechterhalten will, so kann man sich nicht damit begnügen, auf bloße *Ergänzung* der heute bekannten statistischen Gesetze zu hoffen. Man muß dann auch glauben, daß die heute als richtig angesehenen Gesetze in erheblichem Umfang falsch sind.

Wir haben davon gesprochen, daß die Komplementarität das Zustandekommen von Widersprüchen ausschließt, weil sie es unmöglich macht, diejenigen Beobachtungen *zugleich* am gleichen Objekt auszuführen, welche – wenn dies möglich *wäre* – einen Widerspruch ergeben müßten. Wie diese Ausschließung von Widerspruch tatsächlich zustande kommt, sei für Leser, denen die Mitnahme kurzer Betrachtungen mehr fachlicher Art nicht zu ermüdend erscheint, noch nach Pauli an einem drastischen Beispiel verdeutlicht.

Das aus nur einer einzigen Spektrallinie bestehende Licht einer punktförmigen Lichtquelle falle teils auf eine schwarze Wand, teils durch zwei Löcher in dieser Wand auf eine dahinter aufgestellte Photoplatte. Zunächst seien die Löcher und ihr Abstand voneinander recht groß – dann ist die «geometrische Optik» anwendbar, und wir sehen im Photo hernach die den Löchern entsprechenden Flächenstücke hell, den Schatten dunkel. Wir wissen von jedem auf die Platte gekommenen Lichtquant hν, durch welche der beiden Öffnungen es gekommen ist. Um es genau zu sagen: Wir wissen es deshalb, weil die auf der Photoplatte gesammelte Helligkeit addiert ist aus denjenigen zwei Anteilen, welche dann entstehen, wenn man erstens nur das eine Loch offen läßt und das andere schließt, und zweitens umgekehrt.

Wenn aber jetzt die beiden Löcher sehr verkleinert und nahe zusammengerückt werden, so ist die zuletzt ausgesprochene Feststellung nicht mehr richtig – sondern das «Beugungsbild» auf der Photoplatte sieht anders aus, als die Helligkeits-Summe der beiden

Bilder, die durch die einzelnen Löcher erzeugt würden. Das ist vom Standpunkt der Wellentheorie durchaus verständlich – und in den Einzelheiten ein Beweis zugunsten der Wellentheorie: Die durch die beiden Löcher vorgedrungenen Wellen treten hinterher als solche in Wechselwirkung. Jedoch darf man keineswegs auch sagen, daß Lichtquanten, die durch das eine Loch geflogen sind, mit solchen zusammenwirken, die das andere Loch durchquert haben. Denn eine Wechselwirkung verschiedener Lichtquanten findet gar nicht statt – das Beugungsbild auf der Photoplatte kommt auch dann in unveränderter Helligkeitsverteilung zustande, wenn die Lichtquelle ganz schwach ist – so daß, extrem gesagt, nur einige hundert (oder noch weniger) Lichtquanten in der Sekunde auf die Platte fallen. Man muß dann freilich entsprechend länger warten, bis die einzelnen Silberkörner der Photoplatte, welche durch Lichtquanten entwickelbar gemacht sind, so zahlreich geworden sind, daß sie ein scheinbar geschlossenes, stetiges Helligkeitsbild zusammensetzen. Die Beugung beruht also nicht auf Zusammenwirken verschiedener Lichtquanten; sondern für jedes einzelne Lichtquant ist die wellentheoretisch berechnete Helligkeit ein Maß der Wahrscheinlichkeit für das Auftreffen dieses Lichtquants an dieser oder jener Stelle der Photoplatte.

Nun sind wir imstande, die Frage zu stellen, deren Prüfung uns den Komplementaritätsbegriff deutlich macht. Durch welches der beiden Löcher ist ein bestimmtes photographisch wirksam gewordenes Lichtquant gekommen? Sofern wir das Beugungsbild auf der Photoplatte unverändert erhalten wollen, müssen wir diese Frage als unbeantwortbar bezeichnen. Denn wenn wir ihre Beantwortung erzwingen wollen, so können wir nichts wesentlich anderes tun, als eines der Löcher zeitweise zu schließen – oder beide fortgesetzt abwechselnd, je für eine Tausendstelsekunde: Dann wissen wir, durch *welches* Loch jedes der verschiedenen Lichtquanten gekommen ist; aber statt des Beugungsbildes eines Paares von Löchern erhalten wir die davon verschiedene Helligkeitssumme der beiden Beugungsbilder von je einem Loch. –

Noch bevor die Quantenmechanik oder die Materiewellen bekannt waren, haben Bohr, Kramers, Slater in einer Arbeit, die damals großes Aufsehen erregte, die Hoffnung ausgesprochen, daß alle Fragen der Theorie des Lichtes gelöst werden könnten nach dem Vorbild dessen, was zu dem soeben besprochenen Beugungs-Problem gesagt wurde. Für dieses Problem haben wir ja ohne weiteres eine vollständige Theorie – die gar nichts mehr zu wünschen übrig läßt –

einfach aus der Berechnungsvorschrift: Man ermittle nach der klassischen Wellentheorie die Helligkeitsverteilung auf der Photoplatte; und dann deute man die Helligkeit auf jeder Stelle als Wahrscheinlichkeit für das dortige Eintreten eines Quantensprungs der Lichtabsorption. Dieses für alle Fälle der betrachteten Art abschließend richtige Rezept suchten Bohr, Kramers, Slater nun auf die Gesamtheit der quantenphysikalischen Lichtvorgänge zu erweitern: Das elektromagnetische Feld wird rein klassisch berechnet – also unter Ausschaltung des Lichtquantenbegriffs; es hat aber selber keine eigentliche Realität, sondern bestimmt nur die Wahrscheinlichkeit dafür, daß Atome Quantensprünge der Absorption und Emission von Licht ausführen.

Dieser Weg – damals verlockend, weil er bedeutete, daß zum ersten Male eine erwägbare Lösung des Lichtproblems aufgezeigt wurde – führte aber in vielseitige Schwierigkeiten. Vor allem nötigte er die genannten Verfasser dazu, auch dem Gesetz der Energieerhaltung eine nur statistische, nicht für den Einzelfall zuständige Gültigkeit zuzuschreiben. Diese radikale Folgerung wurde dann in einem berühmten Experiment von Bothe und Geiger, den Compton-Effekt betreffend, ausdrücklich widerlegt: Strenggenommen wurde erst durch dieses Experiment das Lichtquant zum Range einer unmittelbar erwiesenen physikalischen Realität erhoben.

In vielfältiger Weise hat Bohr später erläutert, wie eindringlich uns die von der Quantenphysik entdeckte Komplementarität – an einem Beispiel von kristallklarer Deutlichkeit – Denkverhältnisse und Sachverhältnisse vor Augen führt, welche uns eigentlich überall in unserem Ringen um geistige Weltbemächtigung entgegentreten: Schon deshalb, weil «wir sowohl Zuschauer als Teilnehmer in dem großen Schauspiel des Daseins sind».

Die erschreckende, unerwartete Nachricht, daß Niels Bohr am 18. November 1962 aus diesem Schauspiel ausgeschieden ist, ließ alle Physiker empfinden, daß eine große Epoche der Physik zu Ende gegangen ist. Mit ihm schied von uns nicht nur einer der Männer, welche die Geschichte der Physik durch ihre Gedanken gestaltet haben: Die Wandlung unseres Denkens, die er herbeigeführt hat, entfernte uns weit – und unwiderruflich – aus Vorstellungsformen, die in zwei Jahrtausenden menschlicher Geistesgeschichte entwickelt und zu fester, geschlossener Gestalt gediehen waren. In seiner Person verließ uns überdies auch der Vater der großen, weltumspannenden Familie der Quantenphysiker.

Es wird späteren Geschichtsschreibern unmöglich sein, das Wirken und die Ausstrahlung Bohrs zu würdigen und verständlich zu machen, ohne neben seinen eigenen wegweisenden Beiträgen zur Physik auch sein menschliches Verhältnis zu den zahlreichen Physikern zu betrachten, die von ihm beeinflußt, angeregt, ermutigt und vorwärtsgeführt sind – in der endlosen Kette geduldiger Gespräche, die er mit uns allen in Kopenhagen geführt hat.

Großzügige verständnisvolle Unterstützung der Rockefeller-Stiftung hat ihm die äußeren Möglichkeiten gegeben, Kopenhagen zu einer Art Weltmittelpunkt der Physik zu machen – nicht nur durch die Errichtung seines Instituts am Blegdamsvej, sondern auch durch die Bewilligung von Stipendien für die vielen jüngeren Quantentheoretiker, die er zu längeren Aufenthalten in sein Institut eingeladen hatte; und durch die Ermöglichung so mancher Konferenz, zu der ein größerer Kreis in Kopenhagen zusammenkam. Der Einfluß, den er so insbesondere auf die Generationen der Jüngeren ausgeübt hat, war eine treibende und führende Kraft für das grandiose Voranschreiten der quantenphysikalischen Forschungen dieses Jahrhunderts, in denen sich so vielseitige glänzende Leistungen physikalischen und mathematischen Scharfsinns entfaltet haben.

In dieser reichen Weitergabe, diesem bereitwilligen Verschenken seiner Gedankenfrüchte an eine große dankbare Schülerschar vermochte er zu einer wunderbaren Erfüllung seiner eigenen Aufgabe und seines eigenen geistigen Stils zu kommen. In einem Gespräch junger Freunde in Kopenhagen – vor Jahrzehnten – sagte jemand: «Bohr scheint in allem, was er tut, das Glück einer vollendeten Harmonie zu erleben.» Das dürfte weitgehend richtig gewesen sein – obwohl auch ihm Sorge, Verfolgung und Gefahr im Verlauf des zweiten Weltkriegs nicht erspart geblieben ist; und obwohl ein tiefer Schmerz ihn traf, als sein ältester Sohn vor seinen Augen in der Ostsee ertrank, während andere Teilnehmer der Segelfahrt den Vater gewaltsam hinderten, ihm – unter aussichtslosen Umständen – nachzuspringen. Doch ist wohl wirklich innerhalb der Grenzen des Menschlichen sein Leben durch eine seltene Harmonie ausgezeichnet gewesen; es scheint, daß auch der Abschied kurz und friedvoll war.

Diese Harmonie seiner menschlich warmen Persönlichkeit, beglückend für alle, die von ihm lernen durften, hat auch die keineswegs geringen Schwierigkeiten überwinden helfen, die sich seinen Bemühungen entgegenstellten, sich verständlich zu machen – und die sich der Bemühung der Schüler entgegenstellten, ihn zu verstehen.

Daß sein mündlicher Vortrag allen rhetorischen Glanzes entbehrte – oft auch akustisch schwer verständlich; daß er die verschiedenen europäischen Sprachen, deren er sich bediente, von wechselseitiger Beeinflussung oder Vermischung nicht ganz freizuhalten vermochte und alle mit dem Klang seiner nur für geübte Ohren deutlich verstehbaren dänischen Muttersprache färbte: Diese äußeren Schwierigkeiten waren noch das wenigste. Auch waren sie in einer paradoxen Harmonie der Tatsache angemessen, daß er in seinen bedeutendsten Gedanken als ein im Nebel Suchender sprach – mit jenem ihm eigentümlichen Sehvermögen oder Ahnungsvermögen, das gerade im Nebel zu erkennen vermochte; während andere, an Helle und Klarheit gewöhnte Physiker diesen Nebel als die vollkommene Dunkelheit empfinden mußten.

Es entspricht notwendiger menschlicher Begrenzung – und es entspricht dem Weltgesetz der Komplementarität – daß ein Forscher, dem diese einzigartige Fähigkeit eignete und der gerade nur durch sie seine einzigartige Aufgabe in der Geschichte der Physik erfüllen konnte, nicht zugleich auch in mathematischer Schärfe und mathematischer Abstraktion seine Stärke finden konnte (obwohl Niels Bohrs Bruder, Harald Bohr, ein sehr bedeutender mathematischer Forscher war): So erhielt seine eigentümliche Leistung die notwendige Ergänzung und Vollendung in den zu mathematischer Klarheit drängenden Gedanken anderer Physiker, die sich in seine wegweisenden Erkenntnisse eingelebt hatten.

Die Harmonie dieses überragenden Lebens erwies sich auch in dem seltsam vollendeten Zusammenklang des Menschen Bohr mit seiner Stadt Kopenhagen, für die er, wie scherzhaft gesagt worden ist, eine Art Nationalheiliger geworden war. Durch die großen Stiftungen, mit denen reiche Bürger Kopenhagens die Schönheit dieser Stadt entfaltet und bereichert haben, wurde auch ermöglicht, daß er in seinen späteren Jahren von der früheren Wohnung neben dem Institut am Blegdamsvej umziehen konnte in den schönen Wohnsitz, den Dänemark seinem jeweils größten Geist zur Verfügung stellt. Aber schon lange vorher war Niels Bohr nicht nur den Physikern der ganzen Welt bekannt, sondern auch der Stolz seiner Stadt Kopenhagen. Ein englischer Physiker, der vor langen Jahren in Kopenhagen eintraf und dort feststellte, daß ihm Bohrs Instituts- und Wohnungsanschrift völlig entfallen war, fragte – kaum auf Erfolg hoffend – einen Taxifahrer, ob er wohl wisse, wo Professor Bohr wohne? Es kam die Gegenfrage: «Niels Bohr oder Harald Bohr?»

Dem Reichtum und der Vielseitigkeit seines Wesens entsprach es, daß seine Bekanntheit und Beliebtheit auch unter solchen Mitbürgern, für welche theoretische Physik recht in der Ferne lag, weitreichende und vielfältig verzweigte Wurzeln hatte. Beide Brüder Bohr hatten in jungen Jahren zur Fußball-Nationalmannschaft Dänemarks gehört. Es wird erzählt, eine Kopenhagener Zeitung habe seinerzeit gemeldet: «Dem bekannten Fußballspieler Niels Bohr wurde der Nobelpreis verliehen.»

Drittes Kapitel

BLICK INS WELTALL

Die Milchstrasse

Wenn wir in einer klaren, dunklen Nacht zum Himmel aufschauen, dann kann ein gutes Auge unbewaffnet mehrere tausend Sterne unterscheiden. Außerdem sehen wir, wie einen Schleier von Licht, das große Band der Milchstraße über das Himmelsgewölbe ausgespannt. Wenn wir nun diesen Schleier von Licht mit starken Fernrohren betrachten, dann löst er sich auf in eine Fülle einzelner leuchtender Punkte. Dann erkennen wir also, daß auch dieses Licht nichts anderes ist als Sternenlicht; daß die Milchstraße ein riesiges System von Sternen ist, eine Wolke von leuchtenden Sonnen – zu der auch alle diejenigen Sterne gehören, die wir mit freiem Auge schon als einzelne erkennen können.

Die Astronomen haben aber nicht nur die Tatsache sicherstellen können, daß unsere Milchstraße ein Sternsystem ist, sondern sie haben auch die Größen- und Gestaltsverhältnisse dieses Sternsystems näher bestimmen können. Es wäre sehr reizvoll, etwas genauer auf die Methoden einzugehen, die uns kleinen Menschen eine Ausmessung dieser riesigen Sternenwolke möglich gemacht haben – in geistreichen Gedankengängen erdachte, in mühevoller Arbeit angewandte Methoden. Aber da uns das zu weit in fachliche Einzelheiten hineinführen würde, wollen wir uns lieber damit begnügen, die Ergebnisse dieser Ausmessung in den Hauptzügen zur Kenntnis zu nehmen.

Die Astronomen sind gewohnt, für die riesigen Entfernungen, mit denen sie zu tun haben, ein besonderes Längenmaß zu benutzen: Das Lichtjahr. Das Licht mit seiner riesigen Geschwindigkeit von 300 000 Kilometer in der Sekunde braucht immerhin ungefähr acht Minuten, um den Weg von der Sonne bis zu uns zurückzulegen. Es benötigt etwa sechs Stunden, um den entferntesten uns bekannten Planeten, den Pluto, zu erreichen. Aber das Licht, das von anderen Sonnen, von Fixsternen zu uns kommt, ist immer mindestens schon jahrelang auf der Reise gewesen – auch dann, wenn es sich um eine unserer nächsten Nachbarsonnen, wie etwa den Sirius handelt. Daher ist das Lichtjahr, der Reiseweg des Lichtes während eines ganzen Jahres, ein sehr handliches, passendes Maß für die Zwecke der Astronomie. Wenn wir das Lichtjahr einmal vergleichen wollen mit Längen, die wir kennen, so können wir leicht ausrechnen, daß ungefähr eine Trillion Zentimeter auf ein Lichtjahr gehen, also eine eins mit achtzehn Nullen dahinter. Wir schreiben das abgekürzt als 10^{18} – soviel Zentimeter also sind in einem Lichtjahr enthalten; und wir haben eine ungefähre Vorstellung von der Dichte, mit welcher die Sterne in der Milchstraße angesammelt sind, wenn wir in Erinnerung behalten, daß der Abstand nächstbenachbarter Sonnen voneinander durchschnittlich mehrere Lichtjahre beträgt.

Bei dem großen Sternenreichtum, den die Milchstraße offenbar hat, muß sie freilich auch dann noch als riesig erscheinen, wenn wir von vornherein das Lichtjahr als Maßstab benutzen. In einer rohen, vorläufigen Beschreibung können wir sagen, daß die Milchstraße die Gestalt eines Diskus oder einer flachen Linse hat, deren großer Durchmesser nicht weniger als 100 000 Lichtjahre beträgt, bei einer Dicke der Linse von etwa 20 000 Lichtjahren. Unsere eigene Sonne liegt keineswegs im Mittelpunktsgebiet der Milchstraße, sondern recht weit davon entfernt; die Mitte der Milchstraße liegt, von uns aus gesehen, hinter dem Sternbild des Schützen. Man kann auch sagen, wie viele Sterne, wie viele leuchtende Sonnen in diesem riesigen Gebilde des Kosmos vereinigt sind: Es sind etwa 100 Milliarden, also 10^{11}, eine 1 mit 11 Nullen dahinter.

In meiner Kindheit war es mir der stärkste Eindruck einer über alles Zählen hinausgehenden Vielheit, an einem Wintertage vom Fenster aus in den grauen Himmel zu sehen, während ein Schneegestöber herunterkam. Die Astronomen, denen bei den von ihnen photographierten Bildern die optische Schönheit nur ein Nebenergebnis ist, zeigen oft diese Bilder in solcher Form, daß die Sterne nicht hell auf dunklem Grunde, sondern dunkel auf hellem Hintergrund erscheinen. Bilder solcher Art, in denen Teile der Milchstraße abgebildet sind, können an die unzählbare Vielheit der Schneeflocken eines Schneegestöbers erinnern. Wenn man bedenkt, daß jeder einzelne der zahllosen kleinen Flecken schon eine ganze leuchtende Sonne bedeutet, so kann man ein solches Bild wohl nicht anders betrachten, als mit staunender Ehrfurcht.

Unsere Beschreibung der Milchstraße als einer mit Sternen gefüllten großen Linse ist freilich nur eine sehr rohe und vorläufige

Beschreibung, zu der noch viel hinzuzufügen wäre, was die Verteilung der Sterne in dieser Linse, ihre örtlichen Anhäufungen in verschiedenen Arten von «Sternhaufen» sowie in den hernach noch zu besprechenden Spiralarmen der Milchstraße betrifft. Im Augenblick sei nur noch hervorgehoben, daß es außerhalb der Milchstraße, aber nahe benachbart und offenbar ursprungsmäßig mit ihr zusammenhängend, mehr als hundert «kugelförmige Sternhaufen» gibt – Gebilde erstaunlicher Schönheit, deren jedes etwa hunderttausend Sonnen in kugelsymmetrischer Anhäufung enthält.

Wir haben oben darauf verzichtet, uns mit den Methoden zu befassen, durch welche die erwähnten Feststellungen ermöglicht worden sind. Es sei aber hier noch kurz Friedrich Wilhelm HERSCHELS gedacht, des Bahnbrechers und Begründers der Milchstraßen-Forschung, des letzten großen Astronomen, der seine Arbeit noch mit selbstgebauten Instrumenten durchführen konnte. Er wurde 1738 geboren in Hannover, als Sohn eines armen, kinderreichen Musikers, der auch ein nachdenklicher Bewunderer des Sternenhimmels war. Noch vor seinem zwanzigsten Geburtstag wurde F. W. Herschel als Mitglied einer Regimentskapelle nach England versetzt, wo er später eine Stelle als Organist übernahm. Sein Lehrer in Musiktheorie beschäftigte sich auch mit Optik; und so kam Herschel dazu, das Schleifen von Hohlspiegeln zu seiner zweiten Beschäftigung zu machen. Mehr als 400 Hohlspiegel hat er geschliffen, und als Hersteller astronomischer Instrumente wurde er selber zum Astronomen. Die Entdeckung eines weiteren Planeten jenseits das Saturns (1781) machte ihn berühmt und führte dazu, daß er zum königlichen Astronom ernannt wurde: Vierzig Jahre lang hat er als solcher gewirkt; seine ihm nach England nachgefolgte Schwester Karoline wurde zu seiner hingebenden Mitarbeiterin.

Der erwähnten Entdeckung des Uranus folgten andere bedeutende Entdeckungen im Planetensystem, sowie auch die Erkenntnis, daß unsere Sonne sich innerhalb der Milchstraße auf das Sternbild des Herkules zu bewegt. Vor allem aber hat er neben der Untersuchung von Doppelsternen, Sternhaufen, Nebelflecken eine systematische Untersuchung der Milchstraße unternommen, aus mühevollen statistischen Sternzählungen eine genauere Vorstellung von ihren Gestalts- und Größenverhältnissen entwickelnd. Freilich blieb seine Schätzung der Gesamtzahl der Milchstraßensterne – für die er zu dem Ergebnis von 20 Millionen kam – noch weit hinter der Wirklichkeit zurück. Die Aufgabe einer Ausmessung der Milchstraße im Ganzen überstieg die Kräfte eines einzelnen Menschenlebens. Aber Herschels bahnbrechende Vorarbeit hat die moderne Erforschung der Milchstraße möglich gemacht.

Das größte Instrument, welches sich Herschel für seine Forschungen in vierjähriger Arbeit geschaffen hatte, enthielt einen Hohlspiegel mit einem Durchmesser von 1,22 Meter und 12 Meter Brennweite. Er wog rund eine Tonne. Dieses vielbewunderte, in seiner Zeit einzigartige Instrument besaß damals eine ähnliche Bedeutung, wie für die heutige Astronomie das Riesenfernrohr auf dem Mount Palomar.

Sternarten

Die Heere der Milchstraßensterne zeigen eine große Mannigfaltigkeit verschiedener Arten. Zwar sind sie einigermaßen einheitlich hinsichtlich ihrer Masse: Die schwereren Sterne gehen selten über ein kleines Vielfaches der Sonnenmasse hinaus. Sterne, welche das Hundert- oder Tausendfache der Sonnenmasse besitzen, scheinen zwar vorzukommen, aber nur als seltene Ausnahmen. Die massenärmeren Sterne, die wir kennen, besitzen immerhin noch merkliche Bruchteile der Sonnenmasse.

Der weitgehenden Gleichmäßigkeit der Sternmassen steht eine um so auffallendere Verschiedenheit ihrer Größen (also auch ihrer Dichten) gegenüber. Es gibt Riesensterne, die so groß sind, daß die Erdbahn oder sogar die Jupiterbahn in ihrem Innern Platz hätte: Diese Sterne sind also (da auch bei ihnen die Gesamtmasse nicht sehr viel größer als bei unserer Sonne ist) kugelförmige Anhäufungen von äußerst dünnem Gas, durch einen ungeheuren ihnen entquellenden Strom von Strahlungsenergie zu dieser gewaltigen Größe aufgeblasen. Andererseits gibt es die Sternenart der «weißen Zwerge», bei denen die Materie in ungeheuerlicher Dichte zusammengepreßt ist, so daß diese Sterne bei ihrer mit der Sonne vergleichbaren Gesamtmasse erstaunlich klein sind. Der Sirius ist Teil eines Doppelsterns, und sein Begleiter, der zu den weißen Zwergen gehört, enthält durchschnittlich in jedem Fingerhut seines Volumens etwa zehn Kilogramm Materie. Andere weiße Zwerge enthalten in jedem Kubikzentimeter tausend Tonnen.

Theoretisch wurde seit längerer Zeit vermutet, daß es außer den weißen Zwergen auch sogenannte «Neutronensterne» geben sollte, in denen gar keine normale Materie, keine Atomkerne und Elektronen vorhanden sind, sondern nur Neutronen – die elektrisch ungeladenen Atomkernbausteine – dort so eng zusammengepackt, daß der ganze Stern die ungeheure Dichte von Atomkernmaterie besitzt. Er würde dann noch millionenfach größere Dichte als die ausgeprägtesten Fälle weißer Zwerge haben – bei einer Masse ähnlich der Sonne nur einen nicht weit über 20 km hinaus gehenden Durchmesser besitzend. Es sprechen starke Gründe dafür, daß die Aufsehen erregenden «Pulsare», die von den Radioastronomen neuestens entdeckt wurden, Beispiele solcher Neutronensterne sind.

Sehr verschieden sind auch die Oberflächen-Temperaturen der Sterne. Unsere eigene Sonne ist an ihrer glühenden Oberfläche auf etwa 6000 Grad erhitzt. Die Mehrzahl der Milchstraßensterne ist an der Oberfläche weniger heiß als unsere Sonne und leuchtet deshalb in mehr rötlichem Licht. In seltenen Fällen beträgt die Oberflächen-Temperatur nur etwa 500 Grad. Es gibt aber auch Sternarten mit viel heißerer Oberfläche, weiß bis blau leuchtend. Temperaturen über 10 000 Grad sind bei manchen Sternarten keine Seltenheit, und noch erheblich höhere Temperaturen kommen vor.

Die meisten Sterne leuchten in ruhigem, gleichmäßigem Licht, ähnlich unserer Sonne. Allerdings wissen wir von der Sonne, daß ihre brodelnde Oberfläche dauernd in wilder Bewegung ist, mit Protuberanzen, Fackeln, örtlichen Ausbrüchen starker Ultraviolett-Strahlung und so fort. Ähnlich stürmisch geht es sicherlich auch auf anderen Fixsternen zu; nur die Gesamtsumme ihres Leuchtens bleibt gleichmäßig durch Millionen von Jahren.

Aber es gibt andere Sterne, die viel unruhiger sind – manche pulsieren, blähen sich in regelmäßigen Abständen auf und schrumpfen danach wieder zusammen. Die Periode dieses Pulsierens ist bei manchen der veränderlichen Sterne von der Größenordnung eines Tages; bei anderen, die zu den Riesensternen gehören, dauert sie mehr als ein Jahr. Wiederum andere Sterne strahlen zwar lange Zeit in gleichmäßiger Helligkeit, kommen dann aber plötzlich zu einer Explosion, bei der sich ein Teil ihrer Materie ablöst und fortgeschleudert wird – ein gewaltiges Aufleuchten ist mit dieser Explosion verbunden; man hat in älterer Zeit manche dieser Sterne erst bei ihrem Aufleuchten entdeckt.

Deutlich abgehoben von diesen «Nova»-Ausbrüchen sind die in vieler Hinsicht ähnlichen, aber viel gewaltigeren Supernova-Ausbrüche. In unserer eigenen Milchstraße sind in historischer Zeit mehrere solche Supernova-Ausbrüche sichtbar geworden. Zwei von ihnen, die von Tycho DE BRAHE und von KEPLER beobachtet wurden, erwähnten wir früher schon. Eine andere, 1054 aufgetaucht, ist im damaligen Europa nicht bemerkt, aber von chinesischen und koreanischen Astronomen so sorgfältig beobachtet worden, daß BAADE aus den alten Aufzeichnungen noch wichtige Aufschlüsse über Supernova-Ausbrüche ableiten konnte. Ältere Supernova-Erscheinungen historischer Zeit gehören den Jahren 185, 369, 1006 an. Als Supernovae der letzten ungefähr 30 000 Jahre sind die «planetarischen Nebel» anzusehen — Sterne mit weit ausgedehnten, in allmählicher Auflösung begriffenen Gashüllen. In anderen Milchstraßen, die man in neuerer Zeit planmäßig auf das Vorkommen von Supernova-Erscheinungen hin überwacht hat, sind viele Beispiele beobachtet worden: Eine solche Supernova kann für sich allein ähnliche Helligkeit erreichen wie die ganze Milchstraße, zu der sie gehört — mit den Milliarden der in dieser Milchstraße enthaltenen Sterne.

Ähnlich groß wie die Mannigfaltigkeit der Oberflächen-Temperaturen der Sterne ist auch die Mannigfaltigkeit ihrer Leuchtkraft. Im Durchschnitt leuchten die Milchstraßen-Sterne nur mit zwei Prozent der Leuchtkraft unserer Sonne; sie sind zwar überwiegend von ähnlicher Größe, aber rötlicher, also weniger heiß an der Oberfläche. Unter den heißeren, weiß bis blau leuchtenden Sternen gibt es viele, die tausendmal heller sind als unsere Sonne — Beispiele einer sogar 100 000 oder 300 000 mal größeren Leuchtkraft als die der Sonne sind bekannt.

Der berühmte deutsche Astronom Baade, der lange Zeit an den großen kalifornischen Sternwarten gearbeitet hat, erkannte, daß die Gesamtheit der Milchstraßen-Sterne deutlich in zwei «Völker» zu unterteilen ist. Der großen Mehrheit rötlich leuchtender Sterne (zu der außer den vielen schwächeren Sternen auch seltenere rote Riesensterne gehören) steht gegenüber eine zahlenmäßig viel kleinere Schar von großenteils heißen, weiß bis blau leuchtenden, oft sehr hellen Sternen. In späterer Verfeinerung hat man noch weitere Völker abgesondert; jedes enthält in sich verschiedene Arten von Sternen, aber in einer kennzeichnenden Auswahl und Häufigkeit.

Mit diesem kurzen Bericht haben wir gewissermaßen nur einen Spalt breit den Vorhang geöffnet vor dem unerschöpflichen Reich von Merkwürdigkeiten, die in den Sternenheeren unserer Milchstraße zu finden sind und in deren weitere Betrachtung wir uns jetzt nicht verlieren dürfen.

Neben der Einzelbetrachtung der Sterne der Milchstraße haben die Astronomen auch die Untersuchung ihrer Zusammengehörigkeit in kleineren und größeren Gruppen oder Unter-Systemen gepflegt. Schon Herschel hat sichergestellt, daß es viele *Doppelsterne* gibt – 846 solcher Sternpaare hat er eingehend untersucht. Seine Vorarbeit hat es späteren Astronomen ermöglicht, den Beweis zu führen, daß auch die wechselseitige Umkreisung der Doppelsterne durch das Newtonsche Gravitations-Gesetz geregelt ist, das damit als ein auch in den Fernen des Weltraums gültiges Gesetz erwiesen wurde.

Unter den kleinen Anhäufungen von Sternen hat in moderner Zeit der bedeutende armenische Astronom AMBARZUMIAN viele Beispiele erkannt, deren Sterne auseinanderfliegen, also offenbar von einem gemeinsamen Ort aus fortgeschleudert sind. Er hat diese «Assoziationen» als Beweis dafür erklärt, daß Vorgänge der Neuentstehung von Sternen auch in der Gegenwart noch vor sich gehen. Manche dieser auseinanderstrebenden Gruppen von Sternen können nämlich erst vor beispielsweise zehn Millionen Jahren dieses Auseinanderlaufen begonnen haben, so daß sie damals in einem explosiven Vorgang erzeugt sein müssen. Zehn Millionen Jahre sind aber sehr wenig gegenüber dem Gesamtalter der Milchstraße, das Milliarden von Jahren beträgt.

Die beiden von Baade unterschiedenen «Völker» von Milchstraßen-Sternen, das rötliche einerseits und das die Menge der weißen bis blauen enthaltende andererseits, haben auch mit der auffälligsten Struktur innerhalb der Milchstraße zu tun. Das Volk der rötlichen Sterne füllt einigermaßen gleichmäßig die große Linse der Milchstraße, in der Mitte freilich stärker zusammengedrängt. Das zahlenmäßig viel kleinere, aber optisch auffälligere Volk der hellen, sehr heißen Sterne häuft sich zusammen längs großer Spiralarme innerhalb der Linse. Dieser von den Astronomen schon seit langer Zeit vermutete Tatbestand konnte erst nach dem zweiten Weltkrieg endgültig bewiesen werden, nachdem die Astronomie gewissermaßen ein neues Sinnesorgan bekommen hatte: Die heutige Astronomie arbeitet nicht nur mit optischen Geräten; sie arbeitet auch mit Radargeräten. Diesen war es vorbehalten, die längst vermutete Spiralstruktur unserer Milchstraße endgültig zu beweisen. Daß man vorher schon diese Spiralstruktur vermutet hatte, beruhte auf Analogie-Gründen: Trotz ihrer gewaltigen Größe ist unsere Milchstraße keineswegs ein einzigartiges Gebilde im Weltall.

Die Botschaft der Spektren

Im vorigen Jahrhundert hat ein Philosoph die ihm unwiderlegbar scheinende Behauptung ausgesprochen, es werde dem Menschen niemals möglich sein, die chemische Zusammensetzung anderer Himmelskörper zu erkennen. Kurz danach begründeten Kirchhoff und Bunsen die Spektral-Analyse, die es möglich macht, aus dem Sonnenlicht oder aus dem Lichte eines anderen Sternes herauszulesen, welche chemischen Elemente in der glühenden Atmosphäre der Sonne oder jenes Sternes vorhanden sind.

Dieses Beispiel berührt eine tiefgründige Frage naturwissenschaftlicher Erkenntnis. Es ist oft und gern versucht worden, nachzuweisen, daß für das menschliche Erkenntnisvermögen, wie es sich in der Naturforschung betätigt, bestimmte, angebbare Grenzen bestünden, deren Überschreitung niemals gelingen könne. Diese Vorstellung findet in der Geschichte der Naturwissenschaften und im Gesamtbestand unserer heutigen Erkenntnis keinerlei Stütze. Zwar gibt es unabsehbar viele Möglichkeiten, Fragen auszusprechen, deren Beantwortung in der Tat nicht möglich ist. Das liegt dann aber daran, daß diese Fragen falsch gestellt sind – daß sie gewissermaßen einen sinnwidrigen Mißbrauch der Sprache oder der Grammatik darstellen. Die Behauptung aber, daß es sinnvolle Fragen gäbe, die der Naturwissenschaftler stellen, aber niemals lösen könnte, hat keinerlei Unterlage; und die erwähnte Unvorsichtigkeit, ein konkretes Beispiel einer solchen Frage angeben zu wollen, haben Kirchhoff und Bunsen durch die Begründung der Spektralanalyse schnell bestraft.

Die damals geschaffene Möglichkeit, Feststellungen über die chemische Zusammensetzung der Sterne zu machen, war aber nur ein erster Anfang: Heute können wir die Botschaften der Spektren viel ausführlicher lesen, viel umfassender dechiffrieren. Spektren der Sonne erzählen uns in größter Ausführlichkeit von den wildbewegten Vorgängen, die sich dort in den glühenden Zonen ihrer verschiedenen atmosphärischen Schichten abspielen. Wir können aus den Spektren ausführliche Informationen entnehmen über Temperaturen, Drucke, Bewegungen der leuchtenden Materie. Auch ist die Möglichkeit, das bloße Vorhandensein bestimmter chemischer Elemente zu erkennen, längst überboten durch die weitergehende Ermittlung der Anteilsverhältnisse der verschiedenen Elemente in einer Stern-Atmosphäre. Geringfügige Veränderungen an den Spektrallinien können uns erzählen, daß am Orte der für sie verantwortlichen Atome magnetische

Felder vorhanden sind, deren Stärke wir auf diese Weise messend erkennen können. So wissen wir von dem Magnetismus mancher Sterne, insbesondere der Sonne; wir wissen ferner, daß die berühmten Sonnenflecken Gebiete außerordentlich starker Magnetfelder sind. Aus der Untersuchung von Sonnen-Spektren ergibt sich für uns ein ausführliches Bild der dort in brodelndem Hexenkessel geschehenden Eruptionen, der in riesige Höhen hinaufgeworfenen Protuberanzen, der Fackeln und sonstigen Ausbrüche, die hernach auch die Nordlichter unserer Erde liefern.

Obwohl bei anderen Sonnen, die sämtlich viel zu weit entfernt sind, um unseren Instrumenten als flächenhafte Scheibchen sichtbar zu werden, bei weitem nicht jene Ausführlichkeit der Untersuchung möglich ist, die in der Sonnenphysik erreicht wird, so geben uns die Sternspektren doch ebenfalls eine Fülle von ähnlichen Aufschlüssen. In gröbsten Zügen haben wir oben schon die mannigfachen Verschiedenheiten der Sternarten angedeutet, deren moderne Kenntnis auf spektroskopischen Befunden beruht; darüber hinaus vermitteln uns die Spektren eine unerschöpfliche Fülle ausführlicherer Auskunft. Wie ein wunderbarer Garten verschiedenartigster Blüten, so breitet sich das Reich der Sterne vor uns aus.

Dabei ist freilich eine einschneidende, fühlbare Beschränkung unserer Forschungsmöglichkeiten gegeben durch eine Tatsache, die andererseits zu den Voraussetzungen dafür gehört, daß auf unserer Erde überhaupt höheres organisches Leben in den uns bekannten Formen entstehen konnte – und daß es auch zur Entstehung von Menschen und von Astronomen kam. In ungefähr vierzig Kilometer Höhe über der Erdoberfläche breitet sich die sogenannte Ozonschicht aus – eine Schicht der Atmosphäre, in welcher geringe Spuren von Ozon enthalten sind, die zwar photochemischer Zersetzung unterliegen, aber auch laufend neu gebildet werden. Dieses Ozon ist befähigt, ultraviolettes Licht aufzuschlucken; und die Schicht ist dick genug, um das Ultraviolett des Sonnenlichtes fast völlig von der Erdoberfläche zurückzuhalten. Eine Wohltat für alle außerhalb des Wassers lebenden Tiere und Pflanzen, deren Entstehung wahrscheinlich gar nicht möglich gewesen wäre, wenn das Ultraviolett der Sonne ungeschwächt auf uns einstrahlen könnte. Aber andererseits ein Kummer für die Astronomen, denen auf diese Weise der größte Teil der Botschaften entgeht, die im Licht der Sonne und der Sterne enthalten sind. Denn gerade die ultravioletten Anteile dieser Spektren enthalten viel umfangreichere und viel deutlichere Information, als die sichtbaren Anteile. Das Spektrum des Natriums beispielsweise zeigt im Sichtbaren nur eine einzige Spektrallinie, die berühmte Natrium-D-Linie (bei genauerer Untersuchung als Doppellinie zu erkennen); aber im Ultraviolett hat das Natrium-Spektrum zahlreiche weitere Linien. Das Eisen-Spektrum zeigt, wie früher erwähnt, schon im Sichtbaren Tausende von Spektrallinien, aus deren wechselnden Intensitätsverhältnissen oder aus deren geringfügigen Veränderungen durch die Wirkungen von Druck oder von Magnetfeldern eine Fülle von Auskünften über die Bedingungen am Orte der das Licht erzeugenden (oder im Gegenteil aufschluckenden) Atome zu entnehmen sind. Aber auch beim Eisen kann uns das ultraviolette Spektrum noch viel mehr verraten als das sichtbare.

Dies ist einer der Gründe dafür, daß die modernen Entwicklungen der Raketentechnik und der beginnenden Raumschiffahrt den Astronomen geradezu den Beginn eines neuen Zeitalters astronomischer Forschung versprechen. Schon seit Jahren hat man hochfliegende Raketen dazu benutzt, das ultraviolette Spektrum der Sonne aufzunehmen. Aber die Ausdehnung der sonstigen astrophysikalischen Spektren ins Ultraviolett – also etwa der Spektren bestimmter Stellen auf der Sonne, wie der Sonnenflecken; oder der Spektren von Sternen, ferner auch der Spektren leuchtender Gasnebel – bleibt eine Aufgabe für Generationen von Astronomen, deren Forschungsmöglichkeiten sich mit dem Fortschritt der Raketentechnik märchenhaft erweitern werden.

Sterne und Atome

Die diesem Abschnitt gegebene Überschrift ist der Titel eines berühmten Buches, mit welchem der englische Astrophysiker EDDINGTON kurz nach dem ersten Weltkrieg den Naturwissenschaftlern zum Bewußtsein brachte, daß zwischen Astronomie und Atomphysik ein neues Bündnis entstanden war.

Es ist in unserer Gegenwartskritik oft – und sicherlich mit Recht – geklagt worden über die Gefahren eines zunehmenden Spezialistentums. Die dazu ausgesprochenen Mahnungen verdienen, ernstgenommen zu werden: Indem der zunehmende Umfang unseres Wissens und die sich steigernde Kompliziertheit unserer technisierten Lebensverhältnisse immer stärker auf die Züchtung von Spezialisten drängen, denen nur noch ein winziger Ausschnitt unseres Wissens oder unserer

Menschenwelt bekannt ist (aber genauestens), geraten wir in die Gefahr, daß die als Ausgleich um so dringlicher erforderlichen geistigen Fähigkeiten weitreichender Koordinierung verkümmern oder gar verlorengehen.

Wenn aber die Kritik am Spezialistentum auch für die Naturforschung selber befürchtet hat, daß sie sich in immer weiter aufgesplitterten spezialistischen Sonderfächern verlieren würde, derart, daß die Spezialisten verschiedener Einzelgebiete mit dem Verlust eines Blickes auf das Ganze dahin kommen müßten, sich wechselseitig kaum noch verständigen zu können, so war *diese* Befürchtung falsch.

Äußerlich gesehen scheinen Astronomie und Atomphysik so weit wie möglich auseinanderzugehen. Wendet sich doch die eine Forschungsrichtung den größten aller Naturgebilde zu – den Sternen, den Sternsystemen und schließlich dem Weltall im ganzen. Die andere hingegen greift nach den kleinsten, winzigsten Gebilden der stofflichen Welt. Aber gerade hier zeigt sich, daß wir nicht in die Gefahr geraten können, durch Spezialisierung die Verbindung getrennter Fächer zu verlieren. Denn wie weit auch die ins Dickicht des Unbekannten vordringenden Forschungspioniere sich zeitweise voneinander entfernen mögen – es ist dafür gesorgt, daß auch getrennte Wege der Forschung sich unversehens wiederfinden. Es ist die große Einheit der Natur selber, die uns zurückführt zur Einheit der Naturerkenntnis; und diese Einheit der Natur ist uns gerade in unserem Jahrhundert mächtig fühlbar geworden, nachdem wir mit der Entdeckung der Atome auf den gemeinsamen Grund fast aller Naturerscheinungen in Physik, Chemie, Biologie und Astronomie gestoßen sind.

Die heutige Astrophysik beschäftigt sich mit physikalischen Vorgängen, die jeder experimentellen Nachahmung entzogen sind. In Sternen, wie den weißen Zwergen, wo in jedem Fingerhut Kilogramme oder gar Tonnen von Masse enthalten sind, haben wir physikalische Verhältnisse vor uns, deren Gesetzmäßigkeiten wir nie in unmittelbarer experimenteller Prüfung erkennen können. Trotzdem können wir den inneren Aufbau dieser weißen Zwerge in mathematischer Präzision berechnen. Die zu ungeheuren Kugeln hochverdünnten Gases aufgeblasenen Riesensterne stellen uns vor völlig andere physikalische Verhältnisse. Aber auch in diesem Falle sind wir imstande, wohlbegründete Urteile zu bilden über ihren inneren Aufbau und über die Vorgänge, die zu ihrer gewaltigen Lichterzeugung führen. In den «Dunkelwolken» der Milchstraße haben wir

Gasmassen vor uns, die so hochgradig verdünnt sind, daß unser bestes im Laboratorium erzeugbares Hochvakuum ihnen gegenüber noch immer ganz «dicke Luft» bedeutet. Trotzdem können wir beurteilen, welche besonderen physikalischen Wirkungen gerade von solchen hoch verdünnten Gaswolken ausgehen müssen – dies ist eine der wichtigsten Unterlagen der heutigen, mit Radargeräten arbeitenden Radio-Astronomie.

Unsere Fähigkeit, das Verhalten der Materie unter solchen experimentell nicht nachahmbaren Bedingungen zu beurteilen, beruht darauf, daß wir die Atome und die Grundgesetze ihres Verhaltens heute genauestens kennen. Von dieser sicheren Grundlage aus sind sogar die meisten der astrophysikalisch bedeutungsvollen Zustände der Materie theoretisch leichter zu durchschauen als jene Zustände, die wir auf unserer Erdkruste vorfinden. Die unerschöpfliche Mannigfaltigkeit molekularen Feinbaus, die wir in den verschiedenen Festkörpern, also kristallisierten Stoffen finden, und die den Mineralogen und Petrographen so weite Felder der Untersuchung liefert, hat zum Glück keine Entsprechung in der Materie der Dunkelwolken oder der Sterne – mögen es Sterne ähnlich unserer Sonne sein oder Riesensterne oder, im Gegenteil, weiße Zwerge und sogar Neutronensterne. Und erst recht entfallen für den Astrophysiker jene unendlichen Verwickeltheiten molekularen und zellulären Feinbaus, mit denen sich Biologen beschäftigen.

Die moderne Atomphysik ist aber auch die Grundlage und Voraussetzung dafür, daß wir die in den Spektren enthaltenen Botschaften in der uns heute gewohnt gewordenen Weise entziffern können. Ebenso wie eine Keilschrift-Bibliothek uns die in ihr niedergelegten Auskünfte verschweigt, solange wir ihre Schrift und Sprache nicht verstanden haben, ebenso wäre die ganze Fülle der Botschaften, die aus den Spektren herauszulesen sind, an uns verschwendet, wenn nicht die Atomphysik mit ihrer ausführlichen Enträtselung der Elektronenhüllen der Atome und der Gesetzmäßigkeiten ihrer Licht-Reaktionen den Schlüssel zum Verständnis der Spektren geliefert hätte. Erst diese durch die Atomphysik gegebene Anweisung zur Entzifferung der Spektren hat es möglich gemacht, daß wir aus einem Spektrum, welches genau genug photographiert worden ist, ganze Bände von Wissen, von Auskunft entnehmen können.

In jenen Jahrzehnten, da die Welt der Atome für uns Physiker noch eine Welt voller Rätsel und Geheimnisse war, sind die Astronomen gespannt und aufmerksam dem Fortschritt der Physiker gefolgt.

Manche Fragen damaliger Atomphysik haben gerade aus astrophysikalischen Befunden heraus ihre Antwort erhalten. Das Bündnis, das Zusammenwirken von Astronomie und Atomphysik, welches durch EDDINGTON und andere Astrophysiker kraftvoll gefördert und welches in seinem erwähnten Buchtitel so begeisternd hervorgehoben wurde, war also ein Bündnis zu beiderseitigem Vorteil und wechselseitiger Befruchtung.

Gerade vom heutigen Verständnis der Spektren aus vermögen wir freilich auch zu erahnen, wieviel uns heute noch an wertvollen Informationen dadurch verlorengeht, daß unser Spektograph, wenn er das Licht eines Sternes nach seinen Wellenlängen auseinanderfaltet, auf den sichtbaren Teil des Spektrums beschränkt bleibt. Aber auch dies bedeutet nicht eine für immer unüberwindbare Begrenzung unserer Forschungsmöglichkeiten; sondern dies Hindernis wird überwunden werden in einer Zukunft, die schon begonnen hat.

Als ein grundsätzlicher Ertrag der astrophysikalischen Forschungen darf die Gewißheit angesehen werden, daß die uns in irdischen Experimenten erkennbar gewordenen Naturgesetze auch in den Fernen des Weltalls – im Gesamtbereich der Milchstraße, aber auch in fernen anderen «Spiralnebeln», gültig sind. Die Doppelsterne hatten uns zeigen können, daß das Newtonsche Gravitationsgesetz (und die Newtonschen mechanischen Gesetze) bei weit entfernten Sonnen ebenso gelten wie in unserem Planetensystem. Die auf die Spektroskopie gegründete Astrophysik zeigt uns darüber hinaus die Gültigkeit atomphysikalischer Gesetze als weltumspannender Gesetze des Kosmos.

Wenn wir beispielsweise über den inneren Aufbau weißer Zwerge Berechnungen anstellen auf Grund der uns bekannten Gesetze der Atomphysik und Elektronen-Physik, so machen wir natürlich die *Voraussetzung*, daß diese Gesetze auch im Innern jener Sterne gültig seien. Diese Voraussetzung aber ist nicht Willkür oder bloße Behauptung, sondern sie bewährt sich und bestätigt sich in unseren Berechnungen, in der folgerichtigen Übereinstimmung dessen, was wir daraus ableiten, mit unserem sonstigen Wissen von den Sternen, und mit den Beobachtungstatsachen, deren Erklärung wir auf diese Weise zu gewinnen suchen – mit Erfolg.

Unsere Milchstraße ist nur ein Probestück von Gebilden, die es im Weltall in ungeheurer Menge gibt. Schon alte arabische Astronomen haben einen schwachen Lichtfleck am Himmel erwähnt, den sie mit unbewaffnetem Auge gesehen haben: Den Andromedanebel. Wenn wir ihn mit starken Fernrohren untersuchen, erweist er sich als ein ungeheures Sternsystem, unserer eigenen Milchstraße ähnlich in Größe und Gestaltsverhältnissen: Etwa zwei Millionen Lichtjahre von uns entfernt, liegt er so zu uns, daß wir ihn schräg über die Kante sehen, so daß die große Linse uns in elliptischem Umriß erscheint. Photos, die oft reproduziert und vielen Freunden der Astronomie infolgedessen gut bekannt sind, lassen deutlich die großen Spiralarme innerhalb dieser Linse erkennen, gebildet durch die hellen, heißen Sterne, denen gegenüber das rötliche Sternenvolk trotz seiner Überzahl optisch zurücktritt. Manche besonders hellen Sterne des Andromedanebels sind für moderne Instrumente als einzelne erkennbar, und viele Feinheiten im Aufbau dieses Andromedanebels sind ausführlich untersucht und mit unserer eigenen Milchstraße verglichen worden.

Eine nicht geringe Anzahl weiterer, anderer Milchstraßen liegt in der Nähe unserer eigenen – in dem Sinne, daß sie nicht viel mehr als einige Millionen Lichtjahre von uns entfernt sind. Sie erweisen sich in genauerer Betrachtung als ausgesprochene Individualitäten, mit unverwechselbaren Eigentümlichkeiten. Trotzdem zeigen sie auch Ähnlichkeiten genug, um sich als verwandte, offenbar aus ähnlichen Bedingungen entstandene Gebilde zu erweisen. Je weiter wir aber mit unserer Beobachtung vordringen in immer größere Fernen des Weltalls, desto mehr bekommen wir zu sehen von diesen Riesengebilden des Kosmos – in den Tiefen des Raumes wimmelt es förmlich von diesen Sternenstädten, wie der große Jeans sie treffend genannt hat.

Wir verdanken unser modernes Wissen von der Welt dieser «Spiralnebel» zum wesentlichen Teil der Arbeit zweier großer Sternwarten in Kalifornien, auf dem Mount Wilson und Mount Palomar. Die letztgenannte hat das größte Fernrohr der Welt. Eine von europäischen Staaten gegründete Sternwarte, die jetzt auf der südlichen Halbkugel (in Chile) im Aufbau ist, wird ein Fernrohr erhalten, das zwar den Durchmesser des Palomar-Fernrohres nicht erreicht, aber aufgrund inzwischen erzielter technischer Fortschritte eine sogar noch etwas größere Leistungsfähigkeit erhoffen läßt.

Seit etwa vierzig Jahren ist das größte Instrument der Sternwarte auf dem Mount Wilson arbeitsfertig, und es hat seitdem unter dem wunderbaren Klima Kaliforniens fast Nacht für Nacht neue Geheimnisse für uns enthüllt. Als ich Walter BAADE, der uns inzwischen verlassen hat, zum letzten Male sah, einige Jahre nach dem Kriege, konnte er mir während langer Stunden pausenlos atemberaubende Neuigkeiten aus den Ergebnissen der beiden kalifornischen Sternwarten erzählen. Einige besonders wertvolle Aufnahmen waren ihm übrigens gelungen, als während des Krieges auch in Kalifornien Verdunkelung angeordnet war, so daß die Lichter der Filmstadt Hollywood den Nachthimmel nicht mehr störten.

Schon bald nach Fertigstellung des großen Mount-Wilson-Instrumentes wurde jedoch begonnen mit dem Bau des noch größeren Fernrohres für den Mount Palomar, das dann in etwa zwanzigjähriger Arbeit fertig geworden ist. Dies Fernrohr gehört zu den erstaunlichsten Wunderwerken der heutigen technischen Welt. Sein großer Hohlspiegel hat einen Durchmesser von fünf Metern und ein Gewicht von zwanzig Tonnen – die Ausmaße des größten von Herschel gebauten Instrumentes sind hier weit überboten. Nun muß ja beim Photographieren am Sternenhimmel das Fernrohr ständig nachgeführt werden gegenüber der scheinbaren Drehung des Himmelsgewölbes, wie sie sich aus der Drehung der Erde ergibt. Dabei sind nicht nur die zwanzig Tonnen zu bewegen, die schon im Glasgewicht des Spiegels stecken, sondern auch alles, was sonst zum Fernrohr gehört, im Gesamtgewicht von etwa 500 Tonnen. Die langsame Nachführung muß aber nicht nur äußerst genau, sondern auch äußerst glatt und gleichmäßig verlaufen: Würde durch geringfügige Reibungswiderstände etwas wie eine Stockung entstehen, so wären elastische Spannungen in der Apparatur nicht zu vermeiden. Der Spiegel ist aber infolge seiner Größe leicht verbiegbar; und er würde seine Leistungsfähigkeit einbüßen, wenn er irgendwo durch Beanspruchung seiner Elastizität verbogen würde um mehr als ein zehntausendstel Millimeter. (Hiermit ist auch gesagt, daß das Schleifen dieses Spiegels ein entsprechendes Maß von Genauigkeit erreichen mußte: Es kam an jeder Stelle der Spiegelfläche auf ein zwanzigtausendstel Millimeter an.)

Diese flüchtigen Zahlenangaben mögen uns ganz aus der Ferne einen Eindruck davon vermitteln, welche Maße von Sorgfalt, Mühe und Anstrengung, aber auch von technischem Können hineingesteckt sind in dieses große Instrument.

Was aber ist damit erreicht? Man könnte mit diesem Fernrohr eine Kerzenflamme noch in 40 000 Kilometer Entfernung erkennen. Da das aber nicht der Zweck der Sache ist, so wollen wir den Begriff der Reichweite eines solchen Instrumentes definieren durch folgende Frage: Wie weit sind jene ganz fernen Milchstraßen von uns entfernt, die mit den Mitteln dieser Fernrohre noch als winzige, aber zweifelsfrei erkennbare Lichtflecken auf die Photoplatte zu bekommen sind? In diesem Sinne hat das Fernrohr auf dem Mount Wilson eine Reichweite von einer Milliarde Lichtjahren; dasjenige auf dem Mount Palomar erreicht mit doppeltem Spiegel-Durchmesser doppelte Reichweite: Zwei Milliarden Lichtjahre weit sieht es in die Tiefen des Raumes hinein.

Es ist noch längst nicht so weit, daß man mit diesen großen Fernrohren durch lückenlos überdeckende Aufnahmen einen Atlas des Himmelsgewölbes angefertigt hätte. Wollte man sich das zum Ziele setzen, so wäre viel Geduld nötig. Bei den riesigen hier in Frage kommenden Vergrößerungen kann ja jede Aufnahme nur ein winziges Stück des Himmelsgewölbes erfassen. Wollte man daraus einen ganzen Atlas zusammenstückeln, so wäre eine Arbeitsdauer von etwa 5000 Jahren nötig. Man hat also, seit die Instrumente zur Verfügung stehen, nur nach zwei Richtungen hin ihre Kräfte ausnützen können: Einzelne Fälle besonders merkwürdiger oder lehrreicher Milchstraßengebilde sind ausführlich untersucht; und außerdem hat man statistische Auszählungen durchgeführt nach verschiedenen, als Stichproben gewählten Richtungen am Himmel.

Durch Untersuchung solcher Milchstraßen, die noch nicht zu weit entfernt sind, um noch Einzelheiten erkennen zu lassen, hat man eine Klassifikation der Milchstraßen erarbeitet. Es gibt verschiedene Typen von Spiralgestalten, die sich zum Teil stark unterscheiden, wenngleich verwandte Typen ohne scharfe Grenze ineinander übergehen. Es gibt auch eine gewisse Häufigkeit ausgefallener, irregulärer Formen, deren jede als mehr oder weniger einmalig gelten muß. Und es gibt einen beträchtlichen Anteil sogenannter elliptischer Nebel – das sind Milchstraßen ohne irgendeine Spiralgestalt, einfach nur linsenförmige oder ellipsoidische Anhäufungen von Milliarden von Sonnen.

Die Aussonderung von Einzelgebilden am Himmel, deren genauere Untersuchung mit den großen Fernrohren von Mount Palomar und Mount Wilson lohnend ist, wäre vom Zufall abhängig und somit kaum erfolgversprechend, wenn nicht die moderne Astronomie ein besonderes Gerät besäße, welches zwar ebenfalls ein Fernrohr ist, aber auf ganz anderen Grundlagen beruht, als die sonstigen Fernrohre – nämlich den Schmidt-Spiegel, der es ermöglicht, mit Weitwinkel-Aufnahmen ein größeres Feld am Himmel zu erfassen und dabei immer noch hohe Grade der Vergrößerung und Bildschärfe zu erreichen. Der Schmidt-Spiegel dient also als Spürhund für die Objekte, die dann mit dem großen Fernrohr aufs Korn genommen werden.

Der Erfinder dieses Instrumentes war ein merkwürdiges Genie, von dessen wunderlichem Leben ich kurz erzählen will, um Kunde davon für die Nachwelt zu erhalten. Die Menschen, die ihn kannten und mir von ihm erzählt haben, leben schon nicht mehr.

Er hatte in der Sternwarte Hamburg-Bergedorf sein Arbeitsfeld und seinen ihm heimatlich gewordenen Lebensbereich gefunden. Mit nur einem gebrauchsfähigen Arm betätigte er sich als Optiker und Instrumentenbauer von höchster Kunstfertigkeit; und ohne eigentliche mathematische Ausbildung löste er, wo es für seine Arbeit nötig wurde, schwierige mathematische Probleme – in einer selbsterfundenen mathematischen Formelsprache, deren Geheimnis er niemand mitgeteilt hat. Viele höchst geniale Tricks entwickelte er aus einer erstaunlichen Phantasie, um seine Arbeiten zu erleichtern und zu noch größerer Vollkommenheit zu bringen. Aber die Zeiten seiner angespannten Arbeitsleistung wechselten mit Zeitspannen des Versagens in jedem Sinne bürgerlicher Brauchbarkeit: Nicht nur, daß man bei ihm verzichten mußte auf irgendeine Vorschrift geregelter Zeiteinteilung; sondern von Zeit zu Zeit bekam er Anfälle schweren Durstes, nach denen er schließlich irgendwo im Freien bewußtlos aufgefunden wurde. Menschliche Weisheit und überlegene Großzügigkeit des Leiters der Sternwarte sah in verständnisvoller Schätzung seines Könnens über diese Vorkommnisse ohne Tadel hinweg; es wird sogar berichtet, daß er ihm gelegentlich aus eigener Tasche Geld gegeben habe.

Hatte Schmidt sich erholt, so ging seine Leistungsfähigkeit auch äußerlich über alles Normalmaß hinaus – einer Arbeit, die ihn innerlich erfaßt hatte, konnte er sich tagelang widmen, ohne nachts dem Schlafe Zeit zu opfern. Mehrfach haben junge Astronomen der Sternwarte ihn heimlich beobachtet: Da Astronomen Nachtarbeiter sind, so war es den in dieser Neugier Verschworenen nicht schwer, sich ablösend eine lückenlose Überwachung durchzuführen. Ergebnis: Er schlief wirklich nicht! Ohne Rücksicht auf den Wechsel der Tageszeiten, unangefochten von Müdigkeit werkte er weiter, bis die Sache fertig war.

Einmal entstand die Gefahr, daß er für Bergedorf und überhaupt für die Wissenschaft verloren ging. Er begleitete Baade auf einer astronomischen Südsee-Expedition, und er fand es dort so schön, daß er beschloß, dazubleiben und den Rest seiner Tage als nackter Wilder zu verleben. Eine dunkelhäutige Gefährtin hatte er bereits gefunden. Baade möge mit den Instrumenten allein wieder nach Hamburg fahren. Nur mit Mühe konnte er zur Heimreise überredet werden.

Das berühmte Instrument, das er der modernen Astronomie geschenkt hat, damit zugleich einen bahnbrechenden Beitrag zur Weiterentwicklung moderner Optik liefernd, enthält vor dem Hohlspiegel zusätzlich eine Glasplatte, die in den Strahlengang eingeschaltet ist und nach einem eigentümlichen, dem Erfinder aufgegangenen mathematischen Gesetz geschliffen ist — er erkannte (in seiner nur ihm verständlichen Geheim-Mathematik) dies mathematische Gesetz, und er erfand auch eine Methode, um eine Glasplatte so zu schleifen, wie dieses Gesetz es verlangt. Später hat ein bedeutender Mathematiker, Caratheodory, die Sache so weit zu verstehen vermocht, daß er das von Schmidt entdeckte und im Schliff der Platte verwirklichte mathematische Gesetz in einer jedem Mathematiker verständlichen Weise formulieren konnte; er hat ihm ein eigenes Buch gewidmet. So ist der geniale Gedanke des Erfinders mitteilbar und wiederholbar geworden.

Im Winter 1934 ist das Leben dieses wunderlichen Genies zu Ende gegangen in einer Weise, in der sich noch einmal schicksalhaft sein überragendes Können und seine menschliche Schwäche verknüpften. Zu einem ehrenvollen Arbeitsauftrag an eine holländische Sternwarte eingeladen, wurde er hernach gastfreundlich mit guten Getränken versorgt. Man ahnte nicht, daß er dann fürsorglicher Betreuung bedurfte, um gegen unglückliche Zufälle geschützt zu sein. So bekam er auf der Rückreise eine schwere Lungenentzündung, von der er nicht mehr genesen sollte.

Nach dem Kriege hat eine ausländische Firma Erkundigungen eingezogen, ob Verwandte Schmidts in Deutschland hinterblieben seien. Inzwischen nämlich hatte seine Erfindung, bei der er nur an den Sternenhimmel gedacht hatte, ihre Brauchbarkeit und Nützlichkeit auch für andere Zwecke gezeigt, bei denen es darauf ankommt, lichtstarke Weitwinkel-Aufnahmen zu erzielen. So können Röntgen-Aufnahmen der Lunge mit einer lichtstarken Schmidt-Optik nicht nur besser, sondern auch leichter und viel schneller (und schonender) gemacht werden. Auch für Mikroskope hat die Erfindung ihre Nützlichkeit gezeigt. Die fragliche Firma wollte, obwohl keinerlei Patent diese Erfindung eines nur den Sternen zugewandten Menschen schützte, freiwillig seinen Erben einen Millionen-Betrag bezahlen, um gegen spätere Ansprüche gesichert zu sein. Aber Erben waren den Befragten nicht bekannt.

Die statistischen Erhebungen, die mit den großen Instrumenten der kalifornischen Sternwarten durchgeführt sind, zielten insbesondere auf eine Beantwortung der Frage, wie viele Milchstraßen insgesamt vorhanden sind innerhalb des riesigen Ausschnitts des Weltraums – einer Kugel vom Radius zwei Milliarden Lichtjahre –, der nun durch das Palomar-Fernrohr für uns erforschbar geworden ist. Die Antwort lautet: Ungefähr eine Milliarde.

Andererseits kennt man aus mühevollen Untersuchungen (an näheren Milchstraßen) einigermaßen den Durchschnittswert der Masse einer Milchstraße. Zwar sind die vielen Milchstraßen im Weltall keineswegs in ihren Massen gleich; es gibt erhebliche Abstufungen von den größten bis zu den kleinsten uns bekannten Gebilden dieser Art. Aber in einer sorgfältigen Statistik kann man doch die Durchschnittsmasse einer Milchstraße ermitteln.

Durch Verknüpfung dieser Durchschnittsmasse mit der Gesamtzahl der Milchstraßen in diesem großen kugelförmigen Raum-Ausschnitt gewinnen wir dann die Gesamtmasse der in dieser Kugel enthaltenen Materie; und da der fragliche Ausschnitt des Weltraums wahrscheinlich groß genug ist, um als ein typisches Probestück des Kosmos gelten zu können, so ist die in ihm enthaltene durchschnittliche Massendichte wahrscheinlich gleich der durchschnittlichen Massendichte im Weltall überhaupt.

Wollen wir uns einen Augenblick Zeit nehmen, um uns den Sinn dieses Begriffes «durchschnittliche Massendichte des Weltalls» deutlich zu veranschaulichen: Stellen wir uns vor, in jeder Milchstraße lösten sich die Milliarden ihrer Sterne in bloßes Gas auf; und die damit freigesetzten Gasmassen aus allen Milchstraßen breiteten sich im Weltraum ganz gleichmäßig aus: Wieviel Masse, welcher Bruchteil eines Gramms würde dann in jedem Kubikzentimeter enthalten sein? Das ist die Frage, auf welche uns der Zahlwert der «durchschnittlichen Massendichte» Antwort gibt.

Natürlich kann es sich nur um eine ganz kleine Zahl handeln – einen winzigen Bruchteil eines Gramms im Kubikzentimeter; denn wenn ja auch ungeheure Massen vorhanden sind in den Milliarden von Sonnen in jeder der zahllosen Milchstraßen, so sind doch die Weiten des Raumes, in denen diese Milchstraßen ausgesät sind, so erdrückend groß, daß im Durchschnitt nur eine ganz geringe Massendichte zustande kommen kann. Wir können aber heute nicht nur sagen, daß diese Massendichte sehr klein ist, sondern wir können auch sagen, wie klein sie ist. Sie ist in Gramm aufs Kubikzentimeter auszudrücken durch eine Eins, geteilt durch 10^{28}, also eine Eins mit 28 Nullen.

Die Gelehrten streiten sich freilich noch darüber, ob es nicht vielleicht 29 oder 30 Nullen sind – das läßt sich noch nicht mit Sicherheit entscheiden.

Eine so ungeheuerliche Zahl liegt außerhalb anschaulichen Vorstellungsvermögens; und deshalb wollen wir, ohne der gemachten Angabe etwas sachlich Neues hinzuzufügen, uns ihren Inhalt noch folgendermaßen verdeutlichen. Denken wir noch einmal an die Vorstellung, daß alle Sterne aller Spiralnebel in Gas aufgelöst und dieses Gas im Raume gleichmäßig verteilt sei. Wie groß müßte dann ein in Gedanken herausgeschnittener Würfel sein, wenn er ein ganzes Gramm Materie enthalten soll? Gleichwertig mit obiger Zahlenangabe ist die Aussage, daß dieser Würfel ungefähr 20 000 km Kantenlänge haben müßte.

Aber auch eine andere Veranschaulichung bietet sich an: Wir können sagen, daß bei gleichförmiger gasförmiger Verteilung der Materie im Weltraum jedes Kubikzentimeter im Durchschnitt weniger als ein Atom enthielte.

Also ungeheuer dünn ist die Materie im Weltraum verteilt – fast könnte man sagen, daß das Weltall nichts anderes sei, als leerer Raum; nur winzige Spuren von Materie sind darin enthalten.

Wir erwähnten schon, daß der Spiralbau unserer eigenen Milchstraße zunächst nur aufgrund ihrer Ähnlichkeiten mit anderen Spiralnebeln vermutet worden ist. Es ist leicht verständlich, daß die Erkennung der Spiralarme unserer Milchstraße von innen heraus schwerer fallen muß als bei anderen Spiralnebeln, die wir von außen her betrachten können. Aber das ist noch gar nicht die wesentlichste Schwierigkeit. Diese liegt vielmehr darin, daß auch unsere Milchstraße große Mengen von Dunkelwolken enthält — riesig ausgedehnte Schwaden von hochverdünntem Gas, mit eingestreuten Spuren von Staub. Solche Dunkelmassen sind in vielen Spiralnebeln auffällig zu erkennen: Obwohl es sich um äußerst verdünntes Gas handelt (und erst recht um äußerst verdünnten Staub, da dieser im Verhältnis zum Gas nur in Spuren vorhanden ist), so ergibt doch die riesige Ausdehnung dieser Wolkenballen sehr auffällige optische Wirkungen; sie können das Licht dahinter stehender Sterne völlig verdecken. Auf den Bildern fremder, ferner Milchstraßen ist oft zu sehen, daß diese Dunkelmassen nur eine verhältnismäßig dünne Schicht in der Mittelebene dieser Milchstraßen füllen, dort allerdings viel Licht verschluckend.

Bei unserer eigenen Milchstraße erreichen die Dunkelwolken ihrer Gesamtmasse nach immerhin mehrere Prozent der Masse ihrer hundert Milliarden Sterne. Ihr Vorhandensein wird daran deutlich, daß ein die Milchstraße am Himmelsgewölbe einschließender Streifen uns keinerlei außerhalb liegende Spiralnebel erkennen läßt: Der Ausblick in die Fernen des Raumes ist uns hier versperrt; und auch von den Sternen unserer eigenen Milchstraße ist uns so viel verhüllt, daß Herschels erhebliche Unterschätzung der Gesamtzahl der Milchstraßensterne nicht erstaunlich war.

Stellenweise werden die Dunkelwolken der Milchstraße durch die ultraviolette Strahlung nahe stehender heißer Sterne zu Leuchterscheinungen angeregt. Dieses in den Gasmassen ausgebreitete Leuchten gibt, wie man sich denken kann, den Astrophysikern besonders reichhaltige Gelegenheit zur Anwendung unseres quantenphysikalischen Wissens und zur Ermittlung der physikalischen und chemischen Natur der Dunkelwolken.

Daß unter den besprochenen Umständen die Spiralarme unserer eigenen Milchstraße optisch nicht erkannt werden konnten, ist verständlich: Es wurde schon früher erwähnt, daß erst die Radio-Astronomie hier helfen konnte. Die Lufthülle unserer Erde verschluckt den größten Teil der elektromagnetischen Wellen, die aus dem Weltraum zu uns kommen. Außer dem von der Ozonschicht fast völlig aufgeschluckten Ultraviolett wird auch Ultrarot weitgehend in der Lufthülle festgehalten, so daß nur die eine Wellenlänge-Oktave des *sichtbaren* Lichtes gut durchgelassen wird: Unser Auge ist gerade für diejenigen Wellenlängen empfindlich, die im Tageslicht am Erdboden reichlich vorhanden sind. Aber außerdem gibt es noch einen anderen Bereich von Wellenlängen, für welche die sonst dichte, undurchlässige Decke unserer Luftschichten durchlässig ist: Er reicht von ungefähr 1 cm bis 10 m. Und da ja die Technik gerade im zweiten Weltkrieg gelernt hat, mit elektrischen *Kurzwellen* dieser Wellenlängen sehr erfolgreich umzugehen, so konnte nach dem Kriege die neue Radio-Astronomie entstehen, die mit Radar-Geräten Botschaften des Weltalls auffängt.

In der Kürze der seitdem verflossenen Zeit sind auch diesem jungen Sonderzweige astronomischer Forschung schon große Anlagen gewidmet. In England sind mehrere radioastronomische Empfangsgeräte nach verschiedenen Konstruktionsgedanken aufgebaut, insbesondere ein drehbarer Radar-Hohlspiegel von etwa achtzig Meter Durchmesser in Jodrell Bank bei Manchester. Man hat rund zweitausend Tonnen Stahl in dieses Gerät verbaut. Große Anlagen sind auch in den USA, in Frankreich, Australien und der Sowjetunion teils in Forschungsarbeit tätig, teils im Aufbau oder in Vorbereitung. Ein in Deutschland jetzt im Bau begriffener astronomischer Radar-Hohlspiegel wird nach seiner Fertigstellung für einige Jahre das größte Instrument der Welt in seiner Art sein, bis es von einem geplanten noch etwas größeren Instrument in England überboten werden wird. Ein bedeutungsvoller neuer Konstruktionsgedanke für diesen Radarschirm wird eine bisher als nicht überwindbar erschienene technische Schwierigkeit solcher Riesen-Radar-Schirme beseitigen.

Die Fähigkeit heutiger Physik, uns beurteilen zu lassen, welches physikalische Verhalten die Materie zeigen muß unter gewissen der experimentellen Nachahmung unzugänglichen Bedingungen, hat sich glänzend bewährt in folgender Voraussage: Es sei irgendwo im Weltraum eine große Wolke von hochverdünntem Wasserstoffgas vorhanden. Die Verdünnung sei so stark, daß der Wasserstoff nicht in Form von Molekülen H_2 vorhanden ist, wie in üblichen chemischen Experimenten, sondern in Form einzelner Atome H. Dann muß diese Wolke elektromagnetische Kurzwellen aussenden, und zwar von der Wellenlänge 21 Zentimeter. Diese Voraussage beruht auf sehr genauer Kenntnis des Wasserstoffatoms, einschließlich der Feinheiten des «Spins» von Elektron und Proton. Sie ist von großer Bedeutung für die Radio-Astronomie, und sie ist durch die Radargeräte der Astronomen glänzend bestätigt worden. Die Dunkelwolken der Milchstraße bestehen nämlich zum großen Teil aus Wasserstoff, und zwar infolge des hohen Verdünnungsgrades atomarem, nicht molekularem Wasserstoff. Tatsächlich senden sie diese inzwischen berühmt gewordene 21-Zentimeter-Welle aus.

Es ist von Baade durch Untersuchungen an anderen Milchstraßen erkannt worden, daß die leuchtenden Spiralarme ursprünglich noch gar nicht Ansammlungen der hellen heißen Sterne sind, sondern zunächst einmal Anhäufungen von Dunkelwolken. Diese sind es, die sich im Laufe der Entwicklung in Gestalt großer Spiralarme dichter zusammenhäufen; und in diesen etwas dichteren Dunkelwolken leuchten später die hellen Sterne des weiß-blauen Sternenvolkes auf. Es ist noch eine umstrittene Frage, ob diese Sterne, die also räumlich den Dunkelwolken angeschlossen sind, aus der Materie dieser Wolken neu entstehen, oder ob sie ursprünglich dunklere Sterne des rötlichen Volkes gewesen sind, die gewissermaßen in den Dunkelwolken auf die Weide gegangen sind, Materie dieser Dunkelwolken einsammelnd und damit neuen Brennstoff gewinnend für helleres Leuchten. Jedenfalls aber darf dieser von Baade erkannte Zusammenhang auch auf unsere eigene Milchstraße übertragen werden: Wenn sie leuchtende Spiralarme hat, dann werden diese nicht nur Anhäufungen heller Sterne, sondern auch Anhäufungen von Dunkelwolken sein.

Damit werden aber die Dunkelwolken, die für die optische Astronomie ein Hindernis waren, die Spiralarme zu erkennen, für die Radio-Astronomie im Gegenteil eine Hilfe zur Entdeckung der Spiralarme. In geistreich durchdachten Untersuchungen haben die Radio-Astronomen (insbesondere holländische) eine Ortung der Ballungen von Dunkelwolken in der Milchstraße durchgeführt: In der Tat zeigen sie eine spiralige Anordnung.

Ein anderes grundsätzliches Ergebnis der Radio-Astronomie hängt ebenfalls mit einer wichtigen Erkenntnis von Baade zusammen. Zu seiner Erläuterung muß etwas ausgeholt werden. Während die 21-Zentimeter-Welle gerade von den weit ausgebreiteten Dunkelwolken stammt, kommen die sonstigen Kurzwellen-Botschaften des Weltalls aus ganz bestimmten Richtungen, also von bestimmten Punkten des Himmelsgewölbes. Man hat diese Punkte am Himmelsgewölbe sinngemäß «Radio-Sterne» genannt: Genau so, wie wir diejenigen Punkte am Himmel, von denen wir sichtbares Licht erhalten, eben als Sterne bezeichnen.

Heute sind mehr als 10 000 solche Radio-Sterne bekannt. Verständlicherweise können aber auch die größten Radar-Geräte in der Ortung solcher Radio-Sterne nicht entfernt diejenige Genauigkeit erreichen, mit welcher wir im Fernrohr die sichtbaren Sterne orten können. Deshalb war es längere Jahre sehr schwierig, zu klären, mit welchen optisch faßbaren Gebilden die fraglichen Radio-Sterne zu identifizieren seien. Es gibt einige Radio-Sterne, die zu unserer eigenen Milchstraße gehören – Überreste von Supernova-Ausbrüchen. Aber bei der erdrückenden Mehrzahl handelt es sich um fremde, zum Teil weit entfernte Milchstraßen; deshalb heute lieber «Radio-Milchstraßen» genannt. Baade hat dazu überlegt:

Die vielen Milchstraßen rings um uns liegen im Raum nicht einfach still, sondern sie bewegen sich, mit unregelmäßig verteilten «Eigengeschwindigkeiten». Es kann deshalb vorkommen, daß zwei Milchstraßen sich aufeinander zu bewegen und geradezu zusammenstoßen. Man muß aber nicht denken, daß dadurch eine fürchterliche Sternen-Katastrophe ausgelöst würde. Die Durchmesser der Sterne sind ja (sogar bei Riesensternen) winzig klein im Vergleich zu ihren wechselseitigen Abständen innerhalb ihrer Milchstraße, deren durchschnittlicher Mindestwert schon Lichtjahre beträgt. Infolgedessen können sich die Sterngerüste zweier Milchstraßen ineinanderschieben, ohne sich überhaupt wechselseitig merklich zu beeinflussen – ein Zusammenstoß zwischen zwei Sternen ist dabei äußerst unwahrscheinlich, und er würde im Einzelfall auch nicht auffällig sein. So können also die Sterngerüste der beiden Milchstraßen durcheinander hindurchlaufen, ohne sich zu verändern: Wie zwei körperlose Gespenster durcheinander hindurchhuschen können, so huschen Milchstraßen bei ihrer Begegnung durcheinander hindurch. Zwar muß man das «Huschen» nicht zu wörtlich nehmen – der Vorgang dauert etwa zehn Millionen Jahre. Aber in der Lebensgeschichte einer Milchstraße ist das eine recht kleine Zeit.

Wenn aber die beiden Milchstraßen auch Dunkelwolken enthalten, so können diese nicht aneinander vorbei. Sie prallen aufeinander – mit Relativgeschwindigkeiten von etwa 1000 Kilometer in der Sekunde, und im Zusammenprall der Gasmassen entwickeln sich nicht nur lebhafte Bewegungen, sondern auch sonstige physikalische Vorgänge, die teils zu Lichterscheinungen, teils zur Aussendung von Kurzwellen führen.

Baade konnte wahrscheinlich machen, daß manche Beispiele von Radio-Sternen als in Durchkreuzung begriffene Paare von Milchstraßen zu deuten sind. Doch hat sich allmählich ergeben, daß diese Erklärung nur für wenige Fälle gelten kann: Die meisten der «Radio-Milchstraßen» zeigen eine so große Energie-Lieferung von Kurzwellen, daß man an andere, viel gewaltsamere Vorgänge, als an den bloßen Zusammenprall von Gasmassen denken muß. Vielleicht hängen sie mit gewaltigen Explosionen von Milchstraßen zusammen, deren Vorkommen von dem sowjetischen Astronomen Ambarzumian seit langer Zeit behauptet und durch erstaunliche Befunde der letzten Jahre auch in gewissem Umfang bestätigt worden ist.

Die Rätselhaftigkeit der kosmischen Katastrophen-Vorgänge, die in den Radio-Milchstraßen zutage treten, hat sich noch unerhört gesteigert, seitdem uns neueste Entdeckungen eine besondere Art von Milchstraßen bekannt gemacht haben, welche durch ungeheuerliche Stärke ihrer Ausstrahlung alle anderen weit überbieten – soweit es sich dabei um Radio-Milchstraßen (sog. Quasars) handelt, ist auch ihre Kurzwellenstrahlung noch etwa hundertmal stärker, als die der zahlreichen sonstigen. Diese Ausnahme-Gebilde sind außerordentlich selten – gleichsam gewaltige Leuchttürme des Weltalls, die den Raum über ungeheure Entfernungen durchstrahlen.

Kosmologie

Als Giordano Bruno aus der Erkenntnis des Kopernikus, daß die Sonne von den Planeten umkreist wird, die kühne Folgerung zog, daß die Fixsterne andere Sonnen seien, hatte die Fernrohr-Astronomie noch nicht begonnen. Erst danach sollte Galilei erstmalig ein Fernrohr, das er auf Grund undeutlicher, aus Holland zu ihm gelangter Nachrichten erdacht und gebaut hatte, auf den Sternenhimmel richten, hiermit der optischen Astronomie ihr wichtigstes Gerät gebend, zu welchem dann im vorigen Jahrhundert Spektrograph und Photoplatte hinzugekommen sind, und in unserem Jahrhundert der Schmidt-Spiegel und dann die Elektronik. Es war also eine ganz schmale Unterlage beobachtungsmäßigen Wissens von den Sternen außerhalb des Planetensystems, aus welcher Giordano Bruno seine

Erkenntnis aufbaute, zunächst im Sinne einer gewagten Hypothese, die jedoch eine richtige und eine ungemein fruchtbare Hypothese war.

Aber nicht nur diese Hypothese, sondern ebensosehr sein weitergehender Versuch, ein gedankliches Gesamtbild des Weltalls zu geben, hat für die nachfolgenden Jahrhunderte den festen, für unverrückbar gehaltenen Vorstellungsrahmen aller astronomischen Forschung geliefert. Unendliche Größe des Weltraums und unendliche Zahl der in ihm verteilten Sonnen war bis zu unserem Jahrhundert die Grundüberzeugung der Astronomie. Wie eng diese Vorstellung sich mit den Grundgedanken einer materialistischen Naturphilosophie verbunden hatte, ist im ersten Kapitel verfolgt worden. Eine Veränderung in der naturwissenschaftlichen Beurteilung der Lehre Giordano Brunos von der Unendlichkeit des Raumes setzt daher auch grundsätzliche Fragen der Beziehungen von Wissen und Glauben erneut in Bewegung. Wie abwegig die verbreitete These von einer angeblichen Irrelevanz naturwissenschaftlicher Erkenntnis für die Weltanschauung ist, wird auch daran sichtbar, daß die östlichen Sachverständigen für atheistische Weltanschauung keineswegs neutral in dieser Frage sind, sondern die Unendlichkeit des Raumes zu denjenigen Thesen rechnen, in denen die freie wissenschaftliche Urteilsbildung ausgeschaltet werden muß zugunsten der politischen Festsetzung linientreuer Glaubenssätze.

Die heutige Astronomie, welche den Spiralnebeln bis in Entfernungen von Milliarden von Lichtjahren nachgegangen ist, bietet sicherlich für eine empirische Beurteilung der Fragen, die das Weltall im ganzen betreffen, ganz andere Unterlagen, als dem kühnen, phantasievollen, mystisch angehauchten Geiste Giordano Brunos zur Verfügung standen. Es ist nun die eigentümliche Tatsache festzustellen, daß die Astronomen von heute keineswegs mehr einen unendlichen Weltraum als Selbstverständlichkeit betrachten. Nicht wenige heutige Spezialisten der «Kosmologie» halten es im Gegenteil für unwahrscheinlich, daß der Weltraum unendlich sei. Andere begnügen sich damit, diese Frage als unentschieden anzusehen; aber auch diejenigen, die heute noch die Unendlichkeit des Weltraums für wahrscheinlich halten, stimmen jedenfalls mit den anderen modernen Astronomen überein in der Überzeugung, daß dies eine Frage sei, für deren Entscheidung weitergehende astronomische Forschung nötig ist.

Dies ist eines der bedeutungsvollsten Beispiele von Entwicklungen der modernen Naturwissenschaft, durch welche Überzeugungen zweifelhaft geworden sind, denen man früher den Rang einer unerschütterlichen, weil selbstverständlichen Wahrheit zuzuschreiben gewohnt war. Von verschiedenen Seiten her hat der Zweifel an Giordano Brunos Auffassung des Weltraumes Nahrung erhalten — theoretische Erwägungen und empirische Ermittlungen haben zusammengewirkt, eine scheinbar unabänderliche Grundvorstellung früherer Naturphilosophie ins Wanken zu bringen. Wir werden daher etwas weiter ausholen müssen, um uns die heutige Auffassung des Problems verständlich machen zu können.

Die heutige Auffassung, daß die Frage nach der Unendlichkeit oder aber Endlichkeit der Welt zur Zuständigkeit der Erfahrungswissenschaft (im Zusammenwirken mit mathematischer Überlegung) gehört, hat nicht nur durch die Spiralnebel-Forschung unseres Jahrhunderts, sondern in ganz besonderem Maße auch durch die atemberaubenden kosmologischen Entdeckungen der Nachkriegszeit eine ungeahnte Verbreiterung ihrer Unterlagen erhalten. Während wir die Reichweite für die optische Erkennung ferner (normaler) Spiralnebel durch das Palomar-Fernrohr als ungefähr zwei Milliarden Lichtjahre anzugeben hatten, liegen die zahlreichen durch die Radio-Astronomie gefundenen Milchstraßen mit Kurzwellen-Aussendung überwiegend in noch größeren Entfernungen. Die Entdeckung der erwähnten gewaltigen Leuchttürme des Weltalls hat aber unseren Beobachtungsmöglichkeiten eine nochmals gesteigerte Reichweite gegeben: Diese Gebilde sind im Weltall so selten, daß schon die uns nächsten unter ihnen ungeheuer weit entfernt von uns liegen. Beispiele bis zu etwa 10 Milliarden Lichtjahren Entfernung sind bekannt geworden — das uns erforschbare Raumgebiet ist also gegenüber den besprochenen Erfassungsmöglichkeiten des Palomar-Fernrohrs (für «normale» Milchstraßen) etwa hundertfach erweitert worden.

Das Parallelen-Problem

Woher wissen wir eigentlich, daß in einem ebenen Dreieck die Winkelsumme gleich zwei Rechten ist? Wir würden ja lachen über einen Menschen, der — vielleicht aufgrund einer Wette — sich die Mühe machen wollte, immer neue Dreiecke zu zeichnen, in der Hoffnung, daß er doch noch einmal ein Dreieck mit anderer Winkelsumme zustande bringen könnte. Warum sind wir von der Aussichtslosigkeit eines solchen Versuches so fest überzeugt, daß wir nicht einmal einem abstrakten Künstler zutrauen, ein solches Dreieck zustande zu bringen?

Die Antwort auf diese Frage ist schon mehr als zweitausend Jahre alt. Sie ist enthalten in jenem berühmten Werke, das zu hellenistischer Zeit in Alexandrien von EUKLID geschrieben wurde, der damals die dortige große Bibliothek unter sich hatte. Euklid hat in seinem Werke – die von früheren Forschern erzielten Ergebnisse benutzend und bereichernd – die Gesetze der Geometrie, also der räumlichen Formen, dargestellt. Es ist eine erstaunliche Fülle verschiedener und zum Teil sehr merkwürdiger Gesetze, die an solchen Formen festzustellen sind. Aber die Fülle dieser Gesetze ist keineswegs eine große Mannigfaltigkeit selbständiger, getrennter, voneinander unabhängiger Gesetze. Die große Entdeckerleistung der antiken Mathematiker liegt nicht nur in der Aufdeckung dieser Gesetze als solcher, sondern vor allem in der Erkenntnis, daß sie durch innige Beziehungen verbunden, daß sie logisch verknüpft sind. Diese logische Verknüpfung erlaubt es, die Fülle der geometrischen «Lehrsätze» durch logische Überlegung als richtig zu erweisen, allerdings nicht aus dem Nichts heraus, wohl aber dann, wenn einige ganz wenige und sehr einfache Grundgesetze der Geometrie als richtig anerkannt werden. Diese den Beweisen zugrunde gelegten Voraussetzungen werden «Axiome» genannt.

Zu den Axiomen der Geometrie, deren Richtigkeit ohne Beweis anerkannt und vorausgesetzt wird, gehört beispielsweise die Gesetzmäßigkeit, daß eine Gerade eindeutig bestimmt ist, wenn zwei zu ihr gehörige Punkte bekannt sind: Es gibt dann keine andere, von ihr verschiedene Gerade, welche ebenfalls durch diese beiden Punkte geht. Ein aus den Axiomen her beweisbarer Lehrsatz ist beispielsweise der, daß ein Dreieck mit den Seitenverhältnissen 3:4:5 stets rechtwinklig ist: Ein Sonderfall des berühmten Satzes des Pythagoras.

Im Lehrgebäude der Geometie des Euklid wird auch gezeigt, daß jedes ebene Dreieck die Winkelsumme zwei Rechte haben muß; und zwar ist dieser Lehrsatz (im Rahmen der übrigen Axiome) gleichwertig mit dem berühmten euklidischen Parallelen-Axiom: Durch einen gegebenen Punkt gibt es zu einer gegebenen Geraden eine und nur eine Parallele. Sofern dies Parallelenaxiom zutreffend ist, stimmt auch der Satz von der Winkelsumme im ebenen Dreieck.

Unsere Frage, warum wir von der Wahrheit dieses Satzes so überzeugt sind, ist damit freilich nur auf eine andere Frage zurückgeführt: Warum sind wir überzeugt von der Wahrheit des Parallelenaxioms? Hierauf gibt es wiederum eine Antwort, die schon in Gedankengängen der Antike angebahnt war; sie hat später in der Kantschen

Philosophie ihre schärfste Ausprägung erhalten, die wir ungefähr folgendermaßen wiedergeben können: Es sind die Gesetzes unseres eigenen Geistes, die der uns erscheinenden Wirklichkeit die Raumgesetze aufzwingen. Unsere Anschauung kann sich räumliche Verhältnisse nicht anders vorstellen, als unter Erfüllung des Parallelenaxioms; deshalb kann die Wirklichkeit uns nur in dieser Gestalt erscheinen.

Die Mathematiker jedoch haben sich mit solchen philosophischen Begründungen nicht zufriedengeben wollen; und da das Parallelenaxiom von den sonstigen, harmloseren Axiomen der euklidischen Geometrie verschieden ist durch den geringeren Grad von Unauffälligkeit, so haben seit dem Altertum viele Mathematiker versucht, doch einen Beweis für das Parallelenaxiom zu finden, es also vom Axiom umzuwandeln in einen aus einfacheren Voraussetzungen heraus bewiesenen Lehrsatz. Nachdem diese Versuche durch viele Jahrhunderte immer wieder gescheitert waren, haben im vorigen Jahrhundert drei scharfsinnige Denker der Sache eine ganz neue Wendung gegeben.

Der eine von ihnen war der berühmte Carl Friedrich Gauss, allgemein neben Archimedes als Größter der Mathematiker angesehen. Der andere war ein russischer Mathematiker, Lobatschewski; der dritte ein Ungar Bolyai. Dieser war der Sohn eines mit Gauß befreundeten Mathematikers, der sich selber schon mit dem Parallelenproblem eindringlich beschäftigt hatte und über den Mißerfolg seiner Bemühungen, den gesuchten Beweis zu finden, in tiefe Verzweiflung geraten war. Er warnte seinen Sohn davor, sich ebenfalls auf dies gefährliche Problem einzulassen. Doch hat sein Sohn diese Warnung nicht beachtet, sondern ist zu einer Lösung des Problems gekommen – in einer den Erwartungen seines inzwischen verstorbenen Vaters freilich ganz zuwiderlaufenden Weise.

Die neue Wendung, welche die drei genannten Mathematiker der Sache zu geben wußten, entstand aus folgender Frage: Was würde werden aus dem Lehrgebäude der Geometrie, wenn wir einmal voraussetzen wollten, das Parallelenaxiom wäre nicht richtig, sondern ausdrücklich falsch? Es war wohl die ursprüngliche Erwartung, auf diese Weise zu einem sogenannten indirekten Beweis zu kommen: Wenn es gelingen würde, in der Durchdenkung dieser Frage auf einen Widerspruch zu stoßen, so hätte man sagen können: «Jetzt wissen wir, daß das Parallelenaxiom richtig sein muß – die Voraussetzung des Gegenteils führt uns in Widersprüche.»

Aber in Wirklichkeit ergaben sich gar keine Widersprüche; sondern es ergab sich das neuartige Lehrgebäude der «nichteuklidischen Geometrie», einer Raumlehre, welche fortlaufend unserem anschaulichen Vorstellen widerspricht, da ja schon der Ausgangspunkt mit unserer Raumanschauung nicht in Einklang ist. Trotzdem ist diese nichteuklidische Geometrie als abstraktes Denksystem widerspruchsfrei in Ordnung; sie stellt ein geschlossenes, einwandfreies Sytem abstrakter logischer Möglichkeiten dar, so daß man sagen kann: Jetzt ist bewiesen, daß ein Beweis des Parallelenaxioms nie gelingen kann.

Aber ist nicht das ganze eine allzu gelehrte Gedankenspielerei? Muß man nicht geradezu bedauern, daß bedeutende Köpfe ihre Zeit und Kraft daran verschwendet haben, so nutzlosen Überlegungen nachzugehen? Denn daß die Geometrie Euklids richtig ist, das kann ja keinen Augenblick bezweifelt werden. Wir können nicht nur auf dem Papier an geometrischen Zeichnungen die Richtigkeit der euklidischen Gesetze prüfen; wir benutzen sie auch ständig bei der Errichtung unserer Bauten, bei der Konstruktion von Maschinen und überhaupt in allen Tätigkeiten, die räumliche Verhältnisse betreffen, und bei denen es auf Genauigkeit ankommt. In allen diesen Anwendungen bewährt sich die euklidische Geometrie, deren Wahrheit immer wieder bestätigt wird.

Wenn wir aber jetzt im Sinne dieses Einwands den Wahrheitsbeweis für das Parallelenaxiom in seiner Bestätigung durch die Erfahrung sehen wollen, dann müssen wir achtsam sein. Alle Erfahrung ist ja begrenzte und ungenaue Erfahrung. Wir können durch Messung bestenfalls bestätigen, daß die Winkelsumme eines von uns gezeichneten Dreiecks im Vergleich zu zwei Rechten keine so große Abweichung zeigt, daß für ihren Nachweis die Genauigkeit unserer Meßgeräte ausreichen würde. Andererseits beschränkt sich unsere Erfahrung zunächst auf Dreiecke, die auf der Erde gezeichnet werden können, oder allenfalls im Planetensystem. Aber wenn wir jetzt an ganz große Dreiecke denken, deren Endpunkte vielleicht einige Milliarden Lichtjahre voneinander entfernt sind – woher wissen wir dann, ob das Dreieck, welches von drei Lichtstrahlen gebildet wird, die diese Eckpunkte verbinden, ebenfalls die Winkelsumme von zwei Rechten hat? Aus unserer anderweitig gesammelten geometrischen Erfahrung heraus können wir das sicherlich nicht entnehmen; und wenn die nichteuklidische Geometrie uns nun zeigt, daß auch eine theoretische, von der Erfahrung unabhängige Garantie für die Winkelsumme nicht gegeben werden kann, dann werden wir Aufschluß über diese Frage nur von neuen Erfahrungen erhoffen können – von Erfahrungen an sehr fernen astronomischen Objekten.

Nun kann man freilich sagen, daß die Frage der Winkelsumme im Dreieck gar nicht reizvoll genug sei, um soviel Nachdenken oder gar große astronomische Untersuchungen zu verdienen. Aber gerade diese, zunächst vielleicht ein wenig reizlos scheinende Frage führt uns heran an bewegende tiefe Erkenntnisfragen. Sie führt uns heran an das große Rätsel des Raumes; sie führt uns an die Frage, ob Giordano Bruno recht hatte oder nicht.

Nichteuklidische Räume

Es wäre ein Irrtum zu glauben, daß die Begriffe «unendlich» einerseits und «unbegrenzt» andererseits gleichbedeutend wären. Als unbegrenzt werden wir uns den Weltraum sicherlich weiterhin vorstellen wollen, nachdem einmal die kristallene Kugel, die noch in den Vorstellungen des Kopernikus als Abschluß des uns erkennbaren Raumes übriggeblieben war, durch Giordano Bruno zerbrochen ist. Wir werden nicht annehmen wollen, daß es irgendwo eine Wand im Weltall gäbe, an welcher der Raum als solcher zu Ende wäre. Aber auch dann, wenn wir die Vorstellung festhalten, daß von jedem Punkt des Weltraums aus der Raum sich nach allen Seiten hin weitererstreckt, ist keineswegs zu folgern, daß er unendliche Größe haben müsse.

Zur Widerlegung dieses Irrtums genügt ein alltägliches Beispiel, das wir freilich nur als Vergleich heranziehen können, nämlich die Oberfläche einer Kugel – wobei wir also jetzt wirklich nur das Flächenhafte, das zweidimensionale Gebilde als solches meinen, keineswegs den davon eingeschlossenen dreidimensionalen Rauminhalt. Diese Kugelfläche ist offensichtlich unbegrenzt – sie hat keine Grenze, keinen Rand, wo sie aufhört; jeder Punkt auf der Kugelfläche läßt uns die Möglichkeit, von ihm aus nach allen Seiten auf der Kugelfläche weiterzuschreiten. Aber diese unbegrenzte Kugelfläche ist keineswegs unendlich – vielmehr hat sie ein endliches Flächenmaß von Quadratzentimetern: Der große Archimedes hat bekanntlich den Beweis geführt, daß es sich um die Flächengröße $4\pi R^2$ handelt. Die nichteuklidische Geometrie führt nun auf die mathematische Möglichkeit eines Raumes – eines dreidimensionalen Raumes, welchem gegenüber das soeben betrachtete flächenhafte, zweidimensionale Gebilde nur einen schwachen Vergleich bilden kann – mit der Eigenschaft, daß auch dieser dreidimensionale Raum unbegrenzt und trotzdem endlich ist.

Dies ist freilich nur *eine* von den Möglichkeiten nichteuklidischer Geometrie. Sie entspricht einer Verletzung des Parallelen-Axioms in solcher Weise, daß es überhaupt keine Parallelen gibt – das ist gleichbedeutend damit, daß jedes Dreieck eine Winkelsumme hat, die *größer* als zwei Rechte ist. Man kann auch im Gegenteil annehmen, daß es zu einer gegebenen Geraden durch einen gegebenen Punkt mindestens zwei verschiedene Parallelen gibt (es gibt dann sogar unendlich viele). In diesem Fall wird die Winkelsumme im ebenen Dreieck stets kleiner als zwei Rechte. Man überlegt sich aber leicht, daß in beiden Fällen, also in beiden Formen nichteuklidischer Geometrie, die Abweichung der Winkelsumme von zwei Rechten nur dann von merklicher Größe wird, wenn das fragliche Dreieck groß genug ist: Bei sehr kleinen Dreiecken hingegen ist die Abweichung von der durch die euklidische Geometrie verlangten Winkelsumme klein – um so kleiner, je kleiner das Dreieck selber ist. Hierauf beruht es, daß wir keineswegs in Widersprüche mit der Erfahrung kommen, wenn wir versuchsweise annehmen, die Geometrie des Weltalls im großen sei eine nichteuklidische Geometrie. Zwangsläufig ergibt sich aus dieser Vorstellung, daß in kleineren Raumbereichen doch die euklidische Geometrie gültig bleibt, bis auf Fehler, die zu klein sind, um der Nachmessung erkennbar zu sein.

Unser anschauliches Vorstellungsvermögen ist durch die Gewohnheit der Jahrtausende auf die euklidische Geometrie festgelegt. Man darf also nicht darüber enttäuscht sein, daß uns kein Weg gezeigt werden kann, uns die nichteuklidischen Raumformen als solche anschaulich vorzustellen: Auch der größte Mathematiker ist nicht imstande, sich den gekrümmten, geschlossenen, endlichen Raum bildhaft vorzustellen; trotzdem kann man alle seine Eigenschaften in abstrakter Logik einwandfrei und zweifelsfrei durchdenken. Man muß nur nicht fragen, was denn nun «außerhalb» dieses endlichen Raumes sei. *Es gibt kein «außerhalb»*, denn dieser Raum ist räumlich allumfassend – alles Räumliche ist mit darin.

Wenn wir aber in Gedanken eine *Ebene* ausschneiden aus diesem dreidimensionalen endlichen Raum, dann erhalten wir ein Gebilde, welches uns nicht unbekannt ist: Diese nichteuklidische Ebene ist nämlich hinsichtlich aller in ihr zu zeichnenden geometrischen Figuren gleichwertig einer (sehr großen) Kugelfläche eines euklidischen Raumes.

Dabei entsprechen die «Geraden» der nichteuklidischen Ebene den Größtkreisen der euklidischen Kugelfläche, und man bestätigt anschaulich, daß die Dreiecke jetzt Winkelsummen haben, welche stets größer als zwei Rechte sind. Auf der Kugel können wir ja beispielsweise ein Dreieck mit der Winkelsumme von drei Rechten zeichnen: Wir laufen etwa vom Nordpol aus auf zwei Meridianen, die senkrecht zueinander vom Nordpol ausgehen, bis zum Äquator, dessen eines Viertel dann die dritte Dreiecksseite bildet. Aber wenn ein Größtkreis-Dreieck auf der Kugel klein genug ist, so nimmt es praktisch die Gestalt eines euklidischen Dreiecks an – dazu müssen die Dreiecksseiten sehr klein im Vergleich zum Kugelradius sein.

Wer vertraut ist mit den Grundgedanken der «analytischen Geometrie», wie der große französische Philosoph, Mathematiker und Naturforscher DESCARTES sie entworfen hat, weiß, daß man in der euklidischen Geometrie einen *Kreis* durch eine einfache Formel (nämlich $x^2 + y^2 = R^2$) beschreiben kann und eine Kugelfläche durch eine ähnliche Formel, in der noch eine dritte «Koordinate» z vorkommt.

Aus diesen Formeln kann man mathematisch jede Gesetzmäßigkeit ableiten, welche zur Geometrie des Kreises oder der Kugelfläche gehört. Man könnte also sagen: Falls ein Marsmensch unsere Mathematik soweit erlernt hätte, daß ihm die Bedeutung mathematischer Gleichungen und das Umgehen mit ihnen geläufig geworden wäre, so könnte er aufgrund dieser beiden Formeln alle geometrischen Gesetzes des Kreises und der Kugelfläche ableiten, auch dann, wenn er vielleicht noch niemals einen Kreis oder eine Kugel gesehen hätte. Genauso können unsere Mathematiker alle geometrischen Gesetze eines endlichen nichteuklidischen dreidimensionalen Raumes ableiten aus einer Formel, die aus derjenigen der Kugelfläche durch Hinzunahme einer vierten Koordinate entsteht – sie benötigen dazu keineswegs die Fähigkeit, sich einen solchen Raum anschaulich vorzustellen. Beispielsweise kann man ausrechnen, daß der Rauminhalt dieses nichteuklidischen Raumes $2\pi^2R^3$ beträgt.

Der geistreiche und scharfsinnige, obwohl etwas phantastische Astronom ZÖLLNER ist im vorigen Jahrhundert, ohne die Untersuchungen zur nichteuklidischen Geometrie zu kennen, ebenfalls auf den Gedanken gekommen, der Weltraum sei ein nichteuklidischer geschlossener Raum. Er definierte sich selber diesen Raum als die dreidimensionale «Oberfläche» einer Kugel in einem vierdimensionalen euklidischen Raume; das gibt für den mit der analytischen Geometrie Vertrauten eine beinahe «anschauliche» Vorstellung. Zöllner war sich trotz seines Scharfsinns darüber nicht klargeworden, daß der nichteuklidische dreidimensionale Raum gewissermaßen ein selbständiges Gedankending ist, welches gleichberechtigt neben das Gedankengebilde eines euklidischen Raumes zu stellen ist. Indem er sein eigenes Verständnis dieses nichteuklidischen geschlossenen Raumes nicht loszulösen vermochte von dem in seiner Konstruktion als Hilfsmittel benutzten abstrakten Raum, welcher selber euklidisch, aber vierdimensional ist, verliebte er sich in den Gedanken einer vierten Raumdimension, den er auch als Unterlage einer phantastisch-spekulativen Deutung spiritistischer Experimente verwertete.

Endlicher Weltraum?

Wenn wie heute in voller Nüchternheit den Gedanken eines nichteuklidischen endlichen Raumes mit unserer astronomischen, kosmologischen Erfahrung in Verbindung bringen wollen, so können wir uns das folgendermaßen ausmalen:

Wir wollen eine Raumschiff-Reise machen; aber nicht nur bis zum Mond oder zu einem anderen Planeten unserer Sonne, sondern in viel weitere Ferne hinaus. Wir haben die Erde verlassen, und wir fliegen mit unserem Raumschiff *genau geradeaus* – zwischen den Sternen der Milchstraße hindurch und schließlich aus der Milchstraße hinaus; wir fliegen weiter und weiter, während rings um uns die anderen Milchstraßen liegen; und wir fahren unbeirrbar genau geradeaus. Wenn es so ist, daß unser Weltraum im großen einer nichteuklidischen Geometrie mit positiver Krümmung entspricht, dann müßte diese Reise uns schließlich *hinten herum* wieder zum Ausgangspunkt zurückführen. Auch ein Wanderer auf der Erdoberfläche würde ja, wenn er stets geradeaus (also auf einem Größtkreis) geht, ohne sich durch Berge und Meere beirren zu lassen, hinten herum in den Ausgangspunkt zurückkehren.

Wir wissen noch nicht, ob dies Gedankenexperiment wirklich so verlaufen müßte – ob die Geometrie des Weltraumes tatsächlich so ist. Trotzdem kann heute schon dies gesagt werden: Wenn wirklich unser Weltraum endlich ist, dann können wir nach dem heutigen Stande der Spiralnebel-Statistik immerhin auch eine ungefähre

Schätzung aussprechen für die vermutliche Länge dieses Reiseweges, dieses Weges geradeaus-ringsum. Die Schätzung geht dahin, daß ungefähr etwas wie 20 Milliarden Lichtjahre in Betracht kommen könnte.

Hiernach wird uns verständlich, warum das Ringen heutiger Astronomie um immer größere Reichweite unserer Beobachtungen für alle Beteiligten so aufregend ist. Auch mit dem Palomar-Fernrohr kommen wir noch keineswegs so weit, daß wir in äußerster Ferne des Himmels unseren eigenen Rücken sehen könnten — oder vielmehr das, was vor entsprechenden Milliarden von Jahren an der Stelle unseres Rückens gewesen ist. (Man mache sich klar, daß wir das damals im räumlichen «Gegenpol» unseres Ortes Gewesene nicht an einer bestimmten Stelle des Himmels sehen würden, sondern vielmehr ausgebreitet über das gesamte Himmelsgewölbe). Aber die zunehmenden Möglichkeiten, noch über die Reichweite des Palomar-Fernrohrs hinaus zu statistischen Aufzählungen an Milchstraßen und Radio-Milchstraßen zu kommen, bestärken die Zuversicht auf allmähliche Ermöglichung einer wirklichen Entscheidung über die Geometrie des Weltraums im Großen.

Vielleicht wird nach kühnen Gedanken einiger heutiger Astronomen (diese Gedanken sind erst wenige Monate vor der Niederschrift dieser Bemerkung bekanntgegeben) sogar ein noch handgreiflicherer Beweis für die Endlichkeit des Weltraums aus den Beobachtungen an besonders weit entfernten «Leuchttürmen», wie wir sie oben genannt haben, möglich werden. Unter der (freilich nur geringen) Zahl solcher Beispiele fällt ein verhältnismäßig großer Anteil von paarweise vorhandenen auf, welche sich «antipodisch» in entgegengesetzten Richten gegenüberliegen. Einige Spezialisten neigen zu dem Urteil, daß wir in jedem solchen Beispiel geradezu den gleichen Leuchtturm zweimal sehen, einmal auf dem kürzesten Lichtwege von dort zu uns, und außerdem auf dem längeren Lichtweg, der von dort aus über den Gegenpol unseres eigenen Ortes zu uns führt. Diese kühne Deutung — wenn sie richtig ist — wird noch viele schwierige Untersuchungen zu ihrer beweiskräftigen Sicherung erfordern. Sollte sie sich abschließend bestätigen, so wäre sie wohl eine der wunderbarsten Erkenntnisse, die dem Menschengeiste jemals gelingen konnten.

Es kann nun auch angegeben werden, wie groß der Rauminhalt des Weltalls sein sollte, *wenn* er endlich ist: In Kubikzentimetern ergibt sich ungefähr 10^{84}, eine 1 mit 84 Nullen dahinter. Das ist gewiß eine ungeheure Zahl, weit über alles menschliche Vorstellungsvermögen hinaus. Aber immerhin ist es eine *endliche* Zahl, den Gedanken ausdrückend, daß der Weltraum im ganzen uns kleinen Menschen ausmeßbar sein könnte.

Wenn wir nun diese Zahl für den Rauminhalt des Alls multiplizieren mit dem früher besprochenen Werte für die durchschnittliche Massendichte, so kommt etwas sehr Merkwürdiges zustande. Dann haben wir nämlich das ganze Weltall, mit allen seinen Sonnen und Spiralnebeln, auf die Waage gelegt – seine Gesamtmasse bestimmend. Von 84 Nullen 28 streichend, bekommen wir als Gesamtmasse der Welt 10^{56} Gramm, eine 1 mit 56 Nullen dahinter. Wir könnten diese Masse ja auch in Tonnen statt in Gramm ausdrücken; aber das nützt nicht viel, denn es werden dadurch nur sechs Nullen weniger.

Diese Zahl lockt aber noch zu einer anderen Umformung: Uns auf den atomistischen Feinbau der Materie besinnend, können wir sagen, daß etwa 10^{79} Elektronen im Weltall vorhanden sind. Zweifach hält diese Zahl uns den eigentümlichen Gedanken einer Endlichkeit der Natur vor Augen: Endliche Gesamtzahl der Elektronen (und überhaupt der Elementarteilchen), weil einerseits der Zerteilung der Materie Grenzen gezogen sind und weil andererseits der Weltraum nur endlich viel Materie enthält.

Gauß hat seine Überlegungen zur nichteuklidischen Geometrie erst dann anderen bekanntgegeben, als der jüngere Bolyai ihm von seinen diesbezüglichen Ergebnissen berichtete. Gauß konnte ihm antworten, er stimme zu, und er selber habe die gleichen Ergebnisse schon vor langer Zeit erreicht. Er hatte eine Mitteilung an die Außenwelt jedoch vermieden, weil er, wie er schrieb, das Geschrei der Böotier fürchtete – und die Bezeichnung «Böotier» war in diesem Zusammenhange ein sehr höflich gewähltes Wort.

Unter den vielen glanzvollen Erscheinungen abendländischer Mathematiker steht Gauß nach allgemeiner Anerkennung an der Spitze durch seine Leistungen in Mathematik, Physik, Astronomie. Als kleines Kind, noch in der Wiege liegend, soll er gelegentlich in den von ihm mitangehörten Lohnabrechnungen seines Vaters mit Gesellen Fehler verbessert haben. Als er zu den Anfängern des Schulunterrichts gehörte, stellte der Lehrer einmal die Aufgabe, alle Zahlen von eins bis hundert zusammenzuzählen. Er meinte, auf diese Weise die Jungen für ein bis zwei Stunden beschäftigt zu haben, so daß er inzwischen ein andere Arbeit erledigen konnte. Aber der kleine Carl Friedrich Gauß meldete sich und sagte: «5050». Er hatte nämlich gesehen, daß man diese Zahlen paarweise zusammenzählen kann: 1 + 100, 2 + 99, . . .; das gibt 50mal 101.

Aber nicht weniger als durch seine überragende Leistung war Gauß auffällig in der abseitigen, unnahbaren, fast unbegreiflichen Seltsamkeit seines Lebens, dem die Versenkung in die Gewölbe tiefer Erkenntnisse wichtiger war als deren Mitteilung an die Außenwelt. Man erzählt von ihm, er habe gern, wenn ein Student sich bei ihm anmelden wollte für eine Vorlesung, die Auskunft gegeben, wahrscheinlich werde die Vorlesung gar nicht zustande kommen wegen Mangel an Beteiligung. Wenn er auf diese Weise die Studenten abgeschreckt hatte, kam sie wirklich nicht zustande.

Was Gauß in seinem Schreibtisch verschlossen hat, scheint in seiner Summe kaum weniger gewesen zu sein als das von ihm bekanntgegebene. Berühmte Mathematiker des neunzehnten Jahrhunderts haben in ihrem eigenen reichen Lebenswerk zum großen Teil nur Erkenntnisse errungen, von denen man (erst dadurch verständlich gewordene) Andeutungen im Gaußschen Nachlaß gefunden hat. Ergreifend aber berührt uns eine Bemerkung in einer Schrift von Felix KLEIN. Er war um den Beginn dieses Jahrhunderts neben HILBERT und neben dem großen Franzosen Henri POINCARÉ unbestritten der größte Mathematiker seiner Zeit. Im Schaffen eines neuen Kapitels der Mathematik, der Theorie der sogenannten automorphen Funktionen, geriet Felix Klein in eine Art Wettlauf mit Henri Poincaré und hielt den Wettkampf durch, bis ein gefährlicher gesundheitlicher Zusammenbruch ihm Einhalt gebot. Er überwand seine schwere Krankheit, aber im Grunde doch als gebrochener Mann, nur noch im Teilbesitz seiner früheren Kräfte, die freilich immer noch ausreichten, ihn auf einsamen Höhen stehenzulassen.

In jener Schrift, an die ich denke, berichtet Felix Klein zusammenfassend über diese sogenannten automorphen Funktionen, und auf dem Höhepunkt der Darstellung findet sich eine Bemerkung folgenden Inhalts: «Eine mathematische Zeichnung, die man im Nachlaß von Gauß gefunden hat, ohne irgendeinen erläuternden Text, scheint zu zeigen, daß Gauß dies alles schon gewußt hat.» Die heroischen Anstrengungen von Felix Klein und Henri Poincaré hatten also gerade dazu ausgereicht, der Welt der Mathematiker eine Zeichnung verständlich zu machen, die man ohne Kommentar, ohne Erläuterung, im Nachlaß von Gauß gefunden hatte.

Zöllner war zu seinen oben erwähnten Spekulationen gekommen, nachdem ihm ein kritischer Einwand gegen die Vorstellung Giordano Brunos aufgegangen war, auf den auch einige seiner Zeitgenossen, insbesondere Olbers, aufmerksam geworden waren. Giordano Bruno lehrte ja nicht nur die räumliche Unendlichkeit des Weltalls, sondern auch seine zeitliche Unendlichkeit und sein Beharren in einem ewigen Zustand erhabener Unveränderlichkeit. Wenn auch Monde um Planeten kreisen und Planeten um Sonnen, vielleicht Sonnen noch um höhere, größere Sonnen unbekannter Art, so bleibt doch im großen das Weltall Giordano Brunos sich immer gleich. Seit unendlicher Vergangenheit bestehend, zum Fortbestand in unendliche Zukunft hinein bestimmt, verharrt es geschichtslos durch die Ewigkeit.

Zöllner und Olbers waren darauf aufmerksam geworden, daß dieses Bild vom Weltall einen inneren Widerspruch enthält. Wenn es in einem unendlich ausgedehnten euklidischen Raum unendlich viele Sonnen gibt, die sich in diesem Raum unregelmäßig, aber mit einer im großen gleichmäßigen Dichte verteilen, dann kommt aus einfachen geometrischen Gründen etwas zustande, was mit unserer Erfahrung im vollkommenen Widerspruche steht. (Dabei ist es gleichgültig, ob wir, wie Giordano Bruno es tat, uns die Sonnen selber als statistisch-gleichmäßig im Raum verteilt denken oder sie uns zunächst in Spiralnebeln gehäuft vorstellen, die dann ihrerseits statistisch-gleichmäßig verteilt sein sollen.) Es ergibt sich nämlich, daß unser Auge nach jeder Richtung am Himmelsgewölbe hin irgendwo schließlich auf einen Stern sehen müßte: Der ganze Nachthimmel würde, statt überwiegend schwarz zu sein, ein flimmernd glühendes Gewölbe lückenlos zusammengeschlossener Sterne sein.

Hier also scheitert die Vorstellung Giordano Brunos unrettbar: Die Schwärze des Nachthimmels, als eine der fundamentalsten Tatsachen unserer Naturerfahrung, ist mit seiner Lehre im Widerspruch und widerlegt sie.

Zöllner hat geglaubt, diese Schwierigkeit beheben zu können durch Annahme eines gekrümmten, endlichen Raumes; doch vermag auch dieser Gedanke das Problem nicht zu lösen, wie man bei genauerer Durchdenkung erkennen kann. Die Lösung ergibt sich vielmehr nur im Zusammenhang mit der Berücksichtigung einer zeitlichen Veränderung des Weltalls, mit der Anerkennung seiner *Geschichtlichkeit*. Diese ist uns nun freilich sowieso in unserer Zeit gewiß geworden:

Während wir die Lehre Giordano Brunos von der Unendlichkeit des Raumes heute als unwahrscheinlich geworden zu bezeichnen haben, so besteht andererseits bereits Gewißheit, daß das geschichtslose Weltall, das unveränderlich beharrende Weltall Giordano Brunos der Wirklichkeit nicht entspricht.

Woher wissen wir überhaupt von den zahllosen Milchstraßen und Sternen: Wir wissen von ihnen, weil sie Energie abgeben – als sichtbares Licht oder in Form elektromagnetischer Kurzwellen; und wir kennen ja heute ein großes Naturgesetz, von welchem Bruno noch nichts ahnte: Das Gesetz der Energieerhaltung. Kein Stern kann unbegrenzt Leuchtenergie abgeben, ohne schließlich seinen Energiegehalt zu erschöpfen.

Es war sogar durch lange Zeit für die Naturforschung eine große, schwierige Aufgabe, zu verstehen, wie beispielsweise unsere eigene Sonne es möglich macht, ständig so riesige Energien in den Weltraum abströmen zu lassen, ohne sich abzukühlen. Robert MAYER, HELMHOLTZ, Lord KELVIN haben Hypothesen über die Herkunft der Sonnenenergie versucht, ohne das Problem lösen zu können. Wäre die Sonne für die Unterhaltung ihres Leuchtens angewiesen auf chemische Energiequellen (bestände sie beispielsweise aus Kohlenstoff und Sauerstoff im Vorgang der Verbrennung), so könnte sie mit der Gesamtmasse, die sie hat und die wir ja genau kennen, ihr gegenwärtiges Leuchten nur für etwa zwanzig Millionen Jahre aufrechterhalten. Zwanzig Millionen Jahre sind zwar eine lange Zeit, wenn wir in den Maßen dessen messen, was wir als Weltgeschichte bezeichnen und was uns soviel Aufregung bringt. Aber zwanzig Millionen Jahre sind eine kleine Zeit innerhalb der Geschichte unserer Erde und ihres organischen Lebens. Mindestens seit drei Milliarden Jahren ist die Entwicklung und Entfaltung organischen Lebens auf der Erde im Gange; also während dieser ganzen Zeit muß unsere Sonne geleuchtet und gewärmt haben.

Sie konnte es – so wissen wir heute –, weil in ihrem heißen Inneren, im Mittelpunktgebiet mit einer Temperatur von mehr als zehn Millionen Grad, eine *Elementumwandlung* vor sich geht, die als solche viel mehr Energie freisetzen kann als irgendwelche Vorgänge chemischer Art. Es handelt sich um Umwandlung von Wasserstoff in Helium, dem Grundvorgang der explodierenden Wasserstoffbombe ähnlich, hier aber nicht explosiv, sondern langsam verlaufend. Aus diesem Vorgang konnte die Sonne schon seit Milliarden von Jahren leuchten; und sie hat noch Wasserstoff genug, um ihr Leuchten, wenn die heutige Helligkeit bestehenbleibt, weitere hundert Milliarden Jahre fortzusetzen. Also gar kein Grund zur Beunruhigung!

Aber wie groß auch die Energiereserven der Sonne und anderer Sterne sein mögen – *ewig* kann das keineswegs weitergehen. Oder jetzt umgekehrt, in die Vergangenheit hinein gesehen: Der Kosmos kann nicht schon seit ewiger Zeit so gewesen sein, wie er sich heute unserer staunenden Betrachtung zeigt – es muß eine Veränderung, eine Veränderung im ganzen geben. Das Weltall muß seine eigene Lebensgeschichte haben.

Wir haben in diesem Gedankengang vorausgesetzt, daß das Energiegesetz ein im ganzen Weltall gültiges Gesetz sei. Natürlich kann auch diese Voraussetzung in Zweifel gezogen werden – wenn wir schon den Mut haben, den Gesetzen der euklidischen Geometrie eine nur ungefähre Gültigkeit zuzuschreiben, dann könnten wir auch die Energieerhaltung als eine nicht ganz genau erfüllte Gesetzlichkeit betrachten, von der es vielleicht winzige Abweichungen gibt, die in den Verhältnissen des Weltalls von entscheidender Bedeutung werden. In der Tat ist versucht worden, in diesem Sinne die hier erläuterte, aus dem Energiesatz gezogene Folgerung der Geschichtlichkeit des Weltalls zwar nicht aufzuheben, aber doch abzuschwächen und in der unter Astronomen viel erörterten Theorie eines «stationären Weltalls» bei ausdrücklicher Absage an das Energiegesetz ein Bild vom Weltall zu schaffen, das demjenigen Giordano Brunos noch einigermaßen verwandt ist. Diese Theorie, welche zeitweise viele Astronomen beeindruckte, ist jedoch durch die Entdeckungen der letzten Jahre widerlegt worden.

Altersbestimmungen

Die Physik der Atomkerne hat uns Möglichkeiten erschlossen, Altersbestimmungen durchzuführen an mancherlei sehr alten Naturgebilden. So können wir beispielsweise das Alter geologischer Schichten ermitteln, wenn sie Lagerstätten uranhaltiger Mineralien einschließen: Der Uran ist ja in allmählichem Zerfall begriffen, durch den es unter Durchlaufen verschiedener Zwischenstufen schließlich in Blei übergeht. Das Tempo dieser Umwandlungen ist aber nicht beeinflußbar für alle diejenigen physikalischen Einwirkungen, die in geologischen Zeiten auf Mineralien eingewirkt haben – vor allem Druck und Temperatur. Durch viele Jahrmillionen hindurch hat sich das Tempo dieser Umwandlung unverändert gehalten; erst die menschliche Technik hat seit einigen Jahren Kernumwandlungen, Elementumwandlungen auf der Erdoberfläche zusätzlich zu den Vorgängen natürlicher Radioaktivität zustande kommen lassen.

Daher können wir heute an einem Mineral, welches bei seiner Auskristallisierung aus glutflüssiger Schmelze noch kein Blei enthielt, erkennen, wieviel Jahrmillionen seitdem verflossen sind: Der Bleigehalt des Minerals verrät es uns. Nach diesem Schema konnte beispielsweise ermittelt werden, wie lange die Steinkohlenwälder auf der Erde wucherten: Das Zeitalter der Steinkohlenwälder begann vor etwa 310 Millionen Jahren und ist vor etwa 240 Millionen Jahren zu Ende gegangen.

Das Verfahren der Altersbestimmungen aufgrund der Gesetze der Radioaktivität, deren Schema wir am Beispiel der Uran-Mineralien soeben besprochen haben, hat im Laufe der letzten Jahrzehnte vielerlei weitere Ausgestaltung erhalten, unter Benutzung auch anderer radioaktiver Elemente; und es sind auf diese Weise mannigfache Anwendungen der Methode möglich geworden. Man hat neben irdischen Gesteinen auch viele Meteoriten auf ihr Alter prüfen können, also kleine Probestücke außerirdischer Materie, die gelegentlich der Erde begegnet und zu uns heruntergekommen sind. Sie kommen zwar nach heutigem Wissen nicht etwa, wie man zeitweise geglaubt hat, in beträchtlichem Anteil geradezu aus den Fernen des Raumes zwischen den Milchstraßen-Sternen, sondern haben schon immer zu unserem Planetensystem gehört. Jedoch können sie uns Anhaltspunkte geben für das Alter dieses Planetensystems: Alle Meteoriten, die untersucht worden sind, zeigen Alterswerte, die bis etwa vier oder fünf Milliarden Jahre aufwärts gehen.

Andererseits hat man durch verfeinerte, geistreich durchdachte Ermittlungen auch etwas über das Alter der Erde im ganzen ermitteln können: Wie lange ist es her, daß sich auf der zunächst glutflüssigen Erdkugel die erste feste Erstarrungskruste zu bilden begann? Nach heutiger Kenntnis lautet die Antwort: Etwa 4,5 Milliarden Jahre; die ältesten Gesteine andererseits, deren Alter man unmittelbar bestimmen konnte, sind etwa 3,5 Milliarden Jahre alt.

So beginnen wir also ein Urteil zu gewinnen über das Alter des Planetensystems: Es scheint sich um etwa fünf Milliarden Jahre zu handeln. Dazu kommen nun Ermittlungen, die sich auf die Sonne beziehen: Auch ihr Alter paßt mit diesem Ergebnis zusammen, obwohl es weniger genau beurteilt werden kann.

Wiederum auf Kernphysik gegründet sind gewisse Methoden, die uns über das Alter von Sternsystemen Aufschluß geben können. Hierbei kommen freilich neben der Kernphysik als solcher auch die Ergebnisse moderner Astrophysik in bezug auf Sternentwicklung mit ins Spiel. Ein ausgedehntes Sonderkapitel heutiger Astrophysik beschäftigt sich damit, sogenannte Sternmodelle zu berechnen, die darauf abzielen, uns ein genaueres Bild zu geben vom inneren Aufbau der Sterne, also insbesondere zu sagen, in welcher Weise Druck und Temperatur von der Oberfläche zum Mittelpunkt hin zunehmen. Dabei wird unter starker Benutzung unserer atomphysikalischen und kernphysikalischen Kenntnisse auch eine genauere Ermittlung versucht, in welchen Zonen und in welcher Stärke durch Heliumbildung aus Wasserstoff (in gewissem Umfang auch durch andere Elementumwandlungen) die Energie freigesetzt wird, durch die der Stern sein Leuchten unterhält.

Diese Überlegungen verfolgen auch das weitergehende Ziel, die Entwicklungsgeschichte der Sterne aufzuklären und beispielsweise zu berechnen, in welchem zeitlichen Verlauf unsere Sonne nach allmählichem Verbrauch ihres Wasserstoffvorrats schließlich schwächer und rötlicher leuchten muß, bis sie (in einem vielleicht jetzt schon angelaufenen Vorgang) noch einmal heller aufleuchtet und sich dann rascher (in Jahrmillionen) verdunkelt.

Überlegungen und Berechnungen dieser Art ermöglichen eine Beurteilung des Alters mancher Sternsysteme; obwohl in den feineren Einzelheiten der Modell- und Entwicklungs-Theorie der Sterne noch mancherlei Hypothesen stecken, deren endgültige Bewährung abzuwarten bleibt, so sind doch die auf diesem Wege gewonnenen Altersbestimmungen in gewissem Ausmaß und mit gewisser (begrenzter) Genauigkeit überzeugend. Man hat beispielsweise für die früher erwähnten kugelförmigen Sternhaufen der Milchstraße, die nur das rötliche Sternenvolk enthalten, ein (etwas umstrittenes) Alter zwischen 5 und 5,5 Milliarden Jahren errechnet. Und wenn wirklich, wie oben gesagt wurde, diese Kugelhaufen ursprungsmäßig in enger Beziehung zur Milchstraße stehen, so wird man die Milchstraße als Ganzes nicht für älter als etwa 6 Milliarden Jahre zu halten haben.

Das ist übrigens ein sehr auffälliges und merkwürdiges Ergebnis: Unsere kleine Erde, räumlich und massemäßig weniger als ein Staubkorn innerhalb der riesigen Milchstraße, ist trotzdem ihrem Alter nach ein sehr beachtliches Gebilde. Sie gehört gewissermaßen zur alten

Aristokratie der Milchstraße, da sie nicht sehr viel jünger ist als die ganze Milchstraße überhaupt.

Auch für viele andere Sternsysteme sind Ermittlungen ihres Alters durchgeführt. Die zahlreichen diesbezüglichen Untersuchungen sind noch immer nicht frei von Unsicherheiten und noch unerledigten Widersprüchen, deren allmähliche Klärung weitere Arbeit erfordern wird. Trotz vorhandener ungewisser Einzelheiten darf aber eine grundsätzliche Erkenntnis als überzeugend angesehen werden: Es gibt im Weltall Sternsysteme (kleine und große) von sehr verschiedenem Alter — auch solche, die z. B. nur etwa 10 Millionen Jahre alt sind. Aber andererseits gibt es ein gewisses Höchstmaß für das Alter vorhandener Sterne. Wie groß der genaue Wert dieses Höchstalters ist, kann als eine rein fachliche Frage angesehen werden, die keine für unsere Weltbetrachtung entscheidende Bedeutung hat. Das Wichtige und Eindrucksvolle ist aber, daß es ein solches Höchstalter wirklich gibt — es scheint mindestens 8 Milliarden Jahre zu betragen, und andererseits unterhalb von 12 Milliarden Jahren zu liegen. Danach sind also in einer um *mehr* als *ungefähr* 10 Milliarden Jahren zurückliegenden Vergangenheit noch keine Sternsysteme erzeugt worden.

Die Dehnung des Weltalls

Diese Feststellung gehört wiederum zu den merkwürdigsten Erkenntnissen, welche die Naturforschung den Geheimnissen des Weltalls abringen konnte. Was sollen wir uns dabei denken? Irgendwie muß das ganze Weltall vor ungefähr 10 Milliarden Jahren in einem ganz anderen Zustand als heute gewesen sein.

Hier hilft uns noch einmal ein berühmtes Ergebnis der Spiralnebel-Forschung: Die sogenannte Hubblesche Rotverschiebung, zu deren Erläuterung einige Vorbemerkungen erforderlich sind. Wenn sich ein Stern von uns entfernt, mit einer nicht allzu kleinen Geschwindigkeit, so können wir dies in seinem Spektrum erkennen: Alle seine Spektrallinien werden durch seine von uns fort gerichtete Bewegung etwas verschoben; ihre Wellenlängen sind vergrößert um einen gemeinsamen Faktor, der etwas größer als eins ist. (Umgekehrt kommt dann, wenn der Stern sich uns nähert, eine «Violettverschiebung», eine Verkleinerung der Wellenlängen seiner Spektrallinien zustande.) Man kann durch Messung dieses «Doppler-Effektes» die Geschwindigkeit seiner Bewegung von uns fort (oder auf uns zu) messen.

Die von Hubble gemachte wunderbare Entdeckung ist nun die, daß alle weit entfernten Spiralnebel uns in ihrem Spektrum eine Rotverschiebung zeigen, die um so stärker ist, je weiter die fraglichen Milchstraßen von uns entfernt sind. Nutzloserweise hat man darüber diskutiert, ob man diesen Hubble-Effekt tatsächlich als Doppler-Effekt deuten soll oder ob man in diesem Falle die daraus abzulesende Bewegung der Spiralnebel leugnen könne. Die These, der Hubble-Effekt könne etwas anderes bedeuten, er könne auf einer «Ermüdung der Lichtquanten» beruhen, hat sich drolligerweise weit über die Kreise der Fachleute hinaus verbreitet, und man kann viele Freunde der Naturwissenschaften finden, die von der Vorstellung «müde» gewordener Lichtquanten ernsthaft beeindruckt sind. Es sei deshalb hier mit etwas brutaler Offenheit ausgesprochen, daß es für den Hubble-Effekt keinerlei physikalische Erklärung oder Deutung gibt, wenn man sich weigert, ihn als Doppler-Effekt anzuerkennen. Den Lichtquanten eine «Ermüdung» zuzuschreiben, als wenn sie Lebewesen wären, denen ihre lange Reise Anstrengungen gekostet hat, ist nicht ein anderer, abweichender Erklärungsversuch, sondern ein Verzicht auf physikalisches Denken und Verstehen überhaupt. Es ist ein Ersatz der Physik durch eine bloße Redensart – und noch dazu eine besonders dumme und alberne.

So müssen wir also, wenn wir dem physikalischen Denken treu bleiben wollen, Hubbles Befund folgendermaßen erläutern: Die vielen Milchstraßen rings um uns führen außer ihren früher besprochenen statistisch-regellosen Eigenbewegungen noch eine andere Bewegung aus, eine einheitliche, allgemeine Bewegung, die man treffend als «Fluchtbewegung» bezeichnet hat. Die Spiralnebel entfernen sich von uns mit einer Geschwindigkeit, welche sich in doppeltem Abstand von uns ebenfalls verdoppelt.

Man könnte den Eindruck gewinnen, durch diese Fluchtbewegung der Spiralnebel sei unsere eigene Milchstraße gewissermaßen zu einem Mittelpunkt des Weltalls gemacht, indem alle Milchstraßen sich in ihrer Fluchtbewegung nach uns einstellen müßten. Aber das mathematische Gesetz der Fluchtbewegung (Proportionalität der Fluchtgeschwindigkeit mit der Entfernung von uns) läßt leicht erkennen, daß das ein Irrtum wäre. Hätte ein Astronom Gelegenheit, den ganzen Vorgang von einem anderen, weit entfernten Spiralnebel aus zu beobachten, so würde sich ihm dort das gleiche Bild bieten wie uns: Gleichmäßige von ihm fortgerichtete Fluchtbewegung, deren Geschwindigkeit mit der Entfernung zunimmt. Es handelt sich also in Wahrheit um einen umfassenden Vorgang gleichmäßiger Dehnung des Gesamtsystems der Spiralnebel, um eine Expansion des Weltalls.

Wenn wir noch einmal zurückdenken wollen an die Vorstellung des endlichen nichteuklidischen Raumes, so würde die Expansion des Weltalls ganz einfach bedeuten, daß dieser Raum selber *wächst,* so daß also sein vorhin berechneter Rauminhalt von 10^{84} ccm nur für die Gegenwart gälte, da er früher kleiner war und künftig größer sein wird. Wiederum muß man sich davor hüten, zu fragen, «wohin» sich der Raum ausdehnt: Er ist und bleibt zu jeder Zeit räumlich allumfassend; aber das braucht nicht zu verhindern, daß er zu verschiedenen Zeiten verschiedene Größe hat.

Nun können wir aus der Hubbleschen Rotverschiebung die Dehnungsgeschwindigkeit ermitteln, und wir können deshalb auch eine Antwort geben auf folgende Frage: Wie lange ist es her, daß die jetzt so weit getrennten Spiralnebel einmal ganz eng zusammen gewesen sind? Die Antwort lautet: Das muß vor *ungefähr* zehn Milliarden Jahren gewesen sein.

Mit einem Schlage verstehen wir jetzt die vorhin so rätselhaft gebliebene Tatsache, daß es im ganzen Weltall anscheinend kein Gebilde gibt, das älter wäre als *ungefähr* zehn Milliarden Jahre: Vor dieser Spanne Zeit ist offenbar das Gedränge der Materie im Weltraum so eng gewesen, daß damals noch kein größeres Naturgebilde Platz genug hatte, um in seiner heutigen Gestalt bereits vorhanden zu sein.

Weltanfang und Zeitanfang

Einige Physiker haben diesen Gedanken noch weiter radikalisiert: Sie haben die Vorstellung ausgeführt, daß in einem Ursprungschaos des Weltalls kurze Zeit nicht einmal für die heutigen Atomkerne ausreichend Platz gewesen sei – daß diese Atomkerne erst im Zuge damaliger Expansion ihre Gestalt annehmen konnten. Diese Erwägungen sind nicht ein Ausdruck dichterischer Phantasie; sondern sie sind ein Teil der nüchternen naturwissenschaftlichen Forschungsarbeit – das Phantastische daran stammt aus der Wirklichkeit, nicht aus menschlicher Erfindung.

Zunächst ist zu sagen, daß man auch für die chemischen Elemente als solche gewisse Altersbestimmungen durchführen konnte. Das irdische Uran enthält zwei Isotope – das eine von diesen zerfällt fast zehnmal so schnell wie das andere; und das schneller zerfallende ist hundertmal so selten wie das andere. Bei der Entstehung des Urans sollten aber beide Isotopen in etwa gleicher Menge gebildet sein – daraus kann man errechnen, wie lange ungefähr dies Uran schon existiert: Schon Milliarden von Jahren. So liegt der Gedanke nahe, daß vielleicht die Entstehung der Elemente ganz am Anfang der Weltentwicklung zu denken wäre.[1]

Nun hat man aus mannigfachen Ergebnissen der Geochemie, der chemischen Untersuchung von Meteoriten und der spektroskopischen Untersuchung sowohl von Sternen als auch von Dunkelwolken (an solchen Stellen, an denen sie durch ultraviolettes Sternenlicht zum Leuchten angeregt sind) in mühsamer Arbeit statistische Zahlen gewonnen, welche ausdrücken, in welchen relativen Häufigkeiten die verschiedenen chemischen Elemente (und ihre verschiedenen Isotopen) durchschnittlich in der Materie des Weltalls vertreten sind.

Der damit ermittelte beobachtungsmäßige Tatbestand stellt unser Nachdenken vor die Aufgabe des Verstehens: Warum liegen gerade diese relativen Häufigkeiten vor und nicht irgendwelche anderen? Die soeben erwähnte Vorstellung eines Urgedränges der Materie, das noch nicht einmal für ganze Atomkerne Platz genug bot, ist ausgeführt worden in dem Versuch, eine Erklärungsgrundlage zu finden für die beobachtungsmäßig ermittelten relativen Häufigkeiten der chemischen Elemente – auf der Grundlage unseres kernphysikalischen Wissens einerseits und der Einsteinschen Allgemeinen Relativitätstheorie andererseits ist versucht worden, aus dieser Vorstellung heraus eine theoretische Erklärung für die empirischen Elementen-Häufigkeiten zu gewinnen.

Diese von Alpher, Bethe, Gamow ausgeführte Theorie hatte seinerzeit nur vorübergehend die Aufmerksamkeit der Astronomen und Astrophysiker gefunden, war dann aber in den Hintergrund gedrängt durch die oben erwähnte Theorie des «stationären» Kosmos (sog. steady state theory), die längere Jahre weitverbreitete wissenschaftliche Anhängerschaft gefunden hatte – ihre oben erwähnte Widerlegung durch eine neue radioastronomische Entdeckung werden wir jetzt bald besprechen. Zunächst fahren wir fort mit der Erläuterung der nun wieder in den Vordergrund tretenden Theorie einer überwiegend im Urchaos erfolgten Elementbildung: Die ganze Nüchtern-

[1] Genauer könnte vielleicht die uns zugängliche Materie gleichzeitig mit unserer Milchstraße entstanden sein, falls diese als Ergebnis einer Ambarzumian-Explosion zu deuten wäre.

heit moderner naturwissenschaftlicher Forschung steht hinter dem durch diese Theorie begründeten Ergebnis, daß die Bildung der Elemente der Hauptsache nach abgeschlossen war *zwanzig Minuten nach dem Beginn der Zeit.* Auch das steckt nämlich in dieser Theorie des Weltanfangs, daß die Zeit als solche einen echten Anfang hatte – daß es nicht eine sich ins Unendliche erstreckende Vergangenheit gegeben hat, sondern nur begrenzte Vergangenheit, bis rückwärts zum Zeitbeginn, der jetzt *ungefähr* 10 Milliarden Jahre hinter uns liegt.

Indem unsere astronomische Beobachtung hinausgreift in die räumliche Ferne, greift sie gleichzeitig zurück in zeitliche Vergangenheit. Schon der Andromeda-Nebel ist ja heute nicht so, wie wir ihn photographieren können; sondern wir photographieren ihn so, wie er vor zwei Millionen Jahren war, damals, als das Licht von ihm ausging, von dem wir jetzt einen winzigen Anteil auffangen können. Wenn das Fernrohr auf dem Mount Palomar Lichtflecke registriert, welche die Bilder von Milchstraßen in zwei Milliarden Lichtjahren Entfernung sind, so zeigen uns diese Bilder die fraglichen Milchstraßen in ihrem Zustand vor zwei Milliarden Jahren. Wenn Radio-Milchstraßen und schließlich die seltenen gewaltigen «Leuchttürme» uns Kunde von noch entfernteren Vorgängen im Weltall geben, so liefern sie uns zugleich auch tiefen Einblick in die Ferne der Vergangenheit. Wiederum war es die Radioastronomie, die in den letzten Jahren eine Entdeckung machte, durch welche die oben angedeuteten Vorstellungen von den Anfängen der Weltentwicklung beweiskräftig bestätigt wurden. Als sich die ursprünglich lückenlos zusammengepreßte Materie in getrennte Atomkerne aufzulösen begann, mußte in den sich bildenden Zwischenräumen eine ungeheuer heiße Strahlung (Röntgen- und Gamma-Strahlung) entstehen. Diese «Urknallstrahlung» ist heute noch im Weltraum vorhanden und nachweisbar – sie kommt zu uns aus der Ferne des Zeitanfangs, und von allen Seiten des gesamten Nachthimmels, als eine Hintergrundstrahlung gleichmäßiger Stärke von jenen Teilen des Himmels, wo weder ein Stern noch eine Milchstraße den Hintergrund bedeckt.

Freilich ist sie heute keineswegs mehr eine *heiße* Strahlung – sie hat ja in noch stärkerem Maße, als selbst die fernsten Leuchttürme des Weltalls, die Hubblesche «Rotverschiebung» miterlitten – oder anders ausgedrückt, sie hat im Zuge des Anwachsens des Weltraums zu seiner heutigen gewaltigen Größe eine entsprechend kräftige Abkühlung erfahren. Nur 3 Grad absolut (also –270 Grad Celsius) beträgt heute ihre Temperatur, und der Hauptanteil ihrer Wellenlängen liegt im Zentimetergebiet, nahe der Grenze des radioastronomisch erkennbaren Bereiches. Die Einzelheiten der eingehenden Untersuchungen, die dieser Erscheinung seit ihrer Entdeckung bereits gewidmet sind, wollen wir hier nicht besprechen. Jedenfalls aber gibt sie einen schlagenden und abschließenden Beweis für die Richtigkeit der kosmologischen Theorie vom Weltanfang als Zeitanfang, und vom Vollzug eines großen Teils der Bildung chemischer Elemente in den ersten Minuten der Zeit.

Daß die Forschung in vielen berechtigten genaueren Fragen noch immer unerschöpfliche Aufgaben findet, wer wollte das bedauern? Das Ringen um die Wahrheit ist schöner als ihr gesicherter Besitz.

Die Vorstellung eines Beginns der Zeit, der sich aus den modernen Untersuchungen zur Kosmologie und Allgemeinen Relativitätstheorie ergeben hat, ist schon vor Jahrhunderten im abendländischen Denken aufgetaucht. Die folgenden zwei Zitate hierzu wurden mir durch Bernhard Bavink bekannt gemacht:

Augustin (De Civitate Dei, Buch XL, Kap. 6): «Ohne Zweifel ist die Welt nicht in der Zeit, sondern mit der Zeit erschaffen. Vor der Welt konnte Zeit nicht sein, weil keine Kreatur war, mit deren bewegtem Zustandswechsel sie hätte werden können.»

In einer mit der Denkweise heutiger Physik engstens und überraschend übereinstimmenden Weise urteilt also der heilige Augustin, daß es sinnlos sei, von «Zeit» zu sprechen, ohne Bezug zu nehmen auf Vorgänge, Bewegungen, Änderungen, die sich in der Zeit abspielen.

Isidor von Sevilla (De Summo Bono Buch I, Kap. 9): «Vor dem Entstehen der Welt gab es sicher noch keine Zeit, denn die Zeit ist ein Geschöpf Gottes; sie ist also mit dem Anfange der Welt entstanden.» –

Papst Pius XII. hat 1951 vor den Teilnehmern eines von der Päpstlichen Akademie der Wissenschaften veranstalteten Kongresses eine Ansprache mit dem Thema: «Die Gottesbeweise im Lichte der modernen Naturwissenschaft» gehalten, die mit den Worten begann: «Entgegen oberflächlichen Behauptungen von früher entdeckt die wahre Wissenschaft Gott, und zwar in immer höherem Maße, je mehr sie Fortschritte macht – als ob Gott gleichsam wartend hinter jedem Tor stünde, das die Wissenschaft öffnet.» Er hat dabei die Überzeugung ausgesprochen, daß der von der Kosmologie wahrscheinlich gemachte Anfang der Weltentwicklung, sofern er sich in weiteren Forschungen bestätigt, religiös als Schöpfung zu deuten sei.

Wir wollen uns ein verkleinertes Modell der Milchstraße denken, derart, daß jedes Lichtjahr der Wirklichkeit im Modell durch ein Meter dargestellt ist. Die hundert Milliarden leuchtender winziger Punkte in diesem Modell erfüllen also eine Linse oder einen Diskus von 100 Kilometer Durchmesser. Er würde, wenn wir das Modell auf die Erde legen, von Hamburg bis Cuxhaven reichen, wobei die Dicke der Linse im Mittelpunktsgebiet 20 Kilometer betragen würde. Jeder einzelne kleine Lichtpunkt, eine Sonne darstellend, wäre – sofern er nicht zu einem Doppelstern gehört – mehrere Meter vom nächsten anderen Lichtpunkt entfernt.

In diesem Modell würde unser Planetensystem, mit der Sonne im Mittelpunkt und Pluto als äußerstem sie umkreisenden Planeten, einen Durchmesser von etwa einem Millimeter besitzen. Dabei ist der Planet Pluto immerhin mehrere «Lichtstunden» von der Sonne entfernt, und die Sonne ist von ihm aus gesehen nicht heller, als für uns die Venus, der Abendstern. Obwohl noch zu den Planeten unserer Sonne gehörend, durchläuft also Pluto seine Bahn bereits in dunkler Nacht.

Dies gegenüber der Milchstraße winzige Planetensystem wird für die nächsten Jahrhunderte der Schauplatz menschlicher Weltraumreisen sein – jeder Gedanke an Reisen, die darüber hinaus zu anderen Sonnen führen könnten, gehört ins Reich märchenhafter Phantasie, nicht in den Zusammenhang begründeter Vorausschau auf technische Entwicklungen einer absehbaren Zukunft. Freilich wird schon die menschliche Eroberung des Planetensystems, in kühnen künftigen Forschungsexpeditionen, unserem Wissen vom Weltall eine heute kaum ausmalbare Fülle neuer, jetzt noch nicht erreichter Erkenntnisse hinzufügen.

Bislang ist noch unser eigener Planet, die Erde, der einzige, den wir aus unmittelbarer Nähe besehen, betasten und abhorchen können. Verschiedene ganze Wissenschaften beschäftigen sich mit der Erforschung der Erde: Die den Wetter-Erscheinungen gewidmete Meteorologie greift in ihrer modernen Entwicklung in immer höhere Schichten hinauf, auch die Stratosphäre in ihre Untersuchungen einbeziehend. Die noch darüberliegenden Schichten der Ionospäre jedoch, in denen ultraviolettes Sonnenlicht elektrische Leitfähigkeit entstehen läßt – Vorgänge, die für die Funktechnik, insbesondere in polnahen Gebieten, von hoher Bedeutung sind –, haben einen eigenen ihnen gewidmeten Zweig der Forschung entstehen lassen, der sich auch eng mit der Physik der Sonne und andererseits mit den den Erdmagnetismus betreffenden Forschungen verknüpft.

Die Ozeanographie als eigenes Forschungsgebiet ist mit der Meteorologie noch eng verbunden, führt aber vielfältig auch auf Probleme hin, die in der Untersuchung der Kontinente oder der ganzen äußeren Erdkruste verfolgt werden. Erdbeben-Untersuchungen sind nicht nur um ihrer selbst willen und im Zusammenhang mit der Erforschung vulkanischer Vorgänge von hoher Bedeutung; sondern sie liefern uns auch Möglichkeiten, den inneren Schalenbau der Erdkugel zu erkennen: Die durch die ganze Erdkugel sich ausbreitenden Erschütterungswellen von Erdbeben und Vulkanausbrüchen liefern uns gewissermaßen eine Durchleuchtung der Erdkugel, in der ihr innerer Aufbau ähnlich durchsichtig wird, wie das Innere menschlicher Körper bei Anwendung von Röntgenstrahlen.

Würden wir den erwähnten Beispielen einzelner Teilgebiete der erdwissenschaftlichen Forschung noch hinzufügen Geophysik, Geochemie, Geologie, Petrographie, Mineralogie, so hätten wir doch noch immer nicht die Vielheit der Wissenschaften erschöpft, zu deren Entstehung die Erde mit der ungeheuren Mannigfaltigkeit ihrer Erscheinungen Anlaß gegeben hat. Dabei haben wir noch gar nicht derjenigen Wissenschaften gedacht, die sich mit dem organischen Leben als der merkwürdigsten Naturerscheinung auf diesem Planeten befassen — in der Paläontologie, Erforschung des Lebens früherer geologischer Zeitalter, verknüpfen sich die Wissenschaften vom Leben unlösbar mit der Geologie, der Wissenschaft von der Erdkruste in ihrer geschichtlichen Entwicklung.

Nur zwei andere Planeten werden innerhalb der kommenden Jahrzehnte zum Ziel erster Weltraumexpeditionen werden können: Die Venus, der Sonne näher als wir, hat fast gleiche Größe wie die Erde. Wir wissen aber wenig von den Verhältnissen an ihrer Oberfläche, da sie in eine lückenlose Wolkenhülle eingepackt ist. Immerhin hat die erste amerikanische «Venus-Sonde» wohl endgültig gezeigt, daß unter den Wolken sehr hohe Temperaturen herrschen. Der Mars andererseits, merklich kleiner als die Erde, aber auch merklich größer als der Mond, ist schon so eingehend untersucht worden, daß seine meteorologischen Verhältnisse in großen Zügen fast besser bekannt sind als diejenigen der Erde, über die wir uns, als es noch keine technischen Erdsatelliten gab, nur mühsam eine großzügige Übersicht erarbeiten konnten. Erleichternd ist, daß die Luftbewegungen auf dem Mars gleichmäßiger und regelmäßiger als auf der Erde sind.

Recht sicher scheint es, daß es neben großen, rötlich gefärbten Wüstengebieten, in denen oft riesige Staubstürme zu beobachten sind, auch solche Flächen gibt, die etwas wie Vegetation besitzen. Sie zeigen nämlich jahreszeitlich wechselnde Färbung; und schon die Tatsache, daß sie überhaupt anders gefärbt sind als die rötlichen Wüsten, deutet auf eine Regenerationsfähigkeit dessen hin, was ihnen diese Farben gibt — auch diese Flächen werden ja durch Staubstürme der Wüsten häufig mit rötlichem Staub überrieselt. Man weiß aber, daß die Flächen des Marsbodens überaus glatt sind, auch in den Zonen der Vegetation. Es kann sich also nicht etwa um Wälder handeln und auch nicht um Wiesen; sondern nur um einen hauchdünnen Überzug, eine nur Bruchteile von Millimetern dicke Schicht, die etwas wie Bodenbakterien darstellen könnte, oder auch etwas den Flechten der Erde Ähnliches. Auch die Tatsache, daß es nur ganz geringe Feuchtigkeits-Spuren dort gibt, beschränkt mögliches Leben auf niedrigste, kümmerlichste Form.

Das Klima des Mars ist leider sehr ungemütlich — auch in seinen Tropen etwa den kalten Wüsten des tibetanischen Hochlands entsprechend. Da ferner die Luft des Mars keinen Sauerstoff enthält (derjenige der Erde ist übrigens aus Wasserdampf abgespalten, nicht etwa durch die Pflanzenwelt aus CO_2 herausgelöst), so sind Atemgeräte für dortige Bewegung im Freien unentbehrlich — sie können aber wegen der kleineren Schwereanziehung auch mühelos getragen werden.

Mars ist der einzige andere Planet, der als Träger organischen Lebens in Frage kommt: Merkur, der innerste und kleinste Planet, wendet ständig die gleiche Seite der Sonne zu; auf dieser Seite ist die Oberflächentemperatur so hoch, daß Blei dort nur geschmolzen vorkommen kann. Die Rückseite hingegen hat Weltraum-Kälte.

Weiter außen beginnt jenseits des Mars mit dem Jupiter die Reihe der großen Planeten Jupiter, Saturn, Uranus, Neptun: Riesige Körper, deren mit gewaltigen Wolkenmassen gefüllte Atmosphären vielleicht ohne scharf ausgeprägte Grenze in die darunterliegenden flüssigen oder festen Zonen übergehen; Wasserstoff als das in der kosmischen Materie vorherrschende Element tritt auch bei diesen großen Planeten noch als wesentlicher Bestandteil auf, da sie wahrscheinlich weitgehend aus Wasserstoffverbindungen (CH_4, NH_3, H_2O) bestehen.

Unser eigener Mond, kleiner als Merkur, aber wesentlich größer als die Monde des Mars, hat infolge seiner Kleinheit fast keine ihn umgebende Lufthülle und auch kein Wasser. Die ersten ihn betretenden Forschungsexpeditionen werden in der Untersuchung des Mondes selbst eine Fülle von Aufgaben finden. Seine zahlreichen berühmten «Krater» haben wahrscheinlich nichts mit Vulkanismus zu tun, sondern sind Spuren kleiner und großer Körper, die sich mit ihm vereinigt haben; aber da es noch immer gelegentliche Zweifel an der endgültigen Richtigkeit dieser Behauptung gibt, so wird schon dieserhalb die Monderforschung an Ort und Stelle wichtige Aufgaben zu lösen haben — die auch für die ganzen die Entstehungsgeschichte unseres Planetensystems betreffenden Fragen bedeutungsvoll sind.

Vor allem aber wird der Mond den Astronomen der Zukunft wichtig sein als Standort von Sternwarten, die nicht mehr durch die Lufthülle und die Ozonschicht der Erde behindert sein werden. Wenngleich astronomische Beobachtungen von Satelliten aus uns bereits um wichtige Schritte über bisherige Forschungsmöglichkeiten hinausführen, so wird doch erst das Mond-Observatorium auch große, schwere Instrumente aufnehmen können, mit denen Beobachtungen und Messungen ausgeführt werden sollen, bei denen es auf langdauernde Einhaltung sehr genau bestimmter Richtungen ankommt: Die schon existierende fachspezialistische Literatur über die von Satelliten und dann vom Mond-Observatorium aus möglich werdenden neuen Forschungen weist auf eine geradezu märchenhafte Fülle künftig zu gewinnender neuer Erkenntnisse hin. Auch die für unser Weltverständnis so bedeutungsvolle Frage, ob die Planeten unserer Sonne seltenere Sondergebilde oder aber Beispiele einer im Weltall sehr verbreiteten Erscheinung sind, wird auf diese Weise zu beantworten sein. Und heutige Physiker werden kaum ohne Neid an ihre späteren Fachgenossen denken können, welche die Möglichkeit haben werden, Hochvakuum-Experimente im Freien auszuführen. Zwar wird Aufenthalt und Arbeit auf dem Mond naturgemäß behindert sein durch die unbequemen Verhältnisse einer Landschaft ohne Wasser oder Luft und mit schroffen Temperaturgegensätzen zwischen der Hitze des Sonnenscheins und der Kälte des Schattens. Die Schärfe der Schatten, wie sie sich aus der Abwesenheit der Lufthülle ergibt, bietet jedoch auch Aussichten auf bequemste Energieversorgung — diese Energieversorgung kann in einfachster Weise erfolgen durch thermoelektrische Ausnutzung des Sonnenlichts an der Grenze seiner kalten Schatten.

Spezialisten der «Exobiologie», die sich mit den Fragen etwaigen organischen Lebens außerhalb der Erde beschäftigen, haben auf zweierlei hingewiesen: Eine Verschleppung irdischer Mikroorganismen z. B. auf den Mars wäre im höchsten Grade bedauerlich; es könnte dann vielleicht durch rasche Vermehrung zu einer Überwältigung der Mars-Vegetation kommen; oder wenigstens zu einer Zerschlagung jeder Entscheidungsmöglichkeit, ob auf dem Mars irgendwelche Arten irdischer Mikroorganismen ebenfalls (jetzt schon) vorhanden sind. Sorgfältigst gesicherte Keimfreiheit jeder zur Mars-Landung bestimmten Rakete ist also zu fordern. – Noch viel gefährlicher könnten die Möglichkeiten einer Verpflanzung von Mars-Mikroorganismen zur Erde sein; vielleicht könnten sie Seuchen unter Pflanzen, Tieren, Menschen verbreiten, für deren Bekämpfung uns zunächst alle Hilfsmittel fehlten. Also äußerste Keimfreiheit jedes vom Mars zu uns zurückkommenden Fahrzeugs ist dringlich – aber schwer zu gewährleisten, da wir die Methoden einer Desinfektion gegen außerirdische Mikroben nicht im voraus kennen können. Japanische Forscher behaupten, sogar schon unsere eigene Lufthülle enthalte in höheren Schichten unbekannte «schlummernde» Mikroben. Hier zeigen sich Gefahren, die verantwortungsvolles Handeln erfordern.

Einer ganz anderen Ebene der Betrachtung gehören gewisse Bedenken an, welche mein verehrungswürdiger Lehrer Max Born gegen die Pläne der Weltraumfahrer ausgesprochen hat. Diese Bedenken sind natürlich nicht, wie diejenigen mancher Unwissender, auf die irrige Meinung technischer Unmöglichkeit der Weltraumfahrt gegründet: Born zweifelt nicht daran, daß Reisen zum Mond verwirklicht werden können; aber er sieht in der Durchführung solcher Unternehmungen nur einen Sieg menschlichen Verstandes, verbunden mit einem tragischen Versagen der Vernunft, die uns vor solchen Abenteuern warnen sollte. Er hält es freilich für wahrscheinlich, daß dies Abenteuer trotz seiner Warnung durchgeführt werden wird, sieht jedoch die Warnung für dringlich an, damit spätere Geschichtsschreiber nicht den Eindruck gewinnen, daß niemand in unserer Generation die Unvernunft dieser Pläne erkannt habe.

Daß der Verzicht auf die gegebene Möglichkeit der Raumschiffahrt auch einen Verzicht auf großzügigste Möglichkeiten der Naturforschung bedeuten würde, ist im obigen angedeutet, jedoch in keiner Weise erschöpfend ausgeführt. Daß Born diese auf uns zukommenden ungeheuren Erweiterungen unseres Forschens und Wissens geringer bewertet, hängt wohl zusammen mit seiner ohnehin skeptischen Beurteilung der neuesten Forschungs-Entwicklungen, wie sie z. B. durch die riesigen Radargeräte der Astronomie oder die nicht weniger kostspieligen Beschleunigungsanlagen der Elementarteilchen-Physik gekennzeichnet ist. Die Überführung der Naturforschung in den Stil des Massenzeitalters, in welchem Forschungs-Gruppen an die Stelle von Einzelforschern treten, technische Großanlagen die Rolle früherer Experimentiertische übernehmen, elektrische Gehirne statt genialer Köpfe die Auswertung von Messungsergebnissen vollziehen, scheint ihm ohnehin das Ende echter Forschung zu bedeuten, zu deren Wesen große Gedanken gehören, nicht nur Hollerith-Verarbeitung von Beobachtungsmaterial. Daher scheint es ihm berechtigt, den in die Weiten des Weltalls gerichteten Forschungsdrang – dem alles Unerforschte in gleicher Weise lockend ist – nunmehr zurückzurufen, ihm statt weiterer zweckfreier Forschung solche Probleme zu empfehlen, deren Bearbeitung dem Hungerzustand großer Teile der Menschheit entgegenwirken könnte.

Aber ist es möglich, dem *«Abenteuer der Erkenntnis»*, wie Einstein die Physik genannt hat, jetzt noch ein Ende zu setzen in einem von der Vernunft gebotenen freiwilligen Verzicht? Wenn wir diese Frage für erwägenswert halten, so beginnen wir damit eine Berichtigung jenes Urteils der Entrüstung und Empörung, mit welchem drei Jahrhunderte zurückgedacht haben an den Versuch kirchlicher Instanzen, Galilei zu hindern, als er die physikalische Forschung startete. Galilei hat den Weg gewiesen und eröffnet, der zu den Erkenntnissen von Newton, Einstein, Planck, Bohr führen sollte, der aber auch zur Entdeckung der Uranspaltung und zur Konstruktion der Atombombe geführt hat. Vielleicht wäre es zu Galileis Zeit noch möglich gewesen, diesen Weg zu vermeiden. Heute gibt es schwerlich eine Umkehr. Die Lawine ist nicht mehr aufzuhalten – auch dann nicht, wenn wir anfangen wollten, dasjenige als Lawine des Unheils anzusehen, was drei Jahrhunderte für die Lawine des Fortschritts gehalten haben.

Während – wie auch Born selber annimmt – die praktische Entscheidung für die Raumschiffahrt unabänderlich sein dürfte, ist es schwieriger, sie theoretisch gegen Borns Kritik zu verteidigen, ohne zum Fatalismus Zuflucht zu nehmen. Doch scheint es denkbar, daß ein religiös begründetes Urteil trotz der Unmöglichkeit, diese Kritik zu widerlegen, doch zu positiver Stellungnahme kommen könnte. Die biblische Aufforderung «Machet euch die Erde untertan» kann schwerlich so gedeutet werden, daß sie mit «Erde» genau das meinte, was wir heute als den Planeten Erde kennen. In den Zeiten der Niederschrift des Alten Testamentes waren Australien und Amerika ebenso unbekannt, wie das Vorhandensein betretbarer anderer Himmelskörper. «Erde» kann in diesem Zusammenhange wohl nichts anderes bedeuten als das Diesseits, das in der Reichweite menschlichen Zugriffs Liegende.

Damit beruhigt sich zwar keine der Sorgen in bezug auf die Gefahren, die uns aus den Ergebnissen der Forschung entstanden sind. Jedoch wurde die Bereitschaft, sich höherer Lenkung zu unterwerfen, stets als ein wesentlicher Zug religiöser Haltung angesehen — also die Bereitschaft, freudig einen Weg zu gehen, dessen Ende wir nicht kennen. Aus Ägypten stammt das Wort: «Wahrlich, du kennst nicht die Gedanken Gottes, du kannst auch nicht den morgigen Tag erkennen, aber lege dich in die Hände Gottes.»

Die Expansion der Erde

Als kleiner Junge hörte ich in der Schule, wie die Gebirge der Erde entstanden seien: Genau so, wie ein Apfel, der den Winter hindurch aufbewahrt wurde, schrumpft und eine faltige Haut bekommt, so hat sich die Außenseite der Erde durch Schrumpfung gefaltet.

Die Überzeugung, unsere Ende habe während der geologischen Zeitalter eine Schrumpfung, eine Zusammenziehung durchgemacht, hat sich bis in neueste Zeit als eine der beherrschenden Lehrmeinungen der Geologie aufrechterhalten. So ist es eine nicht geringe Überraschung, daß neuerdings die gegenteilige Behauptung Vertreter gefunden hat und sich auf eindrucksvolle, jetzt in rascher Vermehrung begriffene empirische Tatsachen stützen kann.

Es ist seit geraumer Zeit bekannt, daß es in den Ozeanen sogenannte Tiefseegräben gibt — Vertiefungen, die bis zu zehn Kilometer unter der Meeresoberfläche hinuntergehen, dabei langgestreckt und verhältnismäßig sehr schmal sind. Stellenweise kann die genauere geophysikalische Untersuchung beweisen, daß es sich um Formen handelt, welche in verhältnismäßig rascher Umbildung begriffen sind. Genaue Ausmessungen des Schwerefeldes an der Erdoberfläche haben nämlich gezeigt, daß fast überall «Isostasie» besteht; das heißt, daß dort, wo hohe Gebirge emporragen, unter ihnen Gesteine von vergleichsweise geringerer Dichte tief hineinragen in Schichten, die sonst von größerer Dichte zu sein pflegen. In diesem Sinne «schwimmen» die Kontinente der Erde, zusammengesetzt aus Gesteinen von etwas geringerer Dichte, in dichterem Gestein, welches zwischen den Kontinenten, also unter den Ozeanen, höher ragt. Dies ist offenbar der natürliche physikalische Gleichgewichtszustand, wie er sich im Laufe der Zeit herstellen muß aufgrund der Formbarkeit, der Plastizität der Gesteinsmassen, die sich gegenüber einer Dauer-Beeinflussung zeigt. Aber an manchen der Tiefseegräben sind Anomalien zu erkennen, Abweichungen von der Isostasie; danach müssen hier Gestaltsveränderungen des Tiefseebodens im Gange sein.

Vor wenigen Jahren ist aber entdeckt worden, daß es außer den schon früher bekannt gewesenen Tiefseegräben, die zumeist an «Inselgirlanden» liegen und einzelne Grabenstücke begrenzter Länge bilden, noch andere tiefe Spalten am Tiefseeboden gibt, welche zusammenhängen und ein großes erdumspannendes System von Rissen bilden – mit Fortsetzungen in Gestalt von «Grabenbrüchen» auf den Kontinenten (vor allem Afrika und Asien). Hier sind also offensichtlich Zerreißvorgänge der Erdoberfläche zu beobachten. Neuestens zeigten verfeinerte ozeanographische Beobachtungen, in denen auch die in früheren Jahrmillionen erzeugten Spuren des damaligen Erdmagnetismus eine entscheidende Rolle spielten (man weiß neuerdings, daß unregelmäßig, in Abständen von Hunderttausenden von Jahren, eine «Umpolung» der Erde stattgefunden hat, mit Vertauschung der beiden magnetischen Pole), daß der amerikanische Ozeanograph HEEZEN recht hatte, als er diese ozeanischen Spalten so deutete, daß dort die beiden Ufer der Spalte sich langsam voneinander entfernen (immerhin um ein paar Zentimeter jährlich), und aufsteigende Magmamassen von unten her die Spalte auffüllen. Andererseits weiß man, daß die zum Spaltensystem gehörenden Grabenbrüche (z. B. das Rote Meer, oder die oberrheinische Tiefebene, oder das über Island laufende Stück der großen atlantischen Spalte) in vielen Fällen ebenfalls ein Auseinanderweichen beider Ufer zeigen.

Die moderne Entwicklung der Geophysik und Ozeanographie hat uns über die Bedeutung der Ozeane und Kontinente Aufschlüsse gegeben, die weit hinausgehen über frühere nur geographische Feststellungen. Wenn wir in einen Atlas sehen, so sind ja die Landflächen zunächst nichts anderes, als diejenigen Teile der Erdoberfläche, die hoch genug liegen, um aus dem Meereswasser herauszuragen. Dazu kommen aber weitere, durch Schwere-Messungen (mit dem Ergebnis umfassend festgestellter «Isostasie») und durch seismische Beobachtungen gesicherte Tatsachen. Wir erfahren aus solchen Ermittlungen, daß die Kontinente der Erde nicht nur eine Oberflächenerscheinung sind, sondern bis ungefähr 35 Kilometer in die Tiefe reichen. Das Gestein dieser «Kontinentalschollen» ist, wie schon gesagt, etwas leichter als das des Untergrundes.

Das Bild der im schweren Gestein des Untergrundes schwimmenden Kontinente war seinerzeit von dem kühnen Alfred WEGENER besonders deutlich und lebhaft erfaßt worden, der auch die Behauptung begründete, daß dieses «Schwimmen» mit wirklicher Bewegung verbunden sei, derart, daß im Laufe geologischer Zeitalter die Kontinente sich zueinander erheblich verschieben könnten. Das eindrucksvollste Beispiel liefern Afrika und Südamerika, deren atlantische Umrißlinien so auffällig zusammen passen, daß WEGENER die berühmte Schlußfolgerung zog, diese beiden Kontinente hätten in der geologischen Vergangenheit zusammengelegen – ein durch den alten Kontinent «Gondwana» laufender Grabenbruch habe ihre Trennung vorbereitet, die sich im Laufe langer Zeiten zum südlichen Teil des Atlantiks erweitert habe. Diese Wegnersche Theorie der Entstehung des Atlantiks durch allmähliche Trennung von Afrika und Südamerika ist durch Jahrzehnte von den Spezialisten fast ausnahmslos scharf abgelehnt worden. Heute gibt es fast keinen Sachverständigen mehr, der an ihrer Richtigkeit zweifelt – und es darf hinzugefügt werden, daß dieser Gedanke, nachdem er als unzweifelhaft wahr erwiesen worden ist, zu den größten Entdeckungen in den unsere Erde betrachtenden Naturwissenschaften zu zählen ist.

Die seinerzeitige Kritik behauptete, das Zusammenpassen der beiderseitigen Küstenlinien sei nicht genau genug, um eine Deutung als «Zufall» auszuschließen. Aber die Küstenlinien sind nicht die wahren Grenzen der Kontinentalschollen – diese sind vielmehr gegeben durch den verhältnismäßig steilen «Kontinentalabhang», welcher die an die Landmassen anschließenden Flachmeergebiete («Schelfe») von der Tiefsee trennt. Diese wirklichen Kontinentalgrenzen Afrikas und Südamerikas sind aufgrund moderner Vermessungen gut bekannt; und ihr Zusammenpassen ist so vollkommen, daß es jeden Zufall ausschließt.

Die soeben angedeuteten Tatsachen, zu denen noch viel zu ergänzen wäre[1], machen statt der traditionellen Vorstellung einer schrumpfenden Erde die gegenteilige einer expandierenden Erde wahrscheinlich. Diese Gedanke hat freilich bei vielen Spezialisten ähnliche Urteile

[1] Vgl. P. Jordan, Die Expansion der Erde. Braunschweig 1966.

ausgelöst, wie seinerzeit der Gedanke Wegeners; aber dem Verfasser dieses Buches ist kein Einwand bekannt geworden, der einer kritischen Abwägung standhalten könnte: Natürlich kann man versuchen, spekulativ Vorgänge zu erdenken, die den offenkundigen Zerreißvorgängen an der Erdoberfläche kompensierende Schrumpfung gegenüberstellen. Jedoch bewegt man sich dabei in unbeweisbaren Hypothesen.

In diesem kurzen Bericht zum Thema Erdexpansion habe ich außer Wegener fast keinen der Verfasser erwähnt, welche zur Begründung der erläuterten Vorstellungen beigetragen haben. Denn diese Vorstellungen sind entstanden aus – empirischen und theoretischen – Beiträgen recht zahlreicher Verfasser, denen einzeln gerecht werden zu wollen diesen Abschnitt zu sehr verlängert hätte.

Daß ich auf namentliche Erwähnung des großen Bahnbrechers Alfred Wegener nicht verzichtet habe, scheint mir sachlich und menschlich gerechtfertigt. Steht doch dieser gedankenreiche, wegweisende Anreger moderner Meteorologie und Geophysik vor uns auch als ein großer Mensch. Er starb, fünfzigjährig, bei einer Grönland-Expedition (1930), durch die er entscheidende Beweise für seine Theorie zu erlangen hoffte. Die genaueren, nicht ganz aufgeklärten Umstände seines Todes in einem Schneesturm scheinen darauf hinzudeuten, daß er sein Leben für seine Kameraden aufgeopfert hat, als eine Rettung aller nicht mehr möglich war.

Die Diracsche Hypothese

Die Bestandteile eines Wasserstoff-Atoms, Proton und Elektron, ziehen sich an wegen ihrer entgegengesetzten elektrischen Ladung. Sie ziehen sich aber auch an durch Schwerkraft, entsprechend ihren Massen. Diese Gravitations-Anziehung ist viel geringer als die elektrische; und zwar ist das Verhältnis beider immer gleich, unabhängig davon, wie weit sie getrennt sind – in beiden Fällen gilt ja das Gesetz: «umgekehrt proportional dem Quadrat der Entfernung». Die elektrische Anziehung ist ungefähr (in allen Betrachtungen dieses Abschnitts wird es uns nur auf «ungefähr» ankommen) 10^{40} mal größer als die Schwerkraft-Anziehung.

Auf diesem auffälligen Unterschied beruht es, daß wir von den feineren Gesetzen der Gravitation experimentell so wenig wissen. Unser Wissen reicht darin so weit, als wenn wir in der Elektrizitätslehre das Coulombsche Gesetz der Anziehung und Abstoßung von Ladungen kennen würden, ohne etwas zu ahnen von den elektrischen Wellen. Daß Einstein trotzdem die feineren Gesetze der Schwerkraft aus theoretischen Erwägungen heraus aufstellen und damit die Eigenschaften von Gravitationswellen voraussagen konnte, werden wir noch zu besprechen haben.

Wie kann man die riesige Zahl 10^{40} theoretisch erklären? Unsere Überzeugung, daß wir bei den Protonen und Elektronen einfache Gesetze vorfinden sollten, wird hier auf eine harte Probe gestellt: Einfache mathematische Gesetze liefern Zahlwerte, die nicht sehr verschieden von 1 sind: Der Umfang des Kreises im Verhältnis zum Durchmesser ist $\pi = 3,14 \ldots$; die Raumdiagonale eines Würfels im Verhältnis zur Kantenlänge ist $\sqrt{3} = 1,7 \ldots$ Wie könnte eine einfache mathematische Theorie aussehen, die für eine charakteristische Zahlgröße einen ungefähren Wert von 10^{40} liefert?

Es ist vielleicht das auffälligste Kennzeichen eines Genies der Forschung, sich an der richtigen Stelle zu *wundern*. Und EDDINGTON wunderte sich über die Zahl 10^{40}. Er versuchte, mathematische Gedankengänge zu finden, die uns sagen könnten, warum das Verhältnis der elektrischen zur Schwere-Anziehung bei Proton/Elektron gerade denjenigen Wert hat, den wir empirisch vorfinden – nicht etwa das Doppelte oder πfache oder 10 000fache davon. Aber Eddingtons heroische Anstrengungen sind erfolglos geblieben.

Gerade hierdurch wurde die Frage um so brennender; und sein Landsmann DIRAC hat ihr eine neue Wendung gegeben, zu deren Erläuterung wir etwas ausholen müssen. Wenn wir in einem Raumschiff unterwegs wären zu fremden Sonnen – fern von unserem eigenen Planetensystem; und wenn wir dann merkten, daß wir vergessen haben, ein Metermaß mitzunehmen – was könnten wir tun, um diesen Schaden zu beheben? Das Meter ist ja ursprünglich dadurch festgelegt, dadurch definiert, daß die Entfernung des Nordpols vom Äquator 10 000 Kilometer betragen soll. Müßten wir nun zurückkehren in die Nähe unserer Erde, um uns durch ihre Ausmessung ein neues Metermaß zu verschaffen? Keineswegs. Wir könnten uns sagen: die Wellenlänge der gelben Spektrallinie D des Natriums beträgt rund 0,0006 mm; wir können von ihr aus das Meter rekonstruieren. Oder radikaler: wir könnten sie für eine neue, überall im Kosmos verwendbare Definition der Längeneinheit benutzen.

Beinahe ist dies das Verfahren, das man in moderner Zeit wirklich angenommen hat – nur daß man statt der Natrium-D-Linie eine andere, aus technischen Gründen besser geeignete Spektrallinie genommen hat.

Die Auswahl dieser Spektrallinie – aus den unabsehbar vielen, die wir kennen – bleibt freilich etwas Willkürliches; und die Frage liegt nahe, ob wir nicht ein solches Längenmaß definieren könnten, welches gewissermaßen der atomistischen Natur der Materie möglichst genau auf den Leib geschrieben ist.

Wir definieren deshalb jetzt eine neue Längeneinheit – wir wollen sie die «Elementarlänge l» nennen – so, daß wir für l den (geeignet präzisierten) Durchmesser eines Alpha-Teilchens, eines Helium-Atomkerns, nehmen; das läuft ungefähr auf

$$l = \frac{1}{10^{13}} \text{ cm}$$

hinaus.

Das Licht durchläuft offenbar einen Weg einer Elementarlänge in der Zeit von ungefähr

$$\tau = \frac{3}{10^{24}} \text{ sec;}$$

wir wollen τ die Elementarzeit nennen.

Wenn wir die Grundgesetze der Physik untersuchen – Physik der Atomkerne; Physik der Elementarteilchen –, so werden wir immer wieder auf Längen und Zeiten hingeführt, welche ungefähr gleich l bzw. τ sind. Was aber bedeutet das Weltalter von einigen Milliarden Jahren, wenn wir es durch die Elementarzeit τ ausdrücken? Es zeigt sich, daß das heutige Weltalter ungefähr 10^{40} Elementarzeiten beträgt.

Diracs Gedanke ist nun dieser: Während es hoffnungslos wäre, aus irgendeiner mathematisch einfachen Theorie heraus eine Begründung dafür bekommen zu wollen, daß die beiden Arten der Anziehung zwischen den Bestandteilen des Wasserstoff-Atoms das ungeheure Verhältnis 10^{40} zueinander haben (gerade Eddingtons vergebliche Versuche haben uns diese Hoffnungslosigkeit noch deutlicher gemacht), so wäre andererseits sehr wohl vorstellbar, daß eine Theorie des Kosmos und der Naturgesetze dazu führen könnte, daß diese Verhältniszahl ungefähr gleich sein muß dem Weltalter, gemessen in Elementarzeiten. Wir müssen freilich, wenn wir diesen Gedanken ernst nehmen, uns damit abfinden, daß die Schwere-Anziehung zwischen Proton und Elektron, deren Maß ja bestimmt ist durch die Newtonsche «Gravitationskonstante», im Laufe der

Geschichte des Kosmos *veränderlich* ist: Wir kommen zu der Folgerung, daß die Gravitationskonstante ungefähr umgekehrt proportional dem Weltalter ist.

Diese Folgerung hat den Reiz, daß sie uns eine theoretische Erklärung für die Erdexpansion bieten kann, für deren Realität die geophysikalischen und ozeanographischen Befunde zu sprechen scheinen. Zugleich ergibt sich die weitere Folgerung, daß auch andere Himmelskörper, sofern sie ein Alter haben, welches nach Milliarden von Jahren zu zählen ist, ebenfalls eine entsprechende Expansion vollzogen haben müssen, da auch bei ihnen der durch die Gravitation gegebene Zusammenhalt sich im Laufe einiger Milliarden von Jahren durch die allmähliche Verkleinerung der Gravitationskonstante geschwächt und gelockert haben muß.

Im Falle des Mondes wird – seiner Kleinheit wegen – nur eine sehr geringfügige Expansion zu erwarten sein. Aus der astronomischen Beobachtung weiß man in der Tat, daß es in der Mondoberfläche gewisse Rillen gibt, die schon seit längerer Zeit als Anzeichen einer Expansion beurteilt worden sind; man hat freilich früher die Erwärmung des Mondinnern durch Radioaktivität als Ursache dieser Expansion angesehen.

Beim Mars sollte die Expansion schon merklicher sein, aber noch immer geringer, als bei der ihm gegenüber noch merklich größeren Erde. In der Tat sprechen die bis heute vorliegenden Beobachtungsergebnisse dafür, daß wir folgendes sagen dürfen: Wir finden auch beim Mars, ähnlich wie auf der Erde (mit der Zweiteilung ihrer Oberfläche in Kontinentalschollen und Tiefseegebiete), eine Zweistufigkeit der Oberfläche. Der Höhenunterschied zwischen beiden Stufen ist allerdings erheblich kleiner als bei der Erde – so daß wir uns auch die Dicke der Kontinentalschollen auf dem Mars als merklich kleiner gegenüber der Erde vorzustellen haben. Auch übertreffen die höheren Flächen in der Summe ihres Flächenmaßes die tieferen. Abgesehen von dieser Zweistufigkeit ist die Mars-Oberfläche viel gleichmäßiger, als wir es von der Erde kennen: Es gibt auf dem Mars keine Gebirge und übrigens auch keinen Vulkanismus. Schließlich ist zu sagen, daß die höher gelegenen Flächen auf dem Mars anscheinend in viele kleine Teilstücke zerspalten sind – die berühmten «Marskanäle» nämlich, die im vorigen Jahrhundert einmal phantasievoll als technisches Erzeugnis dortiger, uns weit überlegener Lebewesen gedeutet und später lange Zeit als bloße optische Täuschung verlacht wurden, scheinen nach Ermittlungen der besten heutigen Spezialisten doch real zu sein.

Die zuletzt berichteten Feststellungen, die Mars-Oberfläche betreffend, sind, wie wir noch deutlicher sehen werden, wichtig für die Beurteilung der Diracschen Hypothese und auch für unsere Berechtigung, die Verhältnisse der Erde im Sinne dieser Hypothese zu deuten. Unsere Beobachtung der Mars-Oberfläche von der Erde aus ist aber in hohem Grade erschwert und unsicher gemacht durch unsere Lufthülle, so daß auch in diesem Fall erst das künftige Mond-Observatorium uns einen vollen Einblick und eine sichere Beurteilung erlauben wird: Solange das nicht der Fall ist, bleibt es ungewiß, ob die oben gemachten Angaben über den Mars voll das Richtige treffen (erste Raketen-Ergebnisse zeigten auch dort «Mondkrater»).

Dies ist ein Fall, der uns klar macht, daß die Entwicklungen der Raketentechnik und Satellitentechnik, auf denen unsere Aussicht auf ein künftiges Mond-Observatorium beruht, wirklich etwas für die Zukunft der Menschheit Notwendiges und Unentbehrliches sind. Bei allen obigen Berührungen der Frage, was wir als Ergebnisse der kostspieligen, aufwendigen Bemühungen beginnender Raumschifffahrt zu erwarten haben, waren nur die dadurch zu schaffenden neuen wissenschaftlichen Forschungsmöglichkeiten angedeutet worden. Jetzt aber sehen wir, daß auch das Verständnis unserer eigenen Erde entscheidend davon abhängig ist, daß wir andere Himmelskörper, vor allem den Mars, zwecks Vergleichung mit der Erde viel genauer als bisher erforschen können. Daß aber das Verständnis unserer eigenen Erde zu den lebensnotwendigen Unterlagen der heutigen und erst recht der morgigen Menschheit gehört, wer möchte das bezweifeln, nachdem beispielsweise sowjetische Wissenschaftler bereits ausgesprochen haben, daß unsere Bergwerke sich in Zukunft bis zu 30 Kilometer in die Tiefe hinunterbohren werden?

Da die Diracsche Hypothese eine echt physikalische Hypothese ist, so wird man freilich geneigt sein, die Entscheidung über ihre Richtigkeit lieber von physikalischen und astronomischen Präzisionsmessungen zu erhoffen, als von der Betrachtung ihrer Folgerungen betreffs der in Jahrmillionen erfolgten Entwicklung der Erde oder benachbarter Himmelskörper. Die Kleinheit der nach Dirac zu vermutenden Änderungsgeschwindigkeit macht eine unmittelbare Nachmessung sehr schwierig – aber anscheinend doch nicht unmöglich. Seitdem man weiß, daß die Umdrehungsgeschwindigkeit der Erde (Grundlage aller älteren Zeitmessung) in Wahrheit nicht genau gleichbleibend ist, haben sich die Astronomen um eine schärfere Definition des Zeitmaßes bemüht; und sie haben eine brauchbare Lösung gefunden in solcher Weise, daß sie gewissermaßen das Planetensystem als Präzisionsuhr benutzen. Die Zurückbeziehung anspruchsvoller Zeitmessung auf diese Uhr macht uns unabhängig von den geringfügigen, aber heute doch meßbaren Unregelmäßigkeiten der Erdumdrehung. Nun führt aber mathematische Überlegung zu der Feststellung, daß auch das durch das Planetensystem gegebene Zeitmaß im Falle einer Richtigkeit der Diracschen Hypothese nicht ganz genau demjenigen Zeitmaß gleich sein sollte, welches wir heute mit Benutzung von «Atomuhren» definieren können – sie sind so genannt, weil ihre Zeitmessung sich unmittelbar auf atomphysikalische Abläufe gründet. Folglich kann der Vergleich der Planetenuhr mit einer Atomuhr eine Entscheidung über die Richtigkeit oder Unrichtigkeit der Diracschen Vermutung ermöglichen.

Dieser Vergleich ist, wenn er die erforderliche Genauigkeit erreichen soll, äußerst mühsam; er kann nur vermittels langzeitiger Registrierung zeitlich genauestens bestimmter Ereignisse (Bedeckung von Fixsternen durch die Mondscheibe) ausgeführt werden. Solche Registrierungen sind schon seit einem Jahrzehnt im Gange (ohne daß man bei ihrem Beginn an die Diracsche Hypothese gedacht hätte). Die bisherigen Ergebnisse scheinen zugunsten der Diracschen Hypothese zu sprechen. Aber vorsichtshalber wird man Weiteres abwarten müssen.

Allgemeine Relativitätstheorie

Wir haben im obigen die Fragen der Kosmologie nach ihren verschiedenen Seiten betrachtet, ohne dabei auf Einsteins *Allgemeine Relativitätstheorie* einzugehen. Dies könnte ein unrichtiges Bild von der Entwicklung der kosmologischen Forschung geben, denn tatsächlich steht die ganze Kosmologie, wie sie sich seit einigen Jahrzehnten entwickelt hat, unter dem ständigen Einfluß der bahnbrechenden Gedanken, durch welche Einstein mit der Schaffung der Allgemeinen Relativitätstheorie das naturwissenschaftliche Denken und Forschen beeinflußt und in neue Bahnen gelenkt hat. Daß wir erst jetzt, nachdem wir die Fragen der Kosmologie schon weitgehend besprochen haben, dem Genie Einsteins auch auf diesem Felde seines Wirkens unsere Anerkennung zollen, ergibt sich aus dem Wunsche, dem Leser den Zugang zu diesen Gedankenentwicklungen nach bester Möglichkeit zu erleichtern.

Die Relativitätstheorie ist ein Gebäude in zwei Teilen. Wir haben schon im zweiten Kapitel die spezielle Relativitätstheorie kennengelernt, wie sie sich aus Einsteins wegweisenden Überlegungen von 1905 entwickelt hat. Dieser untere Gebäudeteil ist der wesentlich umfangreichere insofern, als er eine Fülle von Beziehungen zur experimentellen Erfahrung besitzt. Die ausnahmslos bestätigenden experimentellen Prüfungen der speziellen Relativitätstheorie in ihrer riesigen Menge und mannigfaltigen Verschiedenheit geben diesem unteren Gebäudeteil ein Maß der Sicherheit und Festigkeit, das uns berechtigt, das Gebäude der speziellen Relativitätstheorie — mit der Einfachheit seiner abstrakten Grundgesetze und mit der Vielseitigkeit seiner Anwendungen auf experimentelle Befunde — gewissermaßen als einen ins Grundgebirge physikalischer Wahrheit eingelassenen Bau zu bezeichnen.

Auf diesem Unterbau jedoch hat Einstein seit 1915 das neue Gebäude der Allgemeinen Relativitätstheorie errichtet. Seine empirische Beweisunterlage ist bis heute noch sehr schmal geblieben; aber die Architektur dieses oberen Gebäudeteils erhebt sich zu solcher Kühnheit der Gedankenkonstruktion, daß er wie ein Turm oder eine Verbindung von Türmen über den Terrassen der speziellen Relativitätstheorie steht.

Zwei große Probleme der Physik hat Einstein mit der Schaffung der Allgemeinen Relativitätstheorie angegriffen, sie in Verbindung miteinander der Lösung entgegenführend. Das eine dieser Probleme liegt in der natürlichen Fortsetzung der Gedanken, aus denen die spezielle Relativitätstheorie entstanden ist. Wenn im Weltraum Menschen in einem Raumschiff dahinfliegen, und zwar so, daß sie darauf verzichten, zum Sternenhimmel hinauszusehen (oder instrumentell mit dem Sternenhimmel Verbindung aufzunehmen), so sind sie außerstande, zu entscheiden, ob sie sich relativ zu den umgebenden Sternen in Ruhe befinden oder vielleicht dieser Sternenumgebung gegenüber in schneller, aber geradlinig-gleichförmiger Bewegung sind. Das ist ja der Inhalt des speziellen Relativitätsprinzips, wie wir es schon früher besprochen haben. Auch dann, wenn die fraglichen Raumfahrer in ihrem Raumschiff ein ganzes Laboratorium mit physikalischen Instrumenten verschiedenster Art besitzen, werden sie niemals durch Experimente *innerhalb* des Raumschiffs ihren Bewegungszustand gegenüber dem Sternenhimmel erkennen können. Jedoch beschränkt sich die hierin zum Ausdruck kommende Relativität der Bewegung ausdrücklich auf die gradlinig-gleichförmige Bewegung: Ganz andere Verhältnisse ergeben sich, wenn das Raumschiff abgebremst oder beschleunigt wird, sowie auch dann, wenn es sich *dreht*.

Wir können ja unsere eigene Erde als Beispiel eines Raumschiffs betrachten – ein alter Seemann, zugleich ein Freund der Astronomie, erzählte mir, wie er als junger Mensch in sternenklarer Nacht im Stillen Ozean ein Schiff zu steuern hatte und wie sich ihm das Gefühl aufdrängte, es sei die Erde sein Schiff, das er jetzt durch den Weltraum steuere. Wir spüren weder in der Alltagserfahrung noch in physikalischen Laboratoriums-Experimenten etwas davon, daß unser Raumschiff «Erde» mit der Geschwindigkeit von 30 Kilometer in der Sekunde durch den Weltraum rast: Tycho de Brahes Meinung, daß diese Bewegung, wenn sie vorhanden wäre, sich schon in den Erfahrungen der Alltags-Mechanik drastisch zeigen müßte, beruhte darauf, daß er die Gesetze der Mechanik noch nicht kannte. Wohl aber können wir die Drehung der Erde um ihre Achse in mechanischen Experimenten erkennen, obgleich sie so langsam vor sich geht, daß vierundzwanzig Stunden dafür nötig sind.

Der Franzose Foucault hat 1850 in einem berühmt gewordenen Pendel-Experiment, das er im Pantheon in Paris ausführte, den unmittelbaren mechanischen Nachweis dieser Erddrehung führen können. Sein Experiment, richtig verstanden, würde uns also auch dann diese Erddrehung beweisen, wenn uns infolge einer ständig geschlossenen Wolkendecke der Anblick des Sternenhimmels ganz entzogen wäre. (Ob oder wann in diesem Falle menschlicher Scharfsinn ausgereicht hätte, den Sinn dessen zu begreifen, was das Foucaultsche Pendel-Experiment uns sagt, ist freilich eine andere Frage. Mit Recht hat der große französische Mathematiker H. Poincaré gesagt, daß die Menschheit vom Sternenhimmel, von den Planeten, jene Gesetze der Mechanik gelernt hat, auf deren Kenntnis unsere gesamte Maschinen-Technik aufgebaut ist.)

In der schnelleren Bewegung eines sich rasch um seine Achse drehenden Raumschiffs würden wir starke Zentrifugalkräfte fühlen; und bei plötzlicher Bremsung einer vorher gradlinig-gleichförmigen Bewegung würden die Reisenden durcheinanderpurzeln, wenn sie nicht angeschnallt sind. Das Relativitätsprinzip, das ja, wenn wir uns hineingedacht haben, als eine so überzeugend «natürliche» Naturgesetzlichkeit erscheint, ist also hinsichtlich seiner Gültigkeit so eng umgrenzt, so stark eingeschränkt, daß diese Sachlage dem Genie

Einsteins zum Anlaß ernsten Grübelns werden mußte. Er empfand hier eine Sachlage, die noch nicht ausreichend verstanden war – sollte es nicht möglich sein, dem Relativitätsprinzip eine viel weitere Gültigkeit zu verleihen durch eine aus tieferem Verständnis der Zusammenhänge gewonnene bessere Formulierung?

Das andere Problem, welches Einstein mit seinen Gedanken von 1915 angegriffen hat, ist dasjenige einer Nahewirkungs-Theorie der Schwerkraft.

Wir haben früher gesehen, daß das Prinzip der Nahewirkung, wie es von Faraday und Maxwell in der Elektrodynamik durchgesetzt werden konnte, von entscheidender Bedeutung dafür ist, daß die Gesetze der Elektrodynamik im Einklang sind mit den Erfordernissen der speziellen Relativitätstheorie. Es kann deshalb nicht zweifelhaft sein, daß auch die Newtonsche Formulierung des Gravitationsgesetzes – nach welchem die Schwerkraft als eine echte Fernwirkung erscheint – nicht das letzte Wort in dieser Sache ist. Irgendwie muß es möglich sein, auch die Schwerkraft auf Nahwirkung zurückzuführen, derart also, daß das Newtonsche Gesetz als eine spezielle Folgerung umfassenderer, tieferer Gesetze erscheint – eine Folgerung, die zwar in den dem Astronomen gewohnten Fällen anwendbar ist, aber nicht mehr gültig wäre, wenn sich die durch Schwerkraft wechselwirkenden Massen ungeheuer schnell bewegten. Grundsätzlich muß es so sein, daß bei einer sehr raschen Ortsveränderung einer Masse die von ihr ausgehenden Schwerkraft-Wirkungen Zeit benötigen, um sich auch in größeren Entfernungen der veränderten Lage der bewegten, Schwerkraft erzeugenden Masse anzupassen; ebenso wie im elektromagnetischen Falle dürfen sich Schwere-Wirkungen nicht rascher ausbreiten als mit Lichtgeschwindigkeit.

Die Verknüpfung der beiden angedeuteten Probleme – Verallgemeinerung des Relativitätsprinzips auf beschleunigte Bewegungen; Zurückführung des Newtonschen Gravitationsgesetzes auf Nahewirkung – ergab sich für Einstein aus einer physikalischen Gesetzmäßigkeit, welche den Physikern eigentlich schon seit Newtons Zeit bekannt war, aber so unauffällig schien, daß noch niemand es für wichtig gehalten hatte, sich darüber tiefere Gedanken zu machen. Einstein erkannte in dieser unauffälligen Tatsache den eigentlichen Kernpunkt seiner großen Probleme.

Es handelt sich um das, was man seitdem als Äquivalenz von träger und schwerer Masse bezeichnet. Nehmen wir zwei Körper, die chemisch verschieden sein dürfen – etwa ein Stück Blei und ein Stück

Eisen. Sie sollen aber, auf eine Waage gelegt, gleiches Gewicht zeigen – oder anders ausgedrückt, die gleiche «schwere Masse» haben. In einem anderen Experiment wollen wir sie nun hinsichtlich ihrer «trägen Masse» vergleichen, das heißt, wir setzen sie unter Einwirkung gleich großer Kräfte und vergleichen die dadurch entstehenden Beschleunigungen. (Beispielsweise können wir jeden dieser Körper mit einer Schnur im Kreis herumschwingen – in die Schnur sei eine Spiralfeder eingeschaltet, die es erlaubt, die entstehende Zentrifugalkraft zu messen.) Bei solchem Vergleich zeigt sich in allen Fällen, daß die Gleichheit der schweren Massen auch Gleichheit der trägen Massen ergibt. Dies wußten die Physiker seit zwei Jahrhunderten. Aber Einstein *wunderte* sich darüber.

Er erkannte die Bedeutung dieser Tatsache in bezug auf das Relativitätsprinzip: Es ergibt sich nämlich aus dieser Äquivalenz, daß (abgesehen vom Luftwiderstand) zwei verschiedene gleichzeitig losgelassene Körper gleich schnell fallen (genauer gesagt: die gleiche Fallbeschleunigung zeigen). Wenn aber ein drehungsfrei geradeaus fahrendes Raumschiff gebremst wird, so werden alle darin befindlichen, nicht festgemachten Körper zunächst von der Bremsung unberührt bleiben, also ebenfalls relativ zum Raumschiff einheitlich, übereinstimmend beschleunigt erscheinen. Das bedeutet, daß der im Raumschiff eingeschlossene Physiker nicht entscheiden kann, ob sein Raumschiff jetzt eine Bremsung seiner Bewegung erfahren hat oder vielleicht statt dessen aufgehängt ist über einem es anziehenden Himmelskörper: Also ein neuer Fall von Relativität, von Nichtunterscheidbarkeit zweier scheinbar verschiedener physikalischer Situationen; und in diese neuartige Relativität ist die Schwerkraft mit einbezogen.

Von dieser scharfsinnig-tiefen, genial-einfachen Überlegung aus hat Einstein seine neue Theorie der Schwerkraft aufgebaut. Wir können dasjenige, was wir uns soeben etwas mühsam klargemacht haben, in Anknüpfung an reale Erfahrungsmöglichkeiten heutiger Menschen auch so ausdrücken: Ein Raumfahrer, dessen Raumschiff, ohne sich in Drehung zu befinden, sich selbst überlassen ist, also nicht mehr durch Raketenantrieb beschleunigt oder abgebremst wird, erlebt immer die Schwere-Freiheit – einerlei, ob er sich fern von allen Himmelskörpern geradlinig dahinbewegt oder ob er in der Nähe der Erde die Kreisbahn eines Satelliten durchläuft. Denn die Anziehungskraft der Erde wirkt auf alle Teile des Raumschiffes und auf alle darin befindlichen Körper in gleicher Weise ein, überall die gleiche Beschleunigung erzeugend.

Riemannsche Geometrie

Einstein hatte das Glück, daß die mathematischen Hilfsmittel, die er für die Ausführung seiner Gedanken brauchte, schon weitgehend vorlagen – freilich in einem den Physikern damals ganz unbekannten Winkel der Mathematik. Ein genialer, früh verstorbener Schüler des großen Gauß, Bernhard Riemann, hatte im vorigen Jahrhundert den Gedankengängen der nichteuklidischen Geometrie eine nochmalige wunderbare Erweiterung gegeben: Man kann sagen, daß er schon damals dem Prinzip der Nahewirkung auch in der Geometrie Geltung verschaffte.

Der Verzicht auf das Parallelen-Axiom, bei Aufrechterhaltung aller übrigen Axiome der euklidischen Geometrie, hatte ja schon sehr merkwürdige Raumformen in den Gesichtskreis der Mathematiker treten lassen. In der euklidischen Geometrie sind wir es gewohnt, daß jede geometrische Figur vergrößert oder verkleinert werden kann, ohne sich sonst zu verändern. Zeichnen wir zwei Dreiecke, die übereinstimmen in ihren Seitenverhältnissen, so zeigen sie auch Übereinstimmung ihrer Winkel. Das wird anders in der nichteuklidischen Geometrie: Bei Übereinstimmung der Seitenverhältnisse, aber verschiedener Größe der Dreiecke, bekommen wir im größeren Dreieck andere Winkel, im Sinne einer stärkeren Abweichung der Winkelsumme von zwei Rechten. Also «ähnliche» Dreiecke verschiedener Größe gibt es jetzt gar nicht mehr.

Wohl aber können wir auch jetzt noch behaupten, daß zwei Dreiecke, die in allen drei Seitenlängen übereinstimmen, auch übereinstimmende Winkel haben, also kongruent sind. In der «Riemannschen Geometrie» verliert auch dieses Gesetz seine Gültigkeit. Es gibt also gar nicht mehr die Möglichkeit, zu einem gegebenen Dreieck an irgendwelchen anderen Stellen des Raumes kongruente Dreiecke zu zeichnen. Auch ist jetzt nicht mehr festzustellen, daß es im ganzen Raume entweder nur solche Dreiecke gibt, deren Winkelsumme größer als zwei Rechte ist, oder im Gegenteil nur solche, bei denen die Winkelsumme stets kleiner als zwei Rechte bleibt. Die «Krümmung» des Raumes ist in den von Riemann durchdachten Formen von Geometrie von Ort zu Ort verschieden, in manchen Raumgebieten positiv, in anderen negativ.

Riemann ermittelte die Möglichkeiten solcher Raumformen, in denen von allen Axiomen der euklidischen Geometrie nur folgendes vorausgesetzt wird: Sehr kleine geometrische Figuren sollen nahezu euklidisch sein – um so genauer euklidisch, je kleiner sie sind. (Man kann das vollgültig ausdrücken in dem Axiom, daß für ganz kleine Dreiecke der Lehrsatz des Pythagoras gültig bleibt.) Ganz verzichtet wird hingegen auf jedes solche Axiom, welches für Figuren beliebiger Größe eine Vorschrift machen würde.

Riemanns soeben angedeutete Gedanken zur Geometrie stützten sich auf eine berühmte Untersuchung seines Lehrers Gauß: Dieser hatte die mathematische Untersuchung krummer Flächen scharfsinnig gefördert. Dabei haben wir es also noch durchaus mit gewöhnlicher euklidischer Geometrie zu tun. Aber wir wollen statt einer Ebene oder einer Kugelfläche jetzt Flächen betrachten, die in ganz beliebiger unregelmäßiger Weise gekrümmt sein können. Gauß hat entdeckt, daß auch in diesem Fall gewisse ganz allgemeine Gesetzmäßigkeiten bestehenbleiben; und er hat einen Weg gewiesen, diese Gesetze so zu erfassen, daß man nur die gekrümmte Fläche als solche betrachtet, nicht aber ihre Einlagerung oder Einbettung in den dreidimensionalen euklidischen Raum. (Wie das gemeint ist, mache man sich an folgendem Beispiel klar: Wir können die sphärische Trigonometrie in solcher Weise aufbauen, daß wir uns die Kugelfläche als ein Gebilde im dreidimensionalen Raum vorstellen – das ist das im Unterricht übliche Verfahren. Wir können aber auch, wenn wir wollen, die Kugelfläche als «Ebene» einer nichteuklidischen Geometrie betrachten und daraus die fraglichen Gesetze ableiten, ohne überhaupt an einen dreidimensionalen Raum zu denken.)

Indem Gauß die Geometrie auf beliebigen gekrümmten Flächen untersuchte, schuf er, so können wir sagen, bereits die zweidimensionale Riemannsche Geometrie. Riemann vollzog danach in einem Gedankenschritt kühner Abstraktion die dreidimensionale Verallgemeinerung der von Gauß ausgeführten Theorie.

Auch auf beliebig gekrümmten Flächen gibt es bestimmte Kurven, die wir sinngemäß als Ersatz für das ansehen dürfen, was in der gewöhnlichen euklidischen Ebene die Geraden sind: Nämlich die «geodätischen» Kurven, das heißt die kürzesten Verbindungslinien zwischen je zwei Punkten. Wenn wir uns erlauben, diese geodätischen Kurven mit dem Wort «Geraden» zu bezeichnen, so haben wir auf der krummen Fläche eine Geometrie, deren Gesetze noch Ähnlichkeit mit euklidischer Geometrie haben, aber doch eine sehr viel weitere, weniger streng gebundene Mannigfaltigkeit möglicher Formen zulassen. Unter einem «Dreieck» werden wir dann drei Punkte verstehen, die paarweise durch je eine geodätische Kurve verbunden sind. Für sehr kleine Dreiecke ergibt sich tatsächlich die euklidische Geometrie – die fraglichen Dreiecke müssen so klein sein, daß man schon nicht mehr sagen kann, ob ein solches Dreieck wirklich in der gekrümmten Fläche liegt oder in ihrer Berührungsebene, Tangentialebene, an der betreffenden Stelle.

Als Riemann seine neuartige Geometrie schuf, war er sich durchaus bewußt, Vorarbeit zu leisten für spätere physikalische Forschungen. Es war nicht etwa seine Absicht, bloßen logischen Möglichkeiten mathematischer Abstraktion nachzugehen; sondern er zielte auf den wirklichen Raum, auf den Raum des Naturgeschehens, auf den Raum der Physik. Er war überzeugt, daß die geometrischen Eigenschaften des Raumes, seine Krümmungseigenschaften, ein Ausfluß physikalischer Kräfte seien.

Aber erst Einstein erkannte, daß es sich dabei um die Schwerkraft handelt, daß Schwerewirkungen und Trägheitswirkungen mit der Geometrie unlöslich verbunden sind. Er konnte für die Präzisierung dieser Erkenntnis freilich nicht einfach die Riemannsche dreidimensionale Geometrie in ihrer fertigen Form übernehmen, sondern mußte noch einen Schritt abstrakter Verallgemeinerung vollziehen: Wir haben ja im zweiten Kapitel bei Besprechung der speziellen Relativitätstheorie die vierdimensionale «Welt» der Raum-Zeit-Punkte erwähnt – dieser vierdimensionalen Mannigfaltigkeit wird in Einsteins Theorie eine vierdimensionale Geometrie Riemannscher Art zugeschrieben.

Erst auf dieser Höhe der Abstraktion gewinnt das Relativitätsprinzip volle, nicht mehr eingeschränkte Gültigkeit. Zugleich vereinigen sich die Gesetze der Trägheit und der Schwerewirkung in dem umfassenden Galilei-Einsteinschen Trägheitsgesetz, dessen grandiose Einfachheit und mathematische Schönheit freilich erst dann gewürdigt werden kann, wenn wir Einstein ganz auf die Höhe dieser schwindelerregenden Abstraktionen gefolgt sind. Ein sich bewegender Massenpunkt ist – da er zu jeder Zeit an einem bestimmten Orte ist – in seinem Bewegungsverlauf durch eine gewisse Kurve innerhalb der vierdimensionalen Geometrie zu beschreiben. Das Galilei-Einsteinsche Trägheitsgesetz sagt, daß diese Kurve (für eine Masse, die keiner anderen Einwirkung außer Schwerkraft und Trägheit unterliegt) eine geodätische ist. Da das für alle in einem Raumschiff frei schwebenden Gegenstände gilt, so bewegen sich diese bei antriebslosem Flug sämtlich in gleicher Weise, dem Raumfahrer das Erlebnis der «Schwerelosigkeit» gebend, auch dann, wenn das Raumschiff der Schwerkraftwirkung von Erde und Sonne ausgesetzt ist.

Ganz im Sinne Riemanns, der die geometrischen Eigenschaften des Raumes als physikalische Eigenschaften dachte, ist aber die Geometrie nicht nur maßgebend für die Bewegung sich selbst überlassener Körper, sondern umgekehrt ist die geometrische Gestaltung des Raumes (besser: der Raum-Zeit) beeinflußt von den vorhandenen Massen. Damit erfüllt sich in der Einsteinschen Gravitations-Theorie auch eines der tiefsten und umfassendsten Gesetze der Physik: Alle physikalischen Wirkungen sind Wechselwirkungen; wirkt A auf B, so wirkt B auch auf A zurück. Schon nach der alten Galilei-Newtonschen Mechanik wirken die Maßverhältnisse von Raum und Zeit in stärkster Weise auf bewegte Massen, ihnen bei Abwesenheit sonstiger Einwirkungen die geradlinig-gleichförmige Trägheitsbewegung aufzwingend. Aber die alte Vorstellungsweise, nach welcher der Raum der leere, in seinen Maßverhältnissen unbeeinflußbare bloße Schauplatz physikalischer Vorgänge war, stellte dieser bezwingenden Wirkung räumlicher Maße auf die Bewegung der Massen keine umgekehrte Rückwirkung gegenüber. Das ist in der Einsteinschen Theorie anders geworden: Indem vorhandene Masse ein Schwerefeld erzeugt (im einfachsten Falle, der aber nur ein Spezialfall ist, gemäß dem Newtonschen Gravitationsgesetz), gestalten die vorhandenen Massen auch die Geometrie.

Die Überzeugungkraft, welche Einsteins Theorie für jeden Sachkundigen besitzt, beruht vor allem in der zwingenden Einfachheit des Gedankenganges, die durch die Kompliziertheit zugehöriger mathematischer Entwicklungen hindurchscheint. Natürlich muß und kann auch bewiesen werden, daß die alte Newtonsche Theorie als einfachster Spezialfall wieder herauskommt, bis auf winzige Abänderungen. Diese winzigen Abänderungen, welche von der Einsteinschen Theorie vorausgesagt werden, beobachtungsmäßig nachzuprüfen (an astronomischen Tatsachen), war mehr als vier Jahrzehnte lang nur in geringem Ausmaß möglich, so daß die empirische Unterlage der Einsteinschen Theorie (soweit sie über die Newtonsche hinausgeht) noch überaus schmal blieb, in einem unbefriedigenden Verhältnis zum aufgewandten begrifflichen und mathematischen Scharfsinn.

Die unerhörte Erweiterung und Verschärfung experimenteller Möglichkeiten, welche durch die technischen und physikalischen Fortschritte der Nachkriegszeit erzielt wurden, hat aber auch betreffs der Einsteinschen Relativitäts- und Gravitationstheorie eine vollkommene Veränderung der Lage angebahnt — das vorsichtige Wort «angebahnt» enthält auch die Aussage, daß die in dieser Richtung eingeleitete Entwicklung jetzt erst *beginnt,* deutlich hervorzutreten. Es ist aber bestimmt nicht gewagt, vorauszusagen, daß in naher Zukunft diese Theorie — früher etwas einem großartigen mathematischen Traume ähnelnd — endlich zu einer echten physikalischen Theorie in engster Wechselwirkung mit der Erfahrung (in raffiniertesten Experimenten) werden wird. Schon jetzt haben Radar-Experimente Nachprüfungen der Einsteinschen Theorie hinsichtlich der Ablenkung elektromagnetischer Wellen durch das Schwerefeld der Sonne möglich gemacht. Schon seit Jahren sind gewisse andere Experimente (mit Satelliten) in Vorbereitung. Sie verlangen das Äußerste an Präzision, das die heutige Technik leisten kann; und die deshalb erforderlich gewesenen technologischen Sonderentwicklungen werden erst ungefähr 1970 die Durchführung der eigentlichen physikalischen Versuche erlauben. Die fast märchenhafte Verschärfung von Meßgenauigkeiten (an Wellenlängen von Gammastrahlen), welche Mößbauer durch seine große Entdeckung ermöglicht hat, erlaubte ferner, eine bestimmte Folgerung der Einsteinschen Gravitationstheorie in irdischen Laboratorien statt in astronomischen Messungen zu prüfen und zu bestätigen (nachdem Einstein uns schon verlassen hatte).

Da schon nach der speziellen Relativitätstheorie Energie äquivalent mit Masse ist, und da die gleichwertige Wirkung von Schwerkraft auf alle Massen sich somit auf alle Formen von Energie erstrecken muß, so unterliegt auch ein Lichtquant der Schwerkraft, seiner Energie entsprechend. Die von der Sonne zu uns kommenden Lichtquanten verbrauchen also etwas von ihrer Energie, weil sie sich gegen die Schwere-Anziehung der Sonne durchsetzen müssen. Dieser Energieverlust bedeutet eine gewisse Rotverschiebung der Lichtquanten. Eine entsprechende Rotverschiebung muß sich ergeben, wenn auf der Erde in einem Turm — sagen wir von zehn Meter Höhe — das von einer unten befindlichen Lichtquelle ausgehende Licht aufgefangen wird. Für diesen Fall hat man die fragliche Rotverschiebung wirklich messen können — freilich nicht an gewöhnlichen Lichtquellen und Spektrallinien, wohl aber an einer gewissen Gamma-Strahlung.

Der Amerikaner Weber endlich hat ein großes Instrument gebaut, welches die von Einstein theoretisch als möglich erwiesenen Gravitationswellen beobachtbar machen soll. Tatsächlich empfängt seine «Empfangsantenne» durchschnittlich monatlich «Signale» von Gravitationswellen, die wahrscheinlich von (noch nicht genauer erkannten) kosmischen Katastrophen oder Explosionen herrühren. Ungeahnte neue Erkenntnisquellen werden uns unter Anleitung der Einsteinschen Gedanken aufgeschlossen.

Daß wir uns hier bemüht haben, einigermaßen in die schwierigen Gedankengänge der Einsteinschen Gravitationstheorie einzudringen, bedeutet keineswegs ein Abweichen von dem Wege, den wir uns vorgenommen haben. Er soll ja nur diejenigen Ergebnisse und Erkenntnisse moderner Physik berühren, die von Bedeutung für das Verhältnis von Wissen und Glauben sind. Auch für dies Verhältnis ist es bedeutungsvoll, daß die Entwicklungen unseres Jahrhunderts uns zu einem so tiefgehend veränderten Verständnis des Raumes geführt haben. In Demokrits Vorstellung war der leere Raum der feste Rahmen, in welchem sich die Bewegungen der Atome abspielen. Die Atome und der leere Raum – nach Demokrit die einzigen Bestandteile objektiver Wirklichkeit – standen in einer unsymmetrischen gedanklichen Beziehung zueinander, derart, daß die Atome nicht ohne den Raum, den Schauplatz ihrer Bewegung, existieren konnten; wohl aber der Raum ohne die Atome, deren Bewegungsspiel er zuließ, ohne selber davon berührt zu werden.

Dem steht seit Einstein die neue, tiefere Erkenntnis gegenüber, daß Raum und Materie in Wechselwirkung stehen; daß der Raum gewissermaßen das *Gewand der Materie* ist. Und obwohl man über die Fragen einer weltanschaulichen Bedeutung dieser umwälzenden Erkenntnis heute wohl nur mit Zurückhaltung sprechen soll, gehört es zum Thema dieses Buches, hierauf wenigstens hinzudeuten. Ich zweifle nicht daran, daß auch diese neue Wendung in dem Maße, wie sie dem geistigen Nachvollzug von Nichtspezialisten zugänglich werden wird, als Anlaß neuer Durchdenkung tiefer Glaubensprobleme empfunden werden wird. Denn als Gewand der Materie verliert der Raum seine einstmalige Bedeutung als vorgegebener, unveränderlicher Rahmen dessen, was als Wirklichkeit anzuerkennen ist. Das seit Kopernikus und Bruno entstandene Problem der «Wohnungslosigkeit» Gottes gewinnt ein verändertes Gesicht. Sofern wir mit der Möglichkeit rechnen, daß gewisse außerordentliche Ereignisse den Rahmen der gewohnten und bekannten Gesetze der Materie überschreiten können, müssen wir folgerichtig auch damit rechnen, daß dabei die uns gewohnten Raumverhältnisse Abwandlungen unbekannter Art erfahren könnten. Es wird denkbar, daß es Möglichkeiten räumlicher Entrückung gäbe, die nicht nur den euklidischen, sondern auch den Riemannschen Raum verlassen. Der dem Wissenschaftler durch Jahrhunderte auferlegte Denkzwang, in dem Bericht von Christi Himmelfahrt nur fromme Legende zu sehen, entfällt.

Viertes Kapitel

QUANTEN-BIOLOGIE

Seit Beginn des Jahrhunderts sind mannigfache Versuche unternommen worden, die «mechanistische», also deterministische Naturvorstellung als unzureichend für die Biologie zu erweisen. Schlagwörter wie Neolamarckismus, Neovitalismus, Pflanzenpsychologie, Entelechie, Teleologie, Ganzheit und andere kennzeichnen diese Versuche, deren Verschiedenartigkeit nur ein gemeinsames Merkmal übrig läßt: die Unzulänglichkeit.

Dies harte Urteil mag manche Leser veranlassen, eine Begründung zu verlangen; doch muß sich diese auf wenige Bemerkungen beschränken. Als ein Philosoph der Biologie ist H. Driesch zu verbreitetem Ansehen gelangt; es wäre aber irrig, zu meinen, daß seine Ganzheits- und Entelechie-Philosophie Einfluß auf den tatsächlichen Gang, die wirkliche Arbeit biologischer Forschung gewonnen hätte. Die Leser seiner Schriften – vorwiegend Nicht-Naturwissenschaftler – sind oft geneigt, ihn für einen bedeutenden Biologen zu halten, vielleicht gerade deshalb, weil sein Denkstil außerhalb der Naturwissenschaften steht. Doch hat sein leidenschaftlicher Wunsch, der Biologie neue Wege zu weisen, kein für die Biologen verwendbares Ergebnis gezeitigt. Seinem berühmten Satz: «Das Ganze ist mehr, als die Summe seiner Teile» fehlt eine Definition der entscheidenden Begriffe «Summe» und «mehr sein, als». Weder Driesch selber, noch einer seiner Anhänger ist imstande gewesen, diese Lücke auszufüllen und den Satz dadurch zu einem inhaltvollen Satz zu machen, aus welchem prüfbare Folgerungen abzuleiten wären. Entsprechend sind dem Begriff der «Entelechie» zwar Bücher gewidmet worden, aber keine naturwissenschaftlich verwertbare Definition.

Driesch hat freilich auch ein biologisches Experiment gemacht – mit Seeigel-Eizellen –, und sein philosophisches Lebenswerk ist gewissermaßen über diesem Experimente aufgebaut. Hierdurch könnte der Schluß nahegelegt werden, daß das fragliche Experiment tatsächlich einen Einwand gegen die deterministisch-mechanistische Biologie ergeben hätte. Um zu erkennen, daß das nicht der Fall ist, kann man etwa die «Allgemeine Biologie» von Max HARTMANN einsehen: In diesem Buche eines entschiedenen Vertreters mechanistischer Biologie wird das Experiment von Driesch in unser biologisches Wissen einbezogen, ohne daß dadurch ein Zweifel an der Vertretbarkeit deterministischer Auffassungen entsteht, oder eine Veranlassung, die von Driesch daran angeknüpften Spekulationen zu erwähnen.

Die ebenfalls von Driesch ausgeführte Behauptung, ein lebender Organismus könne deshalb keine Maschine sein, weil er auch zur Vermehrung befähigt ist, hat ihre schlagende Widerlegung gefunden, seit im Zuge der Entwicklung der *Kybernetik* auch (durch den berühmten Mathematiker J. v. NEUMANN) ein Modell einer zur Vermehrung befähigten Maschine konstruiert worden ist – sie könnte bei der künftigen Industrialisierung fremder Himmelskörper praktische Bedeutung gewinnen.

Wie leicht sich in der ausgedehnten Literatur der anti-mechanistischen Biologie manche Verfasser die «Widerlegung» der mechanistischen Vorstellungsweise gemacht haben, wird durch folgendes Beispiel beleuchtet: Ein angesehener Verfasser behauptet eine Unzulänglichkeit der kausalen, ursächlichen Erklärungsweise der Naturwissenschaft, und die Notwendigkeit ihrer Ergänzung durch teleologische oder finale, zweckgerichtete Erklärung: Es gebe ja Seen, deren Spiegel nur wenig zu schwanken pflegt. Das erfordere aber, daß ihnen ständig ebensoviel Wasser zufließt, wie gleichzeitig abfließt oder verdunstet – nur eine finale Naturerklärung könne diesem Tatbestand gerecht werden.

Natürlich besteht in Wahrheit keinerlei Schwierigkeit, die Erscheinung der Seen kausal zu verstehen – sollte diese Erklärung in der zuständigen Literatur nicht gegeben sein, so liegt das daran, daß die Verfasser Scheu empfanden, eine so selbstverständliche Sache überhaupt auszuführen. Bekanntlich sind Seen mit fast gleichbleibender Wasserhöhe nur Sonderfälle in der größeren Menge stark schwankender (z. B. alljährlich austrocknender) Seen. In jedem See besteht aber ein gewisses Maß von Stabilisierung des Wasserstandes dadurch, daß Erhöhung des Wasserstandes auch Verstärkung des Abflusses und durch Vergrößerung der Wasserfläche Verstärkung der Verdunstung bewirkt. Ist der See groß im Verhältnis zu den jährlich zufließenden Wassermengen, so kann diese Stabilisierung eine hochgradige Unveränderlichkeit des Wasserspiegels ergeben. Es ist also eine ganz oberflächliche Verirrung, hier geheimnisvoll zielgerichtete statt ursächlich wirkende Naturkräfte zu vermuten.

Während die meisten Versuche einer angeblichen Überwindung der mechanistischen Biologie die Abstammungs- und Entwicklungslehre als solche unangetastet ließen und sie als Unterlage neuer Deutungsversuche benutzten, hat Jacob v. UEXKÜLL – dessen Untersuchungen über die «Umwelten» von Tierarten positive Beiträge zur Tierpsychologie ergeben haben – versucht, auch die Darwinschen Erkenntnisse zu entkräften; gelegentlich haben Fernerstehende daraus den Eindruck gewonnen, daß die Abstammungslehre im Ernst als zweifelhaft geworden oder gar als «überwunden» anzusehen sei. Uexkülls Beitrag zu einer solchen «Überwindung» beschränkte sich jedoch – im Kern der Sache – auf die Empfehlung, die historische Herkunft der heutigen Lebensformen nicht zum Gegenstand der Untersuchung zu machen; eine Empfehlung, von der man wohl anerkennen muß, daß ihre Skurrilität ihr einziges Verdienst ist.

Die im allgemeinen geistigen Leben heute sehr verbreitete Meinung, daß die heutige Biologie von sich aus das mechanistische Denken habe widerlegen oder überwinden können, so daß LAMETTRIES These «l'homme machine» oder DESCARTES These der Maschinen-Natur tierischer Lebewesen wissenschaftlich nicht mehr ernst zu nehmen wäre, beruht also auf Mißverständnis.

Der Gang unserer Untersuchungen hat uns zu der Feststellung geführt, daß die deterministische These Lamettries in einem unaufhebbaren logischen Widerspruch steht mit jeder Form religiöser Beurteilung von Welt und Mensch. Sofern diese These als naturwissenschaftliche Wahrheit anzusehen ist, bleibt naturwissenschaftliche Erkenntnis in einem Verhältnis der Verneinung zur Religion. (Jedenfalls dann, wenn Religion im früher angedeuteten Sinne ernst gemeint und nicht auf bloße Pflege weihevoller Gefühle beschränkt wird oder auf philosophische Anerkennung eines höchsten Absoluten, welches auch als Kausalitätsgesetz gedacht werden kann.)

Indem wir nun feststellen, daß die vielfältigen Versuche unseres Jahrhunderts, an der deterministischen These von biologischen Überlegungen aus zu rütteln, ergebnislos verlaufen sind, verbleibt als einzige noch zu prüfende Möglichkeit, von der aus dieser Gegensatz von naturwissenschaftlicher und religiöser Weltbetrachtung vielleicht aufgelöst werden könnte, eine etwaige Erschütterung der Lamettrieschen These durch die Ergebnisse der Quantenphysik. Dies zu prüfen soll Aufgabe des vorliegenden Kapitels sein. Natürlich benötigen wir dazu die modernen, in unserem Jahrhundert entstandenen Erkenntnisse der Biologie; die von Driesch, Uexküll usw. verwerteten biologischen Tatsachen reichen dazu nicht aus.

Grundsätzlich ist ja, um noch einmal Heisenberg zu zitieren, durch die Quantenphysik die endgültige Widerlegung des Kausalitätsprinzips geliefert; und die Bedeutung dieser Wendung im weltanschaulichen Sinne ist im zweiten Kapitel schon zum Teil erörtert worden. Da diese Widerlegung sich jedoch nur auf die Lückenlosigkeit der Kausalität bezieht – derart, daß die Verabsolutierung der Kausalitätsvorstellung als falsch erwiesen wurde–, während andererseits in weitem Ausmaß die Bedeutung der Kausalität unangefochten bleibt, so ist nicht ohne besondere Untersuchung zu entscheiden, ob die quantenphysikalische Akausalität auch dazu ausreicht, die These Lamettries zweifelhaft zu machen.

Die Untersuchung dieser Frage hat den Verfasser seit längerer Zeit beschäftigt. M. Hartmann, der schon erwähnt wurde, hat den Gedanken der Akausalität leidenschaftlich zu bekämpfen versucht, nicht nur hinsichtlich seiner biologischen Folgerungen, sondern auch als rein physikalische Feststellung. Er hat in seiner Polemik dem Verfasser die unverdiente Auszeichnung zuteil werden lassen, ihn gewissermaßen als Allein-Erfinder dieser bösen quantenphysikalischen Akausalität hinzustellen – offenbar in Unkenntnis der Leistungen von Bohr, Born, Heisenberg, Pauli, Dirac, Neumann und anderen führenden Quantentheoretikern.

Georg Siegmund hat in seinem bedeutenden Buch «Naturordnung als Quelle der Gotteserkenntnis»[1] die Bestrebungen Drieschs wesentlich günstiger beurteilt, als oben geschehen ist, und sie zur Unterlage weitreichender Folgerungen gemacht. Da ich ihm in seiner Beurteilung Drieschs nicht zu folgen vermag, so gibt mir sein Buch den Eindruck einer Brückenkonstruktion, in welcher zwar die Bogen überzeugend geplant, aber die Pfeiler nicht tragfähig genug sind. Tragfähige Pfeiler werden sich erst in der Weiterverfolgung dessen ergeben können, was in diesem Kapitel auszuführen ist.

Zu der Entschiedenheit des oben angedeuteten Urteils über den Neolamarckismus und verwandte Bestrebungen hat sich der Verfasser erst im Laufe der Zeit durchgerungen. Vor vierzig Jahren war ich stark beeindruckt von diesen Versuchen, die mechanistische Biologie zu überwinden und dem Begriff «organisch» einen zu «mechanisch» gewissermaßen gegensätzlichen Inhalt zu geben. Nur ungern

[1] 2. Aufl. Freiburg 1950.

habe ich mich fortschreitend deutlicher von der Unzulänglichkeit und Vergeblichkeit aller dem Neolamarckismus ähnlichen Bestrebungen überzeugt, obwohl sie außerhalb der Naturwissenschaft ein so weites Echo gefunden und den irrigen Eindruck erzeugt haben, daß es wirklich dadurch möglich geworden sei, das Organische als vom Mechanischen verschieden zu begreifen.

Durchstrukturierung

Wir wollen uns also bemühen, Eigenschaften ausfindig zu machen, welche die organischen, lebendigen Gebilde in kennzeichnender Weise unterscheiden von anorganisch-toten Naturgebilden; und wir werden dabei das schon früher besprochene Gesetz der Herkunft alles organischen Lebens nur aus artgleichem elterlichen Leben stark in den Mittelpunkt zu stellen haben, ohne in den Fehler zu fallen, einen nicht-mechanischen Charakter des Organischen als schon hierdurch bewiesen anzusehen. Dieses von Redi vor allem für die Insektenwelt bewiesene Gesetz – von dem wir erwähnt haben, daß es durch Pasteur sogar bis zu den Bakterien hinunter bewiesen wurde; und daß es von Virchow ausgedehnt wurde auch auf die einzelnen Zellen mehrzelliger Organismen – muß weiterverfolgt werden unter Prüfung dessen, was die in unserem Jahrhundert geschehene Entwicklung biologischer Forschung uns an daran anschließenden Erkenntnissen geliefert hat. Wir haben, dieser beherrschenden Gesetzlichkeit organischen Lebens nachgehend, vor allem die grundsätzlichen Ergebnisse der *Vererbungs- und Mutationsforschung* zu würdigen, aber auch über ihren Rahmen hinaus sonstige moderne Erweiterungen im Gültigkeitsgebiet dieses Gesetzes zu betrachten.

Da es jedoch unser Hauptziel ist, die Stellung der biologischen Erscheinungswelt im Verhältnis zur Verschiedenheit von deterministischer Makrophysik und statistischer Mikrophysik zu klären, so werden allgemeiner alle diejenigen Tatsachen für unsere Frage bedeutsam werden, in denen die Struktur- und Reaktions-Feinheiten der Organismen Grade erreichen, die einen Anschluß an den atomistisch-molekularen Feinbau der Materie ergeben. Hinsichtlich der Reaktionsfeinheiten ist dieser Anschluß dadurch tatsächlich erreicht, daß in den lebenden Organismen *Steuerungs-Gefüge* bestehen, welche – mit Verstärker-Anlagen vergleichbar – eine Abhängigkeit gröberer Vorgänge von solchen der äußersten Feinheit ergeben.

Dieser Tatbestand, durch dessen Erkennung wir erstmalig zur richtigen Einordnung der Lebensvorgänge in den Gesamtzusammenhang der Naturerscheinungen gelangen, baut sich über einem entsprechenden Feinheitsgrad der organischen Strukturverhältnisse auf.

STAUDINGER, der wegweisende Erforscher der «Riesenmoleküle», wie sie in der modernen Kunststoffchemie so entscheidende Bedeutung erlangt haben, hat als Kennzeichnung des Organischen ausgesprochen: «Bis zum Molekül hinunter ist alles durchstrukturiert.» Es lohnt sich, das in diesem knappen Satz Gesagte etwas ausführlicher auseinanderzufalten.

Wenn wir ein Stück eines Organismus mit einem bestimmten Genauigkeitsgrad der Beobachtung betrachten, so können wir es zerlegen in Teile, welche bei dieser Beobachtungsschärfe den Eindruck homogenen, gleichförmigen Stoffes machen. Auf den Flügeln eines bunten Schmetterlings erscheinen unserem Auge die gleichartig gefärbten Flächenstücke als gleichmäßig, ohne weitere Aufgliederung. An einem aus einigen Metern Abstand gesehenen Menschen können uns Teile seiner Haut als gleichmäßig, strukturlos erscheinen. Ein Stück Fleisch können wir zerfasern in kleine Stränge oder Fäden der Muskelmasse, in denen dann das unbewaffnete Auge keinen Feinbau mehr zu sehen vermag. Aber in all diesen Fällen – und in jedem anderen biologischen Beispiel ebenfalls – ergibt sich ein neues Bild, sobald wir schärfere Beobachtungsmittel zu Hilfe nehmen. Auf dem Schmetterlingsflügel werden schon bei mäßiger optischer Vergrößerung die feinen Schuppen sichtbar, welche die scheinbar gleichförmigen Flächenstücke oder Farbflecke zusammensetzen. Auf der menschlichen Haut läßt schon das Näherkommen zahllose vorher nicht gesehene Feinheiten erkennen. Die Anwendung von Mikroskopen oder gar Elektronenmikroskopen läßt zwar auf jeder Stufe der Verschärfung gewisse letzte Bausteine unaufgelöst, so daß sie uns als bloßer gleichförmiger Stoff ohne inneren Feinbau erscheinen. Aber dieses «Letzte» hat nur relative Bedeutung – es gehört zu einer bestimmten Leistungsgrenze der Beobachtungsinstrumente. Erneute Steigerung der Untersuchungsschärfe läßt uns auch in den vorher unaufgelöst gebliebenen Teilen noch einmal neue, feinere Strukturen entdecken. Es ist der Inhalt des von Staudinger ausgesprochenen Satzes, daß hierin kein Abschluß zu erreichen ist, bevor wir nicht bis zu den Molekülen, Atomen, Elementarteilchen hinuntergekommen sind.

Das aber ist eine *Besonderheit* der organischen Naturerscheinungen. Denken wir uns statt dessen beispielsweise ein Gefäß mit hochgradig reinem Wasser, so dürfen wir sagen, daß wir hier wirklich gleichförmige Substanz vor uns haben, in der wir weder mit freiem Auge, noch mit Lupen, Mikroskopen, Ultraviolett-Mikroskopen, Elektronen-Mikroskopen irgendeine Ungleichmäßigkeit zu finden vermögen. Innerhalb eines riesigen Bereiches verschiedener Schärfegrade liefern uns alle Beobachtungsinstrumente die Auskunft: Gleichmäßiger Stoff. Zuletzt freilich, wenn wir bis zu atomistischen Maßstäben hinuntergehen, finden wir als Feinbausteine die Moleküle des Wassers und die sie zusammensetzenden Atome des Wasserstoffs und Sauerstoffs. Aber dieser Feinbau ist völlig getrennt – durch die dazwischen einschaltbaren Maßstäbe der Beobachtung oder Unterteilung – von den durch die Gefäßwände gegebenen Begrenzungen des homogenen Stoffes «reines Wasser».

Nun ist zwar das reine Wasser eine Abstraktion, die wir experimentell nur in eng begrenzter Annäherung verwirklichen können. Die heutige Technik sieht es als Ausnahmeleistung an, wenn an gewissen chemischen Stoffen (etwa Germanium) Reinheitsgrade von einer Million zu eins erzielbar sind. In wirklichem Wasser wird also auch dann, wenn der Chemiker es als rein bezeichnet, durch allerlei Verunreinigungen eine gewisse Beeinträchtigung der sauberen Gleichmäßigkeit des Stoffes zustande kommen. Jedoch ergeben diese Verunreinigungen keineswegs etwas, was mit dem Feinbau organischer Stoffe verglichen werden könnte – obwohl es gar nicht ganz einfach ist, das Wesentliche des Unterschieds in wenige Worte zu fassen, so wird doch das Gemeinte verständlich werden, wenn wir etwa sagen, daß die Spuren von Verunreinigung im sonst sauberen Wasser gewissermaßen zufällig sind und von sehr geringer Bedeutung für fast alle Experimente, die wir mit diesem reinen Wasser machen könnten. Dagegen ist der Feinbau organischer Gebilde in allen seinen Größenstufen von entscheidender Bedeutung für ihr Verhalten in den Lebensvorgängen, an denen sie sich beteiligen, oder in physikalisch-chemischen Vorgängen überhaupt – so etwa bei denjenigen Schuppen von Schmetterlingsflügeln, in denen ein erst den modernen Methoden erkennbar gewordener Feinbau es möglich macht, auffallende Färbungen zustande kommen zu lassen nur durch die von strenger Regelmäßigkeit beherrschte Zusammenfügung durchsichtiger Stoffe, ohne Beteiligung eines Farbstoffes.

Wenn ein Kind eine Uhr auseinandernimmt, so findet es in ihr zwar eine große Zahl verschiedener Teile; aber wir können dies Auseinandernehmen fortsetzen bis an eine bestimmte Grenze, nach deren Erreichung wir nur noch Stücke gleichförmigen Stoffes vor uns haben – verschiedene Metalle, Glas, Rubine, Öl usw. Sie zeigen zwar der genaueren Untersuchung im makrophysikalischen Maßstab noch gewisse Andeutungen von Feinbau – die Metallstücke etwa haben eine gewisse nur mikroskopisch zu erkennende kristalline Struktur. Aber diese Feinheiten sind bedeutungslos in bezug auf den normalen Gang der Uhr, also im gleichen Sinne «zufällig», wie die erörterten Verunreinigungen des Wassers.

In der Fülle rein anorganischer Naturvorgänge, etwa in der Sonne oder auf den Landmassen der Erde in präkambrischer Zeit, können wir zwar nicht in allen Fällen den Zustand der Strukturarmut der beteiligten Körper in so auffälliger Weise der «Durchstrukturierung» organischer Gebilde gegenüberstellen, wie bei den Beispielen reinen Wassers oder einer Taschenuhr. In voller begrifflicher Schärfe wird diese Verschiedenheit organischer und anorganischer Natur erst durch die Mitbetrachtung der Reaktions- oder Funktionsverhältnisse deutlich. Jedoch ist auch bei vorläufiger Beschränkung auf bloße Strukturgesetzlichkeiten unverkennbar, daß Staudingers Satz als eines der großen Worte unserer Naturerkenntnis anzusehen ist: Er bringt uns ein grundsätzliches naturwissenschaftliches Unterscheidungsmerkmal des Lebendigen vom Unbelebten zum Bewußtsein – ein Merkmal, das im Gegensatz zu allen Redensarten über Ganzheit und Entelechie von handgreiflichem, klar bestimmtem Inhalt ist; ein Merkmal, für dessen Richtigkeit und Zuverlässigkeit die moderne Forschung unübersehbar viele und mannigfache Bestätigungen gegeben hat; und ein Merkmal, dessen bedeutungsschweren Sinn wir allmählich weiter ergründen wollen – er ist freilich erst im Zusammenhange der indeterministischen Quantenphysik verstehbar geworden.

Das im vorigen Jahrhundert erfolgte Vordringen biologischer Feinbau-Untersuchung bis zur Erkennung der Zellen in Pflanzen und Tieren bezeichnet eine wichtige Stufe biologischer Erkenntnis. Für längere Zeit war hiernach weiterem Vordringen Einhalt geboten. Außer der Zellwand und dem Zellkern war das Protoplasma als drittes Bauelement des Organischen deutlich geworden; aber dies Protoplasma schien für lange Zeit die Rolle eines letzten, in sich weitgehend gleichförmigen stofflichen Lebensträgers zu behaupten (wenn auch gewisse weitere Körperchen, wie z. B. die Chlorophyllträger, in Zellen gefunden wurden). Daß man zu Haeckels Zeit etwa die Amöbe für ein sehr einfaches Naturgebilde hielt, ist früher schon erwähnt worden. Unter den modernen Fortschritten der Instrumententechnik, welche hier einen Wandel der Vorstellungen herbeigeführt haben, ist das Elektronenmikroskop hervorzuheben: Ihm verdanken wir zum erheblichen Teil die vor allem durch Frey-Wyßling erarbeitete Erkenntnis, daß es im Protoplasma noch eine beträchtliche Menge von «Organellen» gibt, welche die Stufenleiter organischen Feinbaus nach unten hin fortsetzen – dem Staudingerschen Satz entsprechend.

Schon vor der Schaffung des Elektronenmikroskops hatte man jedoch durch mancherlei Maßnahmen über die Leistungsgrenzen gewöhnlicher Lichtmikroskopie hinauszukommen begonnen: Außer zunehmend raffinierten Verfahren kontrastreicher Färbung der Präparate haben in unserem Jahrhundert Polarisations-Mikroskope, Ultraviolett-Mikroskope und Fluoreszenz-Mikroskopie wesentliche Fortschritte ermöglicht – jeder Fortschritt der Untersuchungstechnik wurde durch neue Entdeckung feinerer Strukturen belohnt.

Als um die Jahrhundertwende unter den Physikern und Chemikern Streit ausgebrochen war, ob es wirklich Atome gäbe – ob vielleicht Mach und Ostwald recht hätten mit ihrer Überzeugung, daß die «Atomhypothese» nichts anderes sei, als eine irreführende Spekulation –, da konnten die Biologen sich diesem Streit gegenüber als völlig unbeteiligt fühlen. Denn auch die äußersten ihnen damals bekannten faßbaren Feinheiten im Bau organischer Gebilde waren noch so groß gegenüber den Abmessungen der vermuteten Atome, daß eine Hereinziehung der Biologie in diesen Streit ausgeschlossen schien. Das ist dann anders geworden im Laufe unseres Jahrhunderts – in breiter Front hat sich auch die biologische Feinbauforschung dem atomphysikalischen Größenbereich genähert – mit dem von Staudinger in seinem Satze ausgesprochenen Ergebnis, daß eine Lücke, eine Trennung zwischen organischem und molekularem Feinbau gar nicht vorhanden ist. Als denkwürdig dürfen wir vermerken, daß die erstmalige Sichtbarmachung einzelner Moleküle im Elektronenmikroskop gerade an Molekülen der biologischen Formenwelt, an Virus-Molekülen, gelungen ist.

Die technisch synthetisierten «Riesenmoleküle» erlauben nochmals eine Verdeutlichung des Unterschiedes organischer Durchstrukturierung von anorganischem Strukturmangel. Viele der technisch wichtigen Stoffe mit großen Molekülen entstehen ja durch «Polymerisation», durch die Neigung gewisser chemischer Verbindungen, ihre Moleküle zu größeren Gruppen zusammentreten zu lassen. Im einfachsten, übersichtlichsten Fall (wie bei Polyvinyl) bilden sich lange Ketten aus gleichartigen, verhältnismäßig kleinen Kettengliedern. Dabei haben die einzelnen Ketten ganz verschiedene Kettenlängen – Dutzende bis Tausende von Kettengliedern enthaltend – derart, daß in der fertigen Substanz alle möglichen Kettenlängen in einer bestimmten Statistik vorkommen. Dagegen spielt bei den Eiweiß-Substanzen zwar ebenfalls die Kettenstruktur eine entscheidende Rolle; aber hier tritt jede Eiweißart in ganz bestimmter Kettenlänge auf, also mit bestimmtem Molekulargewicht; auch ist die Kette nicht aus gleichen Gliedern zusammengesetzt, sondern aus sehr verschiedenen, in bestimmter, vorgeschriebener Reihenfolge geordneten.

Noch weiter entfernt sich der Aufbau lebloser Stoffe von fester, vorgeschriebener Ordnung, wie sie in den Eiweißmolekülen zu finden ist, bei Kunststoffen in der Art der Bakelite, deren molekulare Grundeinheit zu nicht nur kettenförmiger, sondern netzartig (dreidimensional) verzweigter Polymerisation befähigt ist – so daß statt wohldefinierter Einzelmoleküle makroskopische Stoff-Stücke zustande kommen, die nicht ohne Zerreißung chemischer Valenzbildungen geteilt werden können. Obwohl auch hier die Grenzziehung zwischen Makrophysik und Mikrophysik etwas undeutlich wird, so bleiben doch die strukturellen Verschiedenheiten zweier Stücke der gleichen Bakelitsubstanz insofern bedeutungslos, als sie auf keinen der normalerweise sich daran abspielenden Vorgänge merklichen Einfluß haben.

Auch in diesem Beispiel können wir uns freilich, um die notwendige Unterscheidung wesentlicher und unwesentlicher Strukturfeinheiten durchzuführen, nicht zurückhalten von der Betrachtung der *Vorgänge,* die durch die Struktur beeinflußt oder nicht beeinflußt werden. In welchem Sinne der Feinbau des Organischen als wesentlich und maßgeblich für die sich daran abspielenden Vorgänge in Erscheinung tritt, ist von Frey-Wyssling folgendermaßen erläutert worden: «In der unbelebten Welt können aus einer strukturlosen Masse durch Kristallisation Strukturen entstehen. Die Strukturen des lebenden Protoplasmas dagegen vermögen sich nicht von selbst aus ungeformten Lösungen aufzubauen. Denn sie sind so kompliziert und so fein aufeinander abgestimmt, daß sie nur im Kontakt mit bereits vorhandenen Strukturen verwirklicht werden können. Der oberste Grundsatz der Zytologie, daß sich alle Zellen aus ihresgleichen herleiten, gilt daher in erweiterter Form auch für den unsichtbaren submikroskopischen Zellenaufbau: Structura omnis e structura.»

Virus-Moleküle

Die Suche nach kennzeichnenden Besonderheiten, welche die Lebenserscheinungen von den anorganischen Naturerscheinungen unterscheiden, führt uns nach der schon geschehenen Erörterung der «Durchstrukturierung» auch zur Betrachtung jenes Tatbestandes, den wir mit einem Schopenhauerschen Wort als Streben zur «Individuation» bezeichnen können.

Dieser Zug zur Individuation ist eine Grundeigenschaft alles Lebendigen: Er tritt uns insbesondere in den ausgeprägten Individuen der Zellen entgegen, die zwar in den Mehrzellern zu «Zellstaaten» — mit scharfer Arbeitsteilung — zusammengeschlossen sind, aber nur in selteneren Ausnahmefällen die klare Abgrenzung als Individuen verlieren. Diese Mehrzeller entwickeln sich ihrerseits wieder zu Individuen, zu Individuen einer höheren Stufe, deren Zustandekommen erst durch die zunehmende arbeitsteilige Verschiedenheit ihrer «Staatsbürger», der Zellen, ermöglicht wird.

Auf ihrer höchsten Entwicklungsstufe, im Bereich des tierischen und schließlich menschlichen Lebens, erreichen diese Mehrzeller auch die ausgeprägteste Individuation — während im Pflanzenreich eine viel weniger streng bestimmte Formgesetzlichkeit sowie die Möglichkeiten vegetativer Vermehrung es nicht zu ebenso klar abgegrenzten Individuen kommen lassen. Andererseits nimmt die Tierwelt Anläufe zu nochmals höherer Kolonie- und Staatenbildung aus Individuen, die schon selber voll entwickelte Mehrzeller sind: Die Insektenstaaten sind hier nicht weniger auffällig, als die menschliche Staatenbildung; und bei den Staatsquallen stellt sich die Gesamtkolonie bereits als ausgeprägtes Individuum nochmals höherer Stufe dar, welches sich die einzelnen Quallen-Individuen in ähnlich umformender, ihre Selbständigkeit beschränkender oder sogar aufhebender Weise eingeschmolzen hat, wie die Mehrzeller ihre Zellen. Aber auch Teilstücke eines Organismus, welche in abgeschwächtem Sinne noch als Individuen bezeichnet werden dürfen, können im Laufe der Artentwicklung eingeschmolzen werden in ein Individuum übergeordneter Art: So etwa bei den Korbblütlern, bei denen Blüten-Individuen zu einer Vergesellschaftung zusammengetreten sind.

Es gibt nun in der ganzen Makrophysik — Mechanik, Elektrodynamik, Optik, Thermodynamik — keinerlei Erscheinung, die irgendwie mit innerem Recht, ohne Willkür und Gedankenzwang, zu dieser biologischen Grunderscheinung in Parallele gestellt werden könnte. Wir sprechen zwar oft von «Kristallindividuen»; doch bedarf es trotzdem kaum einer besonderen Erläuterung, daß die Kristalle keineswegs eine engere Analogie zu organischen Individuen bilden. Ihre Formgesetzlichkeit beschränkt sich auf das Auftreten von Begrenzungsebenen bestimmter Richtungslage; im übrigen sind nach Größe und Gestalt keine Beschränkungen gegeben, die zu einer wirklichen Absetzung klar bestimmter Individuen führen könnten.

Sandkörner zeigen – wenn auch in regelloser Vielfältigkeit der Form – manchmal eine solche Übereinstimmung der Größe, daß man daraufhin versucht sein könnte, sie als nach einheitlichem Gesetz gebildete Individuen anzusprechen. Aber in Wirklichkeit geht diese Gleichheit nicht auf den Bildungsvorgang der Sandkörner zurück, sondern kommt zustande durch eine nachträgliche Sortierung – ausgeübt durch Wasser oder Wind –, welche zerriebene Gesteinstrümmer ihrer Größe nach verteilt.

Immerhin aber könnte man die Bewohner des Weltraums – Sterne und Spiralnebel (Milchstraßensysteme) – als Individuen in einem den Organismen entfernt verwandten Sinn ansprechen: Sie jedenfalls zeigen sich in einer Ähnlichkeit nicht nur der Größen, sondern auch der Strukturverhältnisse, die aus ihrer Entstehung heraus bedingt sein muß. Wir wissen noch wenig von den Entstehungsvorgängen dieser Riesengebilde des Weltraums. Aber wir haben doch immerhin gewisse Anhaltspunkte für eine sehr eigentümliche Feststellung: Die Gesetze der Atomphysik beherrschen die Strukturgesetze (und damit auch die Entstehungsvorgänge) von Sternen und Spiralnebeln. Die kleinsten und die größten Gebilde der Natur sind in ihrer Gesetzlichkeit verknüpft.

So weisen uns die Individuen der kosmischen Räume, die uns als entfernte Analogie zu den Individuen des organischen Lebens erschienen, auf ein drittes Reich von Individuen hin: Die Mikrophysik lehrt uns ja, die ganze Materie aufzufassen als ein Gewimmel zahlloser Kleinindividuen, der Atome, und der aus ihnen zusammengesetzten Moleküle als übergeordneter Einheiten. Hängt vielleicht auch die Individualität der lebenden Organismen – gleich derjenigen der Sterne und Milchstraßen – innerlich mit der atomistischen Individualität der Materie zusammen (von der wir wissen, daß sie auf den Gesetzen des Wirkungsquantums beruht)?

Ein Beitrag zur Beantwortung dieser Frage ergibt sich aus Tatsachen, die andererseits auch zu den Bestätigungen des oben besprochenen Staudingerschen Satzes gehören und uns zurückführen zu den vorangegangenen Betrachtungen.

Zweihundert Jahre nachdem REDI den Glauben an die Spontanentstehung von Insekten widerlegt hatte, zeigte PASTEUR, daß auch die kleinsten im Mikroskop noch faßbaren Lebewesen, die Bakterien, nicht spontan, sondern nur durch Fortpflanzung (Wachstum und Teilung) entstehen. Daß derartige Bakterien die Erreger vieler ansteckender Krankheiten sind – diese vor allem durch Robert Koch begründete Erkenntnis gehört zum Grundbestande unseres heutigen biologischen und medizinischen Wissens. Aber schon 1892 fand IWANOWSKI ein Beispiel einer übertragbaren, ansteckenden Krankheit, deren Erreger noch durch solche Filter hindurchgehen, die dicht genug sind, um alle Bakterien zurückzuhalten: Es handelt sich um die «Mosaik»-Krankheit der Tabakpflanze, welche weißliche Flecken auf den Tabakblättern hervorruft und welche so hochgradig ansteckend ist, daß sie Tabakfelder wie eine Epidemie überfallen kann. Zur Übertragung auf eine gesunde Pflanze genügt der Biß eines Insekts, das vorher eine erkrankte besucht hatte. Bald danach wurde für die Maul- und Klauenseuche eine ähnliche Kleinheit der Erreger nachgewiesen: Auch diese gehen durch Filter, die jedes Bakterium zurückhalten. Sie entziehen sich der mikroskopischen Sichtbarkeit. Eine Reihe weiterer Fälle dieser Art hat sich dann angeschlossen; heute kennt man bereits zahlreiche verschiedene «Viruskrankheiten», die teils den Menschen, teils Tiere oder Pflanzen befallen.

Dabei hat die ursprüngliche Kennzeichnung – Unsichtbarkeit im Mikroskop und Durchgang durch engste Filter – allmählich allerdings ihre Bedeutung verloren. Die Einzelteilchen der verschiedenen Virusarten unterscheiden sich voneinander sehr erheblich hinsichtlich der Größe (bei den Pocken z. B. sind sie dem Volumen nach 15000- bis 20000mal so groß wie bei der Maul- und Klauenseuche); und die größten der noch zu den Viren gerechneten Gebilde kommen den kleinsten Bakterienarten in der Größe nahe. Diese größeren Virusarten machen die Abgrenzung zwischen Virus und Bakterien einigermaßen verschwommen. Aber für unsere jetzige Betrachtung ist uns die entgegengesetzte Richtung – zu den kleinsten Virusteilchen hin – das Wesentlichere.

TWORT und D'HÉRELLE haben das Gebiet der Virusforschungen erweitert durch die Entdeckung von «Bakteriophagen», welche den sonstigen Viren engstens verwandt, aber dadurch von ihnen verschieden sind, daß die von ihnen angefallenen Wirtsorganismen selber nur Bakterien sind: Es berührt uns wie ein unheimliches Symbol für die unerbittliche Härte und Grausamkeit des Lebenskampfes, daß selbst die kleinsten Zellen, die wir kennen – parasitäre, teils furchtbare Krankheiten erregende Bakterien –, ihrerseits noch einmal Ziel und Opfer des Überfalls durch noch winzigere, nahe der äußersten Grenze des Belebten stehende Erreger sind.

Ob man diese submikroskopischen Gebilde noch als «lebend» ansprechen soll oder nicht, diese Frage ist Gegenstand vieler Diskussionen gewesen. Aber es entspricht nicht der Sachlage, wenn man vielfach geglaubt hat, daß diese Frage Gelegenheit zu Hypothesen oder sachlichen Urteilsverschiedenheiten biete: Die Frage, ob ein Virus noch ein Lebewesen sei oder nicht, würde ja erst dann einen klaren Sinn erhalten, wenn wir uns vorher über eine scharf bestimmte Definition des Begriffes «Lebewesen» einig wären. Nun können wir aber das organische Leben gar nicht anders definieren als durch eine Aufzählung seiner wichtigsten kennzeichnenden Eigenschaften. Und je tiefer wir im Reich der Lebewesen abwärts steigen zu immer kleineren und einfacheren Organismen hin, desto mehr vereinfachen sich die für die Definition eines Organismus in Frage kommenden Eigenschaften – sie schrumpfen auf einen immer kleineren Rest zusammen.

Es kann also nicht Gegenstand einer Hypothesenbildung sein, sondern nur eine Frage der Definition, ob wir ein Virus noch dem Reich der Lebewesen zurechnen wollen oder nicht. Wichtiger als ein Streit um Bezeichnungen ist die Hervorhebung dessen, was diese Gebilde noch den höheren Organismen ähnlich macht, und dessen, was sie von jenen unterscheidet. Der kennzeichnende Unterschied eines Virus – oder jedenfalls aller *kleinen* Virusteilchen – schon den Bakterien gegenüber liegt vor allem darin, daß sie keine Atmung zeigen: Die gesamten, uns als so charakteristisch für alles höhere Leben erscheinenden Stoffwechselvorgänge fallen hier also fort, beziehungsweise vereinfachen sich zu etwas Ursprünglicherem. Die bedeutsame Gemeinsamkeit andererseits, welche diese Kleingebilde mit dem Reich der Lebewesen verknüpft, liegt darin, daß sie nicht spontan und auch nicht als Erzeugnisse andersartiger Organismen oder Organe entstehen, sondern nur durch einen Vermehrungsvorgang, in welchem aus Gleichem Gleiches entsteht.

Auch diese Gebilde also ordnen sich dem biologischen Grundgesetz der Entstehung nur aus artgleichen «elterlichen» Gebilden ein: Über das allgemeine von Frey-Wyßling hervorgehobene Gesetz «structura omnis e structura» hinaus ist für diesen Fall das schärfere Gesetz der Erzeugbarkeit nur aus *gleichartigen* Strukturen festzustellen. Die beiden Grundtätigkeiten alles höheren Lebens – Stoffwechsel und Vermehrung – sind hier also in unlösbarer Einheit zusammengefaßt: Stoffwechsel gibt es nur noch in dem Sinne, daß fremde, aus dem Wirtsorganismus entnommene Substanz umgewandelt wird in eigene, dem Virus selbst gleichende Substanz; dieser gewissermaßen auf seine Urform reduzierte Stoffwechsel ist aber gleichbedeutend mit dem Vermehrungsvorgang.

Am Tabakmosaikvirus – sowie später auch an verschiedenen anderen Virusarten – gelang es den glänzenden Untersuchungen von STANLEY und WYCKOFF, eine die Strukturverhältnisse der kleineren Virusteilchen weitgehend klarstellende Entdeckung zu machen: Das Virus erlaubt eine Reindarstellung in Form einer gleichmäßigen kristallisierbaren Substanz. Mit einem Schlage ist hierdurch das Strukturgeheimnis der Virusteilchen weitgehend aufgeklärt: Ein Virusteilchen ist nichts anderes als ein einzelnes Molekül. Aber das gehört heute schon zur Geschichte der Virusforschung. Längst haben inzwischen die weiteren Untersuchungen die klare Sichtbarmachung solcher Virusmoleküle im Elektronenmikroskop ergeben; für das besonders vielseitig und eingehend bearbeitete Molekül des Tabakmosaikvirus hat man in der Verknüpfung elektronenmikroskopischer Befunde mit anderweitigen Feststellungen bereits eine weitgehende Aufklärung der Architektur dieses stäbchenförmigen Moleküls – einer Verbindung von Eiweiß und Nukleinsäure – erarbeiten können.

Es handelt sich um ein sehr großes Molekül, größer als alle vorher bekannt gewesenen: Viele Eiweißarten (so zum Beispiel Pepsin und Insulin) haben Molekulargewichte, die etwa 30000 bis 35000 betragen; manche Eiweißarten steigen mit ihrem Molekulargewicht bis in die Hunderttausende hinauf. Das Tabakmosaikvirus erreichte einen Rekord des Molekulargewichtes mit 17 Millionen; das bedeutet, daß mehr als eine Million einzelner Atome sich zu dem Wunderbau dieses Riesenmoleküls zusammengeschlossen haben.

Das Entscheidende, das Moleküle im eigentlichen, strengen Sinne kennzeichnet, ist ja die vollkommene Gleichheit, die keine individuellen Verschiedenheiten aufkommen läßt. Schon beim kleinsten Bazillus – und sicherlich auch bei den größeren, schon den kleinsten Zellen näherkommenden Virusteilchen – ist die individuelle Variabilität, die niemals zwei verschiedene Exemplare genau einander gleichen läßt, voll entfaltet. Von wohldefinierten Molekülen sprechen wir aber nur dann, wenn eine derartige individuelle Verschiedenheit noch *nicht* vorhanden ist; und wenngleich auch diese Abgrenzung natürlich nicht vollkommen scharf ist – in der Stufenleiter der Lebewesen und ihrer Vorläufer bildet sich zweifellos auch diese Variabilität allmählich heraus aus ursprünglich kleinen Anfängen –, so darf man doch bei vielen Eiweißarten von wohldefinierten Molekülen sprechen, und ebenso auch noch bei den kleineren Virusteilchen, die durch das Vorhandensein eines einheitlichen, übereinstimmenden Molekulargewichtes sowie durch Gleichheit in ihren sonstigen, bisher der Untersuchung faßbar gewordenen Eigenschaften sich als echte, keine merkliche individuelle Verschiedenheit zeigende Moleküle offenbaren. Damit ist also der Anschluß des Reiches der Lebewesen an das Reich der Moleküle hergestellt. Man könnte ja den charakteristischen Vermehrungsvorgang eines Virus auch in einer rein chemischen, nicht mehr an biologische Verhältnisse erinnernden Weise beschreiben: Man würde dann von einer Autokatalyse sprechen, das heißt einem chemischen Vorgang, welcher durch die als sein Ergebnis entstehende Substanz selber katalysiert wird.

Alle uns bekannten Viren sind Parasiten, die nur in bestimmten Wirtskörpern – innerhalb einer bestimmten Eiweißumgebung – zur Vermehrung schreiten, sonst dagegen in einem kein Leben mehr erkennen lassenden Ruhezustand verharren. Noch bei den Bakterien ist Züchtung auf geeignetem Nährboden, außerhalb eines höheren Organismus, möglich; bei einem echten Virus nicht. In dieser Hinsicht also können die Virusarten keineswegs etwa als Ursprungsformen des Lebendigen betrachtet werden – sie sind im Gegenteil in ihrer heutigen Gestalt erdgeschichtlich spät entstandene Lebensformen, die bereits das Vorhandensein der betreffenden Wirtsorganismen voraussetzen. Auch läßt die riesige Größe und der entsprechend komplizierte Bau zum Beispiel des Tabakmosaikvirus bereits erschließen, daß eine lange – ein beträchtliches Stück der Erdgeschichte umfassende – Entwicklung zur allmählichen Herausbildung dieser wunderbaren Molekülart nötig gewesen ist.

Dennoch wird man in den Virusmolekülen etwas sehen dürfen, wie ein *Modell* für Frühformen oder Vorstufen der Lebensentwicklung in Zeiten, in denen es noch nicht einmal zur Ausbildung einfachster Einzeller gekommen war. Wir sehen ja, nachdem wir das Reich der noch unterhalb der Bakterien stehenden Krankheitserreger kennengelernt haben, daß wir zwischen «Urzeugung» und erstem Auftreten von Einzellern noch ausgedehnte historische Entwicklungen zu denken haben, die viele Jahrmillionen erfordert haben dürften. Wie wir uns die damaligen Vorstufen späterer Lebensentwicklung zu denken haben, wird uns am Modell der Virusmoleküle nunmehr deutlich: Es muß sich in jenem frühen Zeitalter der Erdgeschichte um das Vorhandensein bloßer Moleküle mit der Fähigkeit autokatalytischer Vermehrung gehandelt haben – und natürlich ausdrücklich mit der Fähigkeit, diese Vermehrung in *anorganischer* Umwelt zu betätigen.

Ob solche Molekülarten – unentdeckt – noch heute vorhanden sind, muß offenbleiben. Denkbar ist es jedenfalls, daß sie längst «ausgestorben» sind, verdrängt oder verzehrt durch die erfolgreicheren später entstandenen Einzeller, deren zahllose, verschieden spezialisierte Arten heute die Erdoberfläche überfüllt haben. Auch besteht die Möglichkeit, daß die – langsamere – Vermehrung dieser einstigen noch nicht zum Parasitismus übergegangenen (und noch nicht zur Weiterentwicklung in Richtung Einzeller gelangten) Molekülarten gerade in einem begrenzten Abschnitt der Erdgeschichte so günstige Bedingungen fand wie später niemals mehr.

Wir können nämlich aus astrophysikalischen Gründen überzeugt sein, daß die Lufthülle der Erde in deren Urzeit chemisch anders als die heutige war, die ja in der Hauptsache aus Sauerstoff O_2 und Stickstoff N_2 besteht. Die Uratmosphäre muß größenteils aus den Wasserstoffverbindungen Methan CH_4, Ammoniak NH_3 und Wasserdampf H_2O bestanden haben. Amerikanische Forscher haben aber experimentell gefunden, daß ein Gemisch dieser Gase, wenn man es mit Ultraviolett bestrahlt oder elektrische Entladungen hindurchgehen läßt, zur Bildung von Aminosäuren führt, also der chemischen Bausteine von Eiweißstoffen.

So dürfte es vor der beginnenden Verbreitung einfachster autokatalytischer Frühformen des Lebens einen Abschnitt der Erdgeschichte gegeben haben, in welchem sich gewisse Ansammlungen von Aminosäuren in Gewässern gebildet haben – als willkommene «Weide» für spätere autokatalysehungrige Moleküle.

Ein-Treffer-Tötung

Auskünfte entscheidender Art über die Stellung der Biologie gegenüber der Makrophysik und der Mikrophysik haben sich ergeben aus Untersuchungen an Bakterien. Diese kleinsten Einzeller sind gegenüber den größeren Organismen – etwa gar Mehrzellern, aber auch größeren Einzellern — noch von solcher Einfachheit, daß hier die ungeheure Verwickeltheit des Aufbaus und der Lebensvorgänge sonstiger Organismen weitgehend entfällt. Andererseits sind sie schon groß genug, um in vieler Hinsicht typische, echte Organismen zu sein, weit entfernt von der Größenordnung bloßer Moleküle. Eine Zelle von Bakterium coli beispielsweise hat etwa die Gestalt eines kleinen Zylinders, dessen Dicke 0,0005 Millimeter beträgt, bei viermal so großer Länge. Für atomphysikalische Maßstäbe ist also dies Bakterium ein ungeheures Gebilde: Etwa eine Billion Atome enthaltend.

So ist es, physikalisch gesehen, eine fast überwältigend erstaunliche Tatsache, daß dieses riesige Gebilde durch einen einzigen Quantensprung entscheidend verändert werden kann. Dies hat sich durch eine Fülle von Untersuchungsergebnissen verschiedener Verfasser ergeben.

Es handelt sich um Experimente, die man gewöhnlich als Tötungs-Experimente bezeichnet: Eine große Zahl von Bakterien wird einer gewissen Einwirkung unterworfen — es kann sich um ultraviolettes Licht handeln oder um Röntgenstrahlen, Strahlungen radioaktiver Präparate, Einwirkung gewisser Gifte (zum Beispiel Phenol), Wirkung hoher Temperatur, Wirkung von Gefrieren oder auch von Ultraschall. Nachdem diese Wirkung eine bestimmte Zeit gedauert hat, wird sie beendet, und man überläßt die Bakterien sich selbst. Zum Teil vollführen sie Zellteilungen und wachsen sich damit zu kleinen Kolonien aus; zum Teil unterlassen sie eine Teilung — man sagt dann, sie seien getötet.

Unter den merkwürdig zahlreichen Mißverständnissen, denen die zu besprechende fundamentale Gesetzlichkeit ausgesetzt gewesen ist, knüpft eine an dieses Wort «Tötung» an: Ein Verfasser zeigt, daß manche der nicht mehr zur Teilung schreitenden Zellen unter Umständen «wiederbelebt» werden können, indem sie mit gewissen Chemikalien gewaschen werden; und er meinte, hiermit sämtliche an der Bearbeitung dieses Gebiets beteiligten anderen Verfasser «widerlegt» zu haben. Es handelt sich aber gar nicht um die Frage, ob die veränderten Zellen bereits «endgültig» tot seien, sondern es geht darum, daß sie gegenüber den anderen, sich munter teilenden Bakterien *verändert* sind. (In gewissen Fällen behalten übrigens die teilungsunfähig gewordenen Bakterien die Fähigkeit zu wachsen, wodurch spaghettiähnliche Fäden entstehen.)

Das Entscheidende ist eigentlich schon in der schlichten Tatsache angezeigt, daß die Veränderung *unstetig* ist — das heißt, es gibt in den fraglichen Fällen nicht etwa verschiedene Grade der Schädigung, mit mehr oder weniger verlangsamter Teilung, sondern es gibt nur den Unterschied zwischen ungeschädigten, unverminderte Teilungsfreudigkeit zeigenden und andererseits nicht mehr teilungsfähigen Bakterien — die wir ruhig weiterhin «getötet» nennen können, ohne damit etwas über die Aussichten von Wiederbelebungsversuchen mit besonderen Mitteln aussagen zu wollen.

Diese Unstetigkeit — die biologische Literatur spricht oft von einem «Alles-oder-Nichts-Gesetz» — zeigt eigentlich schon, daß es sich um eine *Quantenerscheinung* handelt; und folgende Tatsachen bestätigen und erhärten diese Feststellung zu endgültiger Gewißheit:

1. Bei gleichförmiger Einwirkung vermindert sich die Anzahl ungeschädigter Bakterien nach dem gleichen mathematischen Gesetz («Exponentialgesetz») wie die Anzahl unzerfallener Atome in einem Radiumpräparat.

2. Bei den Strahlenwirkungen ist für die Tötungsrate nur die Menge (Dosis) der angewandten Strahlung maßgebend — einerlei, ob sie in großer oder kleiner Intensität (oder auch mit Pausen) verabfolgt wurde.

Zu 1. ist zu sagen: Beim radioaktiven Zerfall ist das Exponentialgesetz genau der mathematische Ausdruck für jene Tatsache, die wir damals mit den Worten erläutert haben, daß jedes Radium-Atom unverändert *«gesund»* bleibt, bis es plötzlich zerfällt. Entsprechend bedeutet bei den Bakterien das Exponentialgesetz, daß die noch nicht getöteten Bakterien ebenfalls unverändert gesund geblieben sind, also noch keinerlei (innerhalb der Versuchsgenauigkeit merkbare) Schädigung durch die tötende Einwirkung erlitten haben — bis sie jeweils plötzlich, in einem sprunghaften Vorgang, der Schädigung erliegen — in Übereinstimmung mit der Grundtatsache, daß die Verschiedenheit gesunder und getöteter Zellen unstetig ist, ohne Zwischenstufen, einem Alles-oder-Nichts-Gesetz gehorchend. Die Literatur der «Strahlenbiologie» braucht gern die Bezeichnung Treffer (englisch quantum-hit) für diesen «Quantensprung des Bakteriums». Bei Treffer-Tötung durch Ultraviolett müssen wir uns den Vorgang vorstellen als eine Absorption eines ultravioletten Lichtquants $h\nu$ durch das Bakterium. Wirklich muß der Treffer eine Absorption eines *einzigen* Lichtquants sein: Daß es sich nicht etwa um eine kombinierte Wirkung *mehrerer* gleichzeitig absorbierter Lichtquanten handelt, wird durch 2. zwingend bewiesen. Man muß aber nicht glauben, daß nun umgekehrt jede Absorption eines ultravioletten $h\nu$ im Bakterium auch ein tötender Treffer sei — ganz im Gegenteil: Nach Verabfolgung einer Strahlungsmenge, welche die Hälfte aller Zellen tötet, hat jede Zelle schon Millionen von Lichtquanten geschluckt! Aber das Bakterium kann in seinem Zell-Leib viele Millionen Ultraviolett-Quanten schlucken, ohne dadurch geschädigt zu werden — trotzdem kann ein einziges h*ν* den tötenden Treffer ergeben.

Natürlich kann es nicht etwa *unbegrenzt* Lichtquanten schlucken (etwa gar Milliarden), ohne schließlich doch geschädigt zu werden, auch dann, wenn zufällig *kein* Treffer zustande kommt. Allzu große Strahlungsmengen ergeben Schädigung. Erkrankung der Zelle in einem praktisch stetig zunehmendem Maße — das ist ein anderer Vorgang neben der Treffertötung. Auch gibt es Arten einer Abtötung, welche zwar treffermäßig-unstetig verlaufen, aber nicht mehr durch einen *einzigen* Treffer zur Tötung führen, sondern mehrstufig. Solche Erscheinungen ergeben sich bei Anwendung von Licht mit größerer Wellenlänge, also energieärmeren Lichtquanten. Manche größere Zellen erlauben *nur* solche «Mehr-Treffer-Tötung» und keine «Ein-Treffer-Tötung». Aber der letztere Fall ist der lehrreichste.

Wyckoff, der als erster Experimentator klare «Ein-Treffer-Tötung» von *Bacterium coli* mit Ultraviolett nachgewiesen hat (1931/32), fand seine eigenen Ergebnisse so überwältigend merkwürdig und unglaubhaft, daß er sie als schlechthin unbegreiflich bezeichnet hat. Die hier ausgeführte Deutung der Befunde war ihm natürlich als logische Möglichkeit ersichtlich, kam ihm aber so phantastisch vor, daß er sich dagegen sträubte. Aber es hilft nichts: Wir müssen uns auch den seltsamsten experimentellen Befunden beugen, wenn sie in ausreichender Wiederholung durch verschiedene Verfasser bestätigt und erhärtet wurden — das war bei den Ein-Treffer-Tötungen überreichlich der Fall.

Das allgemeine zytologische Wissen legt den Verdacht nahe, daß es im Bakterium einen oder mehrere eng begrenzte «empfindliche Bezirke» gibt, derart, daß dortige Absorptionen — und nur dortige — Treffer sein können: Das ist zytologisch glaubhafter als etwa der gegenteilige Gedanke eines im ganzen Zell-Leibe verästelten empfindlichen Gerüstes. Diesem Verdacht folgend, können wir die Tötung mit Alpha-Strahlen benutzen, den Querschnitt des empfindlichen Bezirkes abzutasten und auszumessen: Jedes diesen Bezirk durchquerende Alpha-Teilchen wird einen Treffer bedeuten.

Die Absorption von Röntgenenergie in durchstrahlter Materie verläuft derart, daß ständig Ionisierungen, also Abtrennungen einzelner Elektronen von ihren Atomen, stattfinden, wobei die losgerissenen Elektronen sehr schnell und energiereich sind. Diese schnellen Elektronen, die ihre Energie unmittelbar aus der Röntgenstrahlung erhalten haben, tun dann das, was sie auch in einer Wilson-Kammer tun würden: Sie erzeugen längs des Weges, den sie nehmen, eine Trümmerbahn mit zahlreichen ebenfalls ionisierten Atomen (bzw. Molekülen); bei diesen zahlreichen Abreißungen weiterer Elektronen (die nun jedes nur noch geringe Energie übernehmen) wird die Energie des ursprünglichen schnellen Elektrons allmählich aufgezehrt.

Abgesehen vom Fall sehr weicher Röntgenstrahlen ergibt sich experimentell, daß die Tötungswirkung der Röntgenstrahlung (unabhängig von der kleineren oder größeren Härte der die Zellen durchflutenden Strahlung) allein davon abhängt, wie viele Ionisierungen insgesamt im Kubikzentimeter vollzogen werden. Dies beweist, daß der tötende Treffer in diesem Fall eine einzige solche Elektron-Abreißung ist. Also wieder ein einzelner Quantensprung, ebenso wie im Falle der Ultraviolett-Tötung.

Übrigens ist in ganz entsprechender Weise die Ein-Treffer-Tötung durch Gifte so zu deuten, daß eine gewisse Durchsetzung oder Überschwemmung des Bakterienkörpers zum Beispiel mit Phenolmolekülen – zunächst keinerlei merkliche Schädigung bedeutend – eine gewisse Wahrscheinlichkeit dafür schafft, daß gelegentlich ein einziges Phenolmolekül eine chemische Reaktion am empfindlichen Bezirk des Bakteriums ausführt – diese Reaktion, ebenfalls ein einzelner Quantensprung – ist hier der tötende Treffer.

Die Abhandlungen, welche experimentelle Beiträge zur biophysikalischen Treffertheorie enthalten, sind zerstreut über eine so große Zahl verschiedenartigster Fachzeitschriften – zur Bakteriologie, Vererbungsforschung, Physiologie, allgemeinen Biologie, Pharmakologie, Krebsforschung, Virusforschung, Hygiene, Botanik, Wirkstoff-Forschung, Genetik, Protoplasmaforschung und so fort –, daß den das Gebiet bearbeitenden Verfassern in fast allen Fällen nur ein kleiner Teil der schon vorhandenen, in ähnlicher Richtung oder mit ähnlichen Ergebnissen durchgeführten Untersuchungen bekannt gewesen ist. Viele wertvolle Einzelbefunde sind deshalb zunächst nicht richtig verstanden oder gewürdigt worden. In ihrer Gesamtheit ergeben sie jedoch ein klares, geschlossenes Bild.

Zurückkehrend zur Bakterientötung mit Röntgenstrahlen haben wir zum Obigen zu ergänzen, daß bei sehr weichen Röntgenstrahlen der auf die Anzahl aller Ionisierungen (die «Dosis») bezogene Tötungserfolg *kleiner* wird als bei den härteren Röntgenstrahlen. Dies ist zu verstehen als Folge eines «Sättigungseffektes»: Harte Röntgenstrahlen mit energiereichen Quanten hν lösen in der von ihnen durchfluteten Materie energiereichere, schnellere Elektronen aus als weiche Röntgenstrahlen. Sowohl die schnelleren als auch die langsameren Elektronen sind noch energiereich genug, um längs ihrer Bahnen dann viele Ionisierungen mit kleiner Energie zu vollziehen; aber diese folgen bei den langsameren Elektronen dichter aufeinander als bei den schnelleren. Deshalb werden bei hinreichend weichen Röntgenstrahlen die zahlreichen Ionisierungen kleiner Energie so dicht aufeinander folgen, daß man sagen kann: Falls eine dieser Ionisierungen im empfindlichen Bezirk erfolgt, so wird mit merklicher Wahrscheinlichkeit auch die nächstfolgende (oder die letztvorangegangene) ebenfalls im empfindlichen Bezirk erfolgen. Folglich kann man durch Messung des Sättigungseffektes die *Größe* des empfindlichen Bezirks ermitteln; so ergibt sich der Beweis, daß der oben erläuterte Verdacht das Richtige traf.

Wir finden also in der Bakterienzelle ein winziges Körperchen mit zwei erstaunlichen Eigenschaften. Einerseits muß diesem Gebilde — sein Durchmesser beträgt etwa 0,0001 Millimeter — ein mikrophysikalischer Feinheitsgrad zugeschrieben werden; das heißt es kann nicht mehr ein makrophysikalischer, aus einer großen Zahl gleichartiger Moleküle zusammengesetzter Klumpen Materie sein. Somit tut diese Zelle grundsätzlich das gleiche wie eine typische Verstärkerröhre, die aus dem Hindurchfliegen etwa eines einzigen Elektrons einen makrophysikalischen Vorgang (hörbares Geräusch oder zum Beispiel Betätigung einer Zählvorrichtung) hervorgehen läßt: Entsprechend geht aus der Absorption eines einzigen hν eine Veränderung einer ganzen Zelle hervor.

Wir haben aber inzwischen die Analyse der Verhältnisse schon weitergeführt; und wenn wir Wyckoffs überwältigtes Erstaunen nachempfinden, werden wir zugeben, daß es lohnend ist, diese wunderbare Sache zu verstehen. Indem wir genauer das Vorhandensein eines mikrophysikalischen Steuerungszentrums klarstellten, erledigt sich auch eine gewisse allzu kluge Kritik, welche sagte: Für die Behauptung einer nur lückenhaften Determinierung des Lebensgeschehens besagen diese Feststellungen nichts — denn sie beziehen sich ja gar nicht auf das Leben der Bakterienzelle, sondern auf ihre experimentelle Tötung.

Dieser, mehr der Beweisführung eines Rechtsanwaltes als dem Erkenntniswillen eines Naturwissenschaftlers stilähnliche Einwand übersieht nicht nur, daß der Tod eines Individuums zu seinen wichtigsten Schicksalsentscheidungen gehört; er läßt vor allem auch folgendes außer acht: Wenn das die Lebensvorgänge der Zelle beherrschende Steuerungszentrum mikrophysikalisch ist, so sind nicht nur die Vorgänge seiner Treffer-Tötung, die wir als Beweismittel für diese mikrophysikalische Feinheit des Steuerungszentrums herangezogen haben, statistisch-indeterminierte Quantenvorgänge, sondern ebenso auch die unmittelbaren Steuerungswirkungen dieses Zentrums im Betrieb der Lebensvorgänge.

Es ist wohl kaum nötig, auch auf eine andere Kritik einzugehen, welche meinte, die Benutzung des Wortes «Steuerung» bedeute eine Einschmuggelung «mystischer» Begriffe – der Kritiker hatte es offenbar als Versuch der heimlichen Heranziehung eines spirituellen Steuermanns verstanden, unbekannt mit der Tatsache, daß das Wort «Steuerung» zu den meistgebrauchten Begriffen moderner Technik gehört: Unter Ausklammerung jedes Steuermanns bedeutet das Wort das Vorliegen von Anlagen, die es ermöglichen, daß gewisse grobe, große, mit erheblichen Bewegungen oder Umsetzungen von Massen oder Energien verbundene Vorgänge abhängig sind von dem Verlauf anderer, viel feinerer Vorgänge – die nahen Beziehungen des Begriffs zu demjenigen von Verstärkeranlagen bedürfen keiner Betonung.

Eine letzte wesentliche Unterrichtung über das Steuerungszentrum von *Bacterium coli* ergibt sich durch Aufnahme des ultravioletten «Tötungs-Spektrums», das heißt durch Vergleich der tötenden Wirkung ultravioletter Lichtquanten verschiedener Wellenlängen. Dies Spektrum ist dem Absorptionsspektrum von Nukleinsäure so weit ähnlich, daß an dem Vorhandensein eines wesentlichen Nukleinsäure-Anteils im Steuerungszentrum nicht zu zweifeln ist. Nukleinsäure kommt aber bei allen größeren Zellen nur im Zellkern vor: Das Steuerungszentrum des Bakteriums ist also zytologisch als ein Miniatur-Zellkern zu betrachten.

Als der Verfasser vor etwa dreißig Jahren aus strahlenbiologischen Daten das Vorhandensein eines Miniatur-Zellkerns bei *Bacterium coli* erschloß und seine oben angegebene Größe berechnete, ahnte er nicht, hiermit in einen damals etwa fünfzig Jahre alten Streit der Bakteriologen einzugreifen. Zum Glück wurde aber fast gleichzeitig die Streitfrage, ob auch die Bakterien Zellkerne (oder etwas Analoges) besitzen, durch eine Reihe glänzender bakteriologischer Untersuchungen im positiven Sinne entschieden. Vor allem PIEKARSKI konnte den Nachweis dieser Miniaturkerne mit verschiedenen Methoden, insbesondere auch elektronenmikroskopisch, sehr klar und überzeugend gestalten.

Seitdem ist wieder ein Menschenalter vergangen, und die Vorstellungen älterer Zeit – wonach die Bakterienzellen *keine* Kerne haben sollten, sondern diffus im ganzen Zellkörper verbreitete Nukleinsäure – sind längst vergessen. Die von der «Verstärkertheorie der Organismen» aus gebotenen Erwartungen sind voll bestätigt; die von KAPLAN angebahnte *Genetik der Bakterien* hat in ihrer seitherigen reichen Entwicklung bis zu den Bakterien und sogar den Bakteriophagen hinunter die umfassende Gültigkeit der genetischen Grundgesetze erwiesen – obwohl früher für die Bakterien auch die Gültigkeit der Mendelschen Gesetze bezweifelt worden war. Die Rolle nukleinsäurehaltiger Zellkerne als Steuerungszentrum – auch bei den Bakterienzellen – ist die umfassende Gesetzmäßigkeit der ganzen Biologie.

Zwar handelt es sich im obigen zunächst nur um Einzeller, vor allem um Bakterien. Wir werden noch zu prüfen haben, in welchem Ausmaß wir auch für größere Organismen eine Steuerungsfeinheit mikrophysikalischer Art nachweisen können. Aber wenigstens für die Einzeller ist entschieden, daß sie *nicht* zur Makrophysik gehören, also ihre Lebensschicksale nicht dem Bereich lückenlos determinierter Vorgänge zuzurechnen sind: Sie überbrücken mit den Verstärkererscheinungen ihrer Steuerungsverhältnisse den gewaltigen Abstand zwischen Mikrophysik und Makrophysik. Wir werden sehen, daß diese Überbrückung die eigentlich naturwissenschaftlich kennzeichnende Eigenschaft der Lebewesen ist – mit deren Aufdeckung unser Jahrhundert der biologischen Erscheinungswelt ihren besonderen Platz unter den Naturerscheinungen gegeben hat. –

Die Gedankengänge der biophysikalischen «Treffertheorie» können kaum auf bestimmte Urheber aufgeteilt werden, da zahlreiche, hier nicht aufzählbare Verfasser (zum Beispiel der erfolgreiche englische Forscher LEA) an ihrer Ausbildung beteiligt waren; zum Teil aber nicht im Zusammenhang mit Bakterien-Experimenten, sondern andersartigen, insbesondere *genetischen* Experimenten (Mutationserzeugung durch Röntgenstrahlung oder Neutronenstrahlung). F. DESSAUER, welcher sich als Pionier der physikalischen und medizinischen Röntgenforschung (ohne welche die moderne Medizin gar nicht vollstellbar wäre) schwere Strahlenschäden zugezogen hat in einer Zeit, da die Erfordernisse des Strahlenschutzes noch unbekannt waren – fast hundert Operationen sind später zur Erhaltung seines Lebens notwendig gewesen –, war auch in der theoretischen Erfassung der strahlenbiologischen Gesetzmäßigkeiten bahnbrechend.

Die Erzeugbarkeit von *Mutationen* durch Röntgenstrahlen ist zuerst durch MULLER bewiesen worden; auf diesem Felde haben später TIMOFÉEFF-RESSOVSKY, ZIMMER, DELBRÜCK durch experimentelle und theoretische Untersuchungen die Strahlenbiologie entscheidend weitergeführt. Die eigenen (theoretischen) Untersuchungen des Verfassers sind in engem Gedankenaustausch mit TIMOFÉEFF und ZIMMER entstanden.

MUTATION ALS QUANTENSPRUNG

Dem Geschichtsschreiber muß die Zählung der Jahre nach dem Dezimalsystem (statt etwa Duodezimalsystem) als willkürlich festgesetzt erscheinen, so daß den Jahrhundertwenden keine tiefere Bedeutung für den Geschichtsverlauf zugesprochen werden kann. Aber zufällig ist gerade die Wende zum 20. Jahrhundert ein denkwürdiger Zeitpunkt für die Geschichte der Naturwissenschaften. Die Plancksche Entdeckung, ferner die Kritik an der «Atom-Hypothese» – mit dem darin enthaltenen Ansporn, nach wirklichen Beweisen zu suchen – und drittens die Wiederentdeckung der Mendelschen Gesetze fielen auf diesen Zeitpunkt.

Erst seit ihrer Wiederentdeckung (durch DE VRIES und CORRENS) sind die Mendelschen Gesetze (1865) zum weiterwirkenden Bestand der wissenschaftlichen Erkenntnis geworden. Der einsame Mönch Gregor MENDEL hatte vergebens auf eine verständnisvolle Anerkennung seiner überragenden Entdeckung gewartet. In den seither verlaufenen Jahrzehnten ist aus dieser Entdeckung ein neues Kapitel der Naturforschung erwachsen – nach Umfang, Vielseitigkeit und Gewicht seines Inhalts der Atomphysik vergleichbar, zu welcher auch enge und tiefe Beziehungen hergestellt sind. Innerhalb der Biologie sind Mendels Gesetze zur alles beherrschenden Mitte der biologischen Wissenschaftszweige geworden.

Wir bezeichnen diese neue, ganz unserem Jahrhundert angehörende Wissenschaft heute gern als die *Genetik*, in ihr *Vererbungsforschung* und *Mutationsforschung* zusammenfassend.

Die Gesetze dieser Genetik sind Grundgesetze alles organischen Lebens. Wenngleich sie nicht jenen Grad mathematischer Schärfe erreichen, den wir in Physik und Astronomie kennen, so haben sie doch eine Exaktheit, welche in sonstiger Biologie unbekannt ist. Zudem sind sie in ihrem Grundbestand von umfassender, alle Tier- und Pflanzenarten – bis zu Bakterien und Bakteriophagen hinunter – betreffender Gültigkeit; obwohl die ungeheure Mannigfaltigkeit der lebendigen Natur auch aus dem Thema dieses Grundbestands genetischer Gesetze vielerlei Variationen entwickelt hat, die nur für Teile der Artenmannigfaltigkeit von Bedeutung sind, so bleibt doch der Grundbestand genetischer Gesetze überall uneingeschränkt in Kraft.

Diese Feststellung, die als grundsätzliche Zusammenfassung einer riesigen Fülle verschiedenster Ergebnisse moderner Biologie ausgesprochen werden darf, führt zu einigen Folgerungen, die wir ihrer Bedeutung wegen schon vorweg hervorheben wollen:

1. Grundsätzliche genetische Erkenntnisse, die an einer bestimmten Art gewonnen wurden, erlauben Rückschlüsse für den Gesamtbereich aller biologischen Arten. So haben genetische Ergebnisse, die an Fliegen, an der Pflanze Antirrhinum, an Kokosnüssen, Moosen, Pilzen oder Bakterien erarbeitet sind, unmittelbar auch für die menschliche Vererbung ihre Bedeutung.

2. Auch auf die Arten früherer geologischer Zeitalter dürfen die genetischen Grunderkenntnisse angewandt werden – so daß wir die Probleme der Entwicklungs- und Abstammungsgeschichte auf dieser Unterlage durchdenken können.

Aus unmittelbarer Erfahrung wissen wir ja fast gar nichts über Vererbungsgesetze, Mutationsgesetze, Chromosomen-Gesetze ausgestorbener Arten. Ganz abgesehen davon, daß sie uns für Züchtungs- und Kreuzungsexperimente nicht mehr zur Verfügung stehen, sind alle Versteinerungen viel zu grob, um uns noch Einsichtnahme in die Zellfeinheiten und Zellkernfeinheiten ausgestorbener Arten zu erlauben – schon die Erhaltung ganzer, unbeschädigter Insekten in Bernstein ist ein glücklicher Ausnahmefall, der uns jedoch ebenfalls keinen Einblick bis in zytologische Verhältnisse gewähren kann. Nur für gewisse Bakterien, die vor Hunderten von Millionen Jahren entstanden und später in Salzlager eingeschlossen sind, ist heute eine «Wiederbelebung» möglich, die uns auch ihre Genetik zu untersuchen erlaubt.

3. Wir erhalten durch die Genetik einen klaren Beweis für die Tatsache der Abstammung alles Lebens der Erde aus einheitlicher Wurzel.

Dieser Tatbestand war zwar in Haeckels Stammbaum-Aufstellung schon mit ausgedrückt (auf der Grundlage damals noch sehr unzulänglichen, jedoch mit unbestreitbarer Genialität verarbeiteten Tatsachenwissens), aber hinsichtlich seiner Merkwürdigkeit gar nicht gewürdigt. Es wäre ja auch eine ganz andere Sachlage vorstellbar – derart, daß aus mehreren verschiedenen Anfangspunkten heraus eine Lebensentwicklung aufgebrochen wäre. Ihre Folgeergebnisse hätten sich entweder nebeneinander durch die Jahrmillionen behaupten und entwickeln können; oder sie hätten miteinander Symbiosen eingehen oder in Parasitärbeziehungen treten können.

Wir kennen ja zahlreiche Formen von Artbildungen, die nur auf der Grundlage solcher Beziehungen zwischen Arten ganz verschiedener Herkunft zustande kommen konnten. Neben Fällen von bescheidener Bedeutung, wie der Symbiose von Einsiedlerkrebs und Seerose, gibt es die großartige, zahllose Arten umfassende Symbiose von Insekten und Blütenpflanzen. Bei den Flechten aber ist es durch die Symbiose von Algen mit Pilzen geradezu zur Entstehung eines neuen Pflanzentyps gekommen, der sich in mehr als 17000 Arten darstellt.

Es wäre theoretisch denkbar, daß in ähnlicher Weise auch mehrere verschiedene Wurzeln der Lebensentwicklung sich in verschiedenen Weisen vereinigt hätten. Aber die Einheitlichkeit der genetischen Grundgesetze zeigt uns, daß das nicht der Fall gewesen ist – daß der Stammbaum der Arten aus nur einer Wurzel entsprungen ist: Er zeigt, abgesehen vom Fall der Flechten, nur Teilung, Verzweigung, nicht Vereinigung im Fortgang der Zeit. Dies ist eine Tatsache, über die wir hernach noch weiter nachdenken wollen.

Die Mendelsche Grunderfahrung zeigt sich bekanntlich in Experimenten, die beispielsweise so aussehen: Zwei reinrassige und nur in der Blütenfarbe – rot oder weiß – verschiedene Pflanzen ergeben gekreuzt eine Tochtergeneration von Pflanzen mit rosa Blüten. Diese, unter sich gekreuzt, erweisen ihre Mischerbigkeit, indem sie dreierlei verschiedene Nachkommen ergeben: Im statistischen Durchschnitt gerade 25 Prozent reinerbig rote, 25 Prozent reinerbig weiße und 50 Prozent rosa blühende Pflanzen, die sich ihrerseits in genau derselben Weise wie ihre Eltern als mischerbig verhalten. Mendel hat selbst bereits die Deutung dieses wunderbaren Befundes – zunächst rein theoretisch erschlossen – in folgender Form gegeben: Jede dieser Pflanzen enthält, wenn reinerbig, die Erbanlage für rot beziehungsweise weiß doppelt, gibt aber ihren Keimzellen nur je eine Anlage mit.

Entsprechend erzeugt die mischerbige, mit den Erbanlagen für rot und weiß versehene Pflanze Keimzellen, die jeweils nur eine dieser Anlagen enthalten – und zwar in gleicher Menge solche mit «rot» und solche mit «weiß». Das zufallsmäßige Zusammentreffen der Keimzellen macht dann offenbar die experimentell gefundenen Prozentsätze der nächsten Generation verständlich. «Rückkreuzung» der rosa Tochtergeneration mit der roten oder mit der weißen Elterngeneration liefert genau diejenigen statistischen Ergebnisse, die von der Mendelschen Deutung aus zu erwarten sind.

Die seit 1900 mit der Wiederentdeckung der Mendelschen Gesetze ins Leben getretene moderne Vererbungsforschung hat das Kreuzungsexperiment verknüpft mit der eindringlichen mikroskopischen Erforschung der Zellen und ihres Verhaltens bei Teilung, Befruchtung und so fort. Zum Ausgangspunkt der ganzen weiteren Entwicklung wurde die Feststellung, daß es bestimmte, im Mikroskop sichtbare Strukturelemente der Zelle gibt, die sich tatsächlich genauso betragen wie die hypothetischen «Anlagen» in Mendels Theorie seines Kreuzungsexperimentes – so daß man versucht ist, in diesen Strukturelementen die materiellen Träger der Erbanlagen zu sehen. Der Zellkern erweist sich, wenn sich die Zelle teilt, als aus mehreren Teilstücken, den «Chromosomen» oder «Kernschleifen» bestehend; ihre Anzahl ist verschieden bei den verschiedenen Arten. Das im Mikroskop erkennbare Verhalten der Chromosomen bei Zellteilung oder Befruchtung entspricht dem, was Mendel aus den Kreuzungsexperimenten als Gesetzmäßigkeit der Erbanlagen erschlossen hatte: Die moderne Entwicklung der Genetik beginnt mit der Erkenntnis, daß der Zellkern die Erbmasse enthält.

Im Hand-in-Hand-Arbeiten von mikroskopischer Zellforschung und Vererbungsexperiment konnte zur immer feineren und immer eindringlicheren Ausgestaltung dieses Bildes vorgedrungen werden. Die wachsende Kraft der Vererbungsforschung in der Zergliederung und Durchleuchtung auch der schwierigsten und dunkelsten Verhältnisse hat es aber auch möglich gemacht, eine grundsätzliche Vertiefung unserer Erkenntnis des Vererbungsgeschehens zu erreichen, gegenüber welcher die ersten Anfänge des «Mendelismus» ähnlich klein erscheinen, wie die Keimzelle gegenüber dem entwickelten Organismus.

Wesentliche Schritte dieser Erkenntnisentwicklung waren der von Morgan und seinen Mitarbeitern erbrachte Nachweis, daß das Chromosom eine Kette von Genen ist; und der später von Beadle und Mitarbeitern gelieferte Beweis, daß das Gen seine Wirkung dadurch ausübt, daß es je einen bestimmten Schritt in der Bildung eines Enzyms katalysiert.

So erweist sich die gesamte Erbmasse eines Organismus als mosaikartig zusammengesetzt aus einer Anzahl von Erbanlagen. Jede einzelne Erbanlage wirkt sich in bestimmter Weise bei der Entwicklung eines Individuums aus. Freilich ist es keineswegs so einfach, daß immer gerade *eine* Erbanlage maßgebend beispielsweise für die Blütenfarbe einer Pflanze ist. Vielmehr wirken schon in der Blütenfärbung eine ganze Reihe verschiedener Erbanlagen mit, verschiedenartige Einflüsse darauf ausübend. Und andererseits beeinflußt eine einzelne Erbanlage ihrerseits fast immer gleich eine ganze Reihe verschiedener Merkmale des fertigen Organismus, zwischen welchen vor Durchführung der Kreuzungsanalyse kein Zusammenhang erkennbar war. Es kann etwa bei einem Insekt eine einzelne Erbanlage gleichzeitig für die Gestaltung einiger Borsten der Körperoberfläche und für bestimmte Funktionseigenschaften des Darmkanals mitbestimmend sein.

Dabei hängt die äußere Merkmalsgestaltung eines Individuums auch wesentlich von Einflüssen der Umwelt ab. Aber die Besonderheiten, die einem Individuum äußerlich aufgeprägt werden können durch Einflüsse, die in seine Entwicklung eingreifen, wirken nicht auf seine Erbmasse ein: Seine Nachkommenschaft tritt wiederum den auf sie und ihre Entwicklung wirkenden Einflüssen mit Reaktionsweisen gegenüber, die ausschließlich durch ihre eigene Erbmasse bedingt sind, unabhängig davon, welches Aussehen die Eltern in der Auseinandersetzung zwischen ihrer Erbmasse und ihrer Umwelt angenommen hatten. Eine «Vererbung erworbener Eigenschaften» kommt, soweit unsere experimentelle Erfahrung reicht, *nicht vor*.

Die einzelnen Erbanlagen, welche von den elterlichen Individuen den Nachkommen übertragen werden, gehen also ähnlich in diese ein, wie chemische Elemente in chemische Verbindungen: Sie erleiden keine Abänderung, keine Umprägung, keine «Abnutzung» während des individuellen Lebens, sondern stehen unverändert wiederum zur Verteilung auf die nächste Generation bereit. Auch mischen oder verwischen sie sich nicht bei einer Vereingung zweier verschiedener, aber dieselben Eigenschaften betreffender Anlagen: Die Pflanze, welche von den beiden Eltern einerseits die Erbanlage für rote Blüten, und andererseits die für weiße erhielt, verteilt auch in ihren Keimzellen sauber getrennt die ursprünglichen Anlagen in ungeschwächter Form: teils «rot», teils «weiß».

Obwohl in diesem Sinne die Beständigkeit der Erbanlagen, die sich über zahllose Generationen erstrecken kann, ihre auffälligste Eigenschaft ist, so gibt es doch auch Möglichkeiten der gelegentlichen – seltenen – Veränderung der Erbmasse. Solche Veränderungen nennen wir Mutationen.

In gröberen Fällen kann eine Mutation zum Beispiel darin bestehen, daß in einem der länglichen Chromosomen ein gewisses Mittelstück zunächst zwischen den zwei angrenzenden endständigen Stücken herausgetrennt und dann in umgekehrter Lagerung wieder zwischen ihnen eingefügt wird. Wir sprechen dann von einer Chromosomen-Mutation. Noch gröbere Beispiele von Chromosomen-Mutationen sind zum Beispiel die Verdoppelung, Verdreifachung, . . . des gesamten Kernschleifen-Satzes, mit dem Ergebnis einer «polyploiden» Zelle. Solche ausnahmsweise eintretende Polyploidie führt bei Pflanzen oft zur Entstehung einer kräftigeren, größeren Art oder Abart; man führt sie in der Pflanzenzüchtung mitunter künstlich herbei mit Hilfe von «Mitose-Giften», Zellteilungsgiften, welche den normalen Verlauf einer Kern- und Zellteilung stören.

Den Chromosomen-Mutationen gegenüber stehen die Gen-Mutationen: Wir bezeichnen als «Gen» den materiellen Träger einer einzelnen Erbanlage; und es kommt vor, daß eine einzelne solche Erbanlage sich ändert. In dem oben vorgestellten Beispiel einer entweder rot oder weiß blühenden Pflanze kann es vorkommen, daß eine von einer reinerbig roten Pflanze stammende Keimzelle die Erbanlage für weiß statt für rot besitzt.

Unserer durch die früheren quantenphysikalischen Erörterungen geschärften Aufmerksamkeit fällt auf, daß hier ein wesensmäßig unstetiger Vorgang eintritt. Die fragliche Erbanlage ist entweder die für rot oder die für weiß – Zwischenstufen gibt es nicht. (Obwohl das verantwortliche Gen sehr wohl auch noch andere, sich anderweitig auswirkende Zustandsmöglichkeiten haben kann, die uns augenblicklich nichts angehen.) Also unstetig verschiedene, nicht durch stetige Übergänge verbundene Zustände, in denen das Gen auftreten kann: Der Vorgang, welcher aus dem einen dieser Zustände den anderen hervorgehen läßt, muß ebenfalls unstetig, muß sprunghaft sein.

So ergibt sich schon hier, aus den Grundgesetzen Mendelscher Vererbungslehre, die Folgerung: Das Gen muß ein einzelnes Molekül sein, unfähig zu stetiger Veränderung, aber befähigt zu Quantensprüngen = Gen-Mutationen.

Mit einem Schlage erkennen wir hernach die Stellung der Biologie in ihrem Verhältnis zum Gegensatzpaar Makrophysik–Mikrophysik: Aufgrund ihrer Durchstrukturierung gehören die Organismen trotz ihrer sie von der Mikrophysik unterscheidenden Größe doch nicht zur Makrophysik; sie sind in ihren wichtigsten Reaktionen – in der Entfaltung neuer Individuen aus Keimzellen – beherrscht durch Steuerungszentren von mikrophysikalischer Feinheit.

Als der Verfasser diese Thesen der «Verstärkertheorie der Organismen» erstmalig vortrug, drückten die sich dazu äußernden Stimmen entschiedene Ablehnung aus. Eine angeblich makrophysikalische Natur auch der Gene wurde verteidigt. Heute würde schon angesichts der von Staudinger ausgesprochenen Erkenntnis niemand mehr wagen, solche Meinungen zu vertreten; aber vor dreißig Jahren wurde noch lebhaft bestritten, daß die Unstetigkeit der Gen-Mutationen einen Beweis für die Natur des Gens als Einzelmolekül und der Gen-Mutation als Quantensprung liefert. Eine nur auf die Endergebnisse statt auf die Beweisführung eingehende Darstellung könnte heutzutage sogleich beginnen mit der Mitteilung, daß das Gen ein Molekül – ähnlich einem Virusmolekül – ist, da das heute von niemand mehr bezweifelt wird: Sogar die innere Architektur dieser Moleküle ist weitgehend bekannt und Gegenstand fortgesetzter Erforschung.

Während die weitgehende Strukturaufklärung des Genmoleküls den neuesten wissenschaftlichen Entwicklungen angehört, erfolgte schon wenige Jahre nach der Aufstellung obiger These eine schlagende Bestätigung durch eine von Timoféeff-Ressovski, Zimmer, Delbrück durchgeführte Untersuchung der Erzeugung von Mutationen (bei der Fliege Drosophila) durch Röntgenstrahlen. Auch die Mutationserzeugung durch Neutronenstrahlung wurde später untersucht. Der Nachweis, daß die Gen-Mutationen Quantensprünge sind, ergab sich aus ähnlichen Tatsachen und Überlegungen, wie sie oben am Beispiel der Bakterientötung erläutert wurden.

Um aber der Zielsetzung dieses – die Naturwissenschaften nicht um ihrer selbst willen betrachtenden – Buches zu entsprechen, wollen wir dem angedeuteten reizvollen Thema nicht weiter folgen, sondern prüfen, wie weit die uns bewegenden Fragen gefördert sind durch die Erkenntnis der mikrophysikalischen Steuerungsfeinheit bei *allen*

Organismen – insoweit es sich um die steuernde Wirkung der in den Keimzellen gegebenen Gene handelt.

Denken wir an unser Hauptziel, die Beantwortung der Frage, ob der lebende Mensch heute noch im Sinne LAMETTRIES beurteilt werden kann, so ist es klar, daß dazu nur die Untersuchung von Gehirnvorgängen helfen kann. Es handelt sich um die Frage, ob menschliche Gehirnvorgänge als makrophysikalisch-determiniert anzusehen sind, oder ob auch in ihnen die quantenphysikalische Indeterminiertheit eine Rolle spielt. Ohne Zweifel ist es berechtigt zu sagen, daß die jetzt von uns erreichten Ergebnisse, indem sie die Gene als Gegenstände der Mikrophysik erweisen, uns vom menschlichen Gehirn, vom menschlichen Bewußtsein oder Willen noch immer weit entfernt lassen.

Aber die naturwissenschaftliche Beurteilung würde schwerlich dem menschlichen Gehirn eine gewisse Indeterminiertheit zuzuschreiben wagen, wenn nicht zuvor solche Indeterminiertheit als eine *Grundtatsache aller Biologie* erwiesen wäre. Deshalb war es dringlich, zunächst an Bakterien und an Keimzellen zu prüfen, wie weit uns die modernen Forschungsergebnisse dazu führen, Schritt um Schritt die Behauptungen des alten materialistisch-deterministischen Naturbildes zu untergraben – die *Mauer* niederlegend, welche die materialistische Philosophie zwischen Naturwissenschaft und Religion errichtet hatte.

Wenn man einen heutigen Physiker fragt, warum er von der Realität der Atome überzeugt ist, so würde er wohl als mindestens gleichberechtigt mit den von uns im zweiten Kapitel besprochenen Grundbeweisen die Tatsache anführen, daß die genauere Ausführung der Quanten- und Wellenmechanik uns in den Stand gesetzt hat, von den Spektren der Elemente, aber auch von zahllosen ähnlich verwickelten und speziellen Erfahrungstatsachen lückenlos theoretische Rechenschaft zu geben. Vielleicht würde der auf Herz und Gewissen befragte Physiker dieser ungeheuren Fülle spezieller Bewährung und Bestätigung der Quantentheorie der Atome sogar noch größere Überzeugungskraft zuschreiben als jenen Grundbeweisen, welche zwar das reale Vorhandensein der Atome unzweifelhaft machen, aber ihre feineren Gesetzmäßigkeiten zunächst noch im dunkeln lassen, uns also noch keine abschließende Auskunft über die physikalische Rolle der Atome zu geben vermögen.

In ähnlicher Weise wird man heute jene modernsten, in raschem weiteren Vorschreiten begriffenen Forschungen bewerten, welche uns den Bauplan der Gen-Moleküle weitgehend bekannt gemacht haben: Die in unseren obigen Erörterungen herausgearbeitete Tatsache, daß (etwas grob und vorläufig ausgedrückt) das Gen ein Einzelmolekül ist, wird gewissermaßen auf einen niedrigeren Rang verwiesen, nachdem sogar der chemische Bauplan, die Strukturformel dieses Moleküls, weitgehend erkennbar geworden ist.

Vor allem durch Crick und Watson ist unser Verständnis des molekularen Feinbaus der Gene — mit der für sie maßgebenden spiraligen Nukleinsäure-Struktur — so wesentlich gefördert worden, daß seither ein eigenes Sonderkapitel der modernen Naturwissenschaft entstanden ist, welches, vom Bau der Gen-Moleküle (und Virus-Moleküle) handelnd, auch ihre Vermehrungsfähigkeit weitgehend verständlich macht. Diese in raschem Fortschreiten begriffene neue Sonderwissenschaft, die sich eng anlehnt an Gedankengänge der «Kybernetik», der Steuerungslehre, und der mit ihr verbundenen «Informationstheorie», gehört zu den Höhepunkten moderner naturwissenschaftlicher Forschungsentwicklung.

Erwähnt zu werden verdient schließlich im Zusammenhang unseres Themas noch die Tatsache, daß nicht nur in Keimzellen, sondern auch in Körperzellen Mutationen eintreten können — man spricht von *somatischen* Mutationen. Nach K. H. Bauer ist auch die Umwandlung einer normalen menschlichen Körperzelle in eine «bösartige», krebsige Zelle eine solche Mutation. Man weiß, daß die Krebszellen stets durch anomale Chromosomensätze ausgezeichnet sind; und man wird auf der Grundlage modernen genetischen Wissens nicht zweifeln können, daß diese Chromosomenanomalie die primäre Tatsache ist. Wenn demgegenüber Warburg das wesentliche Merkmal der krebsig entarteten Zellen darin sieht, daß sie einen vom normalen verschiedenen Stoffwechsel zeigt, so wird man dies wohl in der Tat als eine wesentliche Bedingung für die Ermöglichung des das Krebsgewebe kennzeichnend wuchernden Wachstums anerkennen müssen; aber die Fähigkeit der Krebszelle zu diesem veränderten Stoffwechsel werden wir als ein Folgeergebnis ihres anomalen Chromosomensatzes zu betrachten haben.

Obwohl hiernach das Entstehen einer Krebszelle aus normalem Gewebe als eine Chromosomen-Mutation zu bezeichnen ist — also etwas Gröberes als eine Gen-Mutation —, so ist doch dieser Entstehungsvorgang immer noch ein mikrophysikalischer, indeterminierter Einzelvorgang: Er entspricht also der schon im zweiten Kapitel erwähnten These, daß die Krebsentstehung bei einem Menschen (die etwa beim Lungenkrebs nach statistischen Untersuchungen in hohem

Maße durch Verbrennungsgase gefördert zu sein scheint) im Einzelfall stets undeterminiert ist.

Die kosmische Rolle des organischen Lebens

Die naturwissenschaftliche Religionsverneinung hat sich bei Lamettrie und den an ihn anknüpfenden Gedankengängen auf dem Glauben an eine lückenlose Determinierung des organischen Einzelwesens aufgebaut. Bei Haeckel und seinen Zeitgenossen ist hingegen die Überzeugung von einer lückenlosen Determinierung der Phylogenie, der Großgeschichte des organischen Lebens, zum wuchtigsten naturwissenschaftlichen Einwand gegen ein göttliches Schöpferwirken geworden.

Was von heutiger, besserer naturwissenschaftlicher Erkenntnis aus zur Frage maschinenmäßiger Determinierung des Einzelwesens zu sagen ist, wurde im obigen genauer erläutert. Der Nachweis, daß von naturwissenschaftlicher Widerlegung menschlicher Willensfreiheit nicht mehr die Rede sein kann, bedeutet zugleich die Unmöglichkeit, naturwissenschaftliche Gegenbeweise gegen die Vorstellung göttlicher Fügung und Lenkung im menschlichen Schicksal zu führen. Unberührt geblieben ist jedoch bislang die Frage, ob sich der Nachweis von Indeterminiertheit bis in die Maßstäbe der Phylogenie erweitern läßt. Diese Frage verlangt jetzt eine Prüfung.

Man könnte zunächst zweifeln, ob für einen solchen Nachweis überhaupt Möglichkeiten bestehen. Wenn wir einem einzelnen Tier ein gewisses Maß von Indeterminiertheit zuzuschreiben haben, so wird dennoch für eine große Herde gleichartiger Tiere diese Indeterminiertheit bereits teilweise untergehen in den Gesetzen der Statistik. Wie für ein ganzes Milligramm Radium die statistische Zerfallsgesetzlichkeit ein praktisch determiniertes Verhalten des Milligramms im ganzen ergibt, ebenso wird eine große Tierherde in ihrem Gesamtverhalten der Determiniertheit stärker angenähert sein. Sollte man nicht erwarten, daß das Gesamtschicksal ganzer *Arten* sich praktisch determiniert abspielen muß – einschließlich der die Phylogenie ausmachenden Entwicklungsvorgänge?

Eine Frage dieser Größenordnung kann man natürlich nicht durch bloßes Nachdenken entscheiden – man kann nur versuchen, ihr eine Verschärfung zu geben, die wenigstens erkennen läßt, von welcherlei naturwissenschaftlichen Erfahrungstatsachen wir Beiträge zu ihrer

Erhellung erhoffen könnten und in welchen Richtungen neue Tatsachen erforscht und gesammelt werden sollten. In diesem Sinne ist zu sagen, daß etwaige Möglichkeiten eines Nachweises entscheidend bedeutsamer Indeterminierung in der Phylogenie – wenn es sie gibt – daraus entspringen müssen, daß eine neue Tierart unter Umständen zu lawinenmäßiger Vermehrung befähigt ist. Es könnte also immerhin so sein, daß die phylogenetische Entwicklung immer wieder entscheidende Anstöße erhalten hat durch solche Mutationen, deren Eintreten außerordentlich unwahrscheinlich war – so daß es vielleicht in der Erdgeschichte nur wenige Male (oder sogar nur ein einziges Mal) erfolgt ist. So könnte insbesondere der Mensch durch eine Mutation entstanden sein, die im Sinne der Quantenbiologie von ungeheuerlicher Unwahrscheinlichkeit war – die aber doch einmal eingetreten ist und dann aufgrund lawinenartiger Vermehrung die historische (oder zunächst die prähistorische) Menschheit entstehen ließ.

Daß solche Denkmöglichkeiten nicht ausgeschlossen werden können, wird gezeigt durch eine von amerikanischen Mutationsforschern gemachte Beobachtung. Nachdem die Citrus-Plantagen Kaliforniens durch ein insektentötendes chemisches Mittel erfolgreich geschützt zu sein schienen, trat eine neue, gegen dieses Mittel immune Mutation einer Schädlingsart auf; und zwar erschien sie zunächst an einem bestimmten Punkt der Landkarte und breitete sich von dort über riesige Gebiete aus. Man kann schwerlich die Schlußfolgerung vermeiden, daß die gesamte neue Schädlingsform die Nachkommenschaft eines einzigen Insekts ist, welches in einer seiner Keimdrüsen diese sonst nie vorgekommene Mutation erlebte: Wäre die statistische Wahrscheinlichkeit für das Eintreten dieser Mutation groß genug gewesen, um ihre häufigere Verwirklichung zu erlauben, so hätte das Gesamtbild der Vorgänge anders ausgesehen.

Es ist also denkbar, daß tatsächlich die Hauptereignisse der Phylogenie gerade auf ganz seltenen, in der Erdgeschichte vielleicht nur einmal verwirklichten Mutationen beruhten. Künftige Forschung muß uns dazu gründlicheres Wissen liefern. Es wäre sogar auch eine naturwissenschaftliche Feststellung solchen Inhalts denkbar, daß das historisch zustande gekommene Auftreten solcher äußerst unwahrscheinlicher Mutationen *insgesamt* häufiger stattgefunden hat, als statistisch zu erwarten war. Es ist ja oft von Biologen hervorgehoben worden, daß zum Beispiel die explosive Entfaltung der plazentalen Säugetiere seit Beginn des Tertiärs es unglaubhaft mache, daß das Zusammenspiel der Selektion mit rein «zufälligen», nicht zweckgerichtet bestimmten Mutationen hätte ausreichen können, diese Entwicklung zu ermöglichen; zumal ja bei manchen Arten mit geringer Vermehrung, wie den Elefanten-Verwandten, dennoch eine reiche Entfaltung verschiedener Arten stattgefunden hat.

Als Einwand hat man dazu geltend gemacht, daß die riesige Zahl denkbarer Mutationen für die Selektion ausreichendes Material geboten habe. Bei der Fliege Drosophila mit ihren etwa 10000 verschiedenen Genen müßte ein vollständiges Museum aller mutierten Formen schon dann $2^{10\,000}$ (oder ungefähr 10^{3000}) Stücke umfassen, wenn nur *je zwei* verschiedene Formen («Allele») für jedes Gen zugelassen würden. Aber diese Erwägung ist abwegig, weil die Zahl der in dieser Weise berechneten Möglichkeiten gar nichts zu tun hat mit der wirklichen Zahl der in der Entwicklungsgeschichte verfügbar gewesenen Mutationen. Wenn das Weltall – wofür ja vieles spricht – tatsächlich *endlich* ist, in der dann für wahrscheinlich zu haltenden Größenordnung, so enthält das Weltall nicht Materie genug, um mehr als einen winzigen Bruchteil des gedachten Museums zu verwirklichen; und es hat nicht Raum genug, um mehr als einen ebenfalls winzigen Bruchteil eines solchen Museums aufzunehmen.

Die Frage, ob die historisch wirklich vorhanden gewesenen genetisch verschiedenen Tierexemplare ausreichend waren, um der Selektion *ohne* final gerichtete Ausnahme-Mutationen die Erzeugung der heutigen Tierwelt zu ermöglichen, wird also durch den Hinweis auf die große Zahl der Gene überhaupt nicht berührt.

Der Verdacht, daß im phylogenetischen Zusammenspiel von Mutation und Selektion noch etwas anderes als richtungsloser Zufall wirksam gewesen sei, könnte vielleicht unterstützt werden durch die auffällige Tatsache, daß der Mensch gewissermaßen auf der kürzesten Linie der Artenentwicklung entstanden ist, in folgendem Sinne:

Nach anthropologischen Feststellungen (STRATZ) ist der Europäer, der Weiße, näher als die anderen «archimorphen» Rassen (Schwarze, Gelbe) verwandt mit den Australiern als anscheinend ursprünglichster noch lebender Menschenrasse. Innerhalb der Säugetiere stehen die unmittelbaren Menschenvorfahren vermutlich den ältesten, noch unspezialisierten Arten besonders nahe. Die Säugetiere sind aber nicht (vergleiche das oben Ausgeführte) aus Reptilien, sondern aus den ursprünglicheren Amphibien hervorgegangen. Und da es unter Fischarten, die den ursprünglichen Fischen recht nahe verwandt sind, nämlich den Haien, auch lebendgebärende gibt, so spricht einige Wahrscheinlichkeit dafür, daß die gesamten zu den Vorfahren des

Menschen gehörenden Tierarten niemals Eier gelegt, also eine der verbreitetsten Spezialisierungen des Tierlebens gar nicht mitgemacht haben – sondern gewissermaßen ohne Umwege, mit einem Höchstmaß von Gradlinigkeit, den phylogenetischen Entwicklungsweg zum Menschen hin zurückgelegt haben. Obwohl diese Tatsachen zunächst noch weit davon entfernt bleiben, etwas Handgreifliches beweisen zu können, so stellen sie uns doch vor Fragen, deren Verfolgung reizvoll scheint.

Wir haben Gründe, überzeugt zu sein, daß gerade für den Anfang der Phylogenie der «Zufall», welcher ein äußerst unwahrscheinliches Ereignis (und zwar ein mikrophysikalisches, indeterminiertes Ereignis) historisch zustande kommen ließ, entscheidend war. Schon seit dem vorigen Jahrhundert ist es den Chemikern geläufig, daß es bei den Molekülen etwas gibt, was man sich aus Verhältnissen des täglichen Lebens folgendermaßen veranschaulichen kann: Ein rechter und ein linker Handschuh sind trotz spiegelbildlicher Gleichheit verschieden; aber bei dem einfacheren Strumpf gibt es keinen Unterschied von rechtem und linkem Stück. So haben auch die einfacheren, aus wenigen Atomen zusammengesetzten Moleküle die Eigenschaft, ihren Spiegelbildern gleich zu sein. Größere, verwickelter aufgebaute Moleküle hingegen sind von ihren Spiegelbildern in der Regel verschieden.

Wenn nun ein Chemiker, ausgehend von sehr einfachen, noch keine Verschiedenheit von «Rechtsform» und «Linksform» zeigenden Molekülen, in seiner Retorte verwickeltere Moleküle aufbaut, so entstehen dabei Rechtsform und Linksform in gleicher Menge. Denn es gibt ja keinen Grund dafür, daß eine dieser Formen bevorzugt entstehen sollte. Bei den Molekülen verwickelter organischer Verbindungen – in den Tier- und Pflanzenkörpern – finden wir indes Rechtsform und Linksform in ganz anderen Verhältnissen, meist im Verhältnis von 100 Prozent zu null Prozent. Wie ist diese seltsame Unsymmetrie zu verstehen? Es ist kein Wunder, daß zum Beispiel Bakterien, deren eigene Körperstoffe bereits diese Unsymmetrie zeigen, bei ihrer Ernährung Rechtsform und Linksform gewisser Stoffe unterscheiden können. Aber wie ist erstmalig diese Unsymmetrie in die Entwicklung des orgainschen Lebens hereingekommen?[1]

[1] Das Naturgesetz, daß ein im Spiegel gesehener physikalischer oder chemischer Vorgang nach den gleichen Gesetzen verläuft, wie sie für die wirklichen Vorgänge gelten, erfährt zwar eine Einschränkung durch gewisse feinere Tatsachen aus der Physik der Atomkerne – bei denen die Übereinstimmung der Gesetze von Bild und Spiegelbild erst dann genau zustande kommt, wenn der Spiegel so gedacht wird, daß er auch die Materie in Antimaterie verwandelt (und umgekehrt). Aber das spielt für unsere jetzige Frage keine Rolle.

Dieser seit dem vorigen Jahrhundert bekannte Tatbestand ist so seltsam und merkwürdig, daß es kaum Versuche zu seiner Erklärung gibt – die wenigen vorhandenen Versuche sind leicht als abwegig zu erkennen. Es gibt tatsächlich nur *eine* Erklärung, und sie möge hier in fertiger Form ausgesprochen werden: Es gab einmal auf der Erde noch keinerlei zur Vermehrung, zur Autokatalyse befähigte Moleküle (obwohl sich schon – in oben besprochener Weise – Aminosäuren stellenweise angereichert hatten). Dann aber entstand einmal durch einen Quantensprung ein vermehrungsfähiges Molekül – und aus seiner Nachkommenschaft ist alle organische Substanz hervorgegangen. Wäre die fragliche zur Autokatalyse befähigte Substanz in größerer Menge (etwa einem ganzen Milligramm) entstanden, so hätten Rechtsform und Linksform in gleicher Menge entstehen müssen. Der zu ihrer Entstehung führende Quantensprung indes war so hochgradig unwahrscheinlich, daß er auf der Erde nur ein einziges Mal erfolgt ist – er *mußte* also entweder nur die Rechtsform oder die Linksform ergeben.

Mögen Einzelheiten dieser Erklärung wandlungsfähig und verbesserungsbedürftig sein – ihr Grundgedanke scheint unabweisbar. Damit wird aber gerade der Start der Lebensentwicklung unserer Erde zu einem undeterminierten Ereignis unwahrscheinlichster Art – das zwar historisch eingetreten ist, mit viel größerer Wahrscheinlichkeit aber hätte ausbleiben können. Die oben betonte Tatsache der Herkunft unseres organischen Lebens aus nur *einer* historischen Ursprungswurzel unterstützt diese Auffassung.

Von hier aus ergeben sich gewichtige Folgerungen für eine Frage, die oft und gern erörtert wird, obwohl sie für die heutige Naturwissenschaft noch fast unangreifbar ist. Gibt es neben unserer Erde auch sonstige belebte Himmelskörper, mit einer von der unsrigen unabhängigen Lebensentstehung und Lebensentwicklung?

Das auf dem Mars anscheinend vorhandene Leben (in niedrigster, unscheinbarer Form) könnte erst dann, wenn wir es mikroskopisch und chemisch zu untersuchen vermögen, vielleicht einen Beitrag zur Beantwortung liefern: Es ist vorläufig keineswegs unwahrscheinlich, daß dieses Leben entsprechend der Theorie von Svante ARRHENIUS aus irdischem Leben abgeleitet ist. Auf sonstigen Planeten unserer Sonne kann es kein Leben geben; und von sonstigen Sternen der Milchstraße wissen wir nicht einmal, ob oder in welcher Häufigkeit sie ebenfalls Planeten haben – das ist vorläufig noch völlig unbekannt. Unsere schärfsten Instrumente reichen nicht aus, das etwaige Vorhandensein von Planeten bei anderen Sonnen zu erkennen; und unser Wissen betreffs der Entstehungsvorgänge unseres Planetensystems ist noch so unsicher, daß wir auch keine theoretischen Unterlagen haben für ein Urteil, ob es sich hier um einen einigermaßen typischen Fall handelt oder vielleicht im Gegenteil um einen Fall äußerster Merkwürdigkeit und Seltenheit.

Angenommen aber, es gäbe wirklich – in unserer Milchstraße oder in einem anderen Spiralnebel – einen Planeten, dessen Oberfläche ganz ähnliche Bedingungen wie unsere Erde bietet (und auch seit einigen Milliarden Jahren geboten hat), in weitgehend gleicher zeitlicher Entwicklung wie bei uns. Können wir dann mit einigem Recht vermuten, daß jener ferne fremde Planet ebenfalls organisches Leben trägt, das sich zu ähnlichen Entwicklungsstufen wie bei uns entfaltet hat? Diese Frage wird nicht dadurch naturwissenschaftlich beantwortet, daß man sagt: «Die Naturgesetze müssen im ganzen Kosmos die gleichen sein – folglich muß es auch auf einem solchen anderen Planeten menschenartige Intelligenzen geben»; denn die im ganzen Kosmos geltenden Naturgesetze bestimmen, wie groß die Wahrscheinlichkeit dafür ist, daß es auch dort zu einer ähnlichen Lebensentwicklung gekommen ist. Wir wissen aber nicht, wie groß diese Wahrscheinlichkeit sein mag – daß sie nahezu hundertprozentig sei, könnte nur dann aus der Bewohntheit des einen Planeten Erde erschlossen werden, wenn es sich um einen makrophysikalisch determinierten Vorgang gehandelt hätte.

Wenn wir aber die entscheidende Rolle mikrophysikalischer Indeterminiertheit auch hierfür erkennen, so wird es ganz ungewiß, ob die Wahrscheinlichkeit groß genug ist, um das Vorhandensein weiterer bewohnter Planeten innerhalb unserer Milchstraße glaubhaft zu machen. Soweit heute schon eine Stellungnahme dazu möglich ist, dürfte die Wahrscheinlichkeit des Vorhandenseins anderer bewohnter Planeten in unserer Milchstraße eher nahe null als nahe eins liegen – jedoch ist das nur eine unsichere Vermutung. Sie wird lediglich deshalb hier ausgesprochen, weil fast alle Verfasser, die auf diese Frage eingegangen sind, im Gegenteil es als schlechthin selbstverständlich ansehen, daß das organische Leben eine im Kosmos vielfach vertretene Naturerscheinung sei.

Als angeblichen Beweis hierfür hat man – etwas voreilig – das Vorkommen komplizierter organischer Verbindungen in manchen Meteoriten angeführt; es hat sich jedoch ergeben, daß diese in ähnlicher Weise entstanden sein dürften, wie in der Uratmosphäre der

Erde Aminosäuren aus ultraviolett bestrahlten Wasserstoffverbindungen entstanden sein müssen. Allerdings sind auch mikroskopisch erkennbare Strukturen in Meteoriten gefunden, die als Beispiele organischen Lebens (ähnlich etwa den Kieselalgen) angeführt worden sind. Wenn dies wirklich organische Gebilde sind – die Entscheidung steht noch aus –, so wäre freilich die Frage außerirdischen Lebens doch positiver zu beantworten, als es dem Verfasser (abweichend von so vielen anderen Verfassern) bislang wahrscheinlich ist[1]. Berechtigt und notwendig bleibt jedoch die Hervorhebung, daß es ein naturwissenschaftlicher Denkfehler ist, das Vorhandensein von Lebewesen auch in anderen Milchstraßen für selbstverständlich a priori gesichert zu halten. Wenn unser Weltall tatsächlich endlich ist, besteht im Gegenteil sogar die Denkmöglichkeit, das Leben auf Erde und Mars als eine im Kosmos einzigartige Erscheinung zu vermuten.

Die Frage, ob es außermenschliche intelligente Lebewesen im Kosmos gibt, ist von katholischen Theologen wiederholt hinsichtlich ihrer religiösen Bedeutung erörtert worden. Eine theologische Durchdenkung dieser Frage von seiten der protestantischen Konfessionen ist mir nicht bekannt – obwohl seinerzeit schon Kant ihr ausführliche (recht wunderliche) Spekulationen gewidmet hat. Offenbar hat die Frage gerade für die christliche Religion eine besondere Bedeutung, welche für andere Hochreligionen nicht gegeben ist: Die Einzigartigkeit, welche die christliche Lehre der Christus-Erscheinung zuschreibt, steht in einem gewissen Spannungsverhältnis zu der Vorstellung, daß auf anderen Himmelskörpern andersartige, dem Menschen aber geistig-seelisch vergleichbare organische Wesen leben könnten.

Die erwähnten katholischen Theologen haben teilweise versucht, den Gedanken auszuführen, daß die gedachten Bewohner anderer Himmelskörper zu einem sündenfreien Leben befähigt und deshalb nicht erlösungsbedürftig seien. Da jedoch der zweite Hauptsatz der Thermodynamik, dessen von Boltzmann erkannte Bedeutung wir oben besprochen haben, auch auf den fraglichen anderen Himmelskörpern gilt, so kann nicht bezweifelt werden, daß auch dortige

[1] Anmerkung bei der Korrektur: Die gründliche Erörterung, welche eine Akademie-Tagung in New York inzwischen dieser Frage gewidmet hat, bestätigt mir den Eindruck, daß die Behauptung von Lebensspuren in Meteoriten — entgegen dem Optimismus der Entdecker — unbewiesen ist. Wäre sie jedoch bewiesen und würden wir der daraus gezogenen Folgerung zustimmen, daß diese Meteoriten Bruchstücke eines Planeten (oder Planetoiden) seien, auf dem es organisches Leben gab, so wäre noch immer nichts für eine mehrfache Urzeugung in unserem Planetensystem bewiesen — das Leben auf der Erde könnte von demjenigen des fraglichen Planetoiden abstammen.

etwaige organische Wesen sowohl dem Schicksal des Todes als auch dem biologischen Grundgesetz des Fressens und Gefressenwerdens unterliegen; die Vorstellung, daß Lebewesen unter diesem Gesetz ein einerseits mit Schmerz beladenes, aber dennoch sündenfreies, nicht erlösungsbedürftiges Leben führen könnten, scheint mir von religiöser Betrachtung aus bedenklich, obwohl sie theologisch vertreten worden ist.

Einer Denkbemühung, welche den Versuch einer Synthese naturwissenschaftlicher Erkenntnisfähigkeit des Menschen mit religiöser Wahrheit nicht für abwegig hält, liegt es wohl näher, der religiösen Erfahrungstatsache der Erbsünde eine *kosmische*, nicht auf einen einzelnen Planeten beschränkte Bedeutung zuzuschreiben, und – in einer mit den Erwägungen von Pons verwandten Weise – die Neigung der Materie zur Entropievermehrung, also Ordnungszerstörung, als physikalisches Spiegelbild oder auch als physikalischen Unterbau der Erbsünde zu betrachten.

Komplementarität und Biologie

In einem Vortrag «Licht und Leben» und in anderen Veröffentlichungen hat Niels Bohr tiefgründige Gedanken über die Bedeutung des Komplementaritäts-Begriffes für die Biologie niedergelegt. Freilich sind seine dortigen Ausführungen sehr zurückhaltend gefaßt – seiner Überzeugung entsprechend, daß auch zwischen Deutlichkeit und Richtigkeit einer Aussage eine Komplementarität besteht, derart, daß eine zu deutliche Aussage immer etwas Falsches mit enthält. Bohrs Wunsch, Unrichtiges sorgfältig zu vermeiden, hat ihn also zu einem bewußten Verzicht auf allzu scharfe Deutlichkeit bewogen. Wichtige Ergänzungen und Verschärfungen zu seinem obigen Vortrag verdanke ich mündlichen und brieflichen Ausführungen Bohrs. Da ich aber für ihre Wiedergabe auf mein Gedächtnis angewiesen bin, so soll das Nachfolgende hinsichtlich der Darstellungsform merklich verschieden von Bohrs eigenen Erläuterungen ausgeführt werden: Mit Anwendung dessen, was Bohr in einer Mischung von Wohlwollen und Bedenken einmal als «Ihren kräftigeren Stil» bezeichnet hat.

Der Determinismus Descartes (der nur den Menschen ausnahm) konnte etwa in die Versicherung gefaßt werden, daß wir auch die Bewegungen einer Katze vorausberechnen könnten, wenn unsere Wissenschaft schon weit genug wäre, daß uns a) die genaue und vollständige messende Beobachtung ihres augenblicklichen Zustands; b) die hinreichend rasche rechnerische Verwertung aller dieser Messungsdaten möglich wäre. (Natürlich müßten wir außerdem auch noch die äußeren Beeinflussungen kennen, denen die Katze ausgesetzt sein wird zwischen dem jetzigen Augenblick und dem Zeitpunkt, für den unsere Vorausberechnung gelten soll.)

Dem modernen Physiker ist aber eine derartige Aussage schon deshalb unbehaglich, weil er sich durch Relativitäts- und Quantentheorie daran gewöhnt hat, nur solche Aussagen als inhaltvoll anzuerkennen, welche sich auf wirklich ausführbare Experimente beziehen: Es wird deshalb dringlich, uns zu besinnen, wie weit wir wirklich über den jetzigen Zustand der Katze etwas erfahren können. Mehrere Wege der Untersuchung bieten sich an:

1. Untersuchung von außen, ohne verändernde Beeinflussung: Wägung, geometrische Ausmessung, optische Messung von Haarfarben usw.

2. Elektrische Untersuchung, unter Verwendung von Elektroden, die von außen angelegt oder mit dünnen Leitungsdrähten in bestimmte Organe des Tieres gesteckt werden.

3. Schonende Entnahme von Organsubstanz-Proben, die dann mikroskopisch und chemisch untersucht werden können.

4. Durchleuchtung mit Röntgenstrahlen.

5. Vollständige anatomische Untersuchung (auch mit Mikroskopen und Elektronenmikroskopen und ergänzt durch chemische Untersuchung) unter vollständiger Zerschneidung des Organismus.

Zu 1. könnten, wenn es sich nicht um eine Katze, sondern um einen Menschen handelte, die meisten Methoden medizinischer Diagnostik hinzugefügt werden. Diese zielen ja durchweg darauf ab, uns Auskünfte über Zustände des Körperinneren zu verschaffen, ohne den Körper zu beschädigen.

Zu 2. wäre an Elektrokardiogramme, Elektroencephalogramme und derartiges zu denken. Man wird zweierlei nicht bezweifeln: a) daß die moderne Technik in ähnlicher Richtung noch viele neue Möglichkeiten schaffen wird; b) daß trotzdem auf diesem Wege allein noch in keiner Weise daran zu denken ist, daß wir zu jener *erschöpfenden* Ermittlung innerer Zustände des Organismus kommen könnten, welche Voraussetzung zum wirklichen Nachweis einer lückenlosen Determinierung wäre.

Zu 3. sind ebenfalls weitere große Fortschritte in Zukunft zu erwarten — gibt es doch heute schon Spezialisten für Leberkrankheiten, welche dem untersuchten Patienten ohne Operation kleine Proben des Leber-Gewebes entnehmen können. Als Ergänzung zu und in Verbindung mit 1., 2. vermag dies sicherlich umfangreiche Ermittlungen zu ermöglichen. Dabei ist jedoch grundsätzlich zu sagen, daß die Entnahme von Gewebsproben nur unter der Voraussetzung etwas Verwendbares ergibt, daß das fragliche Gewebe homogen genug ist, um an Hand einer kleinen Probe untersuchbar zu sein. Man kann auf diesem Wege bestimmt nicht etwa dem Ideal einer Zustandsermittlung jeder einzelnen Zelle des Organismus näher kommen.

Zu 4.: Diese weitreichende Methode der Erkenntnis von Einzelheiten des Körperinnern ist in ihrer Anwendbarkeit begrenzt durch die biologischen Schädigungen, die von Röntgenstrahlen erzeugt werden. Für die grundsätzliche Seite unserer Erwägungen ist es wichtig, daß diese Schädigungen nicht etwa eine zufällige «Nebenwirkung» der Bestrahlung sind, sondern zu ihrem Wesen gehören – aufgrund der quantenphysikalischen Natur kurzwelliger Strahlung.

Wenden wir uns schließlich zu 5., als bisheriges Ergebnis festhaltend, daß auch alle künftigen Fortschritte der unter 1. bis 4. angedeuteten Methoden uns streng genommen nicht einmal wesentlich näher heranzuführen vermögen an das Ziel einer erschöpfenden Zustandsermittlung! Die Methode der totalen Obduktion mit anschließender beliebig weit getriebener Feinuntersuchung der Einzelteile trifft nicht mehr auf Grenzen der Ermittlungsmöglichkeit (außer diejenigen, die von der Quantenphysik der Elektronen und so fort gegeben sind, als Heisenbergsche Unschärfebeziehungen). Aber diese totale Obduktion *verändert* tiefgreifend das untersuchte Objekt – indem es die Lebensfähigkeit des fraglichen Organismus irreversibel beendigt. *Voraussagen* werden jetzt zwar mit großer Schärfe möglich; aber sie beziehen sich gar nicht mehr auf eine lebende Katze, sondern nur auf Leichenteile. (Und wir müssen sogar, wie Francesco Redi, diese Leichenteile, um den kontrollierbar-determinierten Gang ihres Verwesungsvorgangs zu sichern, gegen eierlegende Insekten abschließen.)

Wir stehen also bei aller genaueren biologischen Untersuchung vor einer Sachlage, die es für den mit der Verfolgung des Planetenlaufs beschäftigten Astronomen gar nicht gibt. Wir müssen anerkennen, daß jede anspruchsvolle Untersuchung eines Lebewesens dies Lebewesen schädigt oder gar tötet.

Auch ohne Kenntnis der Quantenphysik könnten wir also aus der Aufgabestellung der Biologie die Einsicht gewinnen, daß unsere

Beobachtungsvorgänge in Wahrheit gar nicht immer nur die Aufgabe haben, «objektivierte» Sachverhalte zur Kenntnis zu nehmen – wobei wir diese Sachverhalte uns vorstellen als etwas, was auch unabhängig von unserer Kenntnisnahme vorhanden ist. Vielmehr ist der Vorgang biologischer Beobachtung zu kennzeichnen als ein Vorgang der *Auseinandersetzung* mit dem Objekt – derart, daß gewisse dabei eintretende Veränderungen am Objekt nicht etwa unerwünschte Nebenwirkungen sind, sondern in gesetzmäßiger Weise zum Beobachtungsvorgang dazugehören.

Dies ist also grundsätzlich die gleiche Sachlage, wie wir sie aus der Quantenphysik kennen – nur mit dem Unterschied, daß wir in bezug auf die Atome die fraglichen Zusammenhänge vollständig durchschauen, während für den biologischen Fall zunächst nur dieses klar erkennbar ist: Daß hier ebenfalls «Komplementarität» vorliegt, deren genaue Präzisierung erst noch erarbeitet werden muß.

In diesem Zusammenhang ist zu erwähnen, daß ja die mikroskopische Untersuchung von Zellen mannigfache Hilfsmittel der Färbung verschiedener Bauteile erfordert – erst dadurch kommt ein erkennbarer Feinbau der Zelle heraus. Die Elektronenmikroskope erfordern statt Färbung die noch eingreifendere Mißhandlung einer Austrocknung im Vakuum. So sehen wir streng genommen weder im einen noch im anderen Falle das, was in der Zelle objektiv gegeben ist, sondern das, was *daraus wird* bei bestimmten Methoden der Präparation; und dem durch die Quantenphysik mißtrauisch gemachten Betrachter wird es fraglich, wie weit der vor solcher Präparation verhanden gewesene Zustand überhaupt eine «Objektivierung» gestattet. Vermutlich gestattet er sie weitgehend; aber wie weit, das ist eine offene Frage.

Natürlich sind für biologisches Material von vornherein mindestens diejenigen Einschränkungen der Objektivierbarkeit gegeben, welche die Quantenphysik den Atomen und Elektronen auferlegt. Bohrs These ist aber die, daß es für die lebenden Organismen eine darüber noch hinausgehende Komplementarität, also Einschränkung der Objektivierbarkeit gibt – eine in spezifischer Weise das *Lebendige* betreffende Komplementarität. Bohr hat (brieflich) diese These unterbaut durch den Hinweis, daß wir die Zustände biologischer, belebter Materie «nicht im atomaren Maßstab definieren können».

Dies ist eine grundsätzliche Feststellung, welche in ähnlicher Weise, wie der oben besprochene Staudingersche Satz, die doppelte Eigenschaft eines unscheinbaren Aussehens und eines tiefen Gehaltes, eines bedeutungsvollen Beitrages zur naturwissenschaftlichen Kennzeichnung des Lebendigen besitzt. Natürlich hängen beide Feststellungen sachlich eng zusammen.

Wenn wir das Spektrum beispielsweise des Natriumatoms untersuchen wollen, so verschaffen wir uns Na-Dampf in einem sonst leeren Gefäß. Wir haben dann viele Na-Atome; aber jedes einzelne ist von den anderen weit getrennt – umgeben von einem Stück Vakuum, innerhalb dessen es selber nur einen kleinen Raumteil in Anspruch nimmt. Es sind also wirklich die Reaktionen einzelner Na-Atome, welche im Spektrum eines Na-Dampfes zum Ausdruck kommen.

Betrachten wir statt dessen einen Festkörper, etwa einen Kupfer-Kristall, so steht zwar jedes einzelne Cu-Atom in starker Wechselwirkung mit seinen Nachbarn; aber jedes andere der Cu-Atome wird in gleicher Weise durch seine Nachbarn beeinflußt. So haben wir auch in diesem Falle die Möglichkeit, die quantentheoretischen Gesetze der Atomphysik in klarer Weise nicht nur anzuwenden, sondern auch experimentell zu prüfen und zu bestätigen: Das ist das von Bohr Gemeinte, in seinem Satz über «im atomaren Maßstab definierte» Materie.

Im Organismus ist das nun ganz anders, und zwar eben wegen der «Durchstrukturierung», die das Vorhandensein homogener Materiestücke im Organismus ausschließt. Sie bedeutet, daß hier (zwar nicht alle, aber) manche Atome oder Moleküle eine innerhalb eines größeren Bereiches einmalige Stellung und Auswirkung haben: Daß dabei wiederum alles genau nach den uns bereits bekannten physikalisch-chemischen Gesetzen verläuft, das kann man, wenn man will, als *Vermutung* äußern; aber *Beweise* dafür gibt es nicht. Man wird vernünftigerweise damit rechnen, daß diese Vermutung in erheblichem Umfang zutreffend ist – und man mag es für empfehlenswert halten, sie zunächst als überall richtig anzusehen, bis man auf etwaige Gegenbeispiele stößt. Aber in kritischer Einstellung muß man den hypothetischen Charakter dieser Vermutung erkennen – die diesbezügliche Kritik liefert uns zwar noch keine greifbaren neuen Erkenntnisse, aber sie kann uns von Vorurteilen befreien.

Bohr sah jedenfalls in dieser Richtung offene Möglichkeiten für eine nur im organischen Leben auftretende Steigerungsform der quantenphysikalischen Komplementarität – über deren Gestaltung im einzelnen wir freilich noch nichts wissen.

Die in früheren Abschnitten besprochenen Beweise für die steuernde Bedeutung einzelner Quantensprünge im biologischen Geschehen beschränkten sich im wesentlichen auf die Zellkern-Reaktionen von Einzellern und von Keimzellen. Wir besitzen bislang nur wenige genauer untersuchte Anhaltspunkte für mögliche Steuerungswirkung einzelner (oder weniger) Quantensprünge in solchen Reaktionen, die mit Hirn- und Nervenvorgängen zu tun haben. Man hat jedoch die Wahrnehmung winziger Lichtblitze durch das dunkeladaptierte Menschenauge (also mit Stäbchensehen, nicht Zäpfensehen arbeitend) statistisch untersucht nach den Methoden der strahlenbiologischen Treffertheorie; und im Ergebnis festgestellt, daß zwar nicht *ein* Lichtquant, wohl aber *drei* Lichtquanten im dunkeladaptierten Auge die Auslösung eines Bewußtseinsvorgangs einleiten können[1]. Das erweist den mikrophysikalischen Feinheitsgrad auch für gewisse Nerven- und Gehirnvorgänge, so daß auch in diesen schon aus rein physikalischen Gründen Spielräume des Indeterminierten auftreten müssen, während nach Bohr sogar entsprechende noch weitergehende Komplementarverhältnisse spezifisch biologischer Art vermutet werden dürfen. Diese bedeuten natürlich auch eine gewisse, noch über die «Minimalforderungen» der Quantenphysik hinausgehende Indeterminiertheit.

Soweit die Vorstellung des «psychophysischen Parallelismus» als brauchbare Modellvorstellung anerkannt werden kann, wird man kaum zweifeln dürfen, daß das subjektive Gefühl der Willensfreiheit tatsächlich in Parallele steht zu Unbestimmtheiten oder Lücken physikalischer Determinierung der Gehirnvorgänge. Das ist natürlich eine Aussage, die vielen Philosophen älteren Stils als Ausdruck philosophischer Ignoranz oder dreister Auflehnung gegen heiligste Schulmeinungen erscheinen wird. Jedoch sind die Physiker der Gegenwart durch die erkenntnistheoretisch neuartigen Wendungen der modernen Physik daran gewöhnt worden, die eingefahrenen Gleise angeblich unumstößlicher Wahrheiten in einer neuen Unbefangenheit zu betrachten. So hat Heisenberg einmal gesprächsweise die Willensfreiheit als die sicherste Erfahrungstatsache, die es gibt, bezeichnet – und zwar ganz nebenbei, grammatikalisch in einem Nebensatz – mit dem Gefühl, nicht etwas philosophisch Umstürzendes auszusprechen, sondern eine bloße Selbstverständlichkeit zu erwähnen.

Stellen wir uns vor, ein lebender Mensch würde nun einem fortschreitend schärferen Beobachtungsvorgang unterworfen – derart, daß materiell-physikalisch eine immer weitergehende Vorausberech-

---

[1] Vergl. zu dieser wunderbaren Feststellung die Darstellung bei K. Sommermeyer, Quantenphysik der Strahlenwirkung in Biologie und Medizin. Leipzig 1952.

nung seiner Körperreaktionen möglich würde, also eine fortschreitende Einengung biologischer Indeterminiertheit zustande käme. Dann wäre zu erwarten, daß parallelgehend sein inneres Erleben ebenfalls dasjenige eines zunehmenden Freiheitsverlustes wäre – beginnend mit einer den Willen lähmenden Benommenheit und über Zustände immer engerer Beschränkung bis zum Tode hin.

Trotz der skizzenhaft vorläufigen Form dieser Erwägungen – deren weitergehende Präzisierung verfrüht sein würde – bestärkt sich uns doch der Eindruck, daß das naturwissenschaftliche Denken mit der Erschließung der Komplementaritätsverhältnisse eine Weiträumigkeit gewonnen hat, in welcher die positive Anerkennung von Willensfreiheit ebenso möglich wie notwendig zu werden beginnt.

Materie und Bewusstsein

Das alte Denkschema der materialistischen Philosophie weiß mit dem Bewußtsein nichts anzufangen; es bemüht sich, diese Grundtatsache alles Erkennens – unentbehrliche Voraussetzung auch des materialistischen Philosophierens, einschließlich seiner Irrtümer – unerwähnt zu lassen. Da andererseits die sogenannten idealistischen philosophischen Systeme uns ebenfalls nichts Gehaltvolles über das Bewußtsein zu sagen vermögen, so verlangt eine naturwissenschaftliche Beleuchtung dieses Fragenkreises einen Neubeginn – freilich nicht von einem Nullpunkt aus, sondern von den uns gegebenen Feststellungsmöglichkeiten aus. Jedoch kann eine historische Anknüpfung an die Gedankenentwicklung materialistischer Philosophie in doppelter Weise nützlich sein: Einerseits deshalb, weil in ihr die gegnerische geistige Macht liegt, deren nunmehrige Untergangsreife wir uns verdeutlichen wollen; andererseits deshalb, weil die materialistische Philosophie immerhin Verbindung (wenn auch in unzulänglicher Weise) zur Naturwissenschaft und zur Naturwirklichkeit besitzt.

Wir sahen, wie das materialistische Denken schon bei Lamettrie eine Klarheit erreichte, welche die plumpen Materialisten des 19. Jahrhunderts – etwa Haeckel – nicht mehr überbieten konnten. Sie haben sie nicht einmal voll zu verstehen vermocht. Du Bois-Reymond hingegen hat in seinem oben schon erwähnten Ignorabimus-Vortrag Lamettries Gedankenschärfe überboten: Ohne selber den Rahmen materialistisch-deterministischen Denkens verlassen zu wollen, hat er dieser Denkrichtung eine Vollendung gegeben, in welcher ihre innere Unzulänglichkeit und Widersprüchlichkeit sichtbar zu werden beginnt.

Dieser Punkt ist wichtig genug, eine nochmalige Vergegenwärtigung zu verdienen: Nach Du Bois-Reymond bleibt auch der Laplacesche Geist – der als vollendet gedachte Besitzer alles überhaupt vorstellbaren menschlichen Wissens von den Atomen – ausgeschlossen von ungeheuren Gebieten dessen, was er eigentlich ebenfalls wissen möchte: Er erfährt nicht, was die lebenden Organismen (zum Beispiel die menschlichen) *fühlen* bei jenen Reaktionen ihres Körpers und ihrer Nerven, deren Verlauf dem Laplaceschen Geist genauestens vorausberechenbar ist. F. A. Langes dagegen erhobener Einwand läßt die Sache eigentlich nur noch schlimmer erscheinen. Indem dem Laplaceschen Geist jedes Erröten, jedes Mienenspiel jeder Schmerzensschrei, jedes gesprochene Wort im voraus bekannt ist, besitzt er alle Unterlagen solcher Art, wie sie uns (in geringerem Umfang) zur Verfügung stehen, um die Empfindungen eines geliebten Menschen zu erkennen. Aber dieser Hinweis – obwohl von Du Bois-Reymond selber damals als Anlaß einer Umformulierung anerkannt – nötigt uns dazu, entweder die menschliche Fähigkeit verstehenden Erkennes der «Innenseite» eines anderen Menschen als eine zu keiner Weiterentwicklung geeignete Erkenntnisform zu betrachten, oder aber ihre Weiterentwicklung – zum Beispiel in Richtung auch auf tierische Organismen – als eine vom Laplaceschen Geist noch gar nicht in Angriff genommene wissenschaftliche Aufgabe anzuerkennen.

Im letzten Falle gewinnt die deterministische Behauptung, daß die dem Laplaceschen Geist eigene Teilkenntnis eine lückenlose Vorausberechnung des Weltgeschehens erlauben sollte, eine groteske Unglaubwürdigkeit, auch abgesehen von aller Quantenphysik.

Das damit auftauchende, dem Materialismus vor Du Bois-Reymond noch nicht sichtbar gewesene Problem kann hinsichtlich seines sachlichen Gehalts nicht durch bloße Umdefinition «behavioristischer» Art beseitigt werden – so etwa, daß man die Worte, welche im üblichen Verständnis die dem Erröten usw. entsprechenden Empfindungen bezeichnen, definitionsweise als Benennung für das Erröten selbst betrachtet. Obwohl solche behavioristische Betrachtungsweise wertvolle Hilfen für eine Herausschälung begrenzter, angreifbarer Teilprobleme und für ihre Bearbeitung mit klaren, sauberen Begriffen zu liefern vermag – etwa im Sinne der bewunderungswürdigen Beiträge von Konrad Lorenz zur Tierpsychologie als «Verhaltensforschung» –, so weiß doch jeder Mensch aus seiner eigenen Grunderfahrung, daß die behavioristische Perspektive nur Teile des Gesamtproblems erfaßt.

Einer Anerkennung psychischer Tatbestände als mit materiellen (oder besser: physikalischen) Tatbeständen wechselwirkender Realität ist als angebliches Hindernis seit Jahrhunderten entgegengehalten, daß aus Bewegung (als physikalisch-mechanischem Grundvorgang) nicht ein davon qualitativ verschiedener Bewußtseinsvorgang hervorgehen könne. Das ist jedoch eine völlige Verkennung des Kausalitätsprinzips: Schon nach seiner einfachsten Form, in der Newtonschen Mechanik, entsteht aus Kraft die davon qualitativ verschiedene Beschleunigung. (Daß Machs Kunstgriff definitorischer Ausklammerung der Kraft kein notwendiger Weg ist, wurde oben besprochen.) In der Elektrodynamik entsteht aus Feldstärke die davon qualitativ verschiedene Kraft. Noch besser lassen wir aber das an altertümliche Metaphysik erinnernde Wort «entsteht aus» ganz beiseite und sagen lieber, daß es der Sinn kausaler physikalischer Gesetze ist, die Gültigkeit (das regelmäßige Erfülltsein) bestimmter *Beziehungen* zwischen verschiedenen Tatbeständen («meßbaren Größen») auszusprechen. Es ist also nicht das geringste einzuwenden gegen die Aufstellung von Gesetzen, deren Aussage dahin geht, daß gewisse physikalisch-materielle Vorgänge regelmäßig verknüpft sind mit bestimmten Bewußtseinsvorgängen. Die Zurückziehung auf den berühmten Gedanken eines psychophysischen Parallelismus – der in begrenztem Umfang als Modellvorstellung brauchbar sein kann, aber durch Verneinung kausaler Wechselwirkung von Psychischem und Physischem das Wesentliche ausschließt – ist also keineswegs nötig.

Gesetzmäßige Verknüpfung von physikalischen mit Bewußtseinsvorgängen ist nun in der Tat bekannt – vor allem in der Richtung von Joh. MÜLLERS berühmtem *«Gesetz der spezifischen Sinnesenergie»:* Netzhautreizung ergibt in jedem Falle Lichterlebnisse – einerlei, ob der Reiz durch Lichteinwirkung oder etwa durch Druck vollzogen wurde. Reizung von Nerven, deren Aufgabe es ist, das Hirn über Zustände meines rechten Arms zu unterrichten, ergibt Schmerzen im rechten Arm auch dann, wenn die Reizung am Ort der Halswirbelsäule geschieht und der Arm vielleicht längst amputiert ist.

Das ist ein zwar eng umgrenzter, aber noch nicht sehr tief führender, aber durchaus sicherer Zugang zu gesetzmäßigen Beziehungen zwischen Materie und Bewußtsein; und um diese Erwägungen nicht in bloßen Allgemeinheiten steckenzulassen, wollen wir die Theorie des *Farbensehens* etwas genauer betrachten.

Es ist ein bezeichnender Unterschied philosophischen und naturwissenschaftlichen Fragens, daß der Philosoph nur die allgemeinsten, umfassendsten und (angeblich) letztgültigen Antworten erfahren möchte, der Naturforscher hingegen durch liebevolle Versenkung in eng umgrenzte Teilfragen sicheren Boden zu gewinnen sucht: Erst in solcher Versenkung wird wenigstens *etwas* von der Vielseitigkeit und Vielschichtigkeit der Fragen deutlich, während das Bestreben, zuviel auf einmal zu wollen, uns nur in die Gefahr haltlosen Schwimmens im Ungewissen bringt.

Mit dem Farbensehen haben sich große Forscher beschäftigt – seinerzeit Newton; später Helmholtz, Graßmann, Maxwell; später Schrödinger. (Unsere Nichterwähnung Goethes beruht nicht auf Vergeßlichkeit.) Der Reiz des Themas, nicht nur durch die Buntheit der Welt, sondern auch durch die eigentümlichen im Thema auftretenden begrifflichen Schwierigkeiten bedingt, hat zur Folge gehabt, daß es im wissenschaftlichen Schrifttum fünfzig bis hundert verschiedene, sich «bekämpfende» Theorien des Farbensehens gibt: Ein Zeichen dafür, daß in der großen Mehrzahl der Fälle die fraglichen Verfasser das Thema grundsätzlich – in methodisch-erkenntnistheoretischem Sinn – verfehlt haben. Da findet man in vielen Abhandlungen Aussagen wie folgende: «Rot und Gelb sind einfache Farben; Orange ist eine zusammengesetzte Farbe»; und dann werden als Folgerungen oder zwecks Erklärung solcher angeblicher Tatsachen hypothetische Modelle der Farb-Sinnesorgane aufgestellt. Es ist den betreffenden Verfassern unklar, daß der erwähnte Satz erst dann einen faßbaren Inhalt gewinnen würde, wenn definiert würde, was «einfach» und «zusammengesetzt» eigentlich bedeuten sollen. Offenbar meinen sie, es sei irgendwie durch das «Gefühl» angezeigt, daß Rot und Gelb als «einfach» zu bezeichnen seien, und eine Überführung dieses Gefühls in eine Definition sei gar nicht nötig. Auf ähnlicher Stufe der Verworrenheit steht aber die Meinung, daß die Unterscheidung «bunter» und «unbunter» Farben ein Beitrag zur Klärung der Verhältnisse sei – mit den daraus entwickelten Folgerungen der Heringschen «Vierfarbentheorie» des Farbsehens, die schon im Ansatz abwegig ist, obwohl sie durch Jahrzehnte mit tiefstem Respekt betrachtet (und als Fortschritt gegenüber Helmholtz bewertet) wurde. In der Mannigfaltigkeit sämtlicher Farben hat die «unbunte» Farbe «Weiß» nicht etwa eine sinnesphysiologische Sonderstellung, sondern ist nur eine einzelne unter den anderen. Diese Farbe spielt freilich in unserer Umwelt eine besondere Rolle, weil es diejenige ist, in welcher eine für das ganze sichtbare Spektrum gleichmäßig diffus reflektierende Fläche bei Beleuchtung durch (ungetrübtes) Sonnenlich erscheint. (Solche Flächen bieten etwa Schnee, Wolken, Meeresschaum, Leinwand, manche Blüten.)

Die richtige, einzig brauchbare Einstellung, die wir einer Erforschung des menschlichen Farbensinnes zugrunde zu legen haben, ist die, daß wir fragen, in welchem Ausmaß unser Auge imstande (oder nicht imstande) ist, zwei verschiedene optische Reize als verschieden zu erkennen. Es handelt sich also darum, wieweit der farbensehende Mensch als Indikator oder als Beobachtungsinstrument für optische Wirkungen geeignet ist.

Seit Newton wissen wir, daß zum Beispiel Weiß auf sehr verschiedene Weisen aus Spektralfarben gemischt werden kann – unser Auge erkennt also (andersartig als das Ohr wirkend) nicht das ganze Spektrum einer Lichtquelle, sondern sieht gewisse Lichtquellen mit verschiedenen Spektren als farbgleich an. Es ist nun keineswegs eine Hypothese – über die man streiten könnte –, sondern eine durch Untersuchung der Mischungsmöglichkeiten von Spektralfarben zu erweisende Tatsache, daß die Gesamtheit möglicher Farben mathematisch darstellbar ist durch die Punkte eines ebenen Flächenstückes: Dabei liegen drei Punkte genau dann auf einer Geraden, wenn die durch den mittleren der drei Punkte dargestellte Farbe aus den beiden anderen gemischt werden kann.

Die Natur bietet hier ein Beispiel einer mathematischen Gesetzlichkeit – zuerst von dem berühmten Mathematiker GRASSMANN in voller Klarheit formuliert –, welche an Einfachheit nicht zurücksteht gegenüber Galileis Fallgesetz oder gegenüber den Gesetzen idealer Gase. Jedoch ist die fragliche Gesetzlichkeit[1] immerhin schon so abstrakter Art, daß zahlreichen Bearbeitern der Theorie des Farbensehens gar nicht aufgegangen ist, daß diese Gesetzlichkeit unmittelbarer Ausdruck von Erfahrungstatsachen ist und keinerlei Hypothese oder Ungewißheit enthält: Die «Vierfarbentheorie» ist also reiner Unsinn.

Die «Dreikomponententheorie» von HELMHOLTZ-YOUNG-KÖNIG geht nun freilich noch um *einen* Schritt über die angedeutete empirische Gesetzlichkeit hinaus. Sie behauptet, daß die für das Tageslicht-Sehen maßgeblichen Netzhaut-Zellen («Zäpfchen» im Gegensatz zu den

[1] Wir nennen A, B, C «linear abhängig», wenn eine dieser drei Farben aus den anderen mischbar ist. Aus vier Farben A, B, C, D, unter denen keine drei linear abhängig sind, kann man stets zwei Paare so auswählen (also AB, CD oder AC, BD), daß eine gewisse Farbe E sowohl vom ersten als auch vom zweiten dieser Paare linear abhängig ist.

«Stäbchen») in drei verschiedenen Arten vorhanden sind: Alleinige Reizung der einen mit R bezeichneten Art ergibt eine Rotempfindung; alleinige Reizung einer anderen Art V gibt Violettempfindung; alleinige Reizung der dritten Art G (wenn sie durchführbar wäre) würde eine tiefe, durch Spektralfarben nicht erzeugbare Grünempfindung entstehen lassen.

Diese Vorstellung – nahegelegt durch die oben mathematisch beschriebenen Erfahrungstatsachen – wird als zutreffend erwiesen durch Untersuchung der drei einfachsten Formen von Farbenblindheit. Fehlt einem Auge zum Beispiel die Zäpfchenart R, so werden für dies Auge zwei für den Normalsichtigen verschiedene Farben genau dann unterscheidbar sein, wenn sie zusammen mit dem zu R gehörigen Rot auf einer Geraden der Farbebene liegen. Von dieser Art ist – nach Ausweis eingehender Untersuchungen – eine der bekanntesten Formen von Farbenblindheit; und König hat aus solchen Untersuchungen auch eine ungefähre Ermittlung der drei zu R, G, V gehörigen Farben ziehen können.

Genauer ist jedoch eine andere Ermittlung dieser drei Farben[1] unter Benutzung folgender Tatsache: Am roten Ende des Spektrums ist für ein gewisses Intervall von Wellenlängen die Farbe unabhängig von der Wellenlänge; und das bedeutet, daß für diese Wellenlängen nur eine Zäpfchenart (also R) empfindlich ist. Entsprechendes scheint für die violette Seite des Spektrums zu gelten, so daß V ebenso das «Endviolett» bedeutet, wie R das «Endrot» ist. Auch der Punkt G der Farbebene wird dadurch eindeutig festgelegt[2].

Man hat ja auch das Farbensehen der Bienen untersucht, welches vom menschlichen Farbensehen stark abweicht. In diesem Falle war es nötig, die Einstellung der «Verhaltensforschung» zugrunde zu legen, welche von «Bewußtsein» gar nicht redet; und theoretisch oder grundsätzlich könnte natürlich auch die Untersuchung menschlichen Farbensehens im behavioristischen Geiste der Verhaltensforschung durchgeführt werden. Praktisch allerdings ist es unentbehrlich, mit den menschlichen Versuchspersonen zu *sprechen;* und ich habe auch

[1] P. Jordan, Zeitschrift «Optik», Bd. 2, S. 169 (1947).

[2] Im Dreieck R, G, V verläuft die Kurve der reinen Spektralfarben als ein konvexer Bogen über der Dreieckseite R V («Purpurlinie»), derart, daß diese in R bzw. V endende Kurve mit einem letzten Stück auf der Geraden R G bzw. V G liegt. Die aus Spektralfarben mischbaren Farben erfüllen den konvexen Bereich zwischen der Purpurlinie und der Kurve der Spektralfarben. Man kann jedoch auch solche Farben aus dem Dreieck R, G, V zur Empfindung bringen, welche dem Punkte G näher liegen, indem man das Auge zunächst ermüdet durch reines Purpurlicht und dann spektrales Grün anwendet.

die Möglichkeit, mein eigenes Farbempfinden zu untersuchen, mich selber als Versuchsperson wählend.

Deshalb ist dieses Forschungskapitel (von welchem wir oben nur den Anfang mit seiner grundsätzlich bedeutsamen erkenntnistheoretischen Problematik besprochen haben) tatsächlich ein Beitrag – als solcher bislang noch gar nicht gewürdigt – zu etwas, was es nach überkommenen philosophischen Lehrmeinungen (materialistischer *und* idealistischer Richtung) gar nicht geben dürfte: Aufstellung gesetzmäßiger Beziehungen zwischen materiellen und bewußtseinsmäßigen Vorgängen.

Diese Tatsache ist unterstrichen worden durch die diesem Abschnitt gegebene Überschrift «Materie und Bewußtsein» – welche keineswegs etwa versprechen sollte, daß der Leser hier Erörterungen finden würde über die bekannte und berühmte, aber doch so kindliche Frage, «ob Materie auch Bewußtsein haben könne».

Komplementarität und Verdrängung

Den aus der Quantenmechanik erwachsenen Gedanken der Komplementarität haben wir im obigen als das eigentümlichste und bedeutsamste Ergebnis moderner physikalischer Gedankenentwicklung kennengelernt. Das naturwissenschaftliche Denken hat hier eine Gipfelhöhe erreicht, die uns weit über die Erkenntnisse früherer Zeit hinausblicken läßt. Der Beweis von Indeterminiertheit im Naturgeschehen ist bedeutungsvoll genug als Widerlegung materialistisch-deterministischer Vorstellungen zweier Jahrtausende. Aber er ist doch nur die negative Seite dessen, was erst im Begriff der Komplementarität seinen positiven Gehalt gewinnt.

In den gleichen Jahrzehnten aber, die zur Aufstellung der Quantenmechanik und zur Schaffung des Komplementaritätsbegriffes führten, hat Freud der Psychologie eine wunderbare Vertiefung gegeben durch den Begriff der *Verdrängung*. Diese psychologische Entdeckung scheint mir ihrem geistigen Range nach nicht zurückzustehen gegenüber der physikalischen Entdeckung der Komplementarität; sie ist gewissermaßen das Positive, für welches der zunächst nur negative Begriff des «Unbewußten» Raum geschaffen hat.

Der Verfasser hat in einer früheren Schrift die Überzeugung erläutert, daß diese beiden Entdeckungen zu einem gemeinsamen Thema gehören. Diese Überzeugung ist, wenn wir genau sein wollen, in zwei Aussagen aufzugliedern: Obwohl Bohrs Komplementarität und Freuds Verdrängung zu zwei weit verschiedenen Sachgebieten gehören, so haben sie doch die gleiche logische Struktur. Diese erste der beiden Aussagen enthält nichts Hypothetisches – es handelt sich einfach darum, sich den Inhalt jedes dieser beiden Begriffe klar zu verdeutlichen; dann erweist sich die behauptete Übereinstimmung. Die andere Aussage hat jedoch die Bedeutung einer Hypothese: In nochmaliger Anlehnung an die Vorstellung des psychophysischen Parallelismus möchte ich sagen, daß das Vorhandensein von Verdrängungs-Beziehungen in einem lebenden Menschen ein Ausdruck oder ein Anzeichen ist für das Vorhandensein entsprechender physikalischer Komplementaritäts-Beziehungen in seinen Gehirnvorgängen. Es könnte also gesagt werden, daß das Auftreten von Verdrängung bei hochentwickelten Organismen deshalb möglich ist, weil es physikalisch die Komplementarität gibt: Bei einem Roboter oder einem elektrischen Gehirn kann kein Analogon zur Verdrängung auftreten.

Bekanntlich handelt es sich bei Freuds Entdeckung um Erscheinungen von etwa folgender Art: Inmitten einer Kette zweckgerichteter Handlungen erlebt ein Mensch eine «Fehlleistung», welche die Erreichung des vorgesetzten Zweckes durchkreuzt. In eindringlicher Besinnung kann er sich bewußt machen, daß auch diese Fehlleistung sinnvoll war, nämlich als Ausdruck einer Uneinheitlichkeit des Willens: Der bewußten Absicht, von der die Handlungskette veranlaßt war, stand ein unbewußter gegenteiliger Antrieb gegenüber, der mit koboldartiger Geschicklichkeit – und mit einer Art seinerseits zweckgerichteter Intelligenz – den Erfolg des bewußten Handelns zunichte machte. Die vollzogene Bewußtmachung führt jedoch zur Auflösung dieses unbewußten Antriebs und stellt die geschlossene Handlungsfähigkeit der bewußten Persönlichkeit wieder her.

Bei neurotischen Patienten besitzen unbewußte, «verdrängte» Triebregungen, die im Gegensatz zum bewußten Wollen stehen, solche Kraft und Zähigkeit, daß ihre Auflösung durch Bewußtmachung die Mitwirkung des geschulten Psychoanalytikers erfordert; das Grundschema ist jedoch das gleiche wie bei den harmloseren gelegentlichen Fehlleistungen. Andererseits gibt es Steigerungsformen dieser Erscheinung, die nur selten vorkommen, aber im «parapsychologischen» Schrifttum aufgrund verschiedener Beispiele ausführlich beschrieben sind: Die verdrängte koboldartige, intelligent und sinnvoll (in bezug auf *ihr* Wollen) handlungsfähige «Nebenpersönlichkeit» kann unter Umständen ein Übergewicht gewinnen, durch welches sie ihrerseits zeitweise die als «normal» angesehene Persönlichkeit verdrängt – so daß der gleiche menschliche Körper zu verschiedenen Zeiten zwei (oder noch mehr) verschiedenen Persönlichkeiten angehört, welche durch die Gegensätzlichkeit ihrer Antriebe verhindert sind, sich gleichzeitig in diesem Körper als maßgeblich zu äußern.

Diese seltenen Fälle ausgesprochener «Persönlichkeitsspaltung», in denen zwei verschiedene Teil-Persönlichkeiten geradezu in mehr oder weniger gleichberechtigter Weise auftreten, machen besonders deutlich, daß hier eine Analogie zur physikalischen Komplementarität besteht: Man könnte davon sprechen, daß zum Beispiel bei einem Elektron die Welleneigenschaft die teilchenhafte Lokalisierung «verdrängt», während umgekehrt die Teilcheneigenschaft die Wellennatur verdrängen kann. Diese auf den ersten Blick vielleicht nicht unmittelbar überzeugende Analogie tritt um so deutlicher zutage, je gründlicher man die Verhältnisse der beiden Erscheinungsbereiche vergleicht. Jedoch soll hier der Inhalt meiner erwähnten früheren Schrift natürlich nicht wiederholt werden. Die Unfähigkeit eines menschlichen Organismus, gleichzeitig einer Persönlichkeit A und einer anderen, mit gegensätzlichen Antrieben ausgestatteten Persönlichkeit B vollendeten Ausdruck zu geben (während, wie in der Physik des Elektrons, weitere Möglichkeiten dazwischenstehender Erscheinungsweisen bestehen), ist begrifflich nichts anderes als ein Fall von Komplementarität.

Freud ist von seinen Ergebnissen aus auch auf die Frage der Willensfreiheit eingegangen, und er hat geglaubt, die Willensfreiheit endgültig verneinen zu sollen: Nach seiner Vorstellung ist der menschliche Wille stets determiniert, aber unter Mitwirkung des Unbewußten neben dem Bewußtsein. Aus dieser Mitwirkung erklärt sich das subjektive Gefühl der Willensfreiheit – die Willensentscheidungen ergeben sich zum Teil aus Vorgängen außerhalb des Bewußtseins, also für das bewußte subjektive Gefühl «unmotiviert».

Wenn wir jedoch das Unbewußte als komplementär zum Bewußtsein erkennen und die Erscheinungen der Verdrängung als etwas, was den quantenphysikalischen Komplementaritätsverhältnissen analog ist, so müssen wir für die Frage der Willensfreiheit eine ganz andere Folgerung ziehen, als die von Freud versuchte. In der Physik – wo wir es aufgrund der so viel einfacheren Verhältnisse leichter haben, zu einer abschließenden gedanklichen Durchdringung zu kommen – ist gerade das Auftreten von Komplementarität unlösbar verknüpft mit dem Auftreten von Indeterminiertheit. Auch für die Verdrängung, als psychologische Komplementarität, ist diese Verknüpfung unabweisbar.

Die Erkennung der grundsätzlichen Gleichwertigkeit von Komplementarität und Verdrängung – die hier nur flüchtig angedeutet werden konnte, ohne Wiederholung der andernorts gegebenen ausführlicheren Erläuterung – führt also schließlich unsere Stellungnahme zur Frage der Willensfreiheit noch einmal grundsätzlich weiter. In allen früheren Betrachtungen dieses Buches mußten wir uns begnügen mit der Feststellung logischer *Möglichkeit* der Freiheitsbejahung – sie kann nach allem, was wir physikalisch und biologisch über Indeterminiertheit wissen, naturwissenschaftlich bestimmt nicht mehr widerlegt werden. Die in unserem Sinne gedeutete Psychologie des Unbewußten nötigt uns jedoch zu einem neuen und letzten Schritt: Verdrängung als Beispiel von Komplementarität erkennend, müssen wir die menschliche Willensfreiheit als beweisbare und bewiesene Tatsache betrachten.

NACHWORT

Nicht ohne Grund heißt dieses Buch: «Der Naturwissenschaftler *vor* der religiösen Frage». Es war seine Absicht, darzulegen, daß alle Hindernisse, alle Mauern, welche die ältere Naturwissenschaft auf dem Wege zur Religion aufgerichtet hatte, heute nicht mehr da sind. Aber darauf begrenzt sich die Absicht dieses Buches. Es hat in keiner Weise die Aufgabe, zu erörtern, was uns erwartet, wenn wir diesen nunmehr wieder freien Weg tatsächlich gehen. Wir begnügen uns damit, diesen Weg als frei erkannt zu haben – aber die Zuständigkeit des Verfassers endet hier, und wir bleiben stehen *vor* der Religion, ohne von ihr selber mehr zu sprechen, als nötig war, um den Weg zu erkennen, dessen Gangbarkeit wir prüfen wollten.

Was ich vorführen wollte, war *Untersuchung* logisch-sachlicher Verhältnisse: *Bekenntnisse* auszusprechen, ist im ganzen Buch durchaus vermieden worden. So beschließe ich das Buch.

Wenn aber jemand mit dem Rechte eines treuen Lesers den Verfasser fragen möchte: «Und wo stehst du?», so will ich außerhalb des mit dem vorigen Satze abgeschlossenen Buches erinnern an die *fernen blauen Berge*, von denen in der Einleitung gesprochen wurde. Auch für mich sind diese fernen Berge gleichbedeutend mit jenen Bergen, von denen gesprochen ist im Alten Testament, im 121. Psalm: «Ich hebe meine Augen auf zu den Bergen, von welchen mir Hilfe kommt.»

NAMENREGISTER